한권으로 끝내기

경영정보
시각화능력

실기 POWER BI

시대에듀

데이터 분석과 시각화는 현대 경영 환경에서 필수 능력으로 자리 잡았습니다. 효과적인 데이터 시각화는 단순히 데이터를 보기 좋게 만드는 것을 넘어 숨겨진 인사이트를 발견하고, 의사결정을 돕는 강력한 도구로 활용될 수 있습니다. '경영정보시각화능력' 실기시험은 이러한 능력을 평가하고, 향상시키기 위한 중요한 지표가 될 것입니다.

Power BI는 Microsoft에서 제공하는 강력한 비즈니스 인텔리전스 도구로, 사용자가 데이터를 쉽게 시각화하고 분석할 수 있도록 도와줍니다. 직관적인 인터페이스와 다양한 기능을 통해 데이터 분석의 모든 단계를 효과적으로 수행할 수 있습니다. 시험에서는 Power BI를 활용하여 경영 정보를 효과적으로 시각화하는 능력을 평가합니다.

이 책은 시험 준비와 실무 적용을 동시에 고려하여 세 가지 주요 부분으로 구성되어 있습니다.

1 데이터 준비(Part 1. Module 01~05)

첫 번째 단계는 데이터 준비입니다. 분석할 데이터를 준비하기 위해 데이터 가져오기, 전처리, 모델링(관계 작성) 그리고 분석에 필요한 다양한 값들을 계산하는 DAX를 다룹니다.

2 단순요소 구현(Part 1. Module 06)

두 번째 단계는 단순요소 구현입니다. 여기서는 보고서 전체 서식 설정(테마, 보고서 제목 등), 기본적인 형태의 차트 구성 및 편집, 그리고 필터 사용법을 학습합니다. 지면의 한계로 책에서는 많은 서식 옵션을 다루지 못했으나 시각적 개체(차트)에 제공되는 서식 옵션을 잘 파악하고 있어야 제한 시간 안에 문제를 풀 수 있으므로 시각적 개체별 다양한 서식 옵션을 추가 학습을 권장합니다.

3 복합요소 구현(Part 1. Module 07)

마지막으로 복합요소 구현 단계에서는 복잡한 형태의 차트 구성 및 편집, 고급 분석식 작성, 상호 작용 및 다양한 탐색 기능(단추, 드릴스루, 도구 설명 페이지 등) 활용, 그리고 필터 사용법을 학습합니다. 이 단계에서는 보다 고급 기능을 활용하여 복잡한 데이터 분석과 시각화를 수행하는 방법을 익힐 수 있습니다.

이 책은 비즈니스 환경에서 바로 적용할 수 있는 실전 예제와 팁이 수록되어 있어 시험 준비 뿐만 아니라 실무에서 Power BI를 활용할 때에도 도움이 될 것입니다.

시험을 준비하는 모든 분들이 이 책을 통해 충분한 실력을 쌓고, 좋은 결과를 얻기를 진심으로 기원합니다.

인사이트브릿지

경영정보시각화능력 시험

- 경영 관련 의사결정을 위해 기업 내외부의 정보를 시각적 요소를 사용하여 효과적으로 표현하고 전달하는 능력을 평가하는 국가기술자격 시험이다.
- 직무분야: 경영, 회계, 사무
- 시행처: 대한상공회의소

시험과목

등급	시험방법	시험과목	출제 형태	시험시간
단일 등급	필기시험	경영정보 일반 데이터 해석 및 활용 경영정보시각화 디자인	객관식 (60문항)	60분
	실기시험	경영정보시각화 실무	컴퓨터 작업형 (3~5문항)	70분
실기 프로그램		Power BI Desktop, Tableau Desktop		

※ 실기 시험 프로그램(Power BI Desktop, Tableau Desktop)은 시험접수 시 선택하며 이후 변경 불가

합격기준

- 필기: 매 과목 100점 만점에 과목당 40점 이상이고, 평균 60점 이상
- 실기: 100점 만점에 70점 이상

※ 시험에 대한 자세한 정보는 대한상공회의소 자격사업평가단 사이트를 참고한다.

https://license.korcham.net/co/examguide.do?mm=28&cd=0108

경영정보시각화능력 실기 출제 기준

주요 항목	세부 항목	세세 항목
경영정보 시각화 작업 준비	프로그램 실행하기	• 시각화 프로그램을 실행할 수 있다.
	파일 관리하기	• 작업에 필요한 데이터를 불러올 수 있다. • 작업 문서를 저장할 수 있다.
	데이터 가공하기	• 여러 데이터를 결합할 수 있다. • 데이터의 필드를 분할 또는 결합할 수 있다. • 데이터 필드의 명칭, 형태, 데이터 유형을 변경할 수 있다.
	데이터 계산하기	• 데이터 계산을 위해 기본적인 계산식(함수)을 활용할 수 있다.
경영정보 시각화 결과물 레이아웃 구성	레이아웃 구성하기	• 결과물 레이아웃을 구성할 수 있다. • 구현한 시각화요소를 레이아웃에 맞게 배치할 수 있다. • 시각화요소 외에 도형, 이미지, 텍스트 등을 삽입할 수 있다.
	대화식(interactive) 화면 구성하기	• 사용자가 선택한 필드의 데이터가 전체 시각화요소에 적용되도록 필터를 구성할 수 있다. • 사용자가 선택한 항목만 강조되도록 표시할 수 있다. • 사용자의 선택한 화면 또는 웹페이지로 이동할 수 있는 단추를 생성할 수 있다.
경영정보 시각화 요소 구현	차트 구성하기	• 기본적인 형태의 차트를 구성할 수 있다. • 복잡한 형태의 차트를 구성할 수 있다. • 이중 축을 활용한 차트를 구성할 수 있다. • 차트에 레이블을 표현할 수 있다.
	테이블 구성하기	• 테이블을 응용한 시각적 요소를 구현할 수 있다.
	시각화요소 디자인 변경하기	• 시각화요소 및 레이블의 글꼴, 색상, 테두리, 도형 등의 디자인을 변경할 수 있다.
	기능 활용하기	• 시각화요소 구현을 위해 테이블에 빠른 계산을 적용할 수 있다. • 특정 조건에 맞는 데이터만을 나타내도록 필터를 적용할 수 있다. • 축 설정을 변경할 수 있다. • 범례를 만들 수 있다. • 간단한 요약값을 나타내기 위해 분석 기능을 활용할 수 있다. • 데이터에 대한 설명 내용을 변경할 수 있다.

※ 파워 BI 함수 출제 범위는 p.117 참고

1 시대에듀 사이트(www.sdedu.co.kr/book)에 접속한 후 로그인한다(회원이 아닌 경우 [회원가입]을 클릭하여 가입한 후 로그인한다).

2 홈페이지 상단 메뉴에서 [프로그램]을 선택한다.

3 프로그램 자료실 화면이 나타나면 책 제목을 검색하여 클릭한다.

4 해당 페이지가 열리면 [다운로드] 버튼을 클릭하거나 'PB.zip' 파일명을 클릭해 예제 파일을 다운로드 받은 후 압축 해제한다.

5 'PB 폴더'를 'C 드라이브'에 복사한 후 해당 폴더를 기준으로 실습을 진행한다(참고로 시험에서는 C:\PB 폴더에 시험 관련 자료들이 제공된다).

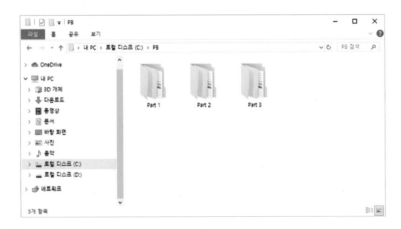

교육은 우리 자신의 무지를 점차 발견해 가는 과정이다.

– 윌 듀란트 –

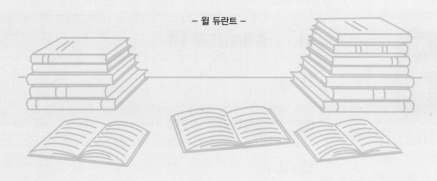

Part

01

핵심이론

Power BI 소개

본격적인 시험 준비에 앞서 Power BI를 이해하고 시험에 출제되는 Power BI 기능을 알아본다.

Section | 01 Power BI란?

1 Power BI의 이해

Power BI는 Microsoft 사의 데이터 분석 및 시각화 서비스이다. 누구나 빠르고 효과적으로 데이터를 이해하고, 시각화하며, 분석하여 데이터에서 통찰력 있는 정보를 파악할 수 있다. 이를 통해 데이터에 기반한 신속하고 정확한 의사 결정을 가능하게 한다.

> **참고**
>
> Power BI에 대한 자세한 설명은 다음 링크를 참고한다.
>
> https://www.microsoft.com/ko-kr/power-platform/products/power-bi

2 Power BI의 요소

Power BI는 Power BI Desktop, Power BI 서비스, Power BI 모바일로 구성된다. Power BI Desktop은 데스크톱에 설치하는 응용 프로그램(Application)이고, Power BI 서비스는 온라인 SaaS(Software as a Service) 서비스, Power BI 모바일은 Windows, iOS 및 Android 디바이스에서 사용할 수 있는 모바일 앱이다.

Power BI 세 가지 요소를 사용한 Power BI의 일반적인 작업 흐름은 다음과 같다. 세 가지 구성 요소 중 '경영정보시각화능력' 시험에는 'Power BI Desktop'만 출제된다.

❶ Power BI Desktop에서 데이터를 연결하여 시각화 보고서를 작성한다.
❷ Power BI Desktop에서 작업한 콘텐츠를 Power BI 서비스에 게시한다.
❸ Power BI 서비스에서 대시보드를 작성하고 다른 사람과 공유한다.
❹ Power BI 모바일 앱에서 공유된 콘텐츠를 보고 상호 작용한다.

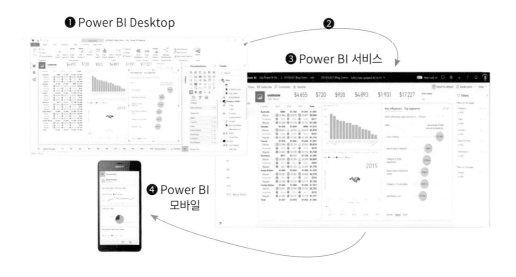

❶ Power BI Desktop
❷
❸ Power BI 서비스
❹ Power BI 모바일

Power BI Desktop의 이해

1 Power BI Desktop이란?

Power BI Desktop은 데이터를 연결, 변환 및 시각화할 수 있도록 로컬 컴퓨터에 설치할 수 있는 무료 응용 프로그램이다. 앞서 설명한 Power BI 요소의 작업 흐름에서 데이터를 연결하고, 연결된 데이터로 시각화 보고서를 작성하는 가장 중요한 작업을 Power BI Desktop에서 진행한다. Power BI Desktop에서 작성된 콘텐츠를 저장하면 확장자가 '.pbix'인 Power BI Desktop 파일이 생성된다.

2 Power BI Desktop의 버전

Power BI는 매달 업데이트된다. 따라서 시험에 사용되는 프로그램 버전을 확인하고 해당 버전의 프로그램을 사용하여 실기 시험을 준비해야 한다. 2024년 '경영정보시각화능력' 실기시험에 사용되는 Power BI Desktop의 버전은 2.124.1554.0, 릴리즈 일자는 2024년 1월 8일이다. Power BI Desktop은 다음 링크를 통해 다운로드할 수 있다. 시험이 진행되면서 프로그램 버전이 변경될 경우 '대한상공회의소자격평가사업단' 홈페이지의 공지사항을 참고한다.

https://license.korcham.net/customer/noticeview.do?num=228166&pg=1&word=&search=

> **참고**
>
> 시험과 별개로 최신 버전의 Power BI Desktop을 다운로드하고자 하는 경우 다음 링크를 통해 다운로드할 수 있다. 기존 버전을 최신 버전으로 업데이트하고자 하는 경우 최신 버전 프로그램을 다운로드하여 재설치하면 된다.
>
> https://www.microsoft.com/en-us/download/details.aspx?id=58494

3 Power BI Desktop의 화면 구성

설치가 완료된 후 실행한 Power BI Desktop의 모습은 다음과 같다.

리본 메뉴
축소/확장

구성 요소	설명
❶ 리본 메뉴	보고서 및 시각화와 관련된 메뉴 제공
❷ [보고서 보기] 아이콘	시각화를 만드는 보고서 화면 표시
❸ [테이블 뷰] 아이콘	연결된 데이터 테이블의 데이터 표시
❹ [모델 보기] 아이콘	데이터 모델 표시
❺ 보고서 페이지 탭	[보고서 보기] 화면일 때 보고서의 페이지 표시 및 추가
❻ [필터] 창	필터링할 필드를 추가한 후 조건을 설정하여 시각적 개체 및 페이지 필터
❼ [시각화] 창	데이터를 시각화하는 시각적 개체(차트 유형) 선택, 필드 추가, 서식 지정 및 추가 분석 수행
❽ [데이터] 창	데이터 모델의 테이블 및 필드 표시

4 Power BI Desktop의 분석 프로세스

일반적인 Power BI Desktop의 분석 프로세스는 다음과 같다.

데이터 가져오기	데이터 전처리	데이터 모델링	데이터 시각화
• 분석할 데이터 연결 • 시험에서는 주로 CSV Excel 파일을 원본으로 사용할 것으로 예상 • Module 02 참고	• 파워 쿼리 편집기를 사용하여 분석에 적합한 형태로 데이터를 편집 • Module 03 참고	• 테이블 간의 관계를 설정하고 보고서 작성을 위한 준비 작업(서식 지정, 정렬, 데이터 범주, 계층 구조 생성 등) 수행 • Module 04 참고	• 다양한 시각적 개체(차트 유형)를 사용하여 데이터에서 빠르게 인사이트를 파악할 수 있도록 데이터 시각화 • Module 06 참고

데이터 가져오기

Power BI Desktop의 첫 번째 작업은 '데이터 가져오기'이다. Power BI는 파일, 데이터베이스, 웹, 온라인 서비스 등 다양한 데이터 원본을 연결할 수 있다. 그러나 시험 문제에서는 엑셀 파일, 텍스트 파일(*.csv, *.txt) 등 파일을 원본으로 사용한다. 단일 파일을 가져올 수도 있고 폴더 내의 여러 개 파일을 취합하여 가져올 수도 있다. 분석할 원본 데이터를 가져오는 방법을 알아보자.

예제 PB\Part 1\Module02\ 폴더의 데이터 사용

Section | 01 텍스트 파일 가져오기

CSV는 Comma–Sepreated Values의 약자로 콤마로 구분된 값인 텍스트 파일 형식이다. CSV 형식의 텍스트 파일을 가져오는 방법을 알아보자.

01 Power BI Desktop을 실행한다.

02 [홈] 탭 – [데이터] 그룹 – [데이터 가져오기]를 클릭한 후 [텍스트/CSV]를 선택한다.

03 파일이 저장된 경로로 이동한 후 [Module02\고객정보.csv] 파일을 선택하고 [열기]를 클릭한다.

> **TIP**
>
> 파일을 더블클릭하여 선택할 수도 있다.

15

04 데이터 미리 보기 화면이 나타나면 [로드]를 클릭한다.

05 화면 왼쪽의 [테이블 뷰(▥)]를 클릭하여 로드된 데이터를 확인한다.

> **참고**
>
> *.txt 형식의 텍스트 파일도 동일한 방법으로 가져온다.

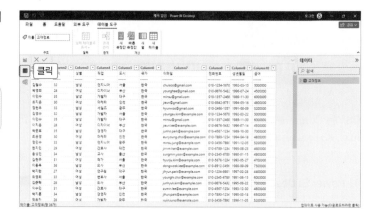

Section | 02   엑셀 파일 가져오기

현업에서 가장 많이 사용하는 엑셀 파일(*.xlsx)을 가져오는 방법을 알아보자.

01 [홈] 탭 – [데이터] 그룹 – [Excel 통합 문서]를 클릭한다.

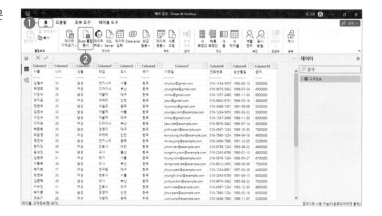

02 파일이 저장된 경로로 이동한 후 [Module02\제품판매현황.xlsx] 파일을 선택하고 [열기]를 클릭한다.

03 [탐색 창]에서 [Sheet1]을 선택하고 [로드]를 클릭한다.

04 [테이블 뷰(▦)]를 클릭하여 로드된 데이터를 확인한다.

05 [데이터] 창에서 [Sheet1]을 더블클릭한 후 '판매현황'을 입력하여 테이블 이름을 변경한다.

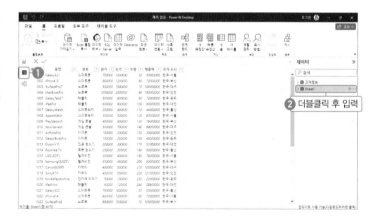

06 변경된 테이블 이름을 확인한다.

여러 개의 CSV 파일 취합하기

Power BI는 폴더에 저장된 여러 개의 파일을 취합하여 데이터를 분석할 수도 있다. 폴더에 저장된 여러 개의 CSV 파일의 경우 [결합 및 로드] 명령을 사용해 한 번의 클릭만으로 취합할 수 있다. 폴더에 저장된 여러 개의 CSV 파일을 취합하는 방법을 알아보자.

01 [홈] 탭 – [데이터] 그룹 – [데이터 가져오기]를 클릭한 후 [자세히...]를 클릭한다.

02 [데이터 가져오기] 창이 나타나면 [폴더]를 선택하고 [연결]을 클릭한다.

03 [폴더] 창이 나타나면 [찾아보기]를 클릭
한다.

04 [폴더 찾아보기] 창이 나타나면 [Module
02\전국문화축제표준데이터] 폴더를 선택
한 후 [확인]을 클릭한다.

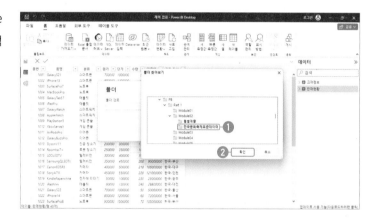

05 [폴더] 창이 다시 나타나면 [확인]을 클
릭한다.

06 파일 미리 보기 화면이 나타나면 [결합] – [결합 및 로드]를 선택한다.

07 [파일 병합] 창이 나타나면 [확인]을 클릭한다.

08 [데이터] 창에서 <전국문화축제표준데이터> 테이블을 선택하여 로드된 데이터를 확인한다.

여러 개의 엑셀 파일 취합하기

이번엔 폴더에 저장된 여러 개의 엑셀 파일을 취합하는 방법을 알아본다. 엑셀 파일은 여러 개의 시트와 셀 범위로 구성된 데이터를 취합해야 해서 CSV 보다는 조금 더 복잡한 취합 단계를 거쳐야 한다. 하지만 반복 학습을 통해 작업 단계가 익숙해지면 어렵지 않게 데이터 취합을 진행할 수 있다.

01 [홈] 탭 – [데이터] 그룹 – [데이터 가져오기]의 아이콘 부분을 클릭한다.

> **참고**
>
> [데이터 가져오기]의 아이콘 부분을 클릭하는 것은 [데이터 가져오기]를 클릭한 후 [자세히]를 클릭하는 것과 수행 결과가 같다.

02 [데이터 가져오기] 창이 나타나면 [폴더]를 선택하고 [연결]을 클릭한다.

03 [폴더] 창이 나타나면 [찾아보기]를 클릭한다.

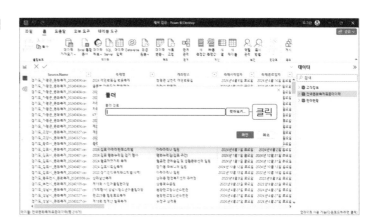

04 [Module02\월별매출] 폴더를 선택한 후 [확인]을 클릭한다.

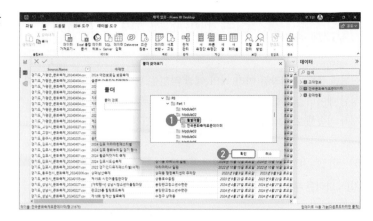

05 [폴더] 창이 다시 나타나면 [확인]을 클릭한다.

06 폴더에 저장된 파일 목록이 표시되면 [데이터 변환]을 클릭한다.

참고

[데이터 변환]을 통해 취합할 데이터가 저장된 엑셀 파일 내의 시트와 데이터 범위를 선택하고 분석에 적합한 형태로 편집하는 작업을 수행한다.

07 데이터 변환 작업을 수행할 파워 쿼리 편집기가 실행되고 폴더에 있는 파일들의 속성 정보(파일명, 형식, 처리일, 수정일, 생성일, 파일 경로 등)가 표시된다. [Content] 열의 ⊞(파일 병합)을 클릭한다.

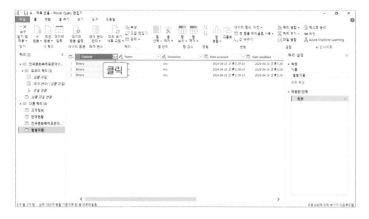

08 [파일 병합] 창이 나타나면 '매개 변수2[1]'을 선택하고 [확인]을 클릭한다.

> **참고**
>
> '매개 변수2[1]'의 이름은 작업을 반복 수행한 경우 다르게 표시될 수도 있다.

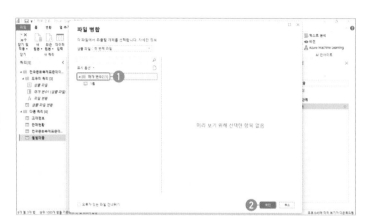

09 각 시트에서 취합할 데이터만 남기고 불필요한 시트 정보를 제거해 보자. 각 엑셀 파일의 시트 정보가 표시되면 [Data] 열에서 마우스 오른쪽 버튼을 클릭한 후 [다른 열 제거]를 선택한다.

> **참고**
>
> 지시선 표시를 간략히 하기 위해 '마우스 오른쪽 버튼 클릭'을 '우클릭'으로 표시하였다.

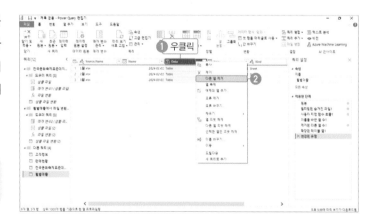

10 각 데이터 테이블을 확장하기 위해 [Data] 열의 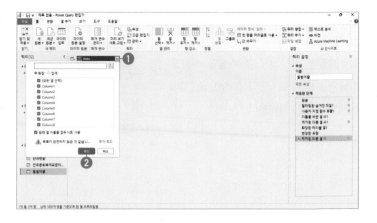 를 클릭한 후 [확인]을 클릭 한다.

11 각 엑셀 파일의 시트에 저장된 데이터가 한 테이블로 취합된 것을 확인한 후 첫 행을 필드명(열 머리글)으로 설정하기 위해 [홈] 탭 – [변환] 그룹 – [첫 행을 머리글로 사용] 을 클릭한다.

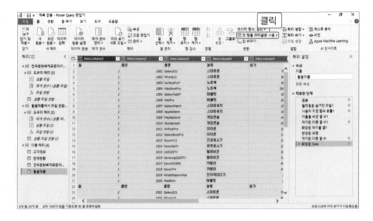

12 데이터 중간에 삽입되어 있는 두 번째, 세 번째 파일의 필드명을 필터링하여 제거 하기 위해 [분류] 열의 ▾(필터 단추)를 클릭 한 후 [분류]의 체크를 해제하고 [확인]을 클 릭한다.

> **참고**
>
> 지금은 [분류] 열에서 필터를 수행했으나, 시험에서는 지시사항에 따라 지정된 필드에 서 필터를 수행해야 한다.

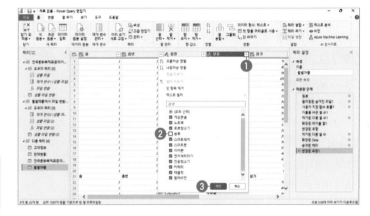

13 이번에는 각 열의 데이터 형식을 설정해야 한다. [월] 필드명의 ▒을 클릭한 후 [정수]를 선택한다.

참고

여기서는 데이터의 특성에 따라 임의로 데이터 형식을 설정했지만, 시험에서는 지시 사항에 따라 설정한다.

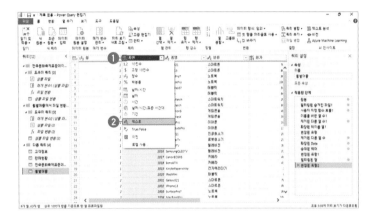

14 [품번] 필드명의 ▒을 클릭한 후 [텍스트]를 선택한다.

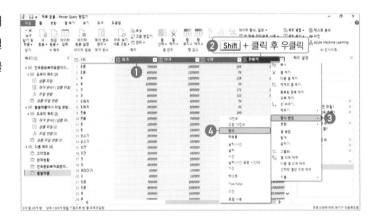

15 [원가] 열을 클릭하고 Shift 키를 누른 채 [판매액] 열을 클릭하여 선택한다. 선택된 열 중 임의의 열에서 마우스 오른쪽 버튼을 클릭한 후 [형식 변경] – [정수]를 선택한다.

16 테이블 이름을 변경하기 위해 오른쪽 [쿼리 설정] 창의 이름 속성을 드래그하여 선택한 후 '매출내역'을 입력하고 Enter 키를 누른다.

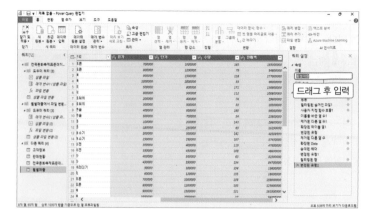

17 변경한 테이블 이름을 확인한 후 데이터 변환 작업을 마치기 위해 [홈] 탭 – [닫기] 그룹 – [닫기 및 적용]을 클릭하면 파워 쿼리 편집기가 종료된다.

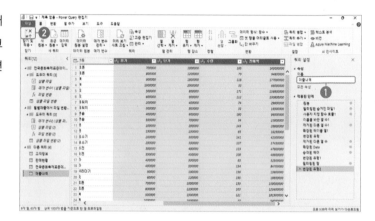

18 Power BI Desktop으로 돌아와 왼쪽의 [테이블 뷰(▦)]를 클릭한 후 [데이터] 창에서 <매출내역> 테이블을 선택하여 취합된 데이터를 확인한다.

데이터 전처리

Power BI Desktop은 데이터를 분석에 적합한 형태로 변환(Shaping)하는 파워 쿼리 편집기를 제공한다. 데이터 변환은 데이터 형식 설정, 열(필드) 이름 변경, 행 제거, 열 제거, 열 분할, 열 병합, 값 바꾸기, 열 피벗 해제, 첫 행을 머리글로 설정하는 등 다양한 데이터 편집 작업을 의미한다. 파워 쿼리 편집기에서는 데이터 변환뿐만 아니라 둘 이상의 데이터를 하나로 병합하거나 추가하여 데이터를 결합하는 작업도 가능하다. 데이터를 변환, 병합, 추가해도 원본 데이터는 영향을 받지 않는다. 이번 모듈에서는 파워 쿼리 편집기를 사용하여 분석에 적합한 형태로 데이터를 편집하는 방법을 알아본다.

예제 PB\Part 1\Module03\ 폴더의 데이터 사용

Section | 01 **파워 쿼리 편집기 실행 및 화면 구성**

파워 쿼리(Power Query) 편집기를 사용하여 데이터를 전처리하는 방법을 본격적으로 학습하기 전에 파워 쿼리 편집기를 실행하고 종료하는 방법과 파워 쿼리 편집기의 화면 구성을 살펴보자.

1 파워 쿼리 편집기 실행 및 종료

파워 쿼리 편집기를 실행하고 종료하는 방법을 알아보자.

01 [Module03\M03_1.pbix] 파일을 연다.

02 Power BI Desktop 화면에서 [홈] 탭 – [쿼리] 그룹 – [데이터 변환]을 클릭한 후 [데이터 변환]을 선택한다.

> **TIP**
> [데이터 변환] 아이콘 부분을 클릭하여 명령을 실행할 수도 있다.

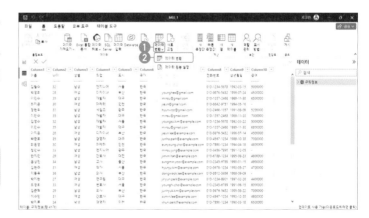

03 파워 쿼리 편집기가 실행되면 데이터 변환 작업을 진행한다. 자세한 변환 작업은 다음 Section부터 다룬다.

04 편집 작업이 완료되면 [홈] 탭 – [닫기] 그룹 – [닫기 및 적용]의 아이콘 부분을 클릭하면 파워 쿼리 편집기가 종료된다.

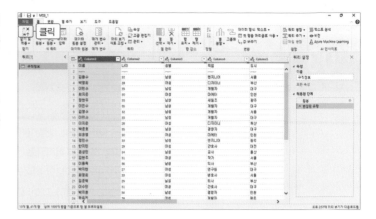

데이터 원본 설정

Power BI Desktop 파일에 연결된 데이터 원본의 경로가 변경된 경우 파워 쿼리 편집기를 실행하면 파일을 찾을 수 없다는 오류 메시지가 표시된다.

이런 경우 파워 쿼리 편집기를 종료한 후 원본 파일의 경로를 찾아 데이터 원본을 변경하면 된다. Power BI Desktop에서 [홈] 탭 – [쿼리] 그룹 – [데이터 변환] – [데이터 원본 설정]을 클릭한 후 [데이터 원본 설정] 창에서 [원본 변경...]을 클릭하고 변경할 원본 파일을 찾아 선택한다.

단, 시험에서는 데이터 원본을 변경하거나 데이터를 새로 고침하는 문제는 출제되지 않는다.

2 파워 쿼리 편집기의 화면 구성

피워 쿼리 편집기를 조금 더 쉽게 이해할 수 있도록 화면 구성 요소를 알아보자.

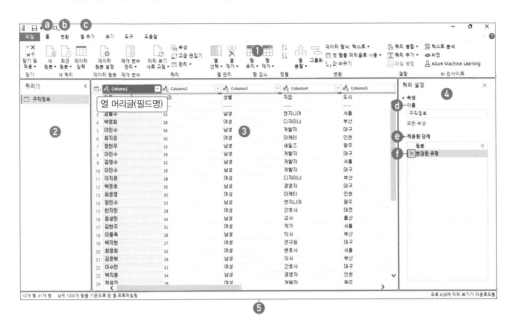

구성 요소	설명
❶ 리본 메뉴	보고서 및 시각화와 연결된 데이터 원본을 편집하는 다양한 명령 제공
	ⓐ [홈] 탭: 데이터 원본 설정, 행 및 열 편집, 데이터 결합과 관련된 메뉴 제공
	ⓑ [변환] 탭: 데이터 편집의 결과로 원본 데이터가 변환되는 메뉴 제공
	ⓒ [열 추가] 탭: 데이터 편집의 결과로 새 열이 추가되는 메뉴 제공
❷ [쿼리] 창	연결된 데이터 원본(쿼리) 목록 표시 및 선택
❸ 쿼리 데이터	• 쿼리 데이터를 표시하며, 쿼리 작업의 대부분이 수행되는 화면
	• 열 머리글(필드명)에서 마우스 오른쪽 버튼을 클릭하면 리본 메뉴에서 제공하는 다양한 메뉴가 단축 메뉴로 나타나 손쉽게 사용할 수 있음
❹ [쿼리 설정] 창	• 쿼리 이름과 쿼리 편집 작업 시 수행한 작업 단계 표시
	ⓓ [속성]의 [이름]에서 쿼리 이름(테이블 이름)을 수정
	ⓔ [적용된 단계]에서 작업 단계 확인 및 삭제, 편집, 순서 조정 등의 작업 가능
	ⓕ 파워 쿼리 편집기에서는 수행한 작업을 취소하려면 [적용된 단계]의 작업 목록 앞에 표시되는 ✕ 를 클릭(Ctrl + Z 키를 눌러 실행 취소할 수 없음)
❺ 상태 표시줄	실행 시간, 총 열 및 행, 처리 상태 등 쿼리에 대한 정보 표시

[홈] 탭의 도구를 사용한 데이터 전처리

파워 쿼리 편집기의 [홈] 탭에는 데이터 원본을 설정하거나 새로 고침을 하고 열 및 행의 편집, 쿼리 병합, 쿼리 추가 등을 사용한 데이터 결합, AI를 활용한 분석 기능 등이 제공된다. 이 중 원본 데이터의 설정 및 새로 고침, AI 기능은 출제 대상이 아니다. [홈] 탭에서 제공되는 메뉴를 사용하여 데이터를 편집해 보자.

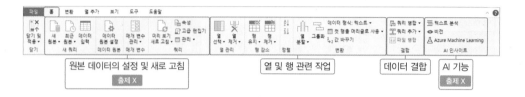

1 데이터 편집

01 [Module03\M03_1.pbix] 파일을 연다.

02 [홈] 탭 – [쿼리] 그룹 – [데이터 변환]을 클릭하여 파워 쿼리 편집기를 실행한다.

▪ 첫 행을 머리글로 사용

03 파워 쿼리 편집기에서 첫 행을 열 머리글로 설정하기 위해 [홈] 탭 – [변환] 그룹 – [첫 행을 머리글로 사용]을 클릭한다. 첫 번째 행의 데이터가 열 머리글로 적용된 것을 확인한다(04의 이미지 참고).

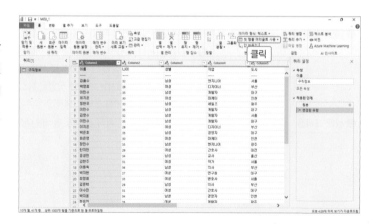

▪ 상위 행 제거

04 첫 번째 행을 삭제하기 위해 [홈] 탭 – [행 감소] 그룹 – [행 제거]를 클릭한 후 [상위 행 제거]를 클릭한다.

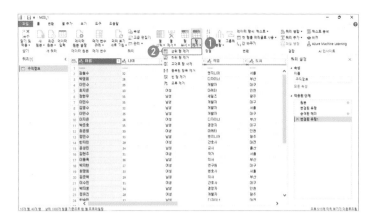

05 [상위 행 제거] 창이 나타나면 [행 수]에 삭제할 행의 개수 '1'을 입력하고 [확인]을 클릭한다.

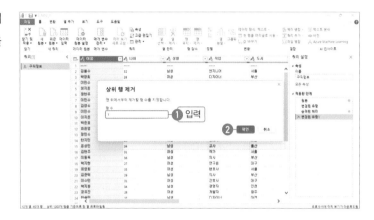

▪ 하위 행 제거

06 맨 아래 2개의 행을 제거하기 위해 [홈] 탭 – [행 감소] 그룹 – [행 제거]를 클릭한 후 [하위 행 제거]를 선택한다.

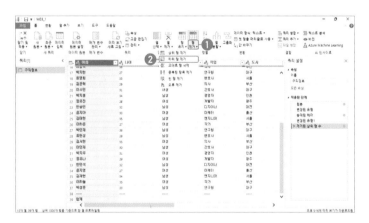

07 [하위 행 제거] 창이 나타나면 [행 수]에
'2'를 입력하고 [확인]을 클릭한다.

▪ 열 제거

08 분석에 불필요한 열(국가, 전화번호, 생
년월일)을 삭제하기 위해 [국가] 열을 클릭하
고 [Ctrl] 키를 누른 채 [전화번호] 열과 [생년
월일] 열을 클릭하여 선택한다.

09 [홈] 탭 – [열 관리] 그룹 – [열 제거]를 클
릭한 후 [열 제거]를 선택한다.

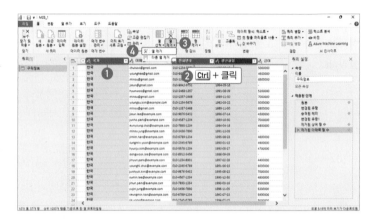

TIP

열 제거하기

• 열 머리글을 클릭하여 열을 선택하고 [Delete] 키를 누르거나 열 머리글에서
  마우스 오른쪽 버튼을 클릭한 후 [열 제거] 메뉴를 사용해 열을 삭제할 수
  도 있다.

• 선택한 열만 남기고 나머지 열을 모두 삭제할 때는 [다른 열 제거] 명령을
  사용한다.

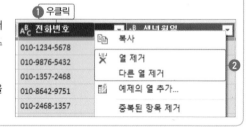

■ 열 분할

10 [이메일] 열을 @ 기호를 기준으로 분할하기 위해 [이메일] 열에서 마우스 오른쪽 버튼을 클릭한 후 [열 분할] – [구분 기호 기준]을 선택한다.

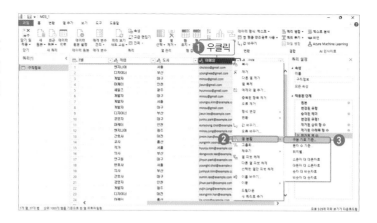

11 [구분 기호에 따라 열 분할] 창이 나타나면 [구분 기호 선택 또는 입력]에서 '--사용자 지정--'을 선택하고 '@'를 입력한 후 [다음 위치에 분할]에서 '맨 왼쪽 구분 기호에서'를 선택한 다음 [확인]을 클릭한다. [이메일] 열이 [이메일.1]과 [이메일.2] 열로 분할된 것을 확인한다.

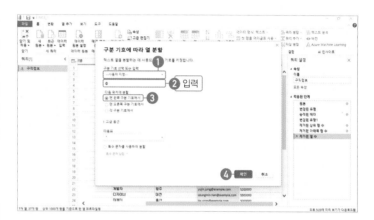

> **참고**
>
> 지금은 데이터에 @ 기호가 한 개만 있기 때문에 [다음 위치에 분할]에서 어떤 옵션을 설정해도 동일한 결과가 나온다.

TIP

열 분할 옵션

옵션	설명
구분 기호 기준	특정 구분 기호(쉼표, 공백 등)를 기준으로 열 분할
문자 수 기준	지정한 문자 수만큼 열 분할
위치별	특정 위치를 기준으로 열 분할(위치는 0부터 시작) 예 0,6,14 　　0(0~5: 첫 번째 문자부터 6글자) 　　6(6~13: 7번째 문자부터 8글자) 　　14(14~끝: 15번째 문자부터 끝까지)
소문자 대 대문자로	소문자와 대문자가 바뀌는 지점을 기준으로 열 분할
대문자 대 소문자로	대문자와 소문자가 바뀌는 지점을 기준으로 열 분할
숫자 대 비숫자로	숫자와 비숫자가 바뀌는 지점을 기준으로 열 분할
비숫자 대 숫자로	비숫자와 숫자가 바뀌는 지점을 기준으로 열 분할

▪ 열 머리글(필드명) 수정

12 [이메일.1] 열 머리글을 더블클릭한 후 '아이디'를 입력하고 Enter 키를 누른다.

13 [이메일.2] 열 머리글을 더블클릭한 후 '도메인'을 입력하고 Enter 키를 누른다.

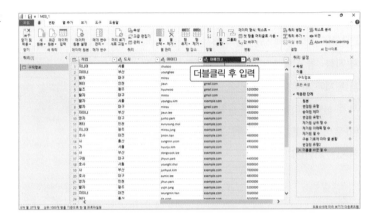

▪ 값 바꾸기

14 [성별] 열의 '남성'을 '남', '여성'을 '여'로 바꾸기 위해 [성별] 열에서 마우스 오른쪽 버튼을 클릭한 후 [값 바꾸기]를 선택한다.

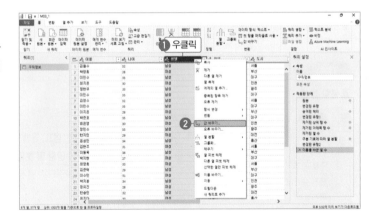

15 [값 바꾸기] 창이 나타나면 [찾을 값]에 '남성', [바꿀 항목]에 '남'을 입력하고 [확인]을 클릭한다.

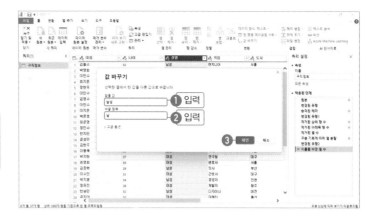

16 이번엔 [홈] 탭 – [변환] 그룹 – [값 바꾸기]를 클릭한 후 [값 바꾸기] 창이 나타나면 [찾을 값]에 '여성', [바꿀 항목]에 '여'를 입력하고 [확인]을 클릭한다.

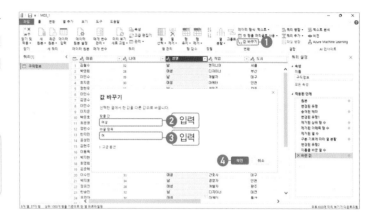

• [쿼리 설정] 창의 [적용된 단계]에는 파워 쿼리 편집기에서 수행한 작업 단계가 자동으로 저장된다. 작업 단계 오른쪽 끝의 ⚙(설정)을 클릭하여 작업 단계를 편집할 수 있다.

• 작업 단계에서 마우스 오른쪽 버튼을 클릭하면 나타나는 단축 메뉴를 통해 작업 단계의 이름을 바꾸거나 삭제, 순서 조정 등의 관리 작업을 수행할 수 있다.

■ 데이터 형식 설정

17 [나이] 열의 데이터 형식을 정수로 설정하기 위해 [나이] 열 머리글의 ▲_C(텍스트)를 클릭한 후 [정수]를 선택한다.

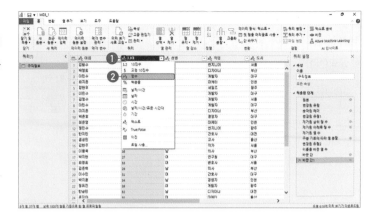

18 숫자 형식이 적용되면서 데이터가 오른쪽 맞춤된 것을 확인한다.

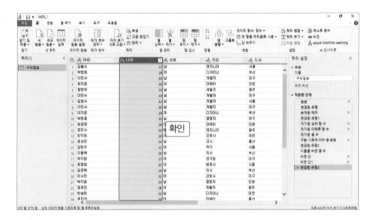

19 [급여] 열의 데이터 형식을 10진수로 설정하기 위해 [급여] 열 머리글에서 마우스 오른쪽 버튼을 클릭한 후 [형식 변경] - [10진수]를 선택한다.

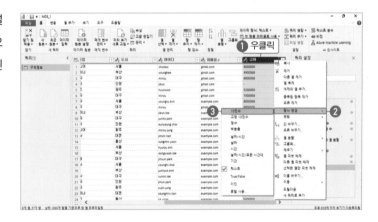

▪ 오류 바꾸기

20 [급여] 열의 데이터 형식이 숫자로 변경되면서 '-' 문자 데이터에 오류가 발생해 'Error'로 표시된다. Error를 0으로 변경하기 위해 [급여] 열 머리글에서 마우스 오른쪽 버튼을 클릭한 후 [오류 바꾸기]를 선택한다.

TIP

[오류 바꾸기]는 [변환] 탭 – [열] 그룹 – [값 바꾸기]의 ▾를 클릭한 후 [오류 바꾸기] 메뉴를 사용해도 된다.

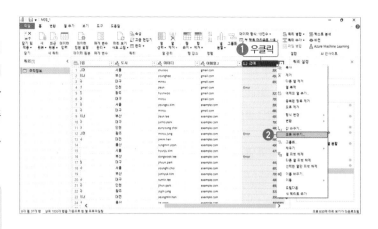

21 [오류 바꾸기] 창이 나타나면 [값]에 '0'을 입력한 후 [확인]을 클릭한다.

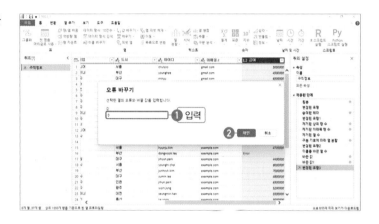

22 Error가 0으로 변경된 것을 확인한다.

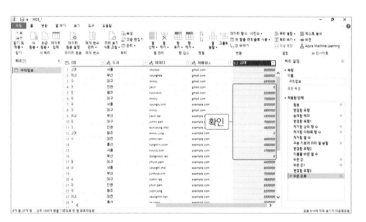

▪ 중복된 항목 제거

23 3, 6행의 데이터는 [이름], [나이], [직업]
이 동일해 중복된 데이터로 판단하여 삭제하
기 위해 [이름] 열을 클릭한 후 Ctrl 키를 누
른 채 [나이], [직업] 열을 클릭하여 선택한다.

24 선택한 열 중 임의의 열 머리글에서 마우
스 오른쪽 버튼을 클릭한 후 [중복된 항목 제
거]를 선택한다.

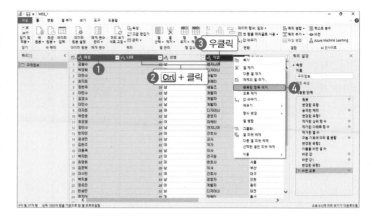

▪ 분석에 필요한 데이터만 남기기

분석에 불필요한 데이터를 파워 쿼리 편집
기에서 필터링을 통해 걸러낼 수 있다. [직
업]이 '개발자'이고, [급여]가 600만원 이하
인 행만 필터링하기

25 [직업] 열의 □(필터 단추)를 클릭하고
[(모두 선택)]을 클릭해 모든 조건을 해제한
후 [개발자]를 클릭한 다음 [확인]을 클릭한다.

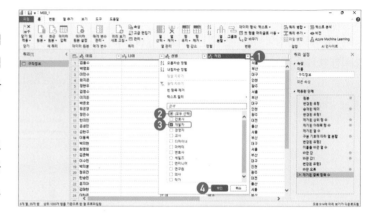

26 [급여]가 600만원 이하인 데이터만 필터
링하기 위해 [급여] 열의 □(필터 단추)를 클
릭한 후 [숫자 필터] - [보다 작음]을 선택한다.

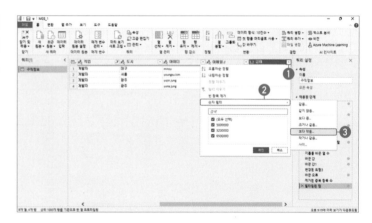

27 [행 필터] 창의 조건 입력란에 '6000000'
을 입력하고 [확인]을 클릭한다.

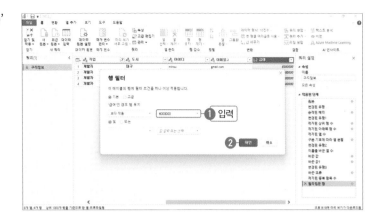

28 조건에 만족하는 데이터가 필터링된 것
을 확인한다.

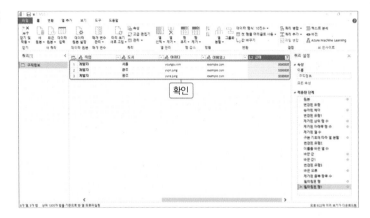

■ **이전 작업 단계로 돌아가기**

29 데이터를 필터링하기 전 두 단계 작업을
취소하기 위해 [쿼리 설정] 창의 [적용된 단
계]에서 마지막 두 단계인 [필터링된 행1]과
[필터링된 행] 앞의 ✕를 순서대로 클릭한다.

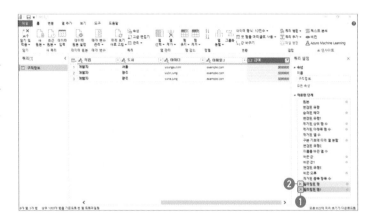

30 데이터가 원상태로 돌아온 것을 확인한다.

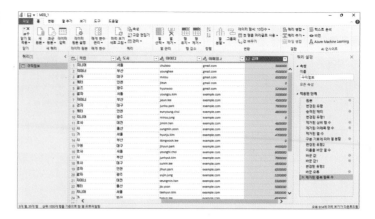

- **테이블 복제**

<구직정보> 테이블을 복제하여 데이터 그룹화 하기

31 <구직정보> 테이블을 복제하기 위해 [쿼리] 창의 <구직정보> 테이블에서 마우스 오른쪽 버튼을 클릭한 후 [복제]를 선택한다.

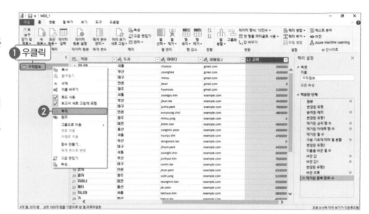

복제 vs 참조

옵션	설명
복제	• 기존 쿼리를 복사하여 독립적인 새로운 쿼리 생성 • 원본 쿼리와 별개로 동작
참조	• 기존 쿼리를 기반으로 새로운 쿼리 생성 • 원본 쿼리의 출력을 입력으로 사용하므로 원본 쿼리에 영향을 받음

32 복제된 테이블의 이름을 변경하기 위해 [쿼리] 창에서 복제된 테이블을 더블클릭한 후 '직업별통계'를 입력하고 Enter 키를 누른다.

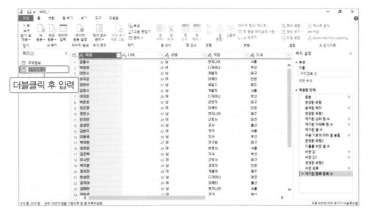

33 <직업별통계> 테이블에서 [직업], [급여] 열만 남기고 다른 열을 제거하기 위해 [직업] 열을 클릭하고 Ctrl 키를 누른 채 [급여] 열을 선택한다.

34 선택한 열 중 임의의 열 머리글에서 마우스 오른쪽 버튼을 클릭한 후 [다른 열 제거]를 선택한다.

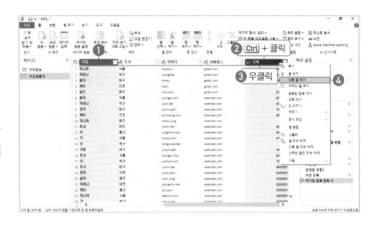

■ 데이터 그룹화

[직업] 열의 데이터를 기준으로 직업별 데이터 개수, 평균급여, 최대급여, 최소급여 등의 통계값 구하기

35 [직업] 열을 선택한 후 [홈] 탭 – [변환] 그룹 – [그룹화]를 클릭한다.

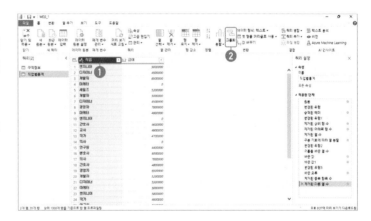

36 [그룹화] 창이 나타나면 [고급] 옵션을 설정한다.

37 [집계 추가]를 클릭한다.

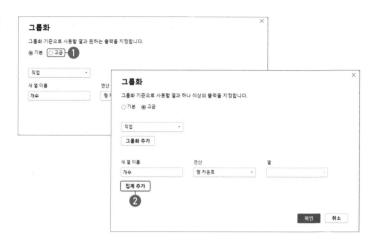

38 [새 열 이름]에 '평균급여'를 입력한 후 [연산]에 '평균', [열]에 '급여'를 선택하고 [집계 추가]를 클릭한다.

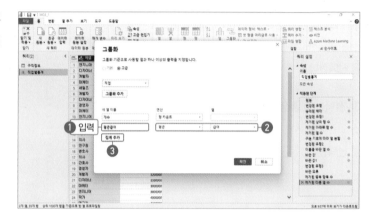

39 [새 열 이름]에 '최대급여'를 입력한 후 [연산]에 '최대값', [열]에 '급여'를 선택하고 [집계 추가]를 클릭한다.

40 [새 열 이름]에 '최소급여'를 입력한 후 [연산]에 '최소값', [열]에 '급여'를 설정하고 [확인]을 클릭한다.

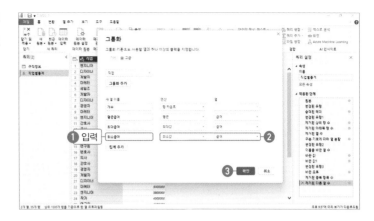

41 [직업] 열의 데이터가 그룹화되고 다양한 통계값들이 계산된 것을 확인한다.

42 쿼리 작업을 마치기 위해 [홈] 탭 – [닫기 및 적용]을 클릭해 파워 쿼리 편집기를 종료한다.

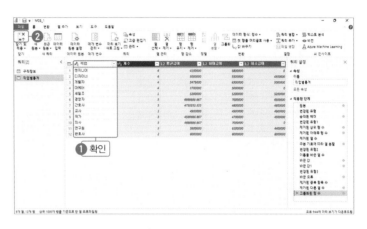

43 Power BI Desktop의 [데이터] 창에서 각 테이블을 클릭하여 작업이 완료된 데이터 테이블을 확인한다.

쿼리 병합은 두 테이블의 공통 필드의 값을 기준으로 테이블을 하나로 결합하는 기능이다. 다음 세 개의 데이터 테이블을 병합하여 결과 테이블(상세판매내역)을 작성해 보자.

	A	B	C	D	E
1	판매일	제품번호	판매처	단가	수량
2	2024-05-01	P1001	부산점	600,000	130
3	2024-05-02	P1012	광주점	250,000	150
4	2024-05-03	P1003	대구점	200,000	240
5	2024-05-03	P1012	대전점	300,000	210
6	2024-05-06	P1015	인천점	200,000	130

〈판매내역〉 테이블

	A	B	C
1	제품번호	제품명	카테고리
2	P1001	Galaxy S21	스마트폰
3	P1002	iPhone 13	스마트폰
4	P1003	Surface Pro 7	노트북
5	P1004	MacBook Pro	노트북
6	P1005	Galaxy Tab S7	태블릿

〈제품〉 테이블

	A	B	C	D
1	판매처	담당자	전화번호	주소
2	서울점	김지수	010-1234-5678	서울특별시 송파구 사직동
3	부산점	이민호	010-2345-6789	부산광역시 중구 중앙동
4	대구점	박서연	010-3456-7890	대구광역시 중구 동인동
5	인천점	최영훈	010-4567-8901	인천광역시 남구 주안동
6	광주점	정다혜	010-5678-9012	광주광역시 서구 치평동
7	대전점	송지훈	010-6789-0123	대전광역시 중구 대흥동
8	울산점	김태연	010-7890-1234	울산광역시 남구 신정동
9	제주점	홍석민	010-8259-0892	제주특별자치도 제주시 해안동

〈판매처〉 테이블

▼

판매일 ↑	제품번호	판매처	담당자	전화번호	단가	수량	제품명	카테고리
			홍석민	010-8259-0892				
2024-05-01	P1001	부산점	이민호	010-2345-6789	600000	130	Galaxy S21	스마트폰
2024-05-01	P1001	부산점	김태연	010-7890-1234	600000	130	Galaxy S21	스마트폰
2024-05-02	P1012	광주점	정다혜	010-5678-9012	250000	150	Galaxy Buds Pro	이어폰
2024-05-03	P1003	대구점	박서연	010-3456-7890	200000	240	Surface Pro 7	노트북
2024-05-03	P1012	대전점	송지훈	010-6789-0123	300000	210	Galaxy Buds Pro	이어폰

〈상세판매내역〉 테이블

01 [Module03\M03_2.pbix] 파일을 연다.

■ 데이터 가져오기

02 병합할 원본 데이터를 가져오기 위해 [홈] 탭 – [데이터] 그룹 – [Excel 통합 문서]를 클릭한다.

03 [Module03\쿼리병합.xlsx] 파일을 선택하고 [열기]를 클릭한다.

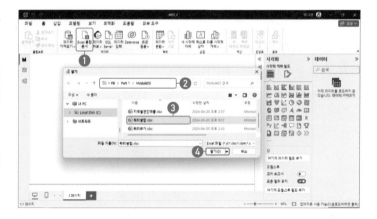

04 [탐색 창]이 나타나면 <제품>, <판매내역>, <판매처> 테이블을 선택한 후 [데이터 변환]을 클릭한다.

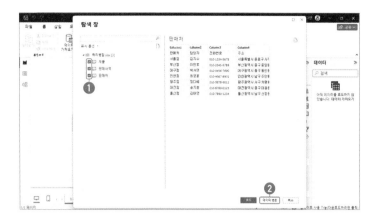

05 파워 쿼리 편집기가 실행되면 [쿼리] 창에서 <판매처> 테이블을 선택한다. 첫 행을 열 머리글로 설정하기 위해 [홈] 탭 – [변환] 그룹 – [첫 행을 머리글로 사용]을 클릭한다.

06 <제품> 테이블의 [제품번호] 열의 데이터 앞에 'P'를 추가하기 위해 [쿼리] 창에서 <제품> 테이블을 선택하고 [제품번호] 필드를 선택한 후 [변환] 탭 – [텍스트] 그룹 – [서식]을 클릭한 다음 [접두사 추가]를 선택한다.

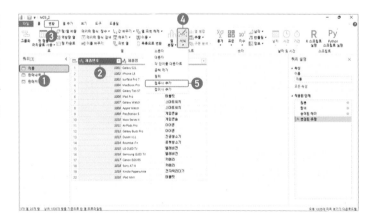

TIP

[서식] 옵션

소문자
대문자
각 단어를 대문자로
공백 제거
정리

접두사 추가
접미사 추가

옵션	설명
소문자	텍스트를 모두 소문자로 변환
대문자	텍스트를 모두 대문자로 변환
각 단어를 대문자로	각 단어의 첫 글자를 대문자로 변환
공백 제거	텍스트에서 불필요한 공백을 제거
정리	중복된 공백을 하나의 공백으로 줄임
접두사 추가	텍스트의 앞에 지정된 접두사 추가
접미사 추가	텍스트의 끝에 지정된 접미사 추가

07 [접두사] 창의 [값]에 'P'를 입력한 후 [확인]을 클릭한다.

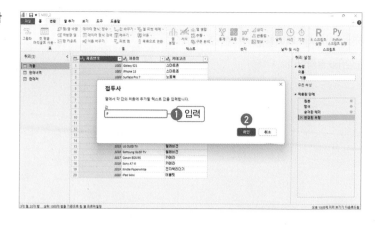

08 [제품번호] 데이터 앞에 접두사 'P'가 추가된 것을 확인한다.

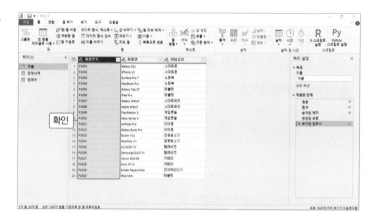

■ <판매내역> 테이블과 <제품> 테이블을 병합해 새 쿼리 만들기

09 [쿼리] 창에서 <판매내역> 테이블을 선택하고 [홈] 탭 – [결합] 그룹 – [쿼리 병합]의 ▪을 클릭한 후 [쿼리를 새 항목으로 병합]을 선택한다.

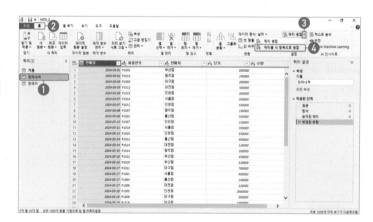

TIP

쿼리 병합 메뉴 살펴보기

- **쿼리 병합**: 현재 화면에 보이는 테이블에 병합 결과가 반영된다.
- **쿼리를 새 항목으로 병합**: 원본 테이블은 보존하고 두 테이블을 병합한 새 쿼리가 생성된다.

10 [병합] 창이 나타나면 두 번째 목록을 클릭하고 <제품> 테이블을 선택한다. <판매내역> 테이블의 [제품번호] 열, <제품> 테이블의 [제품번호] 열을 클릭하여 선택한다. [조인 종류]에서 '왼쪽 외부(첫 번째의 모두, 두 번째의 일치하는 행)'을 선택하고 [확인]을 클릭한다.

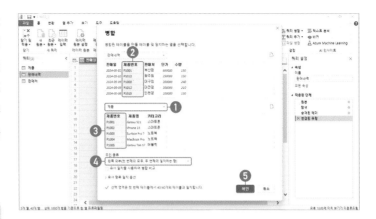

TIP

두 테이블의 일치하는 열을 두 개 이상 선택하는 경우 첫 번째 열을 클릭한 후 Ctrl 키를 누른 채 다른 열을 클릭하여 선택한다.

참고

조인 종류

데이터 병합을 위해 선택한 각 테이블의 열을 조인하는 방식을 선택하는 옵션이다.

예를 들어, <제품> 테이블에는 판매하는 모든 제품의 정보(20개)가 저장되어 있다. 이 제품 중 실제 판매된 제품은 15가지 제품이다. '왼쪽 외부'를 사용하여 데이터를 병합하면 <판매내역> 테이블에 있는 15가지 [제품번호]와 일치하는 <제품> 테이블의 제품 정보가 결과로 표시된다. '오른쪽 외부'를 사용하여 데이터를 병합하면 <판매내역>에는 없더라도 <제품> 테이블의 모든 데이터가 포함된 병합 테이블이 생성된다.

조인 종류	설명
왼쪽 외부	첫 번째 테이블의 모든 데이터, 두 번째 테이블의 일치하는 데이터만 병합
오른쪽 외부	두 번째 테이블의 모든 데이터, 첫 번째 테이블의 일치하는 데이터만 병합
완전 외부	두 테이블의 모든 데이터를 병합
내부	두 테이블의 일치하는 데이터만 병합
왼쪽 앤티	첫 번째 테이블에만 있는 데이터만 결과로 반환
오른쪽 앤티	두 번째 테이블에만 있는 데이터만 결과로 반환

11 <병합1> 쿼리가 생성된 것을 확인한다.

12 테이블의 오른쪽 끝에 추가된 [제품] 열 머리글의 을 클릭한 후 [제품번호]를 클릭하여 해제하고, [원래 열 이름을 접두사로 사용] 옵션을 해제한 다음 [확인]을 클릭한다.

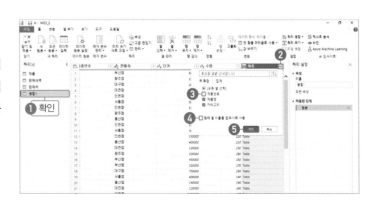

13 체크 표시되었던 [제품명], [카테고리] 필드만 병합된 것을 확인한다.

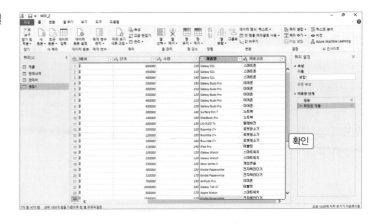

14 [쿼리 설정] 창의 [이름]에 '상세판매내역'을 입력하고 Enter 키를 누른다.

■ **<상세판매내역> 테이블에 <판매처> 테이블 병합하기**

<상세판매내역> 테이블에 <판매처> 테이블의 [담당자], [전화번호] 열 병합하기

15 [쿼리] 창에서 <상세판매내역> 테이블을 선택한 후 [홈] 탭 – [결합] 그룹 – [쿼리 병합]의 ▾을 클릭하고 [쿼리 병합]을 선택한다.

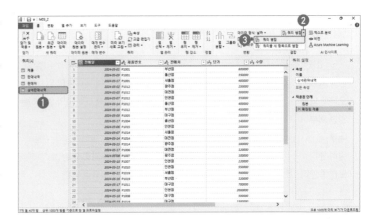

16 [병합] 창이 나타나면 두 번째 목록을 클릭하여 <판매처> 테이블을 선택한다. <상세판매내역> 테이블의 [판매서] 열을 클릭하고, <판매처> 테이블의 [판매처] 열을 클릭한 후 [조인 종류]를 '오른쪽 외부(두 번째의 모두, 첫 번째의 일치하는 행)'으로 선택한 다음 [확인]을 클릭한다.

17 [판매처.1] 열 머리글의 🔳을 클릭한 후 [주소] 열의 체크를 해제하고, [원래 열 이름을 접두사로 사용] 옵션을 해제한 다음 [확인]을 클릭한다.

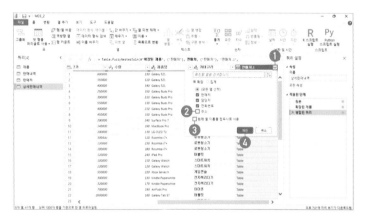

18 테이블 오른쪽 끝에 [판매처.2], [담당자], [전화번호] 열이 추가된 것을 확인한 후 화면을 아래로 스크롤하여 마지막 행에 <판매처> 테이블에만 있는 '제주점' 데이터가 추가된 것을 확인한다.

19 [판매처.2], [담당자], [전화번호] 열을 [판매처] 열 뒤로 이동하기 위해 열 머리글 부분을 [판매처] 열 까지 드래그한다.

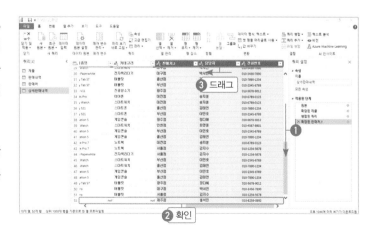

20 열 위치가 이동된 것을 확인한다.

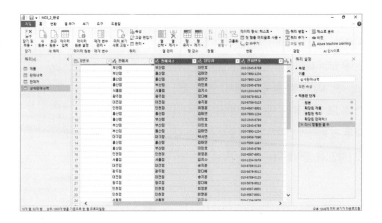

TIP

열의 위치를 왼쪽, 오른쪽, 처음, 끝 등으로 이동하기

• 방법 1: [변환] 탭 – [열] 그룹 – [이동]을 사용
• 방법 2: 열 머리글에서 마우스 오른쪽 버튼을 클릭한 후 [이동] 메뉴를 사용

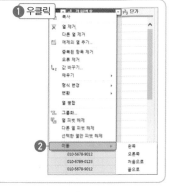

21 중복된 [판매처] 열을 정리하기 위해 [판매처] 열을 선택한 후 Delete 키를 눌러 열을 제거한다.

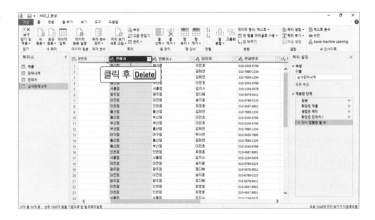

22 [판매처.2] 필드명을 더블클릭한 후 '판매처'를 입력하고 Enter 키를 눌러 필드명을 변경한다.

▪ 데이터 로드 설정

<제품>, <판매내역>, <판매처> 테이블이 로드되지 않도록 로드 사용을 해제하기

23 [쿼리] 창의 <제품> 테이블에서 마우스 오른쪽 버튼을 클릭한 후 [로드 사용]을 클릭하여 설정을 해제한다.

24 [가능한 데이터 손실 경고] 창이 표시되면 [계속]을 클릭한다.

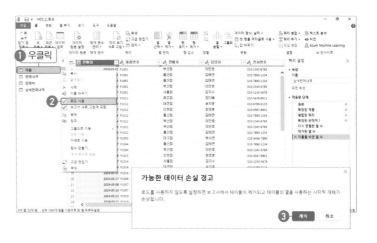

25 같은 방법으로 <판매내역>과 <판매처> 테이블도 [로드 사용]을 해제한다.

TIP

로드 사용이 해제된 테이블은 기울임꼴로 표시된다.

51

26 [홈] 탭 – [닫기] 그룹 – [닫기 및 적용]을
클릭하여 쿼리 작업을 종료한다.

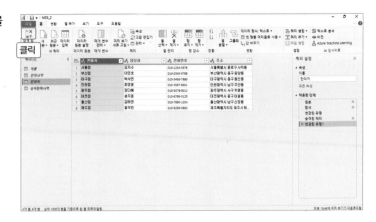

27 Power BI Desktop에서 [테이블 뷰
(▦)]를 클릭하여 병합된 테이블을 확인한다.

쿼리 추가

두 개 이상의 테이블의 데이터 행(레코드)을 하나의 테이블로 결합하는 기능을 '쿼리 추가'라고 한다. 여러 테이블의 데이터를 하나로 결합할 때는 각 테이블의 필드명이 동일해야 한다. 쿼리 추가를 통해 엑셀 파일에 있는 각 지점 데이터를 가져온 후 하나의 테이블로 결합해 보자.

	A	B	C	D	E	F	G	H
1	지점	품번	품명	분류	원가	단가	수량	판매액
2	서울점	1001	GalaxyS21	스마트폰	700,000	1,000,000	165	165,000,000
3	서울점	1002	iPhone13	스마트폰	800,000	1,200,000	79	94,800,000
4	서울점	1003	SurfacePro7	노트북	900,000	1,500,000	118	177,000,000
5	서울점	1004	MacBookPro	노트북	1,000,000	2,000,000	33	66,000,000
6	서울점	1005	GalaxyTabS7	태블릿	500,000	800,000	171	136,800,000
7	서울점	1006	iPadPro	태블릿	600,000	900,000	112	100,800,000

< > | 서울점 | 대구점 | 부산점 | +

01 [Module03\M03_3.pbix] 파일을 연다.

02 [홈] 탭 – [데이터] 그룹 – [Excel 통합 문서]를 클릭한다.

03 [Module03\쿼리추가.xlsx] 파일을 선택한 후 [열기]를 클릭한다.

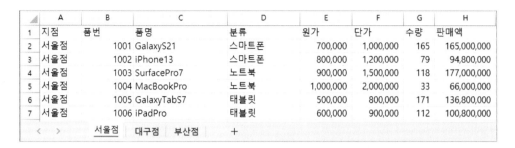

04 <대구점>을 클릭하고 Shift 키를 누른 채 <서울점>을 클릭하여 선택하고 [로드]를 클릭한다.

> **TIP**
>
> [데이터 변환]을 클릭하면 파워 쿼리 편집기로 이동하여 편집 작업을 바로 실행할 수 있다.

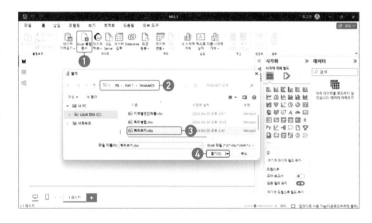

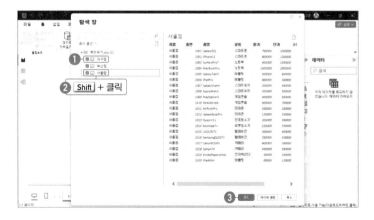

53

05 [테이블 뷰(▦)]를 클릭한 후 <대구점>, <부산점> 테이블의 열 머리글이 설정되지 않은 것을 확인한다.

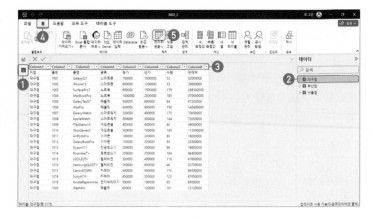

06 데이터 편집 및 추가 쿼리 작업을 위해 [홈] 탭 – [쿼리] 그룹 – [데이터 변환]을 클릭한다.

07 파워 쿼리 편집기가 실행되면 [쿼리] 창의 <대구점> 테이블이 선택된 상태에서 [홈] 탭 – [변환] 그룹 – [첫 행을 머리글로 사용]을 클릭하여 첫 행을 열 머리글로 설정한다.

> **참고**
>
> 노란색 알림 창이 표시되면 [홈] 탭 – [쿼리] 그룹 – [미리 보기 새로 고침]을 클릭한다.

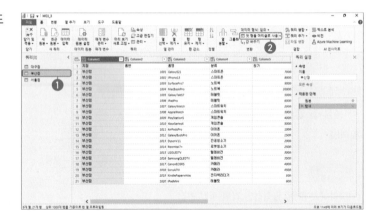

08 07과 같은 방법으로 <부산점> 테이블도 첫 행을 머리글로 설정한다.

09 [쿼리] 창에서 <서울점> 테이블을 선택한 후 [홈] 탭 – [결합] 그룹 - [쿼리 추가]의 ▣을 클릭한 후 [쿼리를 새 항목으로 추가]를 선택한다.

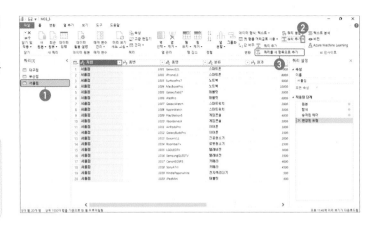

10 [추가] 창에서 [3개 이상의 테이블] 옵션을 선택하고 <대구점>을 더블클릭, <부산점>을 더블클릭하여 [추가할 테이블]에 추가한 후 [확인]을 클릭한다.

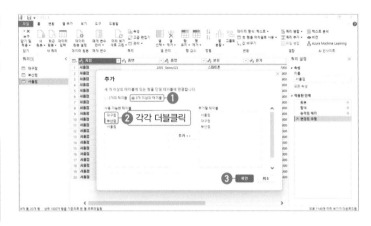

11 <추가1> 쿼리가 생성된 것을 확인한다.

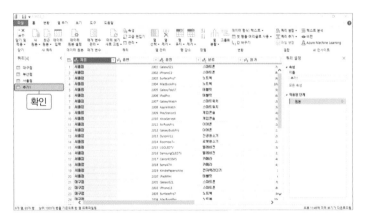

12 [쿼리 설정] 창에서 쿼리 이름을 '전지점'
으로 수정한다.

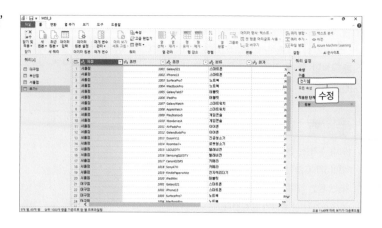

13 [쿼리] 창에서 <대구점>을 마우스 오른
쪽 버튼으로 클릭한 후 [로드 사용]을 클릭
하여 해제한다.

14 [가능한 데이터 손실 경고] 창이 나타나
면 [계속]을 클릭한다.

15 같은 방법으로 <부산점>, <서울점> 테이
블도 [로드 사용]을 해제한다.

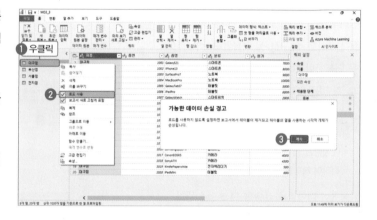

16 [홈] 탭 – [닫기] 그룹 – [닫기 및 적용]을
클릭하여 쿼리 작업을 마친다.

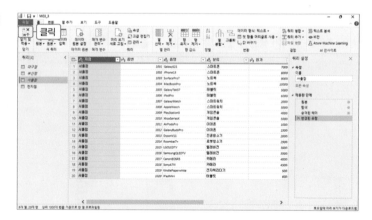

17 Power BI Desktop에서 [테이블 뷰(⊞)] 를 클릭하여 추가 쿼리가 완료된 데이터 테이블 <전지점>의 데이터를 확인한다.

변환

[변환] 탭에 있는 도구를 사용해서 데이터를 편집하면 원본 데이터가 전처리 완료된 데이터로 변환된다. 예를 들어, [추출] 명령을 사용해 데이터의 일부를 추출하는 편집을 진행하면 원본 데이터가 추출된 데이터로 바뀐다. 이는 원본 데이터가 보존되지 않는다는 의미이다. 만약 원본 데이터를 보존하고자 하는 경우 원본 열을 복제하여 작업하거나 동일 메뉴가 [열 추가] 탭에서 제공된다면 [열 추가]에 있는 명령을 사용해 작업하면 된다.

[열 추가] 탭은 다음 Section에서 자세히 설명한다. [변환] 탭에는 R 스크립트나 Python 스크립트를 실행하는 메뉴가 있지만 해당 기능은 시험 출제 대상이 아니다.

[변환] 탭에서 제공되는 메뉴를 사용하여 아래 원본 데이터를 결과와 같이 분석에 적합한 형태로 편집해 보자.

	AᵇC 지역	AᵇC 판매구분	AᵇC 연도	1.2 판매액
1	서울	온라인	'17	6710000
2	서울	온라인	'18	3620000
3	서울	온라인	'19	8700000
4	서울	온라인	'20	8690000
5	서울	온라인	'21	4320000
6	서울	온라인	'22	5480000
7	서울	온라인	'23	3330000
8	서울	온라인	'24	5070000
9	서울	오프라인	'17	8540000
10	서울	오프라인	'18	9370000
11	서울	오프라인	'19	6850000
12	서울	오프라인	'20	9600000
13	서울	오프라인	'21	8890000

참고

파워 쿼리에 대한 자세한 설명은 다음 링크를 참고하자.

https://learn.microsoft.com/ko-kr/power-query/power-query-what-is-power-query

01 [Module03\M03_5.pbix] 파일을 연다.

■ 데이터 가져오기

02 원본 데이터를 가져오기 위해 [홈] 탭 – [데이터] 그룹 – [Excel 통합 문서]를 클릭한다.

03 [Module03\변환.xlsx] 파일을 선택하고 [열기]를 클릭한다.

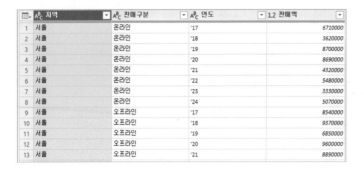

04 [탐색 창]에서 [지역별연간매출] 시트를 선택하고 [데이터 변환]을 클릭한다.

▪ 첫 행 제거

05 파워 쿼리 편집기가 실행되면 null 값인 1행을 제거하기 위해 [홈] 탭 – [행 감소] 그룹 – [행 제거]를 클릭한 후 [상위 행 제거]를 선택한다.

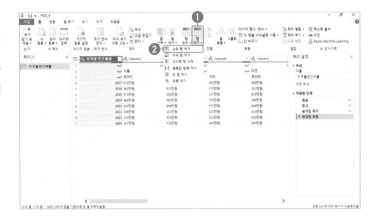

06 [상위 행 제거] 창이 나타나면 [행 수]에 '1'을 입력하고 [확인]을 클릭한다.

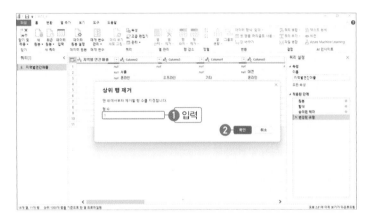

▪ 행/열 바꾸기

분석에 적합한 레이아웃이 되도록 행(연도)을 열로, 열(지역, 판매구분)을 행으로 바꾸기

07 [변환] 탭 – [표] 그룹 – [행/열 바꿈]을 클릭한다.

▪ 첫 행을 열 머리글로 설정

08 첫 행에 있는 연도를 열 머리글로 설정하기 위해 [변환] 탭 – [표] 그룹 – [첫 행을 머리글로 사용]을 클릭한다.

> **TIP**
>
> [홈] 탭 – [변환] 그룹 - [첫 행을 머리글로 사용]과 동일한 기능이다.

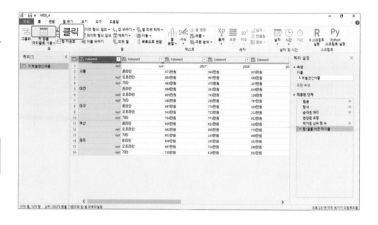

▪ 채우기

null 값을 첫 행의 데이터로 채우기

09 [Column1] 열의 null 값을 위에 있는 행의 데이터로 채우기 위해 [Column1] 열 머리글에서 마우스 오른쪽 버튼을 클릭한 후 [채우기] – [아래로]를 선택한다.

> **TIP**
>
> [변환] 탭 – [열] 그룹 – [채우기] 명령을 사용해도 된다.

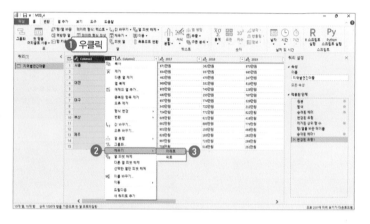

▪ 열 피벗 해제

10 [2017] 열 머리글을 클릭한 후 화면을 오른쪽 끝까지 스크롤하고 Shift 키를 누른 채 [2024] 열 머리글을 클릭하여 선택한다.

11 선택된 열 머리글에서 마우스 오른쪽 버튼을 클릭한 후 [열 피벗 해제]를 선택한다.

> **TIP**
>
> [변환] 탭 – [열] 그룹 - [열 피벗 해제]를 사용해도 된다.

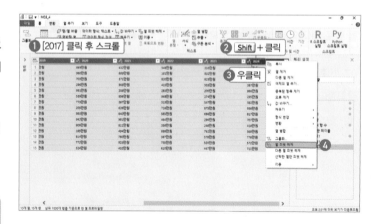

열 피벗 해제 vs 피벗 열

다음 그림과 같이 행(지역, 판매구분)과 열(연도)이 교차하는 곳에 데이터가 입력되어 있는 크로스탭 형태의 레이아웃은 데이터를 확장 가능한 방식으로 분석하기가 어렵다.

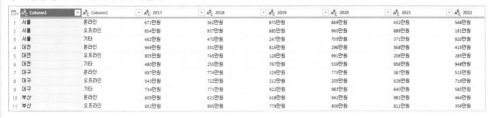

위의 데이터를 아래 그림과 같이 구조를 변환하면 분석에 더 적합한 레이아웃이 되며, 이렇게 열 머리글로 구성되어 있는 데이터를 행(데이터 값)으로 변환할 때 [열 피벗 해제]가 사용된다.

반대로 [피벗 열] 명령을 사용하면 행에 있는 데이터가 열로 변환되고 열의 각 고유 값에 대한 집계 값이 포함된 테이블을 손쉽게 작성할 수 있다. 파워 쿼리는 각 고유 값을 그룹화하고, 각 값에 대한 집계 계산을 수행하며, 열을 새 테이블로 피벗한다.

▪ 열 머리글(필드명) 변경

12 [Column1] 열 머리글(필드명)을 더블클릭한 후 '지역'을 입력하고 Enter 키를 누른다.

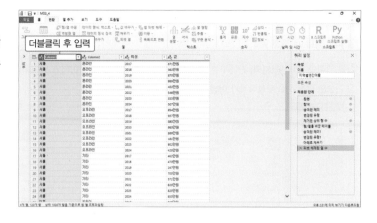

13 같은 방법으로 나머지 열 머리글도, '판매구분', '연도', '판매액'으로 변경한다.

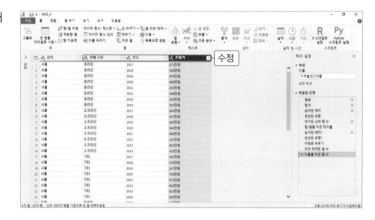

▪ 열 분할

[판매액] 열을 숫자와 비숫자로 분할하기

14 [판매액] 열을 선택하고 [변환] 탭 – [텍스트] 그룹 – [열 분할]을 클릭한 후 [숫자 대 비숫자로]를 선택한다. [판매액] 열이 사라지고 [판매액.1], [판매액.2] 열에 숫자와 비숫자로 데이터가 분할된다.

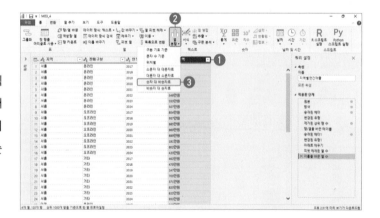

▪ 열 삭제

15 [판매액.2] 열 머리글을 선택한 후 Delete 키를 눌러 열을 삭제한다.

TIP

열 머리글에서 마우스 오른쪽 버튼을 클릭한 후 [열 제거]를 선택하여 열을 삭제할 수도 있다.

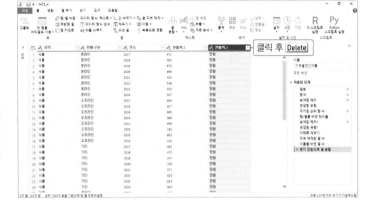

▪ 열 머리글(필드명) 변경 및 데이터 형식 설정

16 [판매액.1] 열 머리글을 더블클릭한 후 '.1'을 삭제하고 Enter 키를 눌러 필드명을 수정한다. 필드명의 ▨를 클릭한 후 [정수]를 선택한다.

▪ 산술 연산 수행

[판매액] 열의 데이터에 10000을 곱해 금액을 만 단위로 설정하기

17 [판매액] 열이 선택된 상태에서 [변환] 탭 – [숫자] 그룹 – [표준]을 클릭한 후 [곱하기]를 선택한다.

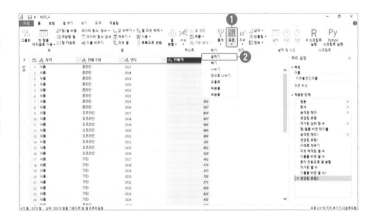

18 [곱하기] 창의 [값]에 곱할 값 '10000'을 입력한 후 [확인]을 클릭한다.

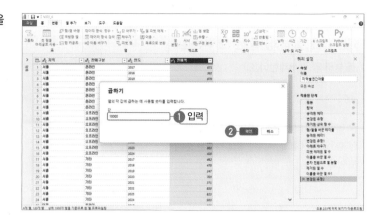

19 [판매액] 열의 데이터가 ×10000으로 업데이트된 것을 확인한다.

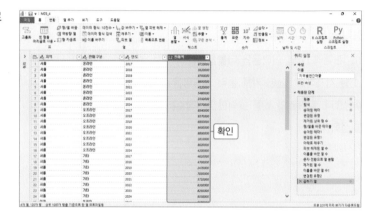

■ **추출**

[연도] 열에서 마지막 두 글자 추출하기

20 [연도] 열을 선택한 후 [변환] 탭 – [텍스트] 그룹 – [추출]을 클릭한 후 [마지막 문자]를 선택한다.

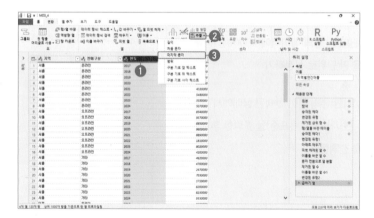

21 [마지막 문자 추출] 창의 [개수]에 추출할 문자 개수 '2'를 입력하고 [확인]을 클릭한다. [연도] 열의 데이터가 추출된 값으로 변환('2017' → '17')되어 표시된다.

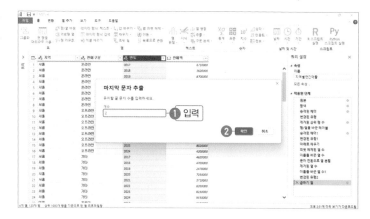

■ **접두사 추가**

[연도] 열의 데이터 앞에 '(아포스트로피) 추가하기

22 [연도] 열을 선택하고 [변환] 탭 – [텍스트] 그룹 – [서식]을 클릭한 후 [접두사 추가]를 선택한다.

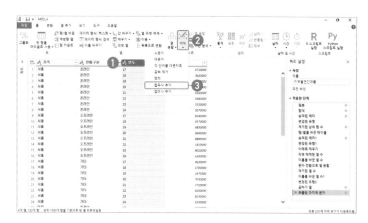

23 [접두사] 창의 [값]에 '를 입력하고 [확인]을 클릭한다.

> **TIP**
>
> '(아포스트로피)는 Enter 키 왼쪽의 '' 키를 눌러 입력한다.

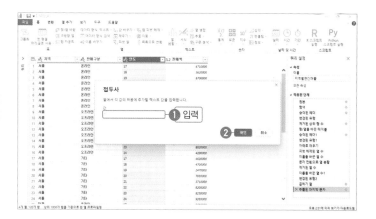

24 [연도] 열의 데이터 앞에 '가 추가된 것을
확인한다. [홈] 탭 – [닫기] 그룹 – [닫기 및 적
용]을 클릭하여 쿼리 작업을 종료한다.

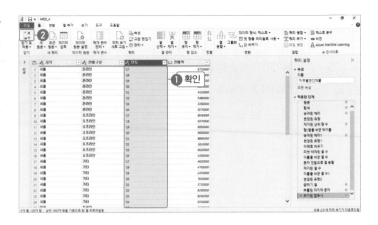

Section ı 06 **열 추가**

[열 추가] 탭에 있는 도구를 사용해서 데이터를 편집하면 원본 데이터는 그대로 보존되고 전처리된 새 열이 추가된다.
예를 들어, [열 추가] 탭에 있는 [추출] 명령을 사용해 데이터의 일부를 추출하는 편집을 진행하면 원본 데이터는 그대
로 보존되고 추출된 데이터로 구성된 새 열이 추가된다.

[열 추가] 탭의 [텍스트에서], [숫자에서], [날짜 및 시간에서] 그룹에서 제공하는 메뉴는 [변환] 탭에서도 동일하게 제공
하는데 차이점은 편집 결과가 원본 데이터를 변환하는지, 원본을 그대로 유지하고 열이 추가되는 지이다. [AI 인사이
트] 그룹의 메뉴는 시험 출제 대상이 아니다.

[열 추가] 탭의 메뉴를 사용하여 원본 데이터를 분석에 적합한 형태로 편집해 보자.

01 [Module03\M03_5.pbix] 파일을 연다.

■ **데이터 가져오기**

02 원본 데이터를 가져오기 위해 [홈] 탭 –
[데이터] 그룹 – [Excel 통합 문서]를 클릭
한다.

03 [Module03\열추가.xlsx] 파일을 선택
하고 [열기]를 클릭한다.

04 [탐색 창]에서 [주문내역] 시트를 선택하고 [데이터 변환]을 클릭한다.

■ [주문일자]에서 월 추출

05 [주문일자] 열을 선택한 후 [열 추가] 탭 – [날짜 및 시간에서] 그룹 – [날짜]를 클릭한 후 [월] – [월 이름]을 선택한다.

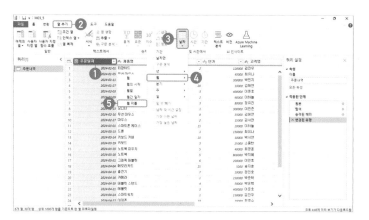

06 마지막 열로 [월 이름] 열이 추가된 것을 확인한다.

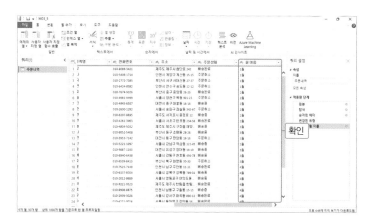

▪ 추출

[주소] 열에서 공백 앞의 데이터 추출하기

07 [주소] 열을 선택한 후 [열 추가] 탭 – [텍스트에서] 그룹 – [추출]을 클릭한 후 [구분 기호 앞 텍스트]를 선택한다.

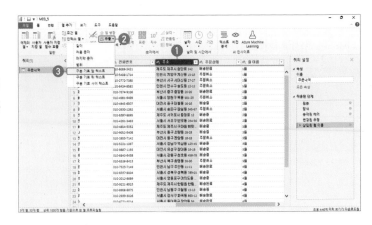

08 [구분 기호 앞 텍스트] 창의 [구분 기호] 입력란을 클릭한 후 Space Bar 키를 눌러 공백 한 칸을 입력하고 [확인]을 클릭한다.

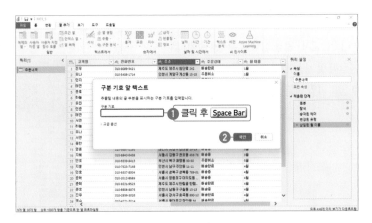

09 화면을 오른쪽 끝으로 스크롤하여 [구분 기호 앞 텍스트] 열이 추가된 것을 확인한다.

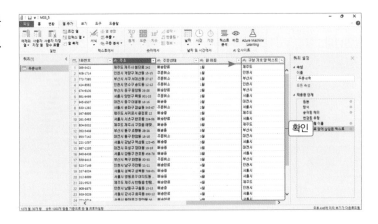

10 [구분 기호 앞 텍스트] 열 머리글을 더블클릭한 후 '시도'를 입력하고 Enter 키를 눌러 필드명을 수정한다.

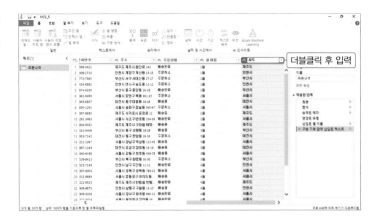

■ **조건 열 추가**

[시도] 열의 데이터가 '서울시', '인천시'이면 2500, '제주도'이면 4000, 나머지 지역은 3000을 반환하는 [배송비] 열 생성하기

11 [열 추가] 탭 – [일반] 그룹 – [조건 열]을 선택한다.

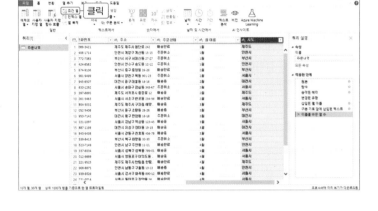

12 [조건 열 추가] 창의 [새 열 이름]에 '배송비'를 입력한 후 [열 이름]은 '시도', [연산자]는 '같음', [값]은 '서울시', [출력]은 '2500'을 설정하고 [절 추가]를 클릭한다.

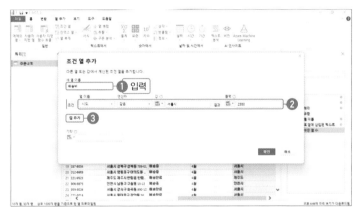

13 [새 열 이름]에 '배송비'를 입력한 후 [열 이름]은 '시도', [연산자]는 '같음', [값]은 '인천시', [출력]은 '2500'을 설정하고 [절 추가]를 클릭한다.

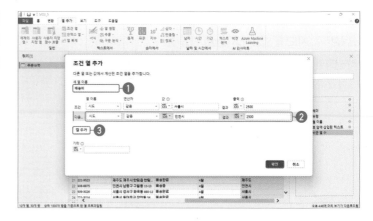

14 [새 열 이름]에 '배송비'를 입력한 후 [열 이름]은 '시도', [연산자]는 '같음', [값]은 '제주도', [출력]은 '4000', [기타]에 '3000'을 설정하고 [확인]을 클릭한다.

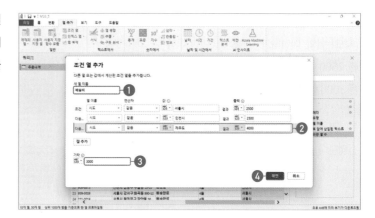

15 테이블 오른쪽 끝에 추가된 [배송비] 열 머리글의 ABC 123 를 클릭한 후 [정수]를 선택하여 데이터 형식을 설정한다.

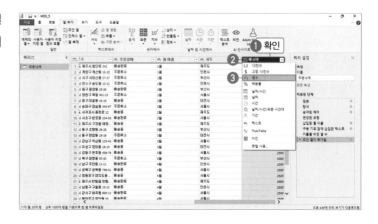

■ 조건 열 추가

[주문상태]가 '배송중'이면 [주소] 열의 데이터를 반환하고, '배송중'이 아니면 [주문상태] 열의 데이터 반환하기

16 [주문상태] 열을 선택한 후 [열 추가] 탭 – [일반] 그룹 – [조건 열]을 클릭한다.

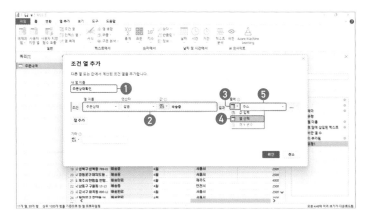

17 [조건 열 추가] 창의 [새 열 이름]에 '주문상태확인'을 입력하고 [열 이름]은 '주문상태', [연산자]는 '같음', [값]은 '배송중'을 설정한다. [출력]의 ▣▾ 을 클릭한 후 '열 선택'을 선택하고 '주소' 열을 선택한다.

> **TIP**
>
> **[조건 열]의 [출력] 옵션**
>
> • **값 입력**: 사용자가 입력한 값 반환
> • **열 선택**: 특정 열의 데이터 반환

18 [기타]의 ▣▾ 을 클릭해 [열 선택]을 클릭한 후 [주문상태] 열을 선택하고 [확인]을 클릭한다.

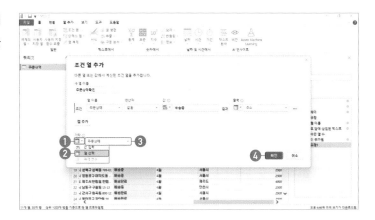

19 [주문상태]가 '배송중'이면 [주소] 데이터, 아니면 [주문상태] 데이터가 반환된 새열이 추가된 것을 확인한다.

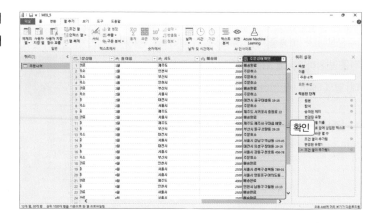

■ **예제의 열**

[전화번호] 열의 데이터를 010-****-3421 형태로 변환한 새 열 추가하기

20 [전화번호] 열을 선택하고 [열 추가] 탭 – [일반] 그룹 - [예제의 열]을 클릭한 후 [선택 항목에서]를 선택한다.

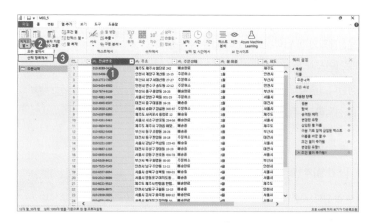

> **TIP**
>
> [일반] 그룹 - [예제의 열]의 [모든 열에서]는 테이블의 모든 열의 데이터를 기반으로 데이터를 파악하고, [선택 항목에서]는 선택한 열의 데이터를 기반으로 데이터를 파악한다.

21 [열1]이 추가되면 첫 번째 셀을 클릭한 후 '010-****-3421'을 입력하고 Enter 키를 눌러 예제(샘플) 데이터를 입력한다.

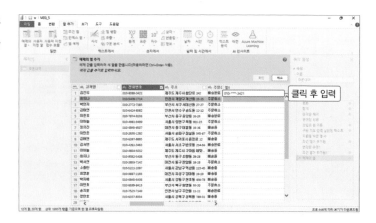

22 두 번째 셀을 클릭하고 '010-****-1714'를 입력한 후 Enter 키를 누르면 데이터에서 패턴을 파악하여 나머지 데이터를 자동으로 생성한다.

23 [사용자 지정] 열 머리글을 더블클릭한 후 '연락처'를 입력하고 Enter 키를 눌러 열 머리글을 변경한 후 [확인]을 클릭한다.

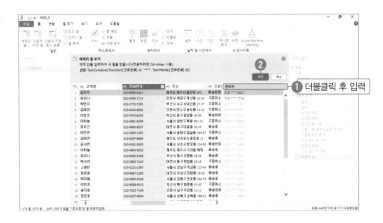

24 입력한 예제(샘플) 데이터를 기반으로 생성된 새 열이 추가된 것을 확인한다.

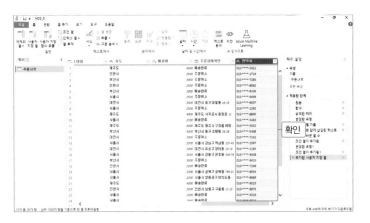

▪ 사용자 지정 열 추가

[수량] * [단가] 수식을 적용한 [판매액] 열 추가하기

25 [열 추가] 탭 – [일반] 그룹 – [사용자 지정 열]을 선택한다.

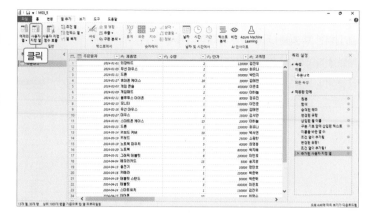

26 [사용자 지정 열] 창이 나타나면 [새 열 이름]에 '판매액'을 입력한다. [사용자 지정 열 수식] 입력란을 클릭한 후 [사용 가능한 열]에서 [수량] 열을 더블클릭하고 '*'를 입력한 다음 [사용 가능한 열]에서 [단가] 열을 더블클릭한 후 [확인]을 클릭한다.

TIP

사용자 지정 열 메뉴를 사용하면 파워 쿼리의 수식 작성 언어인 M 언어를 사용하여 다양한 함수를 사용한 고급 수식을 작성할 수 있다. 그러나 시험에는 파워 쿼리에서 M 언어의 함수를 사용한 수식 작성은 출제되지 않는다.

27 [판매액] 열의 〈ABC/123〉를 클릭하고 [10진수]를 선택하여 데이터 형식을 설정한다.

▪ 인덱스 열

1, 2, 3, … 인덱스 번호로 구성된 [인덱스]
추가하기

28 [열 추가] 탭 – [일반] 그룹 – [인덱스 열]
의 ▾를 클릭하고 [1부터]를 선택한다.

29 추가된 [인덱스] 열을 테이블의 첫 번째
열로 이동하기 위해 [인덱스] 열 머리글에서
마우스 오른쪽 버튼을 클릭한 후 [이동] – [처
음으로]를 선택한다.

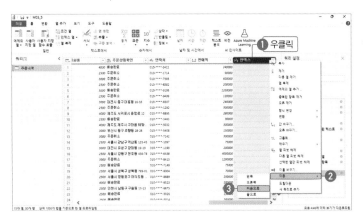

30 [인덱스] 열이 첫 번째 열로 이동된 것을
확인한 후 [홈] 탭 – [닫기] 그룹 – [닫기 및 적
용]을 클릭하여 쿼리 작업을 종료한다.

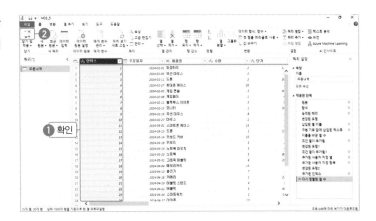

데이터 모델링

Power BI의 데이터 모델링은 불러온 데이터를 분석하기 위해 준비하는 작업이다. 예를 들어, 분석을 위해 불러온 여러 개의 테이블을 연결하는 관계를 작성하고, 데이터가 원하는 순서로 나열될 수 있도록 정렬 기준을 설정하며, 계층 구조를 생성하여 계층별 데이터 탐색을 설정하는 등의 작업을 포함한다. 수식을 작성하여 분석에 필요한 다양한 값을 계산하는 것 역시 데이터 모델링의 한 범주인데 해당 내용은 다음 Module에서 상세히 다룬다.

예제 PB\Part 1\Module04\ 폴더의 데이터 사용

Section 01 관계 설정

1 관계란?

분석을 위한 테이블이 여러 개 있을 때 모든 테이블의 데이터를 사용하여 분석을 수행하려면 테이블 간의 관계가 필요하다. 관계는 두 테이블의 관련 있는 필드를 연결한 선을 말한다. 관계를 통해 한 테이블의 열에 적용된 필터를 다른 테이블로 전파하고, 이를 통해 각 테이블이 연결되어 올바른 값이 계산되며 원하는 시각화 결과를 얻을 수 있다.

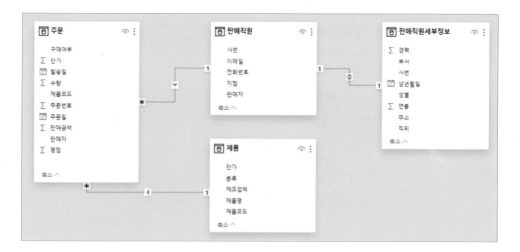

2 관계 작성 및 옵션 설정

관계를 작성하려면 연결하는 두 테이블의 공통 필드가 있어야 하고, 두 열의 데이터 형식은 같아야 한다. 두 테이블의 공통 필드로 관계를 작성해 보자.

실습

<주문> 테이블과 <판매직원> 테이블의 관계 설정하기

- **활용 필드**: <판매직원> 테이블의 [사번] 필드, <주문> 테이블의 [판매] 필드
- **기준(시작) 테이블**: <판매직원> 테이블
- **카디널리티**: 일대다(1:*)
- **크로스 필터 방향**: 단일

01 [Module04\M04_1.pbix] 파일을 연다.

02 [모델 보기(📊)]를 클릭하여 모델 보기 화면으로 이동한다.

03 [홈] 탭 – [관계] 그룹 – [관계 관리]를 클릭한다.

04 [관계 관리] 창이 나타나면 [새로 만들기]를 클릭한다.

05 [관계 만들기] 창이 나타나면 첫 번째 목록을 클릭해 <판매직원> 테이블을 선택한 후 [사번] 필드를 클릭한다.

06 두 번째 목록을 클릭해 <주문> 테이블을 선택한 후 [판매자] 필드를 클릭한다.

07 [카디널리티]는 '일대다(1:*)', [크로스 필터 방향]은 '단일'로 설정하고 [확인]을 클릭한다.

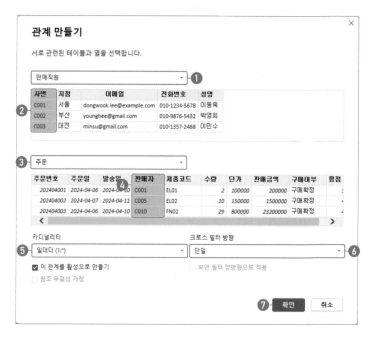

08 새로 만든 관계가 목록에 표시된 것을 확인한 후 [닫기]를 클릭한다.

참고

[모델 보기] 화면의 [모든 테이블] 레이아웃에는 데이터 모델의 모든 테이블이 표시된다. 테이블이 많아 모델이 복잡한 경우 새 레이아웃을 추가한 후 일부 테이블만 추가해 별도의 모델 다이어그램을 확인 및 작성할 수 있다. 새 레이아웃을 추가하여 모델을 효과적으로 관리하려면

① [모델 보기(▦)] 화면 하단의 ➕(새 레이아웃)을 클릭한다.

② [데이터] 창에서 테이블을 모델 보기 캔버스로 드래그하여 추가한다.

③ 이미 작성된 관계를 확인하거나 새 관계를 작성한다.

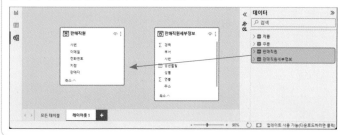

관계 옵션

❶ 카디널리티

카디널리티는 관계가 설정된 열의 데이터가 고유값(Unique)인지 중복값인지를 나타내는 속성이다. 카디널리티가 '1'로 설정된 열은 데이터가 중복되지 않아 값이 고유하다. '다(*)'로 설정된 열은 동일한 값이 여러 번 중복 입력되어 있음을 의미한다.

앞에서 설정한 관계의 경우 1로 설정된 <판매직원> 테이블의 [사번]은 판매사원의 고유한 번호이므로 중복되지 않고 고유한 값이 한 번씩만 입력되어 있다. <주문> 테이블의 [판매자]는 'C001' 사번을 가진 판매자가 판매한 횟수만큼 중복해서 입력되어 있다.

❷ 크로스 필터 방향

크로스 필터 방향은 필터가 전파되는 방향을 설정하는 옵션으로 '단일'과 '모두' 옵션이 있다.

• 단일: 단방향, 1에서 다(*) 쪽으로만 필터가 전파된다.

• 모두: 양방향(1↔다(*))으로 필터가 전파된다.

❸ 이 관계를 활성으로 만들기

관계의 활성 여부를 설정하는 옵션으로 옵션이 설정되어 있으면 관계가 실선으로 표시되고, 해제되어 있으면 점선으로 표시된다.

Power BI에서 데이터 모델을 잘 만들려면 관계 옵션을 충분히 이해해야 하지만, 시험에서는 깊은 이해가 없더라도 문제의 지시사항을 잘 수행할 수 있는 수준이면 충분하다.

09 작성된 관계를 확인한다.

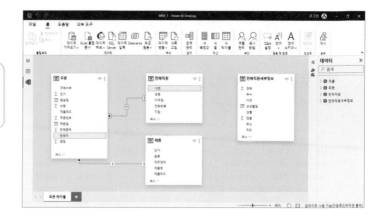

한 번 더 다른 관계를 작성해 보자.

실습

<판매직원> 테이블과 <판매직원세부정보> 테이블의 관계 설정하기

• **활용 필드**: <판매직원> 테이블의 [사번] 필드, <판매직원세부정보> 테이블의 [사번] 필드

• **카디널리티**: 일대다(1:*)

• **크로스 필터 방향**: 모두

01 관계를 작성할 필드를 드래그&드롭하여 관계를 작성할 수도 있다. <판매직원> 테이블의 [사번] 필드를 [판매직원세부정보] 테이블의 [사번] 필드로 드래그한다.

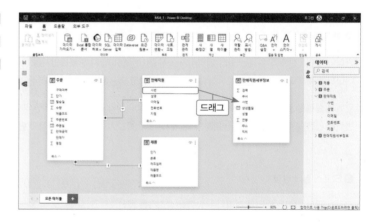

02 관계 옵션을 설정하기 위해 관계 선을 더블클릭한다.

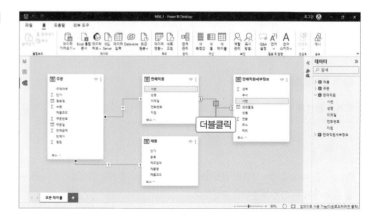

03 [관계 편집] 창이 나타나면 [카디널리티]
가 '일대일 (1:1)', [크로스 필터 방향]이 '모
두'인 것을 확인하고 [확인]을 클릭한다.

Section | 02 테이블 및 열 설정

테이블이나 열 이름을 변경하고, 데이터 형식과 서식을 설정하는 등의 작업도 데이터 모델링 범주에 포함된다. 테이블
및 열을 설정하는 옵션을 알아보자.

01 [Module04\M04_2.pbix] 파일을 연
후 [테이블 뷰(▦)]를 클릭하여 테이블 보기
로 이동한다.

■ **테이블 이름 변경**

<주문> 테이블의 이름을 '주문내역'으로 변
경하기

02 [데이터] 창 <주문> 테이블 오른쪽 끝의
▦ (추가 옵션)을 클릭하거나 테이블 이름에
서 마우스 오른쪽 버튼을 클릭한 후 [이름 바
꾸기]를 선택한다.

03 '주문내역'을 입력하고 Enter 키를 누른다.

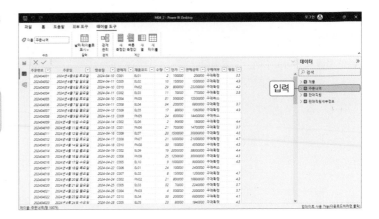

■ 필드명 변경

<주문> 테이블의 [판매자] 필드명을 '사번' 으로 변경하기

04 <주문내역> 테이블의 ▷을 클릭하여 필드 목록을 연다. [판매자] 필드를 더블클릭한 후 '사번'을 입력하고 Enter 키를 누른다.

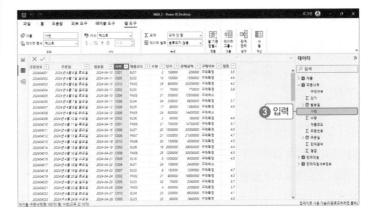

▪ 데이터 형식 설정

<주문내역> 테이블의 [주문번호] 필드의 데이터 형식을 [텍스트]로 변경하기

05 [주문번호] 필드명을 클릭하여 선택한다.

06 [열 도구] 탭 – [구조] 그룹 – [데이터 형식]을 클릭한 후 [텍스트]를 선택한다.

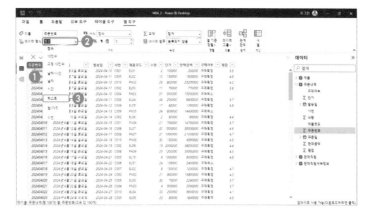

TIP

Power BI Desktop은 10진수, 고정 10진수, 정수, 날짜/시간, 날짜, 시간, 텍스트, 참/거짓 데이터 형식을 제공한다. 숫자나 날짜 데이터가 텍스트 형식으로 잘못 인식되는 등 필요한 경우 필드의 데이터 형식을 변경할 수 있다.

▪ 필드 서식 설정

<주문내역> 테이블의 [주문일] 필드에 [*2001-03-14(Short Date)], [판매금액] 필드에 '천 단위 구분 기호' 서식 지정하기

07 <주문내역> 테이블의 [주문일] 필드를 선택한다.

08 [열 도구] 탭 – [서식] 그룹 – [서식]의 ˅을 클릭한 후 [*2001-03-14(Short Date)]를 선택한다.

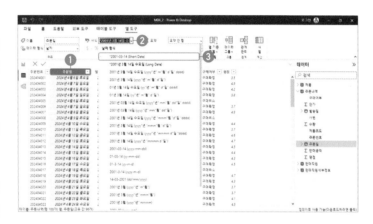

09 [주문일] 열의 서식이 변경된 것을 확인한 후 [판매금액] 필드를 선택하고 [열 도구] 탭 – [서식] 그룹 – ,(천 단위 구분 기호)를 클릭하면 천 단위 구분 기호로 쉼표가 적용된다.

■ 보고서 뷰에서 숨기기

<주문내역> 테이블의 [사번]과 [제품코드] 필드를 보고서 보기 화면에서는 표시되지 않도록 설정하기

10 [데이터] 창에서 <주문내역> 테이블의 [사번] 필드의 오른쪽에 표시되는 👁을 클릭한다.

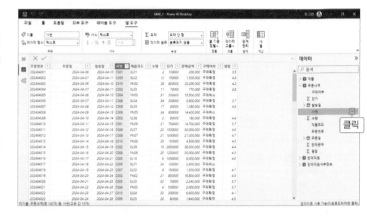

11 [주문번호] 필드 오른쪽 끝의 ▦(추가 옵션)을 클릭하거나 마우스 오른쪽 버튼을 클릭한 후 [보고서 뷰에서 숨기기]를 선택한다.

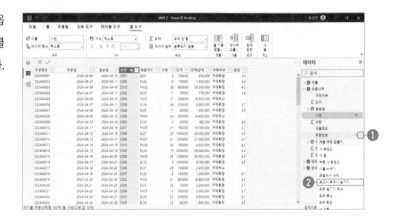

12 왼쪽 상단의 [보고서 보기(▦)]를 클릭하여 이동한 후 <주문내역> 테이블에 [사번], [주문번호] 필드가 표시되지 않는 것을 확인한다.

1 오름차순/내림차순 정렬

Power BI는 데이터를 시각화할 때 집계된 값이 큰 항목부터 작은 항목 순으로 내림차순 정렬된다. 기본적으로 적용된 정렬 기준을 원하는 기준으로 변경할 수 있다. 시각적 개체를 작성한 후 기본적으로 정렬되는 기준을 확인하고 정렬 기준을 변경하는 방법을 알아보자.

▪ [지점]별 [판매금액]으로 묶은 세로 막대형 차트 작성

01 [Module04\M04_3.pbix] 파일을 연 후 [보고서 보기(📊)]를 클릭하여 보고서 보기로 이동한다.

02 [시각화] 창 - [시각적 개체 빌드] - [묶은 세로 막대형 차트(📊)]를 선택한다.

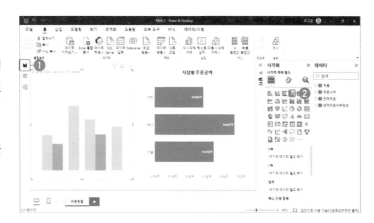

03 [시각화] 창 - [시각적 개체 빌드] - [X축]에 <판매직원> 테이블의 [지점] 필드, [Y축]에 <주문내역> 테이블의 [판매금액] 필드를 드래그하여 추가한다. 매출이 높은 지점부터 낮은 지점순으로 차트가 정렬된다.

TIP

필드 추가하기

필드명 왼쪽의 체크박스에 체크하거나 필드를 [시각화] 상의 차트 요소(X축, Y축)로 드래그하여 필드를 추가한다.

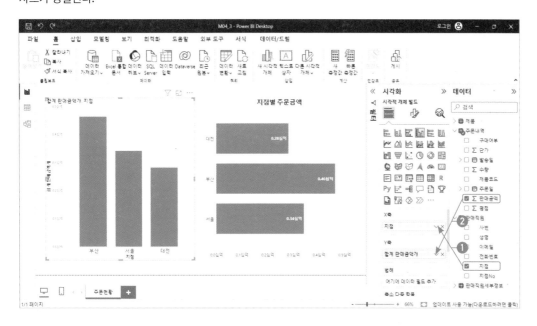

▪ 지점 순으로 오름차순 정렬

04 지점 순으로 오름차순 정렬을 설정하기 위해 시각적 개체를 선택한 후 오른쪽 상단의 ⋯ (추가 옵션)을 클릭하고 [축 정렬] – [지점]을 선택한다.

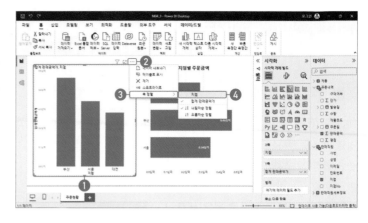

05 지점을 기준으로 내림차순으로 정렬된 것을 확인한 후 다시 한 번 ⋯ (추가 옵션)을 클릭하고 [축 정렬] – [오름차순 정렬]을 선택한다.

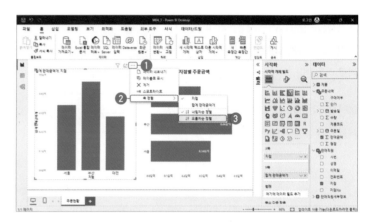

06 [지점]을 기준으로 오름차순 정렬된 것을 확인한다.

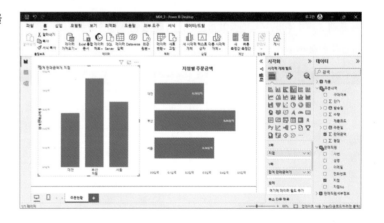

2 열 기준 정렬

기본으로 제공되는 오름차순, 내림차순 정렬 이외에 [열 기준 정렬]을 사용하여 정렬 기준을 설정할 수도 있다. [열 기준 정렬]은 다른 필드를 기준으로 데이터를 정렬하고자 할 때 사용한다. 예를 들어, [지점] 데이터를 오름차순으로 정렬하면 문자 데이터이기 때문에 ㄱ~ㅎ의 정렬 기준이 적용되어 '대전, 부산, 서울' 순서로 정렬된다. 그런데 사용자가 원하는 특정 기준이 있어 '서울, 대전, 부산' 순으로 정렬하고 싶을 때는 [열 기준 정렬]을 사용하면 된다.

[열 기준 정렬]을 사용하여 데이터를 정렬하려면 [지점]을 정렬할 때 사용할 숫자 열이 있어야 한다. 아래 〈판매직원〉 테이블의 데이터를 살펴보면 [지점]과 [지점No]가 '서울'은 1, '대전'은 2, '부산'은 3으로 구성되어 있다. [지점]을 정렬하는 기준을 [지점No]로 설정하면 '서울, 대전, 부산' 즉, 1, 2, 3 순서로 데이터를 정렬할 수 있다. 열 기준 정렬을 설정해 보자.

사번	성명	지점	이메일	전화번호	지점No
C001	이동욱	서울	dongwook.lee@example.com	010-1234-5678	1
C002	박영회	부산	younghee@gmail.com	010-9876-5432	3
C003	이민수	대전	minsu@gmail.com	010-1357-2468	2
C004	최지은	서울	jieun@gmail.com	010-8642-9751	1
C005	정현우	서울	hyunwoo@gmail.com	010-2468-1357	1
C006	이민수	대전	minsu@gmail.com	010-1357-2468	2
C007	김영수	서울	youngsu.kim@example.com	010-1234-5678	1
C008	이민수	대전	minsu@gmail.com	010-1357-2468	2
C009	이지은	부산	jieun.lee@example.com	010-9876-5432	3
C010	박준호	부산	junho.park@example.com	010-4567-1234	3

01 '대전, 부산, 서울' 순서로 정렬된 묶은 세로 막대형 차트를 선택한다.

02 [데이터] 창에서 〈판매직원〉 테이블의 [지점] 필드를 선택한다.

03 [열 도구] 탭 – [정렬] 그룹 – [열 기준 정렬]을 클릭한 후 [지점No]를 선택한다.

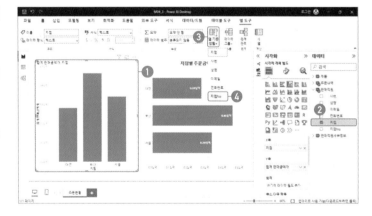

04 차트 X축의 [지점]이 '서울, 대전, 부산' 순서로 정렬된 것을 확인한다.

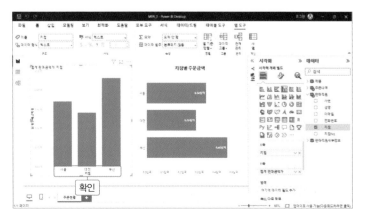

계층 구조 생성

계층 구조는 시각적 개체의 구성 요소(X축, Y축, 범주 등)에 필드를 계층으로 쌓는 것을 말한다. 계층 구조를 만들면 시각적 개체에 드릴다운, 드릴업 등의 드릴 제어 옵션이 시각적 개체의 오른쪽 상단 또는 하단에 표시된다. 이를 통해 계층별 데이터를 손쉽게 탐색할 수 있다.

드릴다운은 구체적인 세부 정보를 탐색하기 위해 하위 계층으로 내려가는 것을 말하고, 드릴업은 더 요약된 상위 성보를 탐색하기 위해 상위 계층으로 올라가는 것을 말한다. 계층 구조를 만들고 드릴 모드(드릴다운, 드릴업)를 설정하는 방법을 알아보자.

■ **[판매금액합계]를 [지점], [직위], [성명]에 따라 순차적으로 확인할 수 있도록 설정**

01 [Module04\M04_4.pbix] 파일을 연 후 [보고서 보기(圖)]를 클릭해 보고서 보기로 이동한다.

02 [주문현황] 페이지의 오른쪽 시각적 개체를 선택한다.

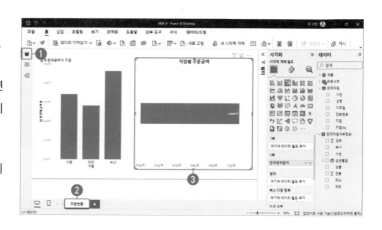

03 [시각화] 창의 [Y축]에 다음 필드를 순서대로 드래그하여 추가한다.

• <판매직원> 테이블의 [지점] 필드
• <판매직원세부정보> 테이블의 [직위] 필드
• <판매직원> 테이블의 [성명] 필드

04 시각적 개체의 오른쪽 상단에서 ⚏(계층 구조에서 한 수준 아래로 모두 확장)을 클릭한다.

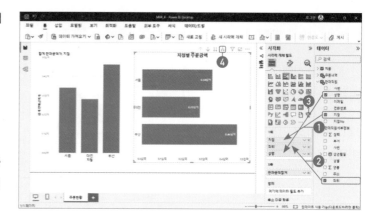

05 Y축 레이블에 지점, 직위, 성명까지 표시된 것을 확인한 후 시각적 개체의 오른쪽 상단에서 ⚏(계층 구조에서 한 수준 아래로 모두 확장)을 두 번 클릭하여 최상위 수준(지점)까지 드릴업한다.

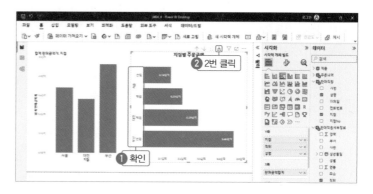

06 Y축 레이블에 지점, 직위, 성명까지 표시된 것을 확인한 후 시각적 개체의 오른쪽 상단에서 ⬆(드릴업)을 두 번 클릭하여 최상위 수준(지점)까지 드릴업한다.

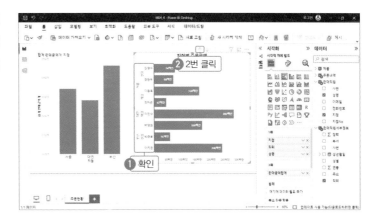

07 이번에는 ⫴(계층 구조에서 다음 수준으로 이동)을 클릭한다.

08 Y축에 두 번째 계층인 [직위]만 표시된 것을 확인한다. 다시 한 번 ⫴(계층 구조에서 다음 수준으로 이동)을 클릭한다.

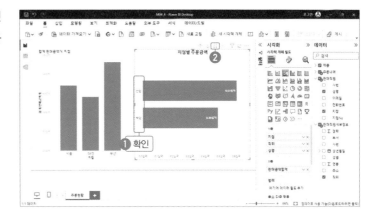

09 Y축에 세 번째 계층인 [성명]만 표시된 것을 확인한 후 ↑(드릴업)을 두 번 클릭하여 최상위 수준(지점)까지 드릴업한다.

10 이번에는 ↓(드릴다운을 설정하려면 클릭)을 클릭하여 드릴 모드를 켠다.

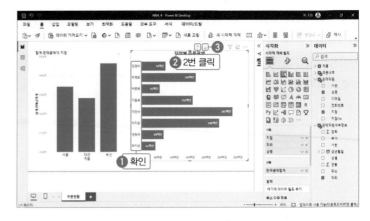

11 시각적 개체에서 드릴다운할 데이터 요소 '서울'을 클릭한다.

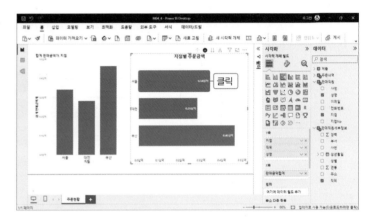

12 '서울' 지점의 [직위] 데이터만 표시된 것을 확인한 후 '선임' 데이터 요소를 클릭하여 드릴다운한다.

TIP

드릴 모드를 켠 후 데이터 요소를 클릭하면 선택한 데이터 요소만 드릴다운된다.

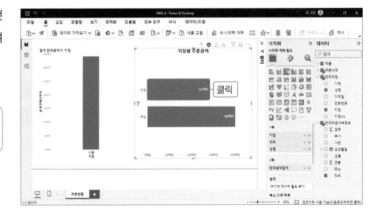

13 '서울' 지역, '선임' 직위인 데이터만 표시되는 것을 확인한 후 ⬆(드릴업)을 두 번 클릭하여 최상위 수준(지점)까지 드릴업한다.

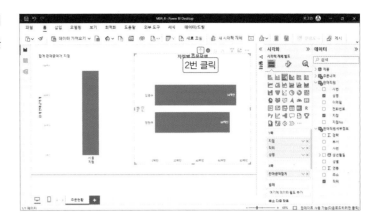

차트 요소에 마우스 포인터를 가져가면 표시되는 [도구 설명]을 통해서도 드릴업, 드릴다운을 실행할 수 있다.

DAX(Data Analysis eXpression)

이번 모듈에서는 분석에 필요한 다양한 값을 계산하는 방법을 학습한다. 고급 분석을 위해서는 합계, 평균, 개수 등의 단순한 수식부터 조건에 만족하는 데이터의 집계, 비율 계산, 누적 매출, 전년 대비 성장률 등 복잡한 계산이 필요하다. Power BI에서는 DAX를 사용하여 분석에 필요한 다양한 수식을 작성한다. DAX가 무엇인지 이해하고 다양한 분석식을 작성하는 방법을 알아본다.

예제 PB\Part 1\Module05\ 폴더의 데이터 사용

Section | 01 DAX의 이해

1 DAX 구문

DAX(Data Analysis eXpression)는 Power BI에서 수식을 작성하는 언어이다. 250여 개 이상의 함수와 연산자로 구성되어 있고, 테이블과 열을 참조해서 수식을 작성한다.

DAX 구문의 구조는 다음과 같다.

① **수식 이름:** 작성하려는 수식(계산 열, 측정값, 계산 테이블)의 이름

② **등호(=):** 수식의 시작

③ **함수명**

④ **테이블명:** ' '(작은따옴표)로 묶어 줌

⑤ **필드명:** [ ](대괄호)로 묶어 줌

DAX 수식은 수식 입력줄에 작성하며 다음 몇 가지 작성 요령을 알아두도록 하자.

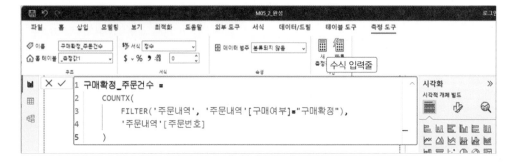

- DAX는 대소문자를 구분하지 않음

- **줄바꿈:** Shift + Enter

- **들여쓰기:** Tab , Ctrl + [

- **내어쓰기:** Shift + Tab

TIP

시험에서는 수식의 결과가 잘 도출되는지만 평가하므로 수식을 작성할 때 줄바꿈이나 들여쓰기 하지 않고 한 줄로 작성해도 된다.

참고

DAX 구문에 대한 자세한 설명은 다음 링크를 참고한다.

https://learn.microsoft.com/ko-kr/dax/dax-syntax-reference

DAX 식은 변수를 사용할 수 있다. 변수는 계산 결과 값을 저장하여 반복 계산을 줄이고 수식의 가독성을 높일 수 있어 유용하다.

변수 선언은 VAR, 변수에 저장된 값을 수식에 사용하기 위해 반환할 때는 RETURN 키워드를 사용한다. 변수를 사용한 DAX 구문의 구조는 다음과 같다.

```
VAR 변수명1 = 수식
VAR 변수명2 = 수식
...
RETURN
변수명1, 변수명2를 사용한 수식
```

이미지의 수식은 다음과 같은 의미이다.

- 2행: ThisMonth라는 변수를 선언하여 현재 월의 총 판매금액을 계산

- 3행: LastMonth라는 변수를 선언하여 이전 월의 총 판매금액을 계산

- 4행: 수식의 반환 값을 지정하는 부분으로 이후에 계산된 값을 반환

- 5행: 현재 월과 이전 월의 판매금액 차이를 LastMonth로 나누어 월간 성장률을 계산

2 DAX 연산자

DAX 식을 작성할 때 사용되는 연산자는 다음과 같다.

연산자 유형	기호	의미	예시
산술 연산자	+	더하기	3+3
	−	빼기	10-5
	*	곱하기	3*3
	/	나누기	10/5
	^	지수	2^3
비교 연산자	=	같음	[지역] = "서울"
	>	보다 큼	[금액] > 5000
	<	보다 작음	[날짜] < 5000
	>=	보다 크거나 같음	[판매날짜] >= Date(2024,1,1)
	<=	보다 작거나 같음	[판매날짜] <= Date(2024,1,1)
	<>	같지 않음	[지역] <> "서울"
텍스트 연결 연산자	& (Ampersand)	연결	[시도] & " " & [구군]
논리 연산자	&& (Double Ampersand)	AND 조건	[지역]="서울" && [성별]="여"
	|| (Double Pipe)	OR 조건	[지역]="서울" || [성별]="여"
	IN	OR 조건	[색상] in {"빨강", "노랑", "파랑"}

> **참고**
>
> DAX 연산자에 대한 자세한 설명은 다음 링크를 참고한다.
>
> https://learn.microsoft.com/ko-kr/dax/dax-operator-reference

DAX 수식의 종류는 '계산 열, 측정값, 계산 테이블' 등이 있으며, 각 수식의 특징 및 작성 방법을 알아보자.

1 계산 열

'계산 열'은 데이터 테이블에 계산 값을 가진 열을 생성하는 수식이다. 테이블에 계산 열을 추가하려면 다음 네 가지 방법 중 어떤 방법을 사용해도 무관하다. 그러나 방법 2, 3, 4의 경우 특정 화면 보기나 개체를 선택한 경우에만 표시되므로 시험에서는 방법 1을 사용하는 것을 추천한다.

• **방법 1**: [데이터] 창의 수식을 작성할 테이블에서 마우스 오른쪽 버튼을 클릭 – [새 열]

• **방법 2**: [테이블 보기] 상태일 때 [홈] 탭 – [계산] 그룹 – [새 열]

• **방법 3**: 테이블을 선택한 상태에서 [테이블 도구] 탭 – [계산] 그룹 – [새 열]

• **방법 4**: 열을 선택한 상태에서 [열 도구] 탭 – [계산] 그룹 – [새 열]

실습

• **계산 열 이름**: 권역

• **활용 필드**: <판매직원> 테이블의 [지점] 필드

• **[지점] 필드 값이 "서울" 또는 "경기"이면 "수도권", 아니면 "지방"**

• **사용 함수**: IF

---

01 [Module05\M05_1.pbix] 파일을 연후 [테이블 뷰(▦)]를 클릭하여 테이블 보기로 이동한다.

02 [데이터] 창의 <판매직원> 테이블에서 마우스 오른쪽 버튼을 클릭한 후 [새 열]을 선택한다.

TIP

Ctrl+마우스 휠을 사용하여 수식 입력줄의 글꼴 크기를 확대/축소할 수 있다.

03 수식 입력줄에 수식을 작성한 후 Enter 키를 누른다. [권역] 계산 열을 확인한다.

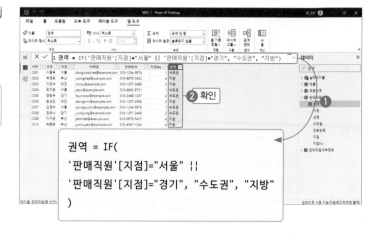

권역 = IF(
'판매직원'[지점]="서울" ||
'판매직원'[지점]="경기", "수도권", "지방"
)

함수

IF(<logical_test>, <value_if_true>, <value_if_false>)
IF 함수는 <logical_test>로 지정된 조건을 판단한 결과가 True이면 <value_if_true>, False이면 <value_if_false>)를 반환한다.

실습

- **계산 열 이름**: 배송기간
- **활용 필드**: <주문내역> 테이블의 [주문일], [발송일] 필드
- **[주문일]부터 [발송일]까지 경과된 일**
- **사용 함수**: DATEDIFF

01 [데이터] 창에서 <주문내역> 테이블을 선택한다.

02 [테이블 도구] 탭 – [계산] 그룹 – [새 열]을 클릭한다.

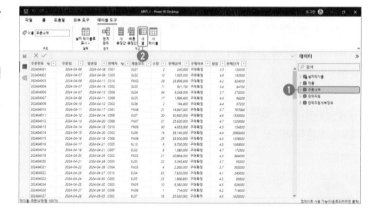

03 수식 입력줄에 수식을 작성한 후 Enter 키를 누른다. [배송기간] 계산 열을 확인한다.

배송기간 = DATEDIFF('주문내역'[주문일], '주문내역'[발송일], DAY)

2 측정값

측정값은 데이터를 요약하거나 집계하여 계산된 값을 반환하는 수식이다. 측정값의 결과로 계산된 값은 시각적 개체에 추가되어 있는 필드, 슬라이서에서 지정한 조건, 필터 창에서 지정한 조건에 따라 값이 동적으로 변한다. 상황에 따라 값이 동적으로 변하기 때문에 수식 작성 완료 후 계산 값이 바로 표시되지 않고 시각적 개체에 측정값을 추가해야 계산 값을 확인할 수 있다.

측정값 작성은 다음 네 가지 방법 중 어떤 방법을 사용해도 무관하다. 그러나 방법 2, 3, 4의 경우 특정 화면 보기나 개체를 선택한 경우에만 표시되므로 시험에서는 방법 1을 사용하는 것을 추천한다.

• **방법 1:** [데이터] 창의 측정값을 저장할 테이블에서 마우스 오른쪽 버튼을 클릭 – [새 측정값]

• **방법 2:** [테이블 보기] 상태일 때 [홈] 탭 – [계산] 그룹 – [새 측정값]

• **방법 3:** [보고서 보기] 상태일 때 [모델링] 탭 – [계산] 그룹 – [새 측정값]

• **방법 4:** 테이블이 선택된 상태에서 [테이블 도구] 탭 – [계산] 그룹 – [새 측정값]

2-1 측정값 작성

실습

- **측정값 이름**: 판매금액합계
- **활용 필드**: <주문내역> 테이블의 [판매금액] 필드
- **[판매금액]의 합계 계산**
- **사용 함수**: SUM
- **서식**: '정수', 천 단위에서 쉼표로 구분되도록 적용

01 [데이터] 창의 <주문내역> 테이블에서 마우스 오른쪽 버튼을 클릭한 후 [새 측정값]을 선택한다.

02 수식 입력줄에 다음 수식을 작성한 후 Enter 키를 누른다.

```
판매금액합계 =
    SUM('주문내역'[판매금액])
```

03 [측정 도구] 탭 – [서식] 그룹 – [서식]을 '정수'로 설정한 후 ,(천 단위 구분 기호)를 클릭한다.

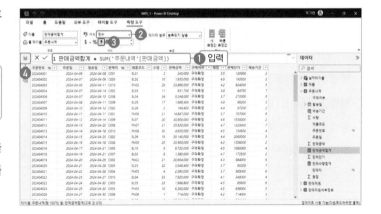

04 수식이 작성되었으나 계산 결과가 테이블에 표시되지 않는다. [보고서 보기(📊)]를 클릭하여 보고서 보기로 이동한다.

TIP

시험에서는 수식의 결과를 별도로 확인하는 04~07단계는 수행하지 않는다.

05 수식의 결과를 확인하기 위해 [시각화] 창 – [시각적 개체 빌드]에서 [행렬(▦)] 시각적 개체를 선택한다.

06 [데이터] 창에서 <주문내역> 테이블의 [판매금액합계] 측정값을 체크하여 행렬에 측정값을 추가한 후 계산 결과를 확인한다. 크기 조절 핸들을 드래그하여 행렬의 크기를 적절히 조정한다.

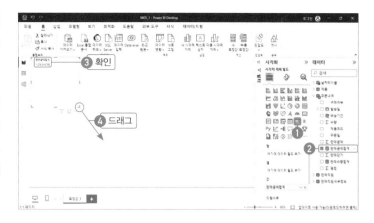

07 차트에 추가된 필드에 따라 동적으로 바뀌는 값인 측정값의 특성을 이해하기 위해 [행렬] 차트의 [행] 영역에 <제품> 테이블의 [분류],[제품명]을,[열]영역에<날짜테이블> 테이블의 [월(한글)]을 드래그하여 추가한 후 행렬 오른쪽 상단의 ▵(계층 구조에서 한 수준 아래로 모두 확장)을 클릭한다. 업데이트되는 측정값을 확인한다.

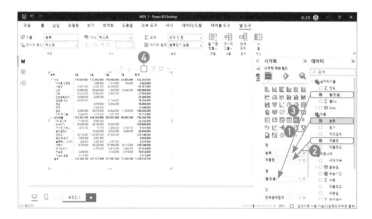

2-2 측정값 관리

측정값은 모델의 테이블 어디에나 저장될 수 있다. 측정값을 잘못된 테이블에 저장한 경우 다른 테이블로 이동할 수 있고, 측정값만 별도의 테이블에 모아 관리할 수도 있다. 측정값을 저장하는 테이블을 생성하고, 측정값을 다른 테이블로 이동하는 방법을 알아보자.

■ 측정값 관리 테이블 작성
측정값을 효과적으로 관리하기 위해 측정값 관리 테이블 생성하기

01 [홈] 탭 – [데이터] 그룹 – [데이터 입력]을 클릭한다.

> **TIP**
> [데이터 입력] 메뉴는 간단한 데이터를 직접 입력하여 테이블을 만들 때 사용한다.

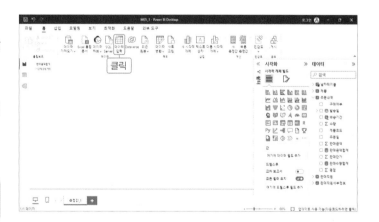

02 [테이블 만들기] 창이 나타나면 [이름]에 '_측정값관리'를 입력하고 [로드]를 클릭한다.

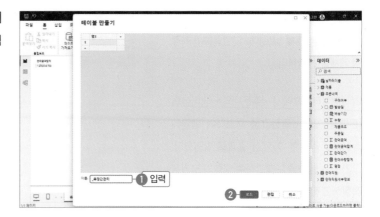

03 [테이블 뷰(▦)]를 클릭해 이동한 후 아무데이터가 없는 [열1]만 있는 테이블이 생성된 것을 확인한다.

TIP

잘못 작성된 테이블을 삭제할 때는 [데이터] 창에서 테이블 이름을 마우스 오른쪽 버튼을 클릭한 후 [모델에서 삭제]를 클릭한다.

▪ 측정값 이동

측정값을 다른 테이블로 이동하기

01 <주문내역> 테이블의 [판매금액합계] 측
정값을 선택한 후 [측정 도구] 탭 – [구조] 그
룹 – [홈 테이블]을 클릭한 후 <_측정값관리>
테이블을 선택한다.

02 측정값이 이동된 것을 확인한다.

측정값 수식을 작성해도 테이블에 계산 값
이 표시되지 않으므로 측정값이 이동되어도
테이블에 아무것도 표시되지 않는다.

[데이터] 창에서는 측정값을 하나씩만 이동할 수 있다. 여러 개의 측정값을 한 번에 이동하려면 [모델 보기]로 이동한 후 [데이터] 창에
서 Ctrl 키를 누른 채 측정값을 클릭하여 모두 선택한 후 [속성] 창의 [홈 테이블]에서 이동할 테이블을 선택한다.

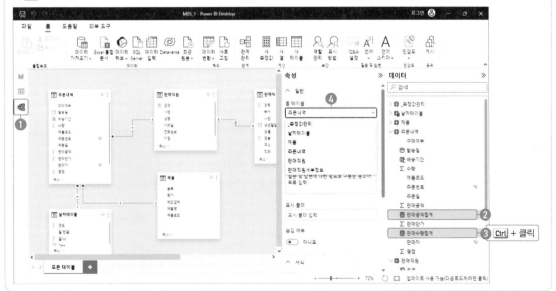

3 계산 테이블

'계산 테이블'은 수식의 결과로 테이블이 반환된다. 계산 테이블은 [테이블 뷰(⊞)]를 클릭하고 [홈] 탭 – [계산] 그룹 – [새 테이블] 메뉴를 사용하여 작성한다. 계산 테이블을 생성하는 수식을 작성해 보자.

> **실습**
>
> - 테이블 이름: DimDate
> - 필드: [Date], [연도], [월] 필드 구성
> - 사용 함수: ADDCOLUMNS, CALENDAR, DATE, FORMAT, MONTH, YEAR
> - [Date] 필드의 시작일: 2024-1-1
> - [Date] 필드의 종료일: 2024-12-31
> - [연도], [분기], [월] 필드: [Date] 필드 기준으로 값 표시
> - [Date] 필드 형식: 날짜
> - [Date] 필드 서식: '*2001-03-14 (Short Date)' 서식 지정

01 [테이블 뷰(⊞)]를 클릭한 후 [홈] 탭 – [계산] 그룹 – [새 테이블]을 클릭한다.

02 수식 입력줄에 수식을 작성하고 Enter 키를 누른다. [Date], [연도], [분기], [월No], [월(한글)] 필드로 구성된 <DimDate> 테이블이 생성된 것을 확인한다.

> **TIP**
>
> **DAX 수식 작성하기**
>
> - 줄 바꿈: Shift + Enter
> - 들여쓰기: Tab 또는 Ctrl +]
> - 내어쓰기: Shift + Tab 또는 Backspace
>
> 시험에서는 줄 바꿈, 들여쓰기, 내어쓰기 등을 설정하지 않고 한 줄로 수식을 작성해도 된다.

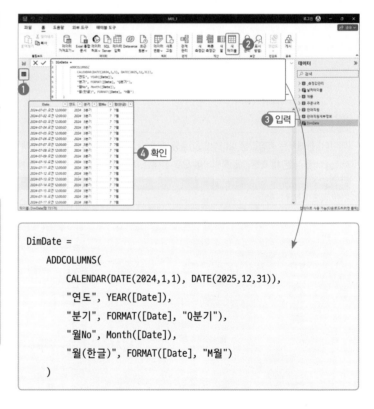

```
DimDate =
    ADDCOLUMNS(
        CALENDAR(DATE(2024,1,1), DATE(2025,12,31)),
        "연도", YEAR([Date]),
        "분기", FORMAT([Date], "Q분기"),
        "월No", Month([Date]),
        "월(한글)", FORMAT([Date], "M월")
    )
```

함수

① ADDCOLUMNS(<table>, <name>, <expression>, [<name>], [<expression>]…)
AddColumns 함수는 테이블에 계산 열을 추가한다. Calendar 함수를 통해 생성된 [Date] 열을 참조하여 "연도", "월No", "월(한글)" 필드(열)를 추가한다.

② CALENDAR(<start_date>, <end_date>)
Calendar 함수는 <start_date>부터 <end_date>까지 연속된 날짜가 포함된 [Date] 열을 반환한다.

③ YEAR(<date>), MONTH(<datetime>)
Year 함수는 날짜에서 연도(1900-9999)를, Month 함수는 날짜에서 월(1~12)을 추출한다.

④ FORMAT(<value>, <format_string>, [<locale_name>])
Format 함수는 첫 번째 인수로 지정된 값(value)을 두 번째 인수로 지정한 서식(format_string)으로 반환한다. 자세한 설명은 https://learn.microsoft.com/ko-kr/dax/format-function-dax를 참조한다.

03 필드 형식을 지정하기 위해 [Date] 열을 선택한 후 [열 도구] 탭 – [구조] 그룹 – [데이터 형식]을 클릭한 후 [날짜]를 선택한다.

04 필드 시식을 지정하기 위해 [열 도구] 탭 – [서식] 그룹 – [서식]을 클릭한 후 '*2001-03-14 (Short Date)'를 선택한다.

05 [Date] 열에 지정된 서식을 확인한다.

참고

날짜 테이블을 생성하는 함수에는 CALENDARAUTO([fiscal_year_end_month])도 있다. CALENDAR 함수처럼 [Date] 열이 있는 날짜 테이블을 반환한다. 차이점은 CALENDARAUTO는 모델에 있는 다른 테이블을 기반으로 날짜 범위가 자동으로 생성된다.

예를 들어, 'M05_02.pbix' 예제 파일에서 '자동날짜테이블=CALENDARAUTO()' 테이블 생성 수식을 작성하면 <판매직원세부정보> 테이블의 [생년월일] 필드에 있는 가장 빠른 날짜인 1989년부터 '주문내역' 테이블의 가장 늦은 날짜인 2024년까지 즉, '1989-1-1'부터 '2024-12-31'까지의 날짜로 구성된 날짜 테이블이 생성된다.

실습

- 테이블 이름: 제조업체목록
- 활용 필드: <제품> 테이블의 [제조업체] 필드
- [제조업체] 열의 고유 값 반환
- 사용 함수: DISTINCT

01 [홈] 탭 – [계산] 그룹 – [새 테이블]을 클릭한다.

02 수식 입력줄에 수식을 작성하고 Enter 키를 누른다. 고유 제조업체 데이터로 구성된 테이블이 생성된 것을 확인한다.

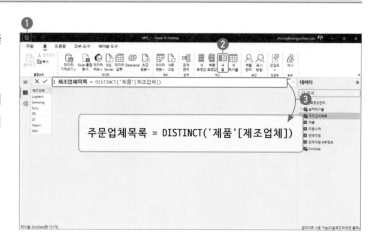

주문업체목록 = DISTINCT('제품'[제조업체])

함수

DISTINCT(<column>)
지정된 열의 고유 값이 들어 있는 1열로 구성된 테이블을 반환한다.

자주 사용하는 DAX 함수

사용 빈도가 높은 주요 DAX 함수를 알아보자.

1 COUNT, COUNTROWS, DISTINCTCOUNT 함수

실습

- **측정값 이름**: 주문건수
- <주문내역> 테이블 [주문번호] 열에 데이터 값이 비어 있지 않은 행의 개수 계산
- **사용 함수**: COUNT

01 [Module05\M05_2.pbix] 파일을 연다.

02 [보고서 보기(📊)]를 선택한다.

03 [데이터] 창에서 <_측정값1> 테이블을 마우스 오른쪽 버튼으로 클릭한 후 [새 측정값]을 선택한다.

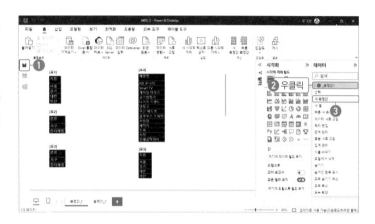

04 수식 입력줄에 다음 수식을 작성하고 Enter 키를 누른다.

```
주문건수 =
    COUNT('주문내역'[주문번호])
```

05 [측정값_1] 페이지의 [표1]을 선택한 후 데이터 창에서 [주문건수] 측정값의 체크박스를 클릭해 테이블에 추가하여 값을 확인한다.

함수

COUNT(<column>)
지정된 열에서 데이터 값이 비어 있지 않은 행의 수를 계산한다.

- **측정값 이름**: 주문건수1
- <주문내역> 테이블의 [주문번호] 열의 값이 비어 있지 않은 행의 개수
- **사용 함수**: COUNTROWS

01 [홈] 탭 – [계산] 그룹 – [새 측정값]을 클릭한다.

02 수식 입력줄에 수식을 작성한 후 Enter 키를 누른다.

03 [데이터] 창에서 [주문건수1] 측정값의 체크박스를 클릭해 [표1]에 추가하여 값을 확인한다.

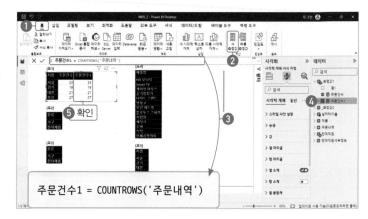

주문건수1 = COUNTROWS('주문내역')

COUNTROWS([<table>])
테이블의 행 수를 계산한다. COUNT 함수는 '열'을 인수로, COUNTROWS는 '테이블'을 인수로 값을 계산한다.

- **측정값 이름**: 취급제품수
- <주문내역> 테이블의 [제품코드] 열의 고유한 값의 수
- **사용 함수**: DISTINCTCOUNT

01 [모델링] 탭 – [계산] 그룹 – [새 측정값]을 클릭한다.

02 수식 입력줄에 수식을 작성한 후 Enter 키를 누른다.

03 [데이터] 창에서 [취급제품수] 측정값의 체크박스를 클릭해 [표1]에 추가하여 값을 확인한다.

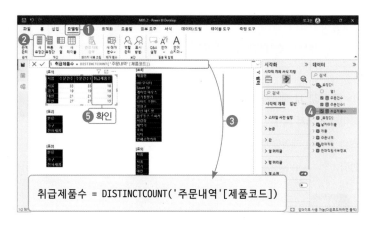

취급제품수 = DISTINCTCOUNT('주문내역'[제품코드])

DISTINCTCOUNT(<column>)
열의 고유한 값의 수를 계산한다.

2 RELATED, SUMX 함수

실습

- **측정값 이름**: 제품원가
- <주문내역> 테이블에서 관계로 연결된 <제품> 테이블의 [원가]를 참조한 후 <주문내역> 테이블의 [수량]을 곱한 합계 계산
- **사용 함수**: SUMX, RELATED
- **서식**: 천 단위에서 쉼표로 구분되도록 적용

01 [데이터] 창의 <_측정값1> 테이블에서 마우스 오른쪽 버튼을 클릭한 후 [새 측정값]을 선택한다.

02 수식 입력줄에 다음 수식을 작성한 후 Enter 키를 누른다.

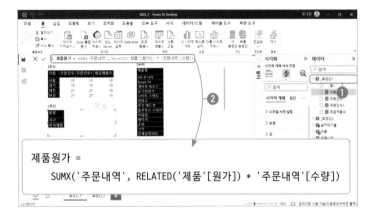

```
제품원가 =
    SUMX('주문내역', RELATED('제품'[원가]) * '주문내역'[수량])
```

03 [측정 도구] 탭 – [서식] 그룹 – 🔸(천 단위 구분 기호)를 클릭하여 서식을 설정한다.

04 작성된 수식을 [표2]에 추가하여 값을 확인한다.

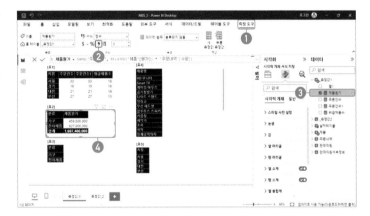

함수

① RELATED(<column>)
관계로 연결된 다른 테이블에서 관련된 값을 반환한다.

② SUMX(<table>, <expression>)
지정된 테이블(table)의 각 행에 대해 계산된 식(expression)의 합계를 반환한다.

참고

SUMX, MAXX, MINX, COUNTX, RANKX 등 함수명 뒤에 'X'가 포함된 함수는 반복 함수로 테이블의 행을 반복하며 식(Expression)을 계산한 후 합계, 최대값, 최소값, 행 수, 순위 등을 계산하는 공통점이 있다.

DAX 반복기 함수에 대한 자세한 사항은 다음 링크를 참고한다.

https://learn.microsoft.com/ko-kr/training/modules/dax-power-bi-iterator-functions/

실습

• **측정값 이름**: 이익

• [판매금액합계] 측정값 – [제품원가] 측정값

• **서식**: 정수, 천 단위에서 쉼표로 구분되도록 적용

01 [데이터] 창의 <_측정값1> 테이블에서 마우스 오른쪽 버튼을 클릭한 후 [새 측정값]을 선택한다.

02 수식 입력줄에 다음 수식을 작성한 후 Enter 키를 누른다.

> 이익 = [판매금액합계] - [제품원가]

03 [측정 도구] 탭 – [서식] 그룹 – [서식]을 '정수'로 선택하고, ⠀(천 단위 구분 기호)를 클릭하여 서식을 설정한다.

04 작성된 수식을 [표2]에 추가하여 값을 확인한다.

3 FILTER, COUNTX 함수

- **테이블 이름**: 구매확정주문
- <주문내역> 테이블의 [구매여부]가 "구매확정"인 데이터로만 테이블 생성
- **사용 함수**: FILTER

01 [테이블 뷰(▦)]를 클릭하여 테이블 보기로 이동한다.

02 [홈] 탭 – [계산] 그룹 – [새 테이블]을 클릭한 후 수식 입력줄에 다음 수식을 작성하고 Enter 키를 누른다.

03 [데이터] 창에 <구매확정주문> 테이블이 생성된 것을 확인한다.

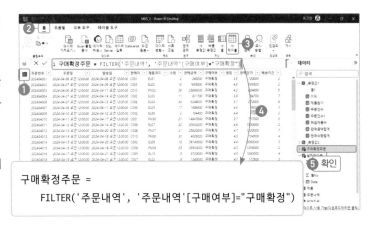

구매확정주문 =
    FILTER('주문내역', '주문내역'[구매여부]="구매확정")

FILTER(<table>, <filter>)
필터링된 행만 포함하는 테이블을 반환한다.

- **측정값 이름**: 구매확정_주문건수
- <주문내역> 테이블의 [구매여부]가 "구매확정"인 데이터가 필터된 테이블에서 [주문번호] 열의 행 수 계산
- **사용 함수**: COUNTX, FILTER

01 [보고서 보기(⬛)]를 클릭하여 이동한다.

02 [데이터] 창의 <_측정값1> 테이블에서 마우스 오른쪽 버튼을 클릭한 후 [새 측정값]을 선택한다.

03 수식 입력줄에 다음 수식을 작성한 후 Enter 키를 누른다.

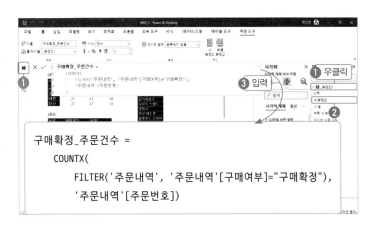

구매확정_주문건수 =
    COUNTX(
        FILTER('주문내역', '주문내역'[구매여부]="구매확정"),
        '주문내역'[주문번호])

COUNTX(<table>, <expression>)
테이블에 대한 식을 평가할 때 데이터 값이 비어 있지 않은 행의 수를 계산한다.

04 작성된 수식을 [표3]에 추가하여 값을 확인한다.

4 RANKX, ALL 함수

실습

- **측정값 이름**: 판매금액순위
- <제품> 테이블의 모든 [제품명]을 기준으로 [판매금액합계]가 높은 제품이 1위가 되도록 순위 계산
- [판매금액합계]가 동률인 경우 다음 순위 값은 동률 순위 +1을 한 순위로 계산
  예 2개의 값이 2위인 경우, 다음 값은 3위로 표시
- [판매금액합계] 기준 내림차순 정렬
- [판매금액순위] 기준 오름차순으로 정렬

01 [홈] 탭 – [계산] 그룹 – [새 측정값]을 클릭한다.

02 수식 입력줄에 다음 수식을 작성한 후 Enter 키를 누른다.

```
판매금액순위 = RANKX(
    ALL('제품'[제품명]),
    [판매금액합계],,DESC,Dense)
```

03 [표4]에 <_측정값1> 테이블의 [판매금액합계], [판매금액순위] 측정값을 순서대로 추가한 후 값을 확인한다.

① RANKX(<table>, <expression>, [<value>], [<order>], [<ties>])
순위를 반환한다.

② ALL([<table> | <column>], [<column>], [<column>], ···)
적용된 필터를 제거하고 테이블의 모든 행 또는 열의 모든 값을 반환한다

04 [표4]의 행렬 시각적 개체의 [판매금액순위] 필드명을 클릭한 후 다시 한 번 클릭하여 해당 필드를 기준으로 오름차순 정렬로 설정한다.

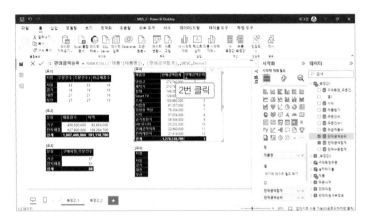

5 CALCULATE, AVERAGE 함수

실습

- **측정값 이름**: 전자제품_평점평균
- <제품> 테이블의 [분류]가 "전자제품"인 데이터에 대해 <주문내역> 테이블의 [평점] 평균 계산

01 [모델링] 탭 – [계산] 그룹 – [새 측정값]을 클릭한다.

02 수식 입력줄에 다음 수식을 작성한 후 Enter 키를 누른다.

```
전자제품_평점평균 = CALCULATE(
    AVERAGE('주문내역'[평점]),
    '제품'[분류]="전자제품")
```

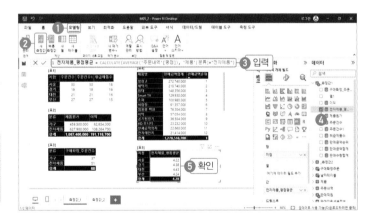

03 [표5]에 <_측정값1> 테이블의 [전자제품_평점평균] 측정값을 추가하여 값을 확인한다.

① CALCULATE(<expression>, [<filter1>], [<filter2>], ⋯)
필터링된 데이터를 대상으로 식을 계산한다.

② AVERAGE(<column>)
열에 있는 모든 숫자의 평균을 반환한다.

CALCULATE 함수의 filter 인수에 FILTER 함수를 사용하여 유사한 결과를 얻을 수도 있다. 단, 시험에서는 지시사항에서 제시하는 함수를 사용하여 문제를 풀어야 한다.

　전자제품_평점평균 =
　　CALCULATE(AVERAGE('주문내역'[평점]), FILTER('제품', '제품'[분류]="전자제품"))

6　DATEADD, DIVIDE 함수

• **측정값 이름**: 전월판매금액
• **시각적 개체(차트)에 표시된 월의 1개월 전 기간에 대한 <주문내역> 테이블의 [판매금액] 필드 합계 계산**
• **사용 함수**: DATEADD
• **서식**: 정수, 천 단위에서 쉼표로 구분되도록 적용

01 [측정값_2] 페이지를 선택한다.

02 [데이터] 창의 <_측정값2> 테이블에서 마우스 오른쪽 버튼을 클릭하고 [새 측정값]을 선택한다.

03 수식 입력줄에 다음 수식을 작성한 후 Enter 키를 누른다.

```
전월판매금액 = CALCULATE(
    SUM('주문내역'[판매금액]),
    DATEADD('날짜테이블'[Date],
    -1, MONTH))
```

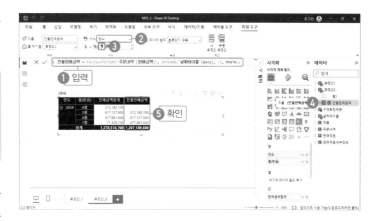

04 [측정 도구] 탭 – [서식] 그룹 – [서식]을 '정수'로 선택하고, , (천 단위 구분 기호)를 클릭하여 서식을 설정한다.

05 작성된 수식을 [표6]에 추가하여 값을 확인한다.

함수

DATEADD(<dates>, <number_of_intervals>, <interval>)
현재 날짜에서 지정된 간격 수만큼 앞 또는 뒤로 이동한 날짜 열이 포함된 테이블을 반환한다.

DATEADD 함수의 마지막 인수가 YEAR이면 '년', QUARTER면 '분기', MONTH면 '월', DAY면 '일'이 반환된다. 예를 들어, 위의 전월 판매금액 수식에서 DATEADD 함수의 마지막 인수가 YEAR이면 전년도 판매금액이 계산된다.

실습

- **측정값 이름**: 전월대비_성장률
- **활용 필드**: [판매금액합계], [전월판매금액] 측정값
- [전월판매금액] 대비 [판매금액합계] – [전월판매금액]의 비율 반환
- **사용 함수**: DIVIDE
- **서식**: '백분율' 서식 지정

01 [모델링] 탭 – [계산] 그룹 – [새 측정값]을 클릭한다.

02 수식 입력줄에 다음 수식을 작성한 후 Enter 키를 누른다.

```
전월대비_성장률 = DIVIDE(
    [판매금액합계] - [전월판매금액],
    [전월판매금액])
```

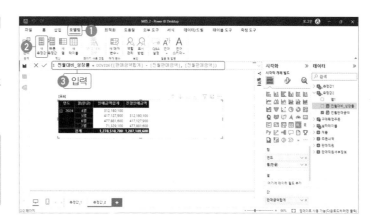

DIVIDE(<numerator>, <denominator>, [<alternateResult>])
분자를 분모로 나눈 값을 반환한다. 분모가 0인 경우 대체 결과(alternateResult)를 반환하고, <alternateResult> 인수를 지정하지 않으면 공백을 반환한다.

03 [측정 도구] 탭 – [서식] 그룹 - %(백분율)을 클릭하여 서식을 지정한다.

04 작성된 수식을 [표6]에 추가하여 값을 확인한다.

위에서 작성한 '전월판매금액'과 '전월대비_성장률' 수식을 다음과 같이 변수를 사용해 하나의 수식으로 작성할 수 있다.

```
전월대비성장률 =
VAR ThisMonth = SUM('주문내역'[판매금액])
VAR LastMonth = CALCULATE(SUM('주문내역'[판매금액]), DATEADD('날짜테이블'[Date], -1, MONTH))
RETURN
DIVIDE(ThisMonth - LastMonth, LastMonth, 0)
```

7 TOTALYTD

실습

- **측정값 이름**: 누적판매금액
- 연간 누적 판매금액 합계 계산

01 [모델링] 탭 – [계산] 그룹 – [새 측정값]을 클릭한다.

02 수식 입력줄에 다음 수식을 작성한 후 Enter 키를 누른다.

```
누적판매금액 = TOTALYTD(
    SUM('주문내역'[판매금액]),
    '날짜테이블'[Date])
```

TOTALYTD(<expression>, <dates>[,<filter>][,<year_end_date>])
연도별 누적값을 계산한다.

03 [측정 도구] 탭 – [서식] 그룹 – [서식]을 '정수'로 선택하고, ▸(천 단위 구분 기호)를 클릭하여 서식을 설정한다.

04 작성된 수식을 [표6]에 추가하여 값을 확인한다.

• 월별 누적, 분기별 누적값을 계산하는 TOTALMTD, TOTALQTD 함수도 있다.

• CALCULATE와 DATESYTD 함수를 사용하여 누적 값을 계산할 수도 있다.
  누적판매금액 = CALCULATE(SUM('주문내역'[판매금액]), DATESYTD('날짜테이블'[Date]))

8 SUMMARIZE, TOPN 함수

• **테이블 이름:** 주문요약_Top5

• <판매직원> 테이블의 [지점], [성명] 필드를 기준으로 <주문내역> 테이블의 [판매금액] 합계를 계산한 [주문금액합계] 필드가 포함된 요약 테이블 생성

01 [테이블 뷰(▦)]를 클릭하여 테이블 보기로 이동한다.

02 [홈] 탭 – [계산] 그룹 – [새 테이블]을 클릭한 후 수식 입력줄에 다음과 같이 수식을 작성하고 Enter 키를 누른다.

03 <주문요약_Top5> 테이블이 생성된 것을 확인한다.

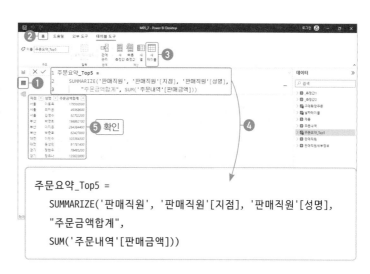

```
주문요약_Top5 =
    SUMMARIZE('판매직원', '판매직원'[지점], '판매직원'[성명],
    "주문금액합계",
    SUM('주문내역'[판매금액]))
```

SUMMARIZE(<table>, <groupBy_columnName>, [<groupBy_columnName>], …, <name>, <expression>], …)
테이블에서 그룹화된 데이터에 대한 요약 값을 가지는 열이 추가된 테이블을 반환한다.

실습

• 앞서 작성한 <주문요약_Top5> 테이블의 수식을 업데이트하여 [주문금액합계]가 높은 상위 5개 행을 반환

01 다음과 같이 수식을 수정한 후 Enter 키를 누른다.

02 <주문요약_Top5> 테이블이 업데이트된 것을 확인한다.

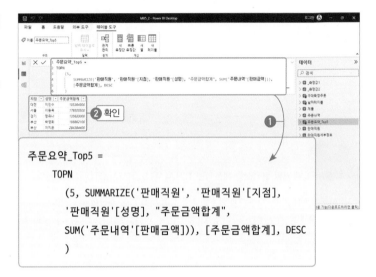

주문요약_Top5 =
        TOPN
            (5, SUMMARIZE('판매직원', '판매직원'[지점],
            '판매직원'[성명], "주문금액합계",
            SUM('주문내역'[판매금액])), [주문금액합계], DESC
)

함수

TOPN(<N_Value>, <Table>, <OrderBy_Expression>, [<Order>], [<OrderBy_Expression>], [<Order>]…)
지정된 테이블에서 상위 N개의 행을 반환한다.

DAX 함수 출제 범위

경영정보시각화능력 시험에 출제되는 DAX 함수는 다음과 같고, 각 함수를 간략히 소개한다.

구분	주요 함수
숫자 / 집계 / 통계 함수	ABS, DIVIDE, INT, ROUND, ROUNDDOWN, ROUNDUP
	AVERAGE, AVERAGEA, AVERAGEX, COUNT, COUNTA, COUNTX, COUNTAX, COUNTBLANK, COUNTROWS, DISTINCTCOUNT, DISTINCTCOUNTNOBLANK, MAX, MAXA, MAXX, MIN, MINA, MINX, PRODUCT, PRODUCTX, SUM, SUMX
	MEDIAN, RANKX
문자열 함수	CONCATENATE, CONCATENATEX, FIND, FORMAT, LEFT, LEN, LOWER, MID, REPLACE, RIGHT, SEARCH, SUBSTITUTE, TRIM, UPPER, VALUE
논리 함수	AND, IF, IFERROR, NOT, OR, SWITCH, TRUE
날짜 및 시간 함수	CALENDAR, CALENDARAUTO, DATE, DATEDIFF, DAY, EDATE, EOMONTH, HOUR, MINUTE, MONTH, NETWORKDAYS, NOW, TODAY, WEEKDAY, WEEKNUM, YEAR
	DATEADD, DATESBETWEEN, DATESINPERIOD, DATESMTD, DATESQTD, DATESYTD, FIRSTDATE, SAMEPERIODLASTYEAR, TOTALMTD, TOTALQTD, TOTALYTD
테이블 조작 / 계산 함수	ADDCOLUMNS, DSTINCT, GROUPBY, RELATED, RELATEDTABLE, ROW, SUMMARIZE, SUMMARIZECOLUMNS, TOPN, UNION, VALUES
필터 함수	ALL, ALLEXCEPT, ALLSELECTED, CALCULATE, FILTER, KEEPFILTERS, RANK, REMOVEFILTERS, SELECTEDVALUE
기타	FV, IPMT, NPER, PMT, PPMT, PV, RATE
	HASONEFILTER, ISBLANK, ISERROR, ISFILTERED, ISNUMBER
	BLANK

1 숫자/집계/통계 함수

함수 구문	설명
ABS(<number>)	숫자의 절대값을 반환
DIVIDE(<numerator>, <denominator>, [alternateResult])	분자를 분모로 나눈 값을 반환(분모가 0인 경우 대체 결과 반환)
INT(<number>)	숫자를 가장 가까운 정수로 내림
ROUND(<number>, <num_digits>)	숫자를 지정한 자릿수로 반올림
ROUNDDOWN(<number>, <num_digits>)	숫자를 지정한 자릿수로 내림
ROUNDUP(<number>, <num_digits>)	숫자를 지정한 자릿수로 올림
AVERAGE(<column>)	열에 있는 모든 숫자의 평균을 반환
AVERAGEA(<column>)	• 열에 있는 값의 평균을 반환 • 텍스트 및 숫자가 아닌 값(TRUE, FALSE, "")을 처리
AVERAGEX(<table>, <expression>)	테이블의 각 행에 대해 계산된 결과 값 집합을 가져와서 산술 평균을 계산
COUNT(<column>)	지정된 열에서 데이터 값이 비어 있지 않은 행의 수 계산
COUNTA(<column>)	• 지정된 열에서 데이터 값이 비어 있지 않은 행의 수 계산 • COUNT와 달리 TRUE, FALSE 지원
COUNTX(<table>,<expression>)	• 특정 조건을 만족하는 행을 계산
COUNTAX(<table>, <expression>)	• COUNTX는 숫자 값이나 빈 셀만 카운트, COUNTAX는 숫자, 빈 셀 뿐만 아니라 텍스트 값도 카운트
COUNTBLANK(<column>)	열의 빈 셀 수를 계산
COUNTROWS([<table>])	지정된 테이블 또는 식으로 정의된 테이블의 행의 수 계산
DISTINCTCOUNT(<column>)	열의 고유한 값의 수 계산
DISTINCTCOUNTNOBLANK (<column>)	빈 값이 아닌 열의 고유 값 수를 계산
MAX(<column>)	• 열에서 가장 큰 값 반환 • TRUE, FALSE 지원하지 않음
MAXA(<column>)	• 열에서 가장 큰 값 반환 • TRUE, FALSE 지원
MAXX(<table>, <expression>, [<variant>])	• 테이블의 각 행에 대한 식을 계산하여 발생하는 가장 높은 값을 반환 • 빈 값은 건너뜀 • TRUE, FALSE 지원하지 않음
MIN(<column>)	• 열에서 가장 작은 값 반환 • TRUE, FALSE 지원하지 않음
MINA(<column>)	• 열에서 가장 작은 값 반환 • TRUE, FALSE 지원
MINX(<table>, <expression>, [<variant>])	테이블의 각 행에 대한 식을 계산하여 발생하는 가장 낮은 값 반환
PRODUCT(<column>)	열에 있는 숫자의 곱 반환
PRODUCTX(<table>, <expression>)	테이블의 각 행에 대해 계산된 식의 곱을 반환
SUM(<column>)	열에 있는 모든 수를 더한 값 반환
SUMX(<table>, <expression>)	테이블의 각 행에 대해 계산된 식의 합계 반환
MEDIAN(<column>)	열의 숫자 중앙값 반환
RANKX(<table>, <expression>, [<value>], [<order>], [<ties>])	테이블의 각 행에 대해 표현식을 평가하고, 그 결과에 따라 순위를 매김

2 문자열 함수

함수 구문	설명
CONCATENATE(<text1>, <text2>)	두 텍스트 문자열을 하나의 텍스트 문자열로 조인
CONCATENATEX(<table>, <expression>, [<delimiter>] , [<orderBy_expression>] , [<order>]...)	테이블의 각 행에 대해 계산된 식의 결과를 연결
FIND(<find_text>, <within_text>, [<start_num>], [<NotFoundValue>])	텍스트 문자열 내에서 한 텍스트 문자열의 시작 위치 반환
FORMAT(<value>, <format_string>, [<locale_name>])	지정된 형식에 따라 값을 텍스트로 변환
LEFT(<text>, <num_chars>)	텍스트 문자열의 왼쪽부터 지정된 문자 수 반환
LEN(<text>)	텍스트 문자열의 문자 수 반환
LOWER(<text>)	텍스트 문자열의 모든 문자를 소문자로 변환
MID(<text>, <start_num>, <num_chars>)	문자열의 중간에서 문자 반환
REPLACE(<old_text>, <start_num>, <num_chars>, <new_text>)	텍스트 문자열의 일부를 다른 텍스트 문자열로 변경
RIGHT(<text>, <num_chars>)	텍스트 문자열의 오른쪽부터 지정된 문자 수 반환
SEARCH(<find_text>, <within_text>), [<start_num>], [<NotFoundValue>])	문자열 내에서 특정 하위 문자열이 시작되는 위치를 반환
SUBSTITUTE(<text>, <old_text>, <new_text>, [instance_num])	문자열 내에서 특정 텍스트를 다른 텍스트로 변경
TRIM(<text>)	단어 사이의 단일 공백을 제외하고 텍스트에서 모든 공백을 제거
UPPER (<text>)	텍스트 문자열을 모두 대문자로 변환
VALUE(<text>)	숫자를 나타내는 텍스트 문자열을 숫자로 변환

3 논리 함수

함수 구문	설명
AND(<logical1>,<logical2>)	두 인수가 모두 TRUE이면 TRUE, 아니면 FALSE 반환
IF(<logical_test>, <value_if_true>[, <value_if_false>])	조건을 확인하고 TRUE이면 두 번째 인수 값, 아니면 세 번째 인수 값 반환
IFERROR(value, value_if_error)	value가 오류인 경우 value_if_error 반환, 아니면 value 반환
NOT(<logical>)	FALSE를 TRUE로 변경하거나 TRUE를 FALSE로 변경
OR(<logical1>,<logical2>)	두 인수가 모두 FALSE이면 FALSE, 아니면 TRUE
SWITCH(<expression >, <value>, <result>[, <value>, <result>]…[, <else>])	값 목록에 대해 식을 평가하고 가능한 여러 결과 식 중 하나를 반환
TRUE()	논리값 TRUE 반환

4 날짜 및 시간 함수

함수 구문	설명
CALENDAR(<start_date>, <end_date>)	연속된 날짜 집합이 포함된 [Date]라는 단일 열이 있는 테이블을 반환
CALENDARAUTO([fiscal_year_end_month])	• 연속된 날짜 집합이 포함된 [Date]라는 단일 열이 있는 테이블을 반환 • 날짜 범위는 모델의 데이터를 기반으로 자동 생성
DATE(<year>, <month>, <day>)	인수로 지정된 연, 월, 일의 날짜 반환
DATEDIFF(<date1>, <date2>, <Interval>)	두 날짜 간의 경과된 기간 반환
DAY(<date>)	날짜에서 일(1에서 31까지)을 반환
EDATE(<start_date>, <months>)	시작 날짜 이전 또는 이후의 지정된 개월 수인 날짜 반환
EOMONTH(<start_date>, <months>)	지정된 월 수 이전 또는 이후의 월의 마지막 날짜 반환
HOUR(<datetime>)	시간을 0(오전 12:00)에서 23(오후 11:00)으로 반환
MINUTE(<datetime>)	분을 0에서 59까지의 숫자로 반환
MONTH(<datetime>)	월을 1(1월)에서 12(12월)로 반환
NETWORKDAYS(<start_date>, <end_date>[, <weekend>, <holidays>])	두 날짜 사이의 전체 근무일 수(포함)를 반환
NOW()	현재 날짜와 시간을 반환
TODAY()	현재 날짜를 반환
WEEKDAY(<date>, <return_type>)	날짜의 요일을 식별하는 1에서 7까지의 숫자 반환
WEEKNUM(<date>, [<return_type>])	지정된 날짜의 주 번호를 반환
YEAR(<date>)	날짜 연도를 1900-9999 범위의 4자리 정수로 반환
DATEADD(<dates>,<number_of_intervals>,<interval>)	현재 날짜에서 지정된 간격 수만큼 앞 또는 뒤로 이동한 날짜 열이 포함된 테이블 반환
DATESBETWEEN(<Dates>, <StartDate>, <EndDate>)	지정된 시작 날짜로 시작하고 지정된 종료 날짜까지 계속되는 날짜 열이 포함된 테이블을 반환
DATESINPERIOD(<dates>, <start_date>, <number_of_intervals>, <interval>)	지정된 시작 날짜로 시작하고 지정된 날짜 간격의 수와 형식에 대해 계속되는 날짜 열이 포함된 테이블을 반환
DATESMTD(<dates>)	현재까지의 월 날짜 열이 들어 있는 테이블을 반환
DATESQTD(<dates>)	현재까지의 분기 날짜 열이 들어 있는 테이블을 반환
DATESYTD(<dates> [,<year_end_date>])	현재까지의 연도 날짜 열이 들어 있는 테이블을 반환
FIRSTDATE(<dates>)	지정된 날짜 열에 대한 첫 번째 날짜 반환
SAMEPERIODLASTYEAR(<dates>)	지정된 날짜 열의 날짜에서 1년 뒤로 이동한 날짜 열이 들어 있는 테이블을 반환
TOTALMTD(<expression>,<dates>,[<filter>])	월별 누적값 계산
TOTALQTD(<expression>,<dates>[,<filter>])	분기별 누적값 계산
TOTALYTD(<expression>,<dates>[,<filter>][,<year_end_date>])	연도별 누적값 계산

5 테이블 조작/계산 함수

함수 구문	설명
ADDCOLUMNS(<table>, <name>, <expression>, [<name>], [<expression>]···)	지정된 테이블 또는 테이블 식에 계산 열을 추가
DISTINCT(<column>)	지정된 열의 고유 값이 들어 있는 1열로 구성된 테이블을 반환
GROUPBY(<table>, <groupBy_columnName>, [<name>], <expression>]···)	테이블을 지정된 열 또는 열 세트를 기준으로 그룹화하고, 각 그룹에 대해 하나 이상의 집계 계산을 수행
RELATED(<column>)	관계로 연결된 다른 테이블에서 관련 값을 반환
RELATEDTABLE(<tableName>)	지정된 필터에 의해 수정된 컨텍스트에서 테이블 식을 평가
ROW(<name>, <expression>,[<name>, <expression>]···)	각 열에 지정된 식에서 생성된 값이 포함된 단일 행이 있는 테이블을 반환
SUMMARIZE (<table>, <groupBy_columnName>[, <groupBy_columnName>]···[, <name>, <expression>]···)	테이블에서 그룹화된 데이터에 대한 요약 값을 가지는 열이 추가된 테이블을 반환
SUMMARIZECOLUMNS(<groupBy_columnName> [, <groupBy_columnName>]···, [<name>, <expression>]···[, <filterTable>])	그룹화된 요약 테이블 반환
TOPN(<N_Value>, <Table>, <OrderBy_Expression>, [<Order>], [<OrderBy_Expression>], [<Order>]···)	지정된 테이블의 상위 N개 행을 반환
UNION(<table_expression1>, <table_expression2> [,<table_expression>]···)	두 테이블 식의 모든 행을 포함하는 테이블 작성
VALUES(<TableNameOrColumnName>)	지정된 테이블/열의 고유 값이 포함된 하나의 테이블/열 반환

6 필터 함수

함수 구문	설명
ALL([<table> | <column>, [<column>], [<column>], ···)	• 적용되었을 수 있는 필터를 무시하고 테이블의 모든 행 또는 열의 모든 값을 반환 • 필터를 지우고 테이블의 모든 행에서 계산을 만드는 데 유용
ALLEXCEPT(<table>,<column>, [<column>,···])	지정한 열에 적용된 필터를 제외하고 테이블의 모든 컨텍스트 필터를 제거
ALLSELECTED([<tableName> | <columnName>, [<columnName>], [<columnName>,···]]])	다른 모든 컨텍스트 필터 유지하면서 현재 쿼리의 열 및 행에서 컨텍스트 필터를 제거
CALCULATE(<expression>[, <filter1> [, <filter2> [, ···]]])	필터된 데이터를 대상으로 식을 평가(계산)
FILTER(<table>,<filter>)	필터링된 행만 포함하는 테이블을 반환
KEEPFILTERS(<expression>)	CALCULATE 또는 CALCULATETABLE 함수를 평가하는 동안 필터가 적용되는 방식을 수정
RANK([<ties>][, <relation> or <axis>][, <orderBy>][, <blanks>][, <partitionBy>][, <matchBy>][, <reset>])]	지정된 순서에 따라 현재 컨텍스트의 순위를 반환
REMOVEFILTERS([<table> or <column>], [<column>], [<column>],···)	지정된 테이블 또는 열에서 필터 제거
SELECTEDVALUE(<columnName>, [<alternateResult>])	columnName이 하나의 고유 값으로만 필터링된 경우 해당 값 반환, 그렇지 않으면 alternateResult를 반환

7 기타

함수 구문	설명
FV(<rate>, <nper>, <pmt>, <pv>, [<type>])	'Future Value'의 약자로, 일정한 이율로 일정 기간 동안 일정 금액을 투자했을 때의 미래 가치를 계산
IPMT(<rate>, <per>, <nper>, <pv>, [<fv>], [<type>])	일정 주기 동안 대출에 대한 이자 지불액을 계산
NPER(<rate>, <pmt>, <pv>, <fv>, [<type>])	'Number of Period'의 약자로 특정한 이율, 기간별 지불금, 현재 가치 및 미래 가치의 조건을 기반으로 투자 또는 대출의 총 기간 수 계산
PMT(<rate>, <nper>, <pv>, [<fv>], [<type>])	'Payment'의 약자로, 일정한 이자율로 대출이나 투자의 정기적인 납입 금액 계산
PPMT(<rate>, <per>, <nper>, <pv>, [<fv>], [<type>])	'Principal Payment'의 약자로 일정한 주기 동안 원금 상환액을 계산
PV(<rate>, <nper>, <pmt>[, <fv>[, <type>]])	일정한 이자율을 기준으로 대출 또는 투자액의 현재 가치 계산
RATE(<nper>, <pmt>, <pv>[, <fv>[, <type>[, <guess>]]])	투자 기간당 이자율 반환
HASONEFILTER(<columnName>)	columnName에서 필터링된 값이 한 개면 TRUE, 그렇지 않으면 FALSE를 반환
ISBLANK(<value>)	값이 비어 있으면 TRUE, 그렇지 않으면 FALSE를 반환
ISERROR(<value>)	Value가 오류이면 TRUE, 그렇지 않으면 FALSE를 반환
ISFILTERED(<TableNameOrColumnName>)	테이블 또는 열이 직접 필터링될 경우 TRUE를 반환
ISNUMBER(<value>)	값이 숫자이면 TRUE, 그렇지 않으면 FALSE를 반환
BLANK()	공백을 반환

> **참고**
>
> 함수에 대한 자세한 내용은 다음 링크를 참고한다.
>
> https://learn.microsoft.com/ko-kr/dax/dax-function-reference

시각화 보고서 작성하기

이번 모듈에서는 데이터를 시각화하여 빠르게 인사이트를 파악할 수 있도록 시각화 보고서를 작성하는 방법을 알아본다. Power BI는 데이터를 시각화하기 위해 사용되는 차트 유형을 '시각화(Visual)' 또는 '시각적 개체'라고 부른다. 데이터를 시각화하기 위해 사용되는 시각적 개체를 살펴본 후 효율적인 분석 보고서 작성을 위해 목적에 맞는 시각적 개체를 선택하고 서식을 설정하여 개체를 꾸미는 작업을 학습한다. 데이터 분석에서 시각화는 데이터를 쉽게 이해하고 탐색하며, 예기치 못한 문제를 파악하는 데 도움을 준다.

예제 PB\Part 1\Module06\ 폴더의 데이터 사용

POWER BI 시각화(시각적 개체)의 종류

Power BI 보고서는 데이터를 시각화하는 시각적 개체와 텍스트 상자, 이미지, 셰이프와 같은 요소로 구성된다. 목적에 맞는 시각적 개체를 사용하면 데이터를 파악하기 쉽고 보기 좋은 분석 보고서를 작성할 수 있다. 시각적 개체의 종류와 특징을 살펴보자.

시각적 개체	설명
누적 가로 막대형 차트	• 범주 내에서 하위 그룹의 상대적 크기를 가로 막대로 비교 • 전체 중에 개별 요소의 기여도를 파악하기에 용이
누적 세로 막대형 차트	• 범주 내에서 하위 그룹의 상대적 크기를 세로 막대로 비교 • 전체적인 크기와 함께 각 구성 요소의 비율을 한눈에 비교하기에 용이
묶은 가로 막대형 차트	• 개별적 범주의 데이터 값을 가로 막대로 비교 • 범주별 데이터의 순위를 파악하기에 용이
묶은 세로 막대형 차트	• 개별적 범주의 데이터 값을 세로 막대로 비교 • 항목 간의 값을 비교하기에 용이
100% 누적 가로 막대형 차트	• 범주 내의 개별 요소의 합을 100%로 환산하여 각 요소별 비중을 가로로 표시
100% 누적 세로 막대형 차트	• 범주 내의 개별 요소의 합을 100%로 환산하여 각 요소별 비중을 세로로 표시
꺾은선형 차트	• 시간에 따른 값의 변화를 표시하여 전체적인 데이터의 흐름이나 경향성을 파악하는데 용이

영역형 차트	• 꺾은선형 차트와 선 아래의 영역이 색으로 채워지는 차트 • 시간에 따른 데이터의 추세 뿐만 아니라 데이터의 총량이나 합계를 함께 보여 주기에 용이
누적 영역형 차트	• 여러 요소의 값을 시간에 따라 누적하여 표시하는 차트
꺾은선형 및 누적 세로 막대형 차트	• 꺾은선형 차트와 누적 세로 막대형 차트가 결합된 혼합 차트 • 시간의 경과에 따른 데이터의 추세와 각 시점에서의 데이터 값을 누적하여 보여 주는데 용이
꺾은선형 및 묶은 세로 막대형 차트	• 꺾은선형 차트와 묶은 세로 막대형 차트가 결합된 혼합 차트 • 데이터의 다양한 측면을 동시에 표현하고 요소 간의 관계를 파악하기에 용이
리본 차트	• 순위의 변화와 개별적 범주의 값의 합계를 같이 보여 주는 차트
폭포 차트	• 값의 증가와 감소를 반영하여 차트 • 수익과 비용 같은 요소가 최종 결과에 어떻게 기여하는지를 파악하는데 용이
깔때기	• 단계별로 지표가 변화하는 것을 한눈에 표현하는 차트 • 일반적으로 데이터를 흐름과 프로세스로 보여 주는 데 용이
분산형 차트	• 두 개 또는 세 개(거품형)의 숫자 값이 어떻게 관련되어 있는지를 표시하는 차트
원형 차트	• 한 범주의 개별적 요소들이 전체에서 차지하는 비율을 시각적으로 표시
도넛형 차트	• 전체에 대한 비율을 표시하는 원형 차트와 비슷한 차트 • 가운데가 비어 있어 공간 활용이 용이
Treemap	• 계층 데이터를 중첩된 사각형의 집합으로 표시 • 사각형은 왼쪽 위에 가장 큰 분기 노드가 있고 오른쪽 아래에 가장 작은 분기가 있는 크기별로 정렬되는 차트
맵	• 위치 범주에 속한 데이터를 지도에 연결하여 데이터 크기를 표시
등치 지역도	• 음영, 색조 또는 패턴을 사용하여 특정 값이 특정 지리 또는 지역을 기준으로 어떻게 다른지 표시
Azure 맵	• 지리 공간 데이터를 지도 위에 시각화
계기	• 목표(KPI)에 대한 진행률을 표시하기에 적합한 차트
카드	• 중요한 단일 데이터 포인트를 강조 표시
여러 행 카드	• 여러 개의 관련 데이터 포인트를 각각의 행에 표시할 수 있는 차트
KPI	• 측정 가능한 목표 값에 대한 진행률을 시각적으로 표시
슬라이서	• 보고서의 여러 시각적 개체를 필터링
테이블	• 다양한 범주의 값을 표의 형태로 비교해 주는 시각적 개체 • 데이터를 쉽게 정렬, 필터링 및 비교 분석하는데 용이
행렬	• 엑셀의 피벗 테이블과 같은 시각적 개체로 범주별 데이터 요약과 계층을 생성하여 분석할 때 사용
R 스크립트 시각적 개체	• R 스크립트를 사용하여 만든 시각적 개체 보기 및 상호 작용을 지원

Py Python 시각적 개체	• Python 스크립트를 사용하여 만든 시각적 개체 보기 및 상호 작용을 지원
주요 영향 요인	• 분서하는 메트릭에 엉샹늘 주는 요소 확인 • 주요 영향 요인의 상대적 중요도 비교
분해 트리	• 그룹의 개별 범주가 전체에 기여하는 방식을 보고 결과에 대한 원인 분석 수정
질문 및 답변	• 사용자가 자연어로 질문하고 시각적 개체 형태로 답변 반환
네러티브	• 보고서에 텍스트를 추가하여 추세, 주요 내용을 파악하고 설명 및 컨텍스트를 추가
메트릭(미리보기)	• 주요 성과 지표(KPI)를 추적하고 관리하며, 목표 달성 여부를 시각적으로 표시
페이지를 매긴 보고서	• 고도로 맞춤화된 레이아웃을 사용하여 정교한 인쇄 또는 PDF 배포를 위해 설계된 고정 레이아웃의 보고서 표시(시험에 출제되지 않음)
카드(신규)	• UI가 개선되고 도형 모양, 레이아웃, 이미지 등 기존 카드에 다양한 옵션이 추가된 신규 카드
슬라이서(신규)	• 도형 모양, 레이아웃, 오버플로 등 기존 슬라이서에 다양한 옵션이 추가된 신규 슬라이서
ArcGIS Maps for Power BI	• Etri에서 제공하는 Power BI용 ArcGIS Map • Power BI에서 기본으로 제공하는 맵 시각적 개체보다 더 강력한 지도 시각화 제공
Power BI용 Power Apps	• 보고서 또는 대시보드에 Power Apps를 포함시켜 양식 및 데이터 편집을 Power BI에 직접 제공
Power Automate for Power BI	• Power BI 보고서 내에서 자동화된 플로우를 실행할 수 있게 해주는 기능

Power BI Desktop에서 보고서를 작성할 때는 우선 목적에 맞는 시각적 개체를 [시각화] 창에서 선택하고, [데이터] 창에서 필드를 [시각화] 창으로 드래그하여 추가한 후 시각적 개체별 서식을 [시각화] 창의 [시각적 개체 서식 지정]에서 설정하여 꾸민다. 필요한 경우 [분석]에서 데이터 분석에 적용할 다양한 분석 선을 추가한다. 보고서를 작성하는 방법을 4가지 단계로 나누어 살펴보겠다.

1. 목적에 맞는 시각적 개체 선택	2. [데이터] 창에서 필드를 드래그하여 추가

 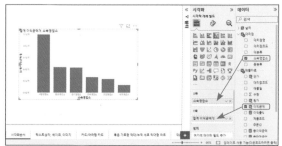

3. 시각적 개체별 서식 설정	4. 분석 기능 추가 – 인사이트 도출

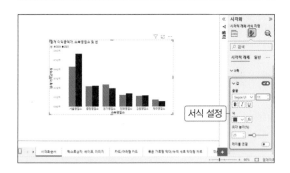 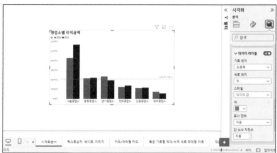

1 시각적 개체(시각화) 추가

앞에서 알아본 것처럼 다양한 시각적 개체가 있어 분석 목적에 맞는 시각적 개체를 선택하는 것이 중요하다.

01 [Module06\ Module06.pbix] 파일을 연 후 [시각화순서] 페이지를 클릭한다.

02 [시각화] 창 – [시각적 개체 빌드]에서 원하는 시각적 개체(여기서는 [묶은 세로 막대형 차트]를 선택)를 클릭한다.

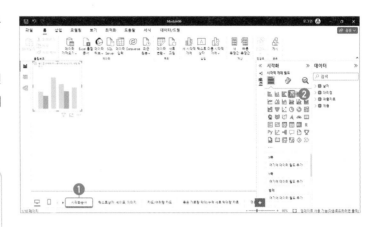

TIP

시각적 개체를 선택하지 않고 바로 [필드]를 추가하면 해당 데이터를 표현하기에 가장 적합한 시각적 개체가 적용된다.

03 보고서 페이지에 시각적 개체가 추가되면 크기 조절 핸들을 드래그하여 크기를 조절한 후 시각적 개체를 드래그하여 원하는 위치로 이동한다.

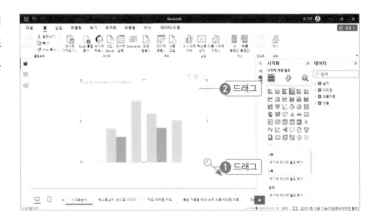

2 필드 추가

시각적 개체가 삽입되면 시각적 개체에 추가할 필드를 선택한다. 시각적 개체에 따라 추가할 필드의 영역이 다르므로 개체의 특성에 맞게 [데이터] 창에서 필드명 왼쪽의 체크박스를 체크하거나 [시각화] 창으로 드래그하여 적용한다.

01 [데이터] 창에서 <대리점> 테이블의 [소속영업소] 필드를 [시각화] 창의 [X축] 영역으로, <매출자료> 테이블의 [이익금액] 필드를 [Y축] 영역으로 드래그하여 추가한다.

TIP

[소속영업소] 필드 앞의 체크박스를 클릭하면 텍스트 데이터이므로 자동으로 [X축]으로, [이익금액]의 경우 숫자이므로 자동으로 [Y축]으로 추가된다.

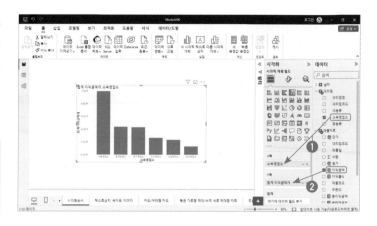

02 [데이터] 창에서 <날짜> 테이블의 [년] 필드를 [범례] 영역으로 드래그하여 추가한다.

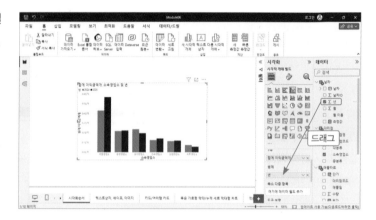

3 서식 설정

[시각화] 창의 [시각적 개체 서식 지정]에서 다양한 시각적 개체 서식 옵션을 이용해 보고서를 꾸미고 편집할 수 있다. 시각적 개체마다 다른 옵션이 제공되며, [시각적 개체] 탭에서는 해당 시각적 개체의 고유한 서식 옵션을 설정하고, [일반] 탭에서는 모든 차트에 공통적으로 제공되는 서식 옵션을 설정한다.

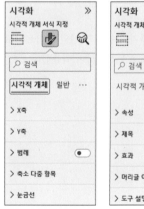

01 [시각화] 창 – [시각적 개체 서식 지정] –
[시각적 개체] 탭을 클릭한 후 [X축]에서 [글
꼴 크기]를 '11'로 설정한다.

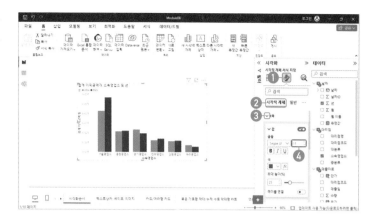

02 [X축] – [제목]의 옵션을 해제하고 [Y축]
옵션을 클릭하여 확장한다.

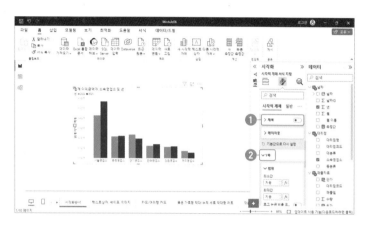

03 [Y축] – [값]에서 [표시 단위]를 '백만'으
로 선택하고 [제목] 옵션을 해제한다.

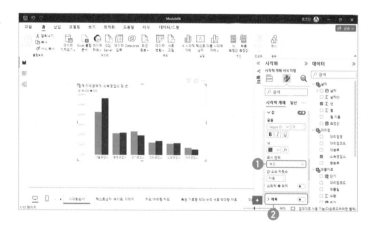

04 [시각적 개체] 탭에서 스크롤바를 아래로 내린 후 [열]에서 [계열]을 '2024'로 선택하고, [색]에서 [색]을 '테마 색 5'로 선택한다. 차트에서 2024 계열의 색상이 변경된다.

05 [시각적 개체 서식 지정] – [일반] 탭 – [제목] 옵션을 확장한다. [제목] – [텍스트]에 '영업소별 이익금액'을 입력한다.

06 [글꼴 크기]를 '16', '굵게'로 설정한다.

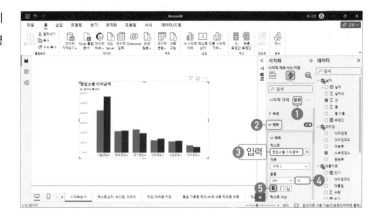

4 분석

[시각화] 창의 [분석]은 사용자가 시각적 개체에 대한 분석 기능을 추가하고 구성할 수 있게 해 준다. 차트에 오차 막대, 최대값, 최소값, 평균선, 또는 백분위수 선과 같은 분석 옵션을 추가할 수 있다. 이러한 옵션들은 데이터를 더 깊이 분석하고, 보고서의 시각적 개체에서 더 많은 인사이트를 도출할 수 있도록 도와준다.

01 [시각화] 창 – [분석]을 클릭한 후 [평균선] 옵션을 확장하여 '선 추가'를 클릭한다.

02 🖊을 클릭한 후 '평균이익금액'을 입력하고 Enter 키를 누른다.

03 [데이터 레이블]의 옵션을 설정하고 [가
로 위치]를 '오른쪽'으로 선택한다.

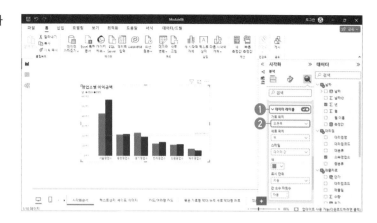

셰이프, 텍스트 상자, 이미지

셰이프, 텍스트 상자, 이미지는 모두 데이터 필드와 연결되지 않는 시각적 개체로 페이지의 제목이나 레이아웃 디자인
에 사용되며 로고 이미지를 삽입하여 보고서 페이지 전체에 포함할 수도 있다.

1 셰이프

도형을 보고서에 삽입하여 제목을 꾸미거나 다른 디자인 요소로 사용할 수 있다.

01 [텍스트상자,셰이프,이미지] 페이지를 선
택한다.

02 [삽입] 탭 – [요소] 그룹 – [셰이프]를 클릭
한 후 [사각형]을 선택한다.

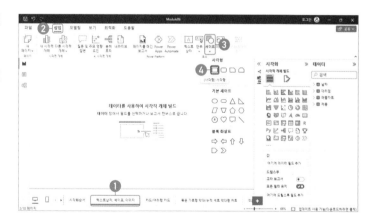

03 사각형이 삽입되면 [서식] 창 – [도형] 탭 – [스타일]을 확장한다. [채우기] – [색]을 클릭하여 색상을 변경한다(여기서는 '테마 색 6, 25% 더 어둡게' 선택).

04 [테두리] 옵션은 해제한다.

05 [텍스트] 옵션을 설정하고 클릭하여 확장한 후 [텍스트] 입력란에 ''23~24년 매출보고서'를 입력하고 Enter 키를 누른다.

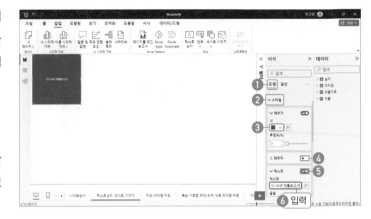

TIP

[서식] 창은 도형, 텍스트 상자, 이미지 등을 선택했을 때 활성화된다.

06 [글꼴 크기]는 '28', '굵게'로 설정하고, [가로 맞춤]을 '가운데'로 선택한다.

07 도형의 크기 조절 핸들을 드래그하여 크기와 위치를 조절한다.

2 텍스트 상자

보고서에 삽입되는 텍스트 상자는 설명이나 시각적 개체에서 표시할 수 없는 내용을 추가할 때 사용하면 편리하다.

01 제목 아래 텍스트를 추가하기 위해 [삽입] 탭 – [요소] 그룹 – [텍스트 상자]를 클릭한다.

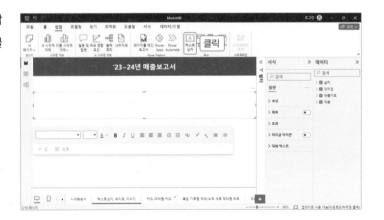

02 '전체 개요'를 입력한 후 드래그하여 선택하고 [글꼴 크기]는 '20', '굵게'로 설정한다.

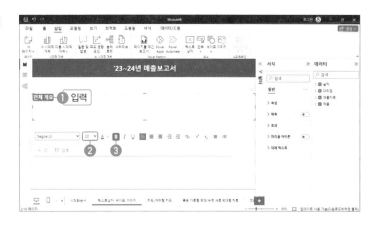

03 [서식] 창 – [일반] 탭 – [효과]를 확장한 후 [배경] 옵션을 해제한다.

04 텍스트 상자의 크기를 조절한 후 원하는 위치에 배치한다.

05 [효과] - [그림자]의 옵션을 설정하고 [오프셋]과 [위치]를 설정한다. 여기서는 기본값인 '바깥쪽'과 '오른쪽 아래'를 선택한다.

3 이미지

제품 이미지나 로고와 같은 시각적 요소는 사용자의 이해를 높이고, 보고서의 전문성을 강화할 수 있다.

01 이미지를 추가하기 위해 [삽입] 탭 – [요소] 그룹 – [이미지]를 클릭한다.

02 [열기] 창이 나타나면 [Module06\보고서.png]를 클릭한다.

03 이미지 크기를 적절히 조절해 원하는 위치에 배치한다.

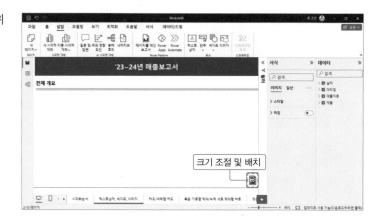

04 [서식] 창 – [이미지] 탭 – [스타일]을 확
장한 후 [크기 조정]에서 원하는 크기 스타일
을 선택한다. 여기서는 '채우기'를 선택한다.

> **TIP**
>
> [크기 조정] 유형은 '기본', '맞춤', '채우기'
> 가 있다.

05 삽입된 이미지에 단추와 같은 동작 기능
을 추가하기 위해 [작업]을 확장한 후 옵션을
설정하고 [작업] – [유형]에서 원하는 유형을
선택한다. 여기서는 '뒤로'를 선택한다.

> **TIP**
>
> Ctrl 키를 누른 채 이미지를 클릭하면 보고서의 이전 페이지로 돌아간다.

Section | 04 　 카드, 여러 행 카드

시각적 개체 '카드'와 '여러 행 카드'는 대시보드나 보고서에서 핵심 수치나 KPI(핵심 성과 지표)를 한눈에 볼 수 있어
사용자가 쉽게 인식하고 이해할 수 있도록 한다. '카드'는 주로 중요한 단일 데이터 포인트를 강조 표시할 때 사용한다.

1 카드

단일 데이터 값이나 집계된 결과를 보여 주는데 적합한 시각적 개체로 총 매출액, 평균 고객 만족도 등 중요한 지표를
표시할 때 유용하다.

01 [카드/여러 행 카드] 페이지를 선택한다.
[시각화] 창 – [시각적 개체 빌드]에서 [카드
(▤)]를 클릭한다.

02 [카드] 시각적 개체가 삽입되면 [데이터]
창에서 <매출자료> 테이블의 [총판매금액]
측정값을 [필드] 영역으로 드래그하여 추가
한다.

> **TIP**
>
> [총판매금액] 값을 클릭하여 자동으로 [필
> 드]에 추가해도 된다.

03 [시각화] 창 – [시각적 개체 서식 지정] – [시각적 개체] 탭 - [설명 값]을 확장한 후 [글꼴 크기]를 '30', '굵게'로 설정하고, [값 소수 자릿수]를 '2'로 설정한다.

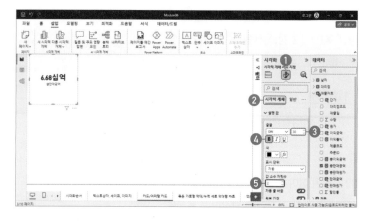

04 [범주 레이블]을 확장한 후 [글꼴]은 'Segoe UI', [글꼴 크기]는 '16', '굵게'로 설정한다.

TIP

[범주 레이블]은 차트나 그래프의 축에 표시되는 텍스트로 데이터 포인트를 구분하고, 사용자가 시각적 개체에서 정보를 쉽게 해석할 수 있도록 도와준다.

05 [일반] 탭 – [효과] – [그림자]의 옵션을 설정하고 [오프셋]과 [위치]는 기본값으로 설정한다.

06 카드 개체의 크기를 조절해 원하는 위치에 배치한다.

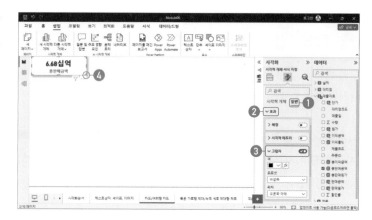

136

2 여러 행 카드

여러 행 카드는 데이터를 그룹 형식으로 표시하고, 결과 데이터 값을 요약된 형태로 표시하는 시각적 개체로 하나의 타일에 여러 요소의 값을 표현할 때 적합하다.

01 새 개체를 추가하기 위해 보고서의 빈 공간을 클릭하여 개체가 선택된 상태를 해제한다.

02 [시각화] 창 – [시각적 개체 빌드]에서 [여러 행 카드(▤)]를 선택한다.

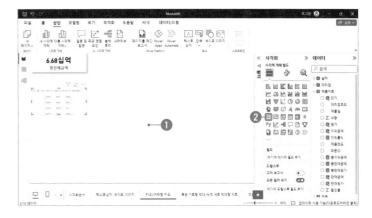

03 [데이터] 창에서 <대리점> 테이블의 [소속영업소] 필드, <매출자료> 테이블의 [총이익금액] 측정값을 [필드]로 드래그하여 추가한다.

> **TIP**
> [소속영업소]와 [총이익금액]의 체크박스를 순서대로 체크하여 추가해도 된다.

04 [시각화] 창 – [시각적 개체 서식 지정] – [시각적 개체] 탭 - [설명 값]을 확장한 후 [글꼴 크기]를 '14', '굵게'로 설정한다. [범주 레이블] 옵션을 해제한다.

> **TIP**
> [범주 레이블] 옵션을 해제하면 값의 포인트를 알 수 없으므로 제목으로 대치하면 좋다.

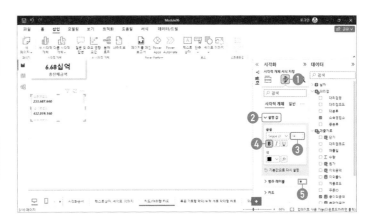

05 [시각적 개체] 탭 – [카드] – [제목]에서 [글꼴]은 'Segoe UI Semibold', [글꼴 크기]는 '13'으로 설정한다.

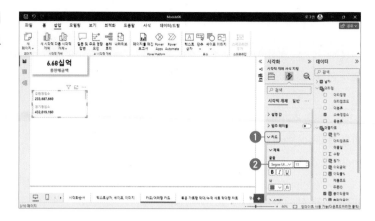

06 [스타일]을 확장하고 [테두리 위치]는 '아래쪽', [윤곽선 색]은 '테마 색 4'로 설정한다.

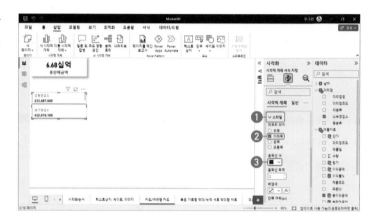

07 [일반] 탭 – [제목] 옵션을 설정한 후 클릭하여 확장하고 [텍스트] 입력란에 '영업소별 총이익금액'을 입력한 다음 [글꼴]은 'Segoe UI Bold', [글꼴 크기]는 '16'으로 설정한다.

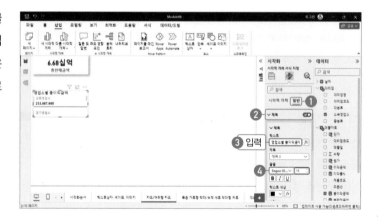

08 [일반] 탭에서 [구분선] 옵션을 설정한다.

09 개체의 크기를 조절해 원하는 위치에 배치한다.

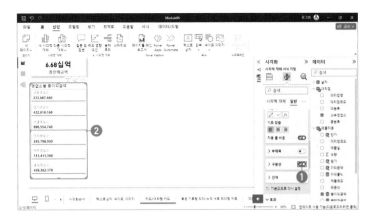

막대형 차트

막대형 차트는 개별 요소의 값을 가로 또는 세로 방향으로 비교할 수 있다. 묶은 가로 막대형 차트는 항목 간의 비교 뿐만 아니라 순위를 확인하기도 용이하다. 누적 막대형 차트의 경우 요소의 값을 누적해서 볼 수 있어 전체 합의 크기도 함께 비교할 수 있다.

1 묶은 가로 막대형 차트

묶은 가로 막대형 차트는 각 범주 내에서 서로 다른 계열의 값을 비교할 때 유용하다. 여러 계열의 데이터를 가로 막대로 나타내며, 각 막대는 하나의 범주(년도, 제품 등)를 대표한다.

01 [묶은 가로형 막대/누적 세로 막대형 차트] 페이지를 선택한다. [시각화] 창 – [시각적 개체 빌드]에서 [묶은 가로 막대형 차트 (≣)]를 선택한다.

02 [데이터] 창에서 다음 필드를 필드 영역으로 드래그하여 추가한다.

• Y축: <제품> 테이블의 [제품군]
• X축: <매출자료> 테이블의 [판매금액]

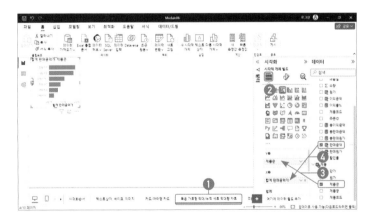

03 [시각화] 창 – [시각적 개체 서식 지정] – [시각적 개체] 탭 – [Y축] – [값]에서 [글꼴 크기]를 '12'로 설정하고, [제목] 옵션을 해제한다.

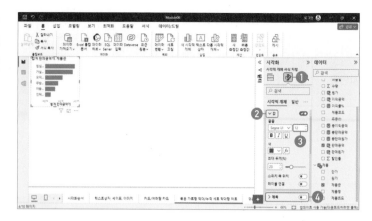

04 [시각적 개체] 탭 – [X축] – [값]에서 [글꼴 크기]를 '12', [표시 단위]는 '백만'으로 선택한다.

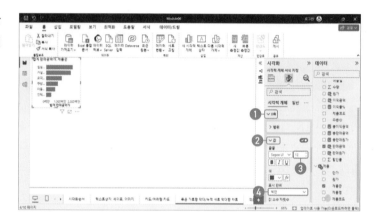

05 [X축]에서 [제목] 옵션을 해제한다.

06 [시각적 개체] 탭 – [막대] – [색]에서 [색]
을 '테마 색 6'으로 설정하고 개체의 크기와
위치를 조정한다.

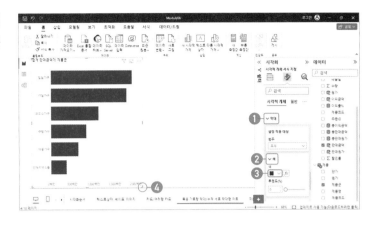

2 누적 세로 막대형 차트

여러 데이터 계열을 세로로 쌓아 올려 전체 합계와 각 계열의 비율을 한눈에 볼 수 있게 해주는 차트로 각 막대는 세분
화된 정보를 제공하며, 색상을 다르게 하여 각 부분을 구분할 수 있다.

01 묶은 가로 막대형 차트를 선택한 후 Ctrl
+ C 키를 눌러 복사하고 Ctrl + V 키를 눌러
붙여 넣은 다음 드래그하여 페이지의 오른쪽
에 배치한다.

02 [시각화] 창 – [시각적 개체 빌드]에서 [누
적 세로 막대형 차트(📊)]를 선택한다.

> **TIP**
>
> 누적 세로 막대형 차트는 묶은 가로 막대형
> 차트와 필드 구성 및 서식이 동일하므로 복
> 사해서 작성한다.

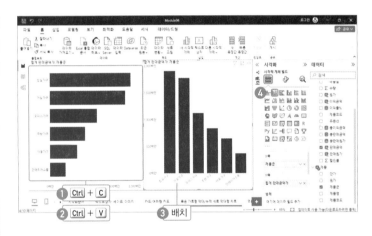

03 [데이터] 창에서 <날짜> 테이블의 [년] 필
드를 [범례] 영역으로 드래그하여 추가한다.

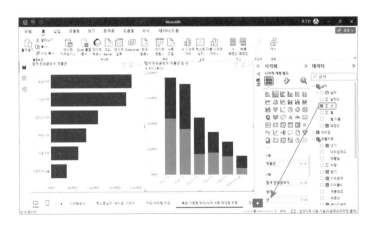

04 [시각화] 창 – [시각적 개체 서식 지정] –
[시각적 개체] 탭 – [열]에서 [계열]을 '2025'
로 선택하고 [색]을 '테마 색 5'로 설정한다.

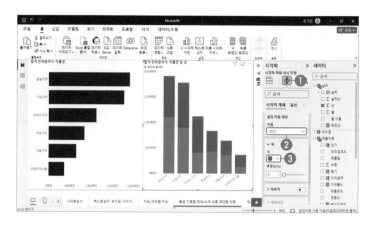

05 [데이터 레이블]을 확장한 후 옵션을 설
정하고 [옵션]에서 [위치]를 '안쪽 끝에'로 선
택한다.

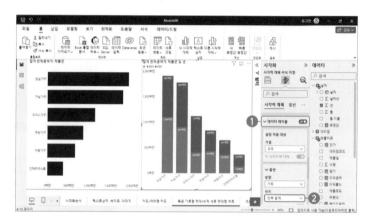

Section | **06**
꺾은선형 차트

꺾은선형 차트는 시간에 따른 변화를 나타내기에 적합하여, 시간 순서대로 데이터 포인트를 연결함으로써 추세나 패턴
을 쉽게 파악할 수 있다. Power BI의 꺾은선형 차트는 다양한 스타일과 옵션을 제공해 데이터 흐름을 찾고 추이를 분
석하는데 유용하다.

01 [꺾은선형 차트] 페이지를 선택한다. [시
각화] 창 – [시각적 개체 빌드]에서 [꺾은선
형 차트(📈)]를 선택한다.

02 [데이터] 창에서 다음 필드를 필드 영역
으로 드래그하여 추가한다.

• X축: <날짜> 테이블의 [월 이름]
• Y축: <매출자료> 테이블의 [이익금액]

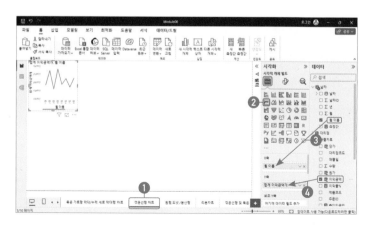

- [원 이름]을 기준으로 축 정렬이 되지 않을 경우 시각적 개체를 선택한 후 […]을 클릭하고 [축 정렬]을 클릭한 다음 '월 이름'과 '오름차순'을 선택한다.

- '1월'부터 정렬되지 않는다면 [데이터] 창에서 [월 이름] 필드를 선택하고 메뉴에서 [열 도구] – [열 기준 정렬]을 클릭한 후 [월]을 선택한다.

03 [데이터] 창에서 <날짜> 테이블의 [년] 필드를 [범례] 영역으로 드래그하여 추가한다.

04 기본 차트가 작성되면 시각적 개체의 크기와 위치를 조절한다.

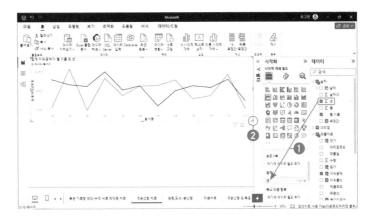

05 [시각화] 창 - [시각적 개체 서식 지정] – [시각적 개체] 탭 - [X축]에서 [값]의 [글꼴 크기]를 '11'로 설정하고, [제목] 옵션을 해제한다.

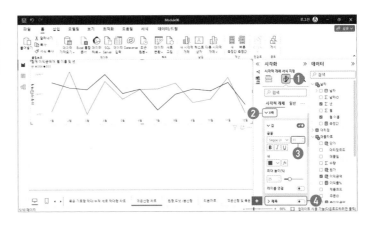

06 [시각적 개체] 탭 – [Y축] – [값]에서 [글꼴 크기]를 '12'로 설정하고, [제목] 옵션을 해제한다.

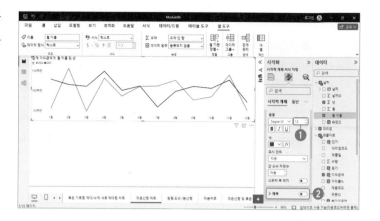

07 [시각적 개체] 탭 – [선] – [도형]에서 [선 스타일]을 '파선'으로 선택하고 [선 종류]를 '곡선'으로 선택한다.

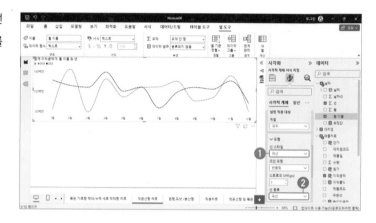

08 [시각적 개체] 탭에서 [표식] 옵션을 설정하고, [도형]에서 [유형]을 '■'으로 선택한다.

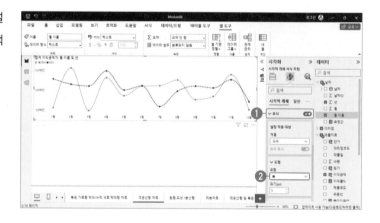

원형, 도넛 차트

한 범주의 개별적 요소가 전체에서 차지하는 비율을 시각적으로 표시할 때 원형이나 도넛 차트를 많이 활용한다. 도넛 차트는 전체에 대한 비율을 표시하는 원형 차트와 유사하나 가운데가 비어 있어 공간 활용이 용이한 것이 특징이다.

01 [원형,도넛/분산형] 페이지를 선택한다. [시각화] 창 – [시각적 개체 빌드]에서 [원형 차트(◔)]를 선택한다.

02 [데이터] 창에서 다음 필드를 필드 영역으로 드래그하여 추가한다.

• 범례: <제품> 테이블의 [제품군] 필드
• 값: <매출자료> 테이블의 [총판매금액] 측정값

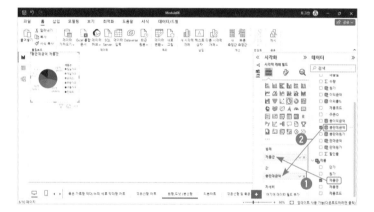

03 [시각화] 창 – [시각적 개체 서식 지정] – [시각적 개체] 탭에서 [범례] 옵션을 해제한다.

04 [세부 정보 레이블] – [옵션]에서 [레이블 내용]을 '범주, 총퍼센트'로 선택한다.

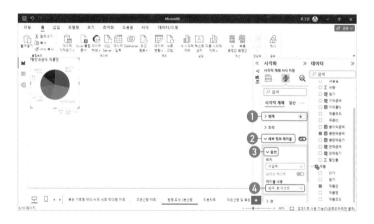

145

05 [시각적 개체] 탭 – [값]에서 [글꼴 크기]를 '12'로 설정하고 시각적 개체의 크기와 위치를 조절한다.

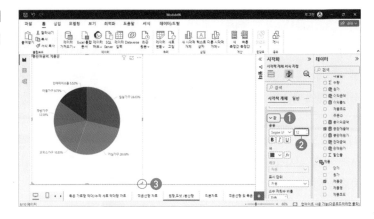

06 원형 차트와 도넛 차트는 모두 전체에 대한 비율을 표시하는 시각적 개체이므로 이번에는 도넛 차트로 변경하기 위해 [시각화] 창 – [시각적 개체 빌드]에서 [도넛형 차트 (◎)]를 선택한다.

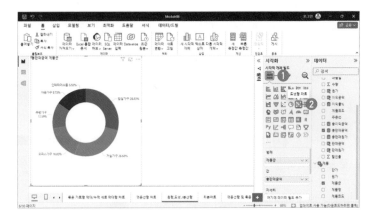

07 [시각화] 창 – [시각적 개체 서식 지정] – [시각적 개체] 탭 - [조각] – [간격]에서 [내부 반경]을 '45'로 설정한다.

> **TIP**
>
> 원형 차트와 도넛형 차트는 일부 서식을 제외하고 옵션이 동일하다.

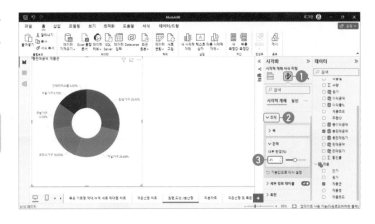

분산형 차트

분산형 차트는 두 숫자 데이터 간에 상관관계를 파악하고, 세 숫자의 경우 두 개의 교차된 값을 거품형의 크기로 표시하여 데이터를 평가하는데 유용하다. 또한 가로축에 범주형 데이터를 추가할 수 있도록 하여 분산형 차트의 기능을 확장할 수 있다.

01 새 시각적 개체를 추가하기 위해 빈 영역을 클릭한다. [시각화] 창 – [시각적 개체 빌드]에서 [분산형 차트(🔳)]를 선택한다.

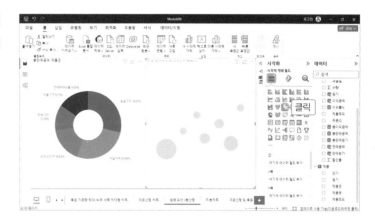

02 [데이터] 창에서 다음 필드를 필드 영역으로 드래그하여 추가한다.

- X축: <매출자료> 테이블의 [총판매원가] 측정값
- Y축: <매출자료> 테이블의 [총이익금액] 측정값
- 범례: <제품> 테이블의 [제품명] 필드
- 크기: <매출자료> 테이블의 [수량] 필드
- 재생 축: <날짜> 테이블의 [년] 필드

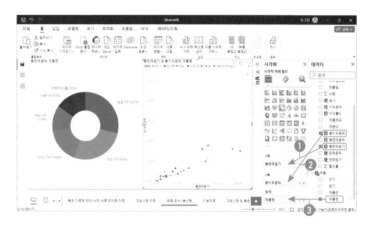

TIP

- 이 시각화는 제품별 판매원가와 이익금액이 어떤 상관관계가 있는지 파악할 수 있다.
- 분산형 차트에서 크기에 값을 추가하면 거품형 차트가 된다. 또한 재생 축에 [년]을 추가하면 연도별 데이터의 변화를 알 수 있다.

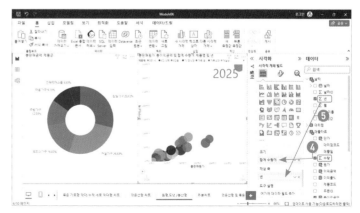

147

리본 차트

데이터의 변화와 순위를 한눈에 볼 수 있는 차트로 가장 높은 순위를 빠르게 검색할 수 있고, 범주별 값이 리본으로 연결되어 있으므로 시간의 흐름에 따라 증감에 대한 내용을 쉽게 파악할 수 있다.

01 [리본차트] 페이지를 선택한다. [시각화] 창 – [시각적 개체 빌드]에서 [리본 차트(▨)]를 선택한다.

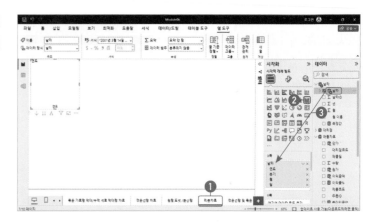

02 [데이터] 창에서 다음 필드를 필드 영역으로 드래그하여 추가한다.

• X축: <날짜> 테이블의 [날짜] 필드
• Y축: <매출자료> 테이블의 [총판매금액] 측정값
• 범례: <제품> 테이블의 [제품군] 필드

03 [시각화] 창 - [시각적 개체 서식 지정] – [시각적 개체] 탭 – [리본]에서 [색]의 투명도를 '50'으로 설정한다.

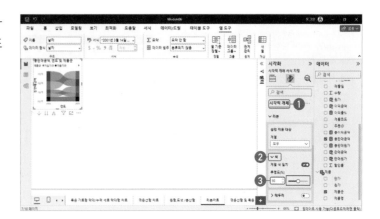

04 시각적 개체의 크기와 위치를 조절하고 [X축]의 '년'을 언도와 분기로 확장하기 위해 ⚲(계층 구조에서 한 수준 아래로 모두 확장) 을 클릭한다.

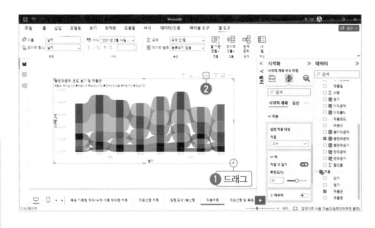

TIP

⥮(계층 구조에서 다음 수준으로 이동)은 '연도'에서 '분기', '월' 순으로 표시되고, ⚲ (계층 구조에서 한 수준 아래로 모두 확장) 은 계층 구조 레이블이 이전 수준과 함께 표 시된다.

05 각 요소의 값을 표시하기 위해 [데이터 레이블] 옵션을 설정하고, [옵션]에서 [넘치 는 텍스트] 옵션을 설정한다.

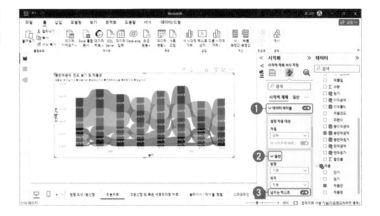

TIP

• [날짜] 필드와 같이 계층으로 된 필드의 경우 [드릴] 기능으로 한 수준 아래로 이동하거나 전체 확장으로 항목을 펼칠 수 있다. ⊙를 클릭하여 [드릴 모드]를 켜면 특정 값을 클릭할 때 세부적인 데이터를 볼 수 있어 더 깊게 분석할 수 있다.

• ↑(드릴 업)이나 ⥮(계층 구조에서 다음 수준으로 이동)을 사용해 다른 계층으로 이동할 수 있다.

꺾은선형 및 묶은 세로 막대형 차트

꺾은선형 및 묶은 세로 막대형 차트는 꺾은선형 차트와 세로 막대형 차트가 결합된 혼합 차트로 데이터의 다양한 측면을 동시에 표현해 요소 간의 관계를 파악하기 좋다. 또한 비교하고자 하는 요소들의 값이 현저히 차이가 나는 경우에도 보조 Y축을 사용해 표시하면 각각의 데이터를 하나의 차트에서 효과적으로 분석할 수 있다.

01 [꺾은선형 및 묶은 세로막대형 차트] 페이지를 선택한다. [시각화] 창 – [시각적 개체 빌드]에서 [꺾은선형 및 묶은 세로 막대형 차트(📊)]를 선택한다.

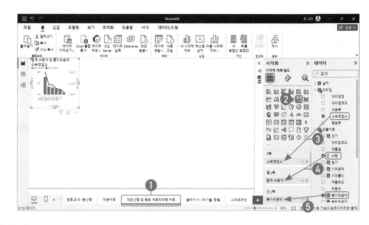

02 [데이터] 창에서 다음 필드를 필드 영역으로 드래그하여 추가한다.

- X축: <대리점> 테이블의 [소속영업소] 필드
- 열 y축: <매출자료> 테이블의 [수량] 필드
- 선 y축: <매출자료> 테이블의 [총이익금액] 측정값

03 시각적 개체의 크기와 위치를 조절한다.

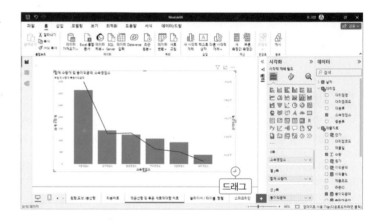

04 [시각화] 창 - [시각적 개체 서식 지정] – [시각적 개체] 탭 – [보조 Y축]에서 [값] 옵션을 설정하고 [표시 단위]를 '백만'으로 선택한다.

05 [시각적 개체] 탭 – [선] – [색]에서 [영역 음영 처리] 옵션을 설정한다.

꺾은선형 차트에서 [영역 음영 처리] 옵션을 설정하면 [영역형 차트]와 동일하게 표시된다.

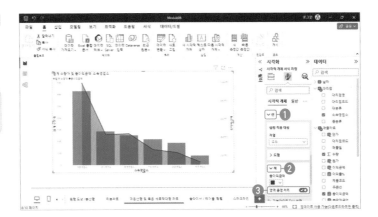

축소 다중 항목

[축소 다중 항목]을 사용하면 특정 차원을 기준으로 시각적 개체를 분할하여 보고서를 작성할 수 있다. 여기서는 <제품> 테이블의 [제품군]을 [축소 다중 항목] 영역으로 드래그하여 추가한다. 제품군 별로 차트가 표시되어 각 제품군에 대한 시각화를 볼 수 있다.

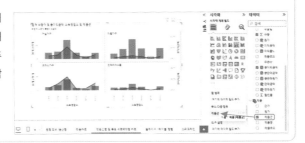

Section | **11**　　**슬라이서**

슬라이서는 보고서 페이지에 적용되는 필터 기능으로 중요한 요소에 대한 분석 결과를 더 쉽게 얻을 수 있다. 슬라이서는 단일 뿐만 아니라 다중 필터가 되도록 설정할 수 있다.

01 [슬라이서 / 테이블, 행렬] 페이지를 선택한다. [시각화] 창 – [시각적 개체 빌드]에서 [슬라이서(▦)]를 선택한다. [데이터] 창에서 <대리점> 테이블의 [대분류] 필드를 [필드] 영역으로 드래그하여 추가한다.

필드를 계속 추가하면 계층(hierarchy) 구조로 조건을 설정할 수 있다.

02 '슬라이서' 시각적 개체를 삽입하면 문자 데이터의 경우 세로 목록 형태로 표시되는데 타일 형태로 변경해 보자. [시각화] 창 – [시각적 개체 서식 지정] – [시각적 개체] 탭 – [슬라이서 설정]을 확장한 후 [옵션] – [스타일]을 '타일'로 선택한다.

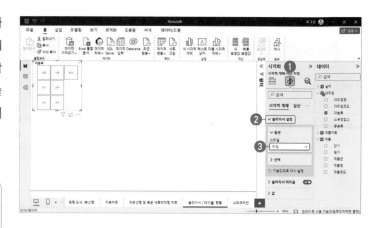

TIP

[스타일] – [슬라이서 설정] – [선택]에서 [단일 선택]을 설정하면, 한 가지만 선택할 수 있는 '옵션' 단추로 표시된다.

03 [시각적 개체] 탭에서 [슬라이서 머리글] 옵션을 해제한 후 시각화 크기를 조절해 적절한 위치에 배치한다.

TIP

슬라이서에서 타일 안의 텍스트는 글꼴을 크게 설정해도 변경되지 않는 경우가 있는데 개체의 크기에 따라 변화되는 [반응형] 기능이 적용되기 때문이다.

TIP

날짜 슬라이서

일반적인 텍스트 필드에 대한 슬라이서가 아닌 날짜 범주로 슬라이서를 표시하는 경우 기본적인 슬라이서는 '사이' 스타일로 표시된다. 슬라이서 설정에서 '세로 목록, 타일, 이전, 이후, 드롭다운, 상대 날짜, 상대 시간' 등으로 스타일을 변경할 수 있다.

테이블과 행렬은 범주의 값을 표의 형태로 비교해 주는 시각적 개체로 데이터를 쉽게 정렬, 필터링 및 비교 분석하는데 용이하다.

1　테이블

테이블은 범주의 값을 요약해 보여 주는 시각적 개체이다.

01 새 시각적 개체를 추가하기 위해 빈 영역을 클릭한 후 [시각화] 창 – [시각적 개체 빌드]에서 [테이블(▦)]을 선택한다.

02 [데이터] 창에서 <날짜> 테이블의 [년] 필드를 [열] 영역으로 드래그하여 추가한다.

> **TIP**
>
> [테이블] 시각적 개체는 필드의 체크박스를 클릭해 [열] 영역에 계속 추가할 수 있다.

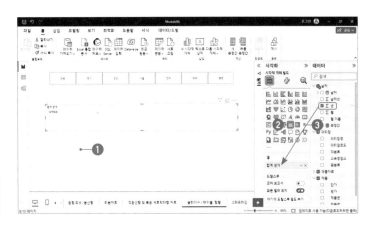

03 [년] 필드가 추가되면 [합계]로 요약되므로 ⌄를 클릭해 [요약 안 함]을 선택한다.

> **TIP**
>
> 숫자 데이터는 필드를 추가할 때 기본적으로 [합계]로 요약된다. 이를 다른 함수나 범주 형태로 변경하려면 [요약 안 함]을 선택한다.

04 [데이터] 창에서 <대리점> 테이블의 [중분류], <매출자료> 테이블의 [총판매금액], [이익률%] 측정값을 [열] 영역으로 차례로 드래그하여 추가한다.

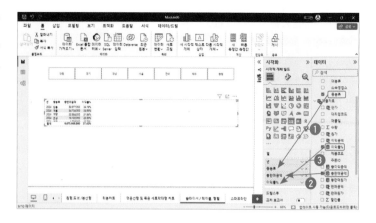

05 [시각화] 창 – [시각적 개체 서식 지정] – [시각적 개체] 탭 – [스타일 사전 설정]에서 [스타일]을 '굵은 헤더'로 선택한 후 시각적 개체 크기를 조절해 적절한 위치에 배치한다.

06 [시각적 개체] 탭 – [값] – [값]에서 [글꼴 크기]를 '13'으로 설정한다.

07 [시각적 개체] 탭 – [열 머리글] – [텍스트]에서 [글꼴 크기]를 '13'으로 설정하고, [머리글 맞춤]은 '가운데'로 선택한다.

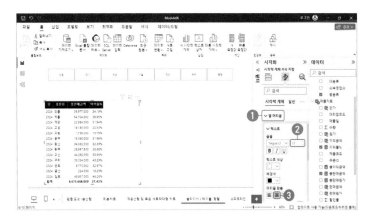

2 행렬

행렬은 엑셀의 피벗테이블과 같이 행과 열이 교차된 곳에 값을 요약해 주며 계층을 생성해 하위 범주의 값을 표시하는 데 용이하다.

01 새 시각적 개체를 추가하기 위해 빈 영역을 클릭한 후 [시각화] 창 – [시각적 개체 빌드]에서 [행렬(▦)]을 선택한다.

02 [데이터] 창에서 다음 필드를 필드 영역으로 드래그하여 추가한다.

• 행: <제품> 테이블의 [제품군], [제품명] 필드
• 열: <날짜> 테이블에서 [년] 필드
• 값: <매출자료> 테이블의 [총매출금액] 측정값

> **TIP**
>
> 행과 열 모두 범주를 계속 추가하면 계층 구조로 작성된다.

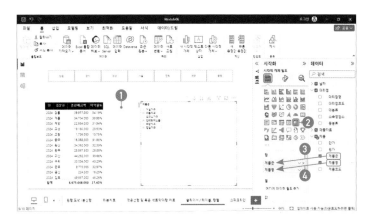

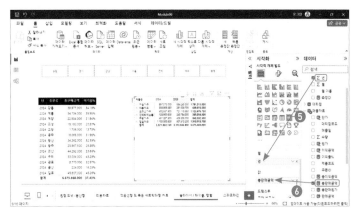

03 행렬 시각적 개체가 작성되면 [제품군]과 [제품명]으로 확장하기 위해 ⛰(계층 구조에서 한 수준 아래로 모두 확장)을 클릭한다.

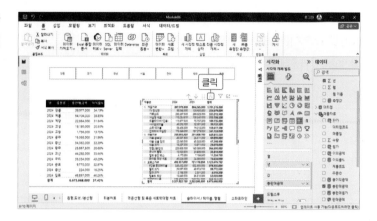

04 [시각화] 창 - [시각적 개체 서식 지정] – [시각적 개체] 탭 – [열 머리글] – [텍스트]에서 [글꼴 크기]를 '13'으로 설정하고, [머리글 맞춤]은 '가운데'를 선택한다.

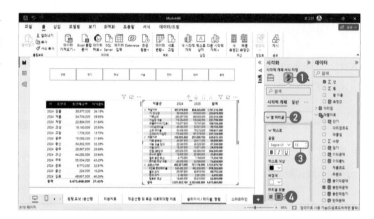

05 [시각적 개체] 탭 – [행 소계] 옵션을 해제하고, 행렬 시각적 개체의 열 머리글 사이의 경계선에서 드래그하여 열 너비를 각각 조정한다.

TIP

열 머리글 사이의 경계선에서 더블클릭하면 열 너비를 값에 맞춰 자동으로 조절해 준다.

조건부 서식

조건부 서식은 막대형 차트나 테이블 또는 행렬과 같은 시각적 개체에서 중요한 지표나 값을 강조하고, 데이터를 한눈에 이해할 수 있도록 색, 아이콘 또는 막대로 표시한다. 여기서는 행렬과 테이블 시각적 개체의 값에 조건부 서식을 적용해 본다.

▪ 조건부 서식의 옵션

• **배경색 또는 글꼴 색상**: 셀의 배경색 또는 글꼴 색상을 변경할 수 있다. 이 옵션은 테이블이나 행렬에서 높은 값과 낮은 값을 색상 그라데이션을 통해 쉽게 식별할 수 있어 자주 사용된다.

• **데이터 막대**: 셀에 데이터 막대를 추가하여 해당 값이 대표하는 바를 비례하여 셀을 채울 수 있다.

• **아이콘**: 테이블이나 행렬의 셀 값에 따라 화살표나 아이콘을 추가할 수 있다.

• **웹 URL**: 셀 값을 활성 웹 링크로 표시할 수 있다.

01 앞에서 작성한 [행렬] 시각화를 선택하고 [값]에 조건부 서식을 지정하기 위해 [시각화] 창 - [시각적 개체 서식 지정] – [시각적 개체] 탭 – [셀 요소]에서 [계열]은 '총판매금액'을 선택한다. [데이터 막대] 옵션을 설정하고 *fx*(조건부 서식)을 클릭한다.

> **TIP**
>
> 이 시각화에는 [총판매금액]만 조건부 서식의 대상이 된다.

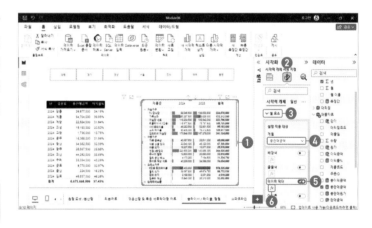

02 [데이터 막대 – 데이터 막대] 창이 나타나면 [양수 막대]의 색을 '테마 색 2'로 설정한 후 [확인]을 클릭한다.

03 데이터 막대가 적용된다. 이번에는 합계 부분에 아이콘 집합으로 조건부 서식을 지정하기 위해 [아이콘] 옵션을 설정한 후 ▣(조건부 서식)을 클릭한다.

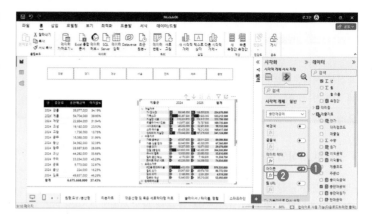

04 [아이콘 – 아이콘] 창이 나타나면 [스타일]을 ▼ ━ ▲ 로 선택하고 [규칙]에서 ▼ 아이콘은 '50' 미만, ━ 아이콘은 '50' 이상 '80' 미만으로, ▲ 아이콘은 '80' 이상으로 설정한 후 [적용 대상]을 '합계만'으로 선택한 다음 [확인]을 클릭한다.

05 행렬의 합계에 아이콘 조건부 서식이 지정된 것을 확인한다.

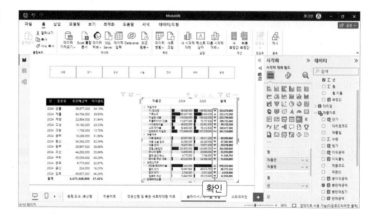

06 이번에는 [테이블] 개체를 선택하고 [시 각화] 창 – [시각적 개체 서식 지정] – [시가 적 개체] 탭 – [셀 요소]에서 [계열]은 '총판매 금액'으로 선택한다. [배경색] 옵션을 설정하 고 ⓕⓧ(조건부 서식)을 클릭한다.

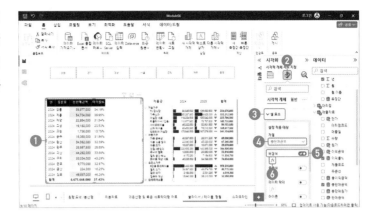

07 [배경색 – 배경색] 창이 나타나면 [서식 스타일]을 '그라데이션', [적용 대상]을 '값만' 으로 선택하고 [중간 색 추가]를 체크한다.

08 [최소값]의 색을 '흰색'을 선택하고 [최대 값]의 색은 '테마 색 8'로 선택한 후 [확인] 을 클릭한다.

09 [시각적 개체] 탭 – [셀 요소]에서 [계열] 을 '이익률%'로 변경하고 [글꼴색] 옵션을 설정한다. 이어서 ⓕⓧ(조건부 서식)을 클릭 한다.

10 [글꼴색 – 글꼴색] 창이 나타나면 [서식 스타일]을 '규칙', [적용 대상]을 '값만'으로 선택하고 [규칙]의 '퍼센트'를 모두 '숫자'로 변경한다.

11 첫 번째 조건을 순서대로 >=, 0.3, <, 1로 설정하고, 색은 '테마 색 1'을 선택한 후 [확인]을 클릭한다.

12 [총판매금액]과 [이익률%]에 그라데이션과 규칙으로 조건부 서식이 적용된 것을 확인한다.

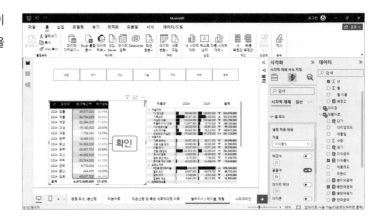

TIP

조건부 서식을 지정하는 다른 방법

[시각화] 창의 필드 영역에서 조건부 서식을 지정하려는 필드의 ⌄ 를 클릭한 후 [조건부 서식]을 선택하고 조건부 서식 중 원하는 유형을 선택해도 된다.

160

스파크라인은 테이블이나 행렬에서 계절적 증가 또는 감소, 경제 주기 등 일련의 값의 추세를 보여 주거나 최대 및 최소값을 강조할 때 유용하다.

01 [스파크라인] 페이지를 선택하고 테이블을 선택한다.

02 테이블에 판매금액의 추세를 스파크라인으로 추가하기 위해 [시각화] 창 – [열] – [총판매금액] 측정값의 ∨ 를 클릭한 후 [스파크라인 추가]를 선택한다.

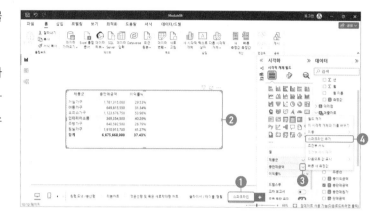

03 [스파크라인 추가] 창에서 [Y축]은 이미 [총판매금액]으로 선택되어 있으며, [X축]에 <날짜> 테이블의 [월]을 선택하여 추가한 후 [만들기]를 클릭한다.

04 스파크라인이 추가된 것을 확인하고 새로운 스파크라인을 추가하기 위해 [삽입] 탭 – [스파크라인] 그룹 – [스파크라인 추가]를 클릭한다.

> **TIP**
>
> 테이블에 추가된 필드에 대한 스파크라인이 아닌 경우 [삽입] 탭에 있는 [스파크라인 추가]를 실행한다.

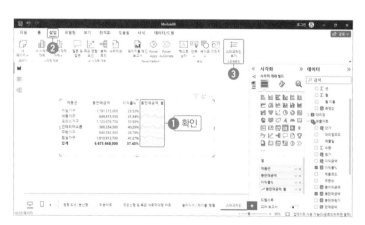

161

05 [스파크라인 추가] 창에서 [Y축]에는 <매출자료> 테이블의 [수량]을 선택하고, [요약]은 [평균]을 선택한다. [X축]에는 <날짜> 테이블의 [월]을 선택한 후 [만들기]를 클릭한다.

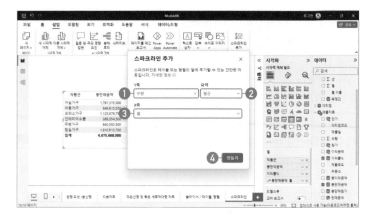

06 스파크라인에 서식을 지정하기 위해 [시각화] 창 - [시각적 개체 서식 지정] – [시각적 개체] 탭 – [스파크라인]을 확장한다. [설정 적용 대상] – [스파크라인]을 '총판매금액, 월'로 선택하고, [스파크라인]에서 [차트 유형]을 '열'로 설정한다.

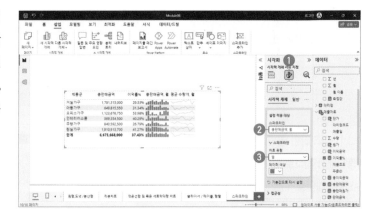

07 [설정 적용 대상] – [스파크라인]을 '평균 수량개, 월'로 변경하고, [스파크라인]에서 [데이터 색상]을 '테마 색 2'로 설정한다.

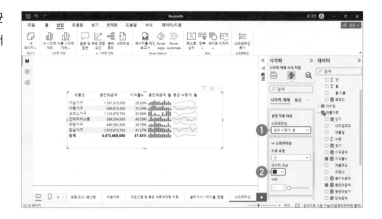

08 [마커]에서 [이러한 표식 표시]는 '최상
위', [색]은 '테마 색 3'으로 설정한다.

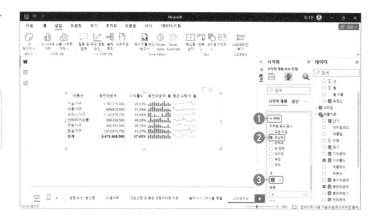

> **TIP**
>
> 완성된 스파크라인에서는 [총판매금액]에
> 대한 합계와 [수량]의 [월]별 평균의 추세를
> 볼 수 있다.

Section | 15 데이터 그룹

데이터 그룹은 데이터를 특정 기준에 따라 그룹으로 묶어 보다 쉽게 분석할 수 있게 해주는 도구이다. 세부적인 데이터
를 더 큰 그룹으로 묶어 분석을 단순화하고 그룹화된 데이터를 통해 특정 그룹의 패턴과 트렌드를 쉽게 분석할 수 있다.

1 범주형(문자) 데이터 그룹화

〈대리점〉 테이블의 [대리점코드]가 '1'로 시작하는 데이터는 '직영대리점', '2'로 시작하는 대리점은 '가맹대리점', '3'으로
시작하는 대리점은 '제휴대리점'으로 그룹화하여 대리점의 유형별 판매금액과 이익금액을 분석해 보자.

01 [테이블 뷰(▦)]를 클릭해 이동한다. [데
이터] 창에서 <대리점> 테이블의 [대리점코
드] 필드를 선택하고 [열 도구] 탭 – [그룹] 그
룹 – [데이터 그룹]을 클릭한 후 [새 데이터
그룹]을 선택한다.

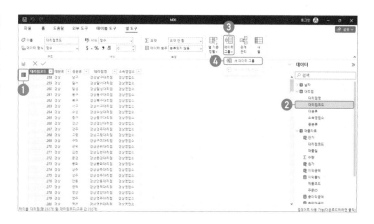

02 [그룹] 창이 나타나면 [이름]에 '대리점유형'을 입력한 후 [그룹 유형]에서 '목록'을 선택한다.

03 [그룹화되지 않은 값]에서 첫 번째 값인 '100'을 클릭한 후 Shift 키를 누른 채 '199'를 선택하고 [그룹화]를 클릭한다.

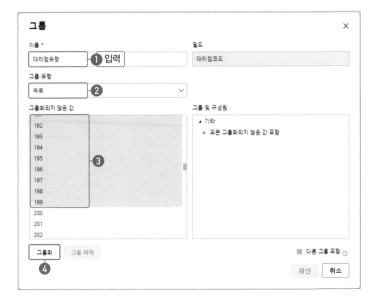

04 [그룹 및 구성원]에 추가된 그룹명을 더블클릭한 후 '직영대리점'을 입력한다.

05 그룹명 왼쪽의 ◢을 클릭하여 그룹을 축소한다.

06 같은 방법으로 '2'로 시작하는 데이터들을 '가맹대리점'으로, '3'으로 시작하는 데이터들을 '제휴대리점'으로 그룹화한 후 [확인]을 클릭한다.

07 [대리점유형] 필드가 추가된 것을 확인한 후 [보고서 보기(📊)]를 클릭하여 보고서 보기 화면으로 이동한다.

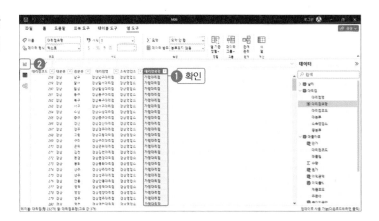

08 [데이터그룹] 페이지에서 왼쪽 테이블 시각적 개체를 선택한다.

09 [시각화] 창의 [열] 영역에 다음 필드를 추가하여 그룹화된 데이터를 기준으로 데이터가 집계된 것을 확인한다.

- <대리점> 테이블의 [대리점유형] 그룹화 필드
- <매출자료> 테이블의 [총판매금액], [총이익금액] 측정값

2 숫자형 데이터 그룹화

〈매출자료〉 테이블의 [단가] 데이터를 50만원 범위로 그룹화하여 단가 금액대별 주문건수를 분석해 보자.

01 [테이블 뷰(▦)]를 클릭해 이동한다. [데이터] 창에서 <매출자료> 테이블의 [단가] 필드를 선택한다.

02 [열 도구] 탭 – [그룹] 그룹 – [데이터 그룹]을 클릭한 후 [새 데이터 그룹]을 선택한다.

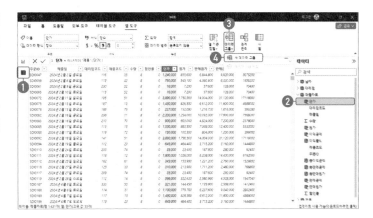

03 [그룹] 창이 표시되면 [이름]에 '단가그룹'을 입력한 후 [bin 크기]를 '500000'으로 설정하고 [확인]을 클릭한다.

04 테이블에 [단가그룹] 필드가 추가된 것을 확인한 후 [보고서 보기(▥)]를 클릭하여 보고서 보기 화면으로 이동한다.

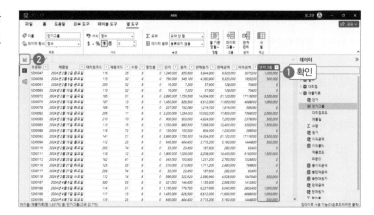

05 [데이터그룹] 페이지에서 오른쪽 테이블 시각적 개체를 선택한다.

06 [데이터] 창에서 <매출자료> 테이블의 [단가그룹], [주문ID] 필드를 [열] 영역으로 드래그하여 추가한다.

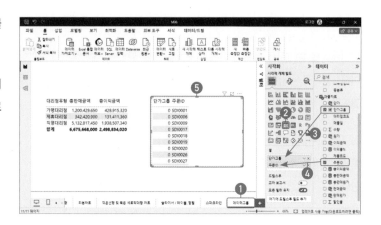

07 [열] 영역에 추가된 [주문ID] 필드의 ⌄을 클릭하고 [개수]를 선택한다. 단가그룹별 주문건수가 집계된 것을 확인한다.

시각적 개체의 유용한 서식 옵션

1 계열 쪼개짐: 계열 간의 카테고리 나눔

01 [시각화] 창 - [시각적 개체 서식 지정] - [시각적 개체] 탭 - [열] - [레이아웃]에서 [계열 쪼개짐] 옵션을 설정한다.

02 [계열 사이의 공간(%)]의 값을 입력하여 간격을 설정한다.

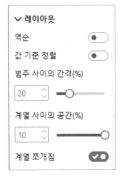

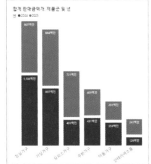

2 세부 정보: 데이터 레이블에 대한 추가 정보

01 [시각화] 창 - [시각적 개체 서식 지정] - [시각적 개체] 탭 - [데이터 레이블]에서 [세부 정보] 옵션을 설정한다.

02 [데이터 추가]에 표시할 데이터 필드를 추가한다.

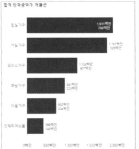

3 지시선: 데이터 레이블에 대한 데이터 포인터 위치 파악

01 [시각화] 창 - [시각적 개체 서식 지정] - [시각적 개체] 탭 - [데이터 레이블] - [옵션]에서 [지시선] 옵션을 설정한다.

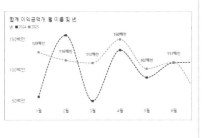

4 계단형 레이아웃: 행렬 차트에서 계층적 데이터를 들여쓰기로 구조화해 주는 옵션으로 이를 해제하면 여러 열에 머리글이 배치된다.

01 [시각화] 창 – [시각적 개체 서식 지정] – [시각적 개체] 탭 – [행 머리글] – [옵션]에서 [계단형 레이아웃] 옵션을 설정한다.

02 [계단형 레이아웃] 옵션을 해제하여 머리글을 여러 열에 표시한다.

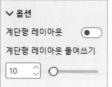

5 눈금 테두리: 테이블이나 행렬에서 행이나 열, 셀 간의 경계를 뚜렷하게 하여 각 데이터 포인트의 구분이 쉬워진다.

01 [시각화] 창 – [시각적 개체 서식 지정] – [시각적 개체] 탭 – [눈금] – [테두리]를 설정한다.

02 [섹션]을 선택하고 [테두리 위치], [색], [너비]를 설정하여 강조한다.

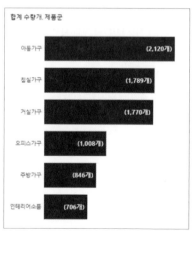

년	중분류	총판매금액	이익률%
2024	강릉	39,977,000	34.19%
2024	계룡	54,704,000	39.95%
2024	계양	22,884,000	31.94%
2024	고성	19,180,000	20.50%
2024	고창	1,736,000	13.75%
2024	공주	16,068,000	31.96%
2024	광산	34,362,000	32.39%
2024	광주	28,867,500	28.88%
2024	괴산	44,292,000	33.66%
2024	구리	33,034,000	43.29%
2024	군포	9,770,000	32.97%
2024	금산	224,000	16.25%
2024	김포	49,857,000	46.26%
2024	나주	92,948,500	32.31%
2024	남구	26,935,000	40.26%
합계		6,675,668,000	37.43%

6 사용자 지정 표시형식: 제공되는 표시 단위가 아닌 사용자가 코드를 사용해 표시

01 [시각화] 창 – [시각적 개체 서식 지정] – [시각적 개체] 탭 – [데이터 레이블] – [값]에서 [표시 단위]를 설정한다.

02 '사용자 지정'으로 선택하고 원하는 표시 형태의 [형식 코드]를 입력한다(여기서는 '(#,###0)개' 입력).

[형식 코드]는 엑셀에서 '표시 형식'을 사용자 지정으로 설정하는 것처럼 적용하면 된다.

고급 보고서 작성

이번 모듈에서는 페이지의 시각적 개체가 다른 시각적 개체와 상호 작용하는 다양한 기능을 알아본다. 시각적 개체 간의 교차 필터를 편집하는 '상호 작용' 설정부터 '페이지 탐색', '단추', '도구 설명 페이지' 및 '드릴 스루'와 같은 기능으로 좀 더 분석적인 보고서를 작성하는데 필요한 요소이다.

예제 PB\Part 1\Module07\ 폴더의 데이터 사용

Section | 01 상호 작용 설정

Power BI 보고서에는 기본적으로 시각적 개체가 상호 연결되어 교차 필터링된다. 하나의 시각적 개체에서 특정 요소 (예: 상품명, 년도)를 선택하면 같은 보고서 페이지의 다른 시각적 개체에 필터링되어 표시된다. [상호 작용 편집]을 실행하면 시각적 개체에 ▦(필터), ▥(강조), ⊘(없음)이 표시되고 원하는 작용을 선택하여 편집한다. 여기서는 각 시각적 개체의 상호 작용 설정을 변경하는 방법을 알아본다.

01 [Module07\Module07.pbix] 파일을 열고 [기본현황] 페이지를 선택한다.

02 슬라이서 시각화에 연결된 상호작용을 편집하기 위해 [슬라이서]를 선택한 후 [서식] 탭 – [상호 작용] 그룹 – [상호 작용 편집]을 클릭한다.

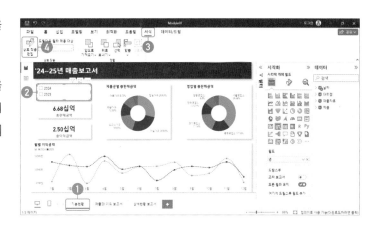

03 선택한 [슬라이서]를 기준으로 모든 시각적 개체의 머리글에는 ▦(필터)로 상호 작용 편집 아이콘이 적용되어 있다. [꺾은선형 차트]의 ⊘(없음)을 클릭하여 ●으로 변경한다.

TIP

●으로 변경하면 [슬라이서]에서 설정한 필터 조건이 적용되지 않는다.

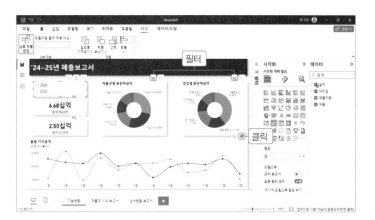

169

04 이번에는 [꺾은선형 차트]를 선택하고 두 [도넛형 차트]의 ▥(필터)를 클릭하여 상호 작용을 편집한다.

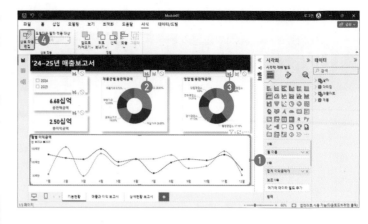

05 모든 상호 작용 편집이 끝나면 [서식] 탭 – [상호 작용] 그룹 – [상호 작용 편집]을 클릭한다.

> **TIP**
>
> [원형 차트]나 [도넛형 차트]는 ▥(강조)로 설정되어 있다.

06 [슬라이서]에서 '2025'를 선택해 다른 시각적 개체에 적용된 필터 결과를 확인한다. [꺾은선형 차트]를 제외한 모든 개체에 필터가 적용된 것을 확인한다.

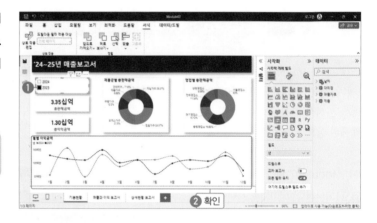

> **TIP**
>
> '2025' 필터를 다시 클릭하면 원래 상태로 변경된다.

07 이번에는 [꺾은선형 차트]에서 특정 값 '2025'년의 '7월' 포인트를 클릭한다. [도넛형 차트]인 두 개체에는 '강조'가 아닌 '필터' 상호작용이 적용된 것을 확인한다.

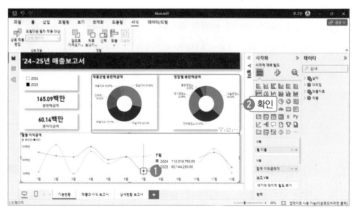

> **TIP**
>
> ▥(강조)가 적용된 [도넛형 차트]
>
>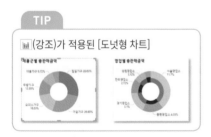

도구 설명이란 사용자가 시각적 개체의 특정 요소에 마우스 커서를 올렸을 때 나타나는 간단한 정보로 현재 요소의 값 뿐만 아니라 다른 정보를 추가할 수도 있다. 또는 시각화가 포함된 도구 설명 페이지를 만들어 좀 더 시각적인 정보를 제공할 수도 있다.

1 도구 설명

Power BI 보고서에는 시각적 개체마다 도구 설명을 추가하여 표시할 수 있다.

01 [매출과 이익 보고서] 페이지를 선택하고 [꺾은선형 및 묶은 세로 막대형 차트]의 '서울영업소'에 마우스 커서를 올리면 도구 설명 메시지가 나타나는 것을 확인한다.

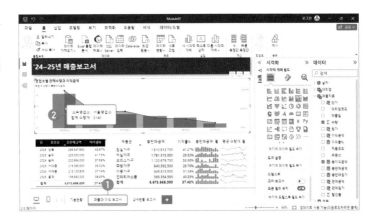

02 [시각화] 창 – [시각적 개체 빌드] – [도구 설명] 영역에 <매출자료> 테이블의 [총판매금액], [이익률%] 측정값을 드래그하여 추가한다.

03 [꺾은선형 및 묶은 세로 막대형 차트]의 '서울영업소'에 마우스 커서를 가져가 도구 설명 메시지에 '총판매금액'과 '이익률%'가 추가된 것을 확인한다.

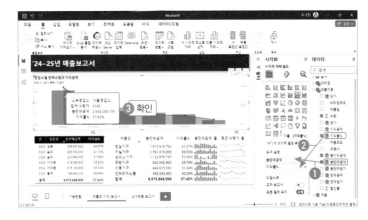

> **TIP**
>
> 도구 설명에는 기본적으로 시각적 개체에 추가된 데이터 필드 값이 표시된다.

171

2 도구 설명 페이지 작성

도구 설명 페이지는 일반 도구 설명과 달리 시각화를 포함한 사용자 정의 페이지를 말한다. 도구 설명 페이지는 이미지 및 다양한 시각적 개체로 표현할 수 있어 사용자가 보고서를 효과적으로 탐색하고 이해할 수 있도록 도와주며, 복잡한 데이터를 쉽게 해석할 수 있게 해준다.

01 도구 설명 페이지를 작성하기 위해 [새 페이지(➕)]를 클릭한다.

02 [시각화] 창 – [서식 페이지] – [페이지 정보]에서 [이름]에 '도구설명'을 입력하고 [도구 설명으로 사용] 옵션을 설정한다.

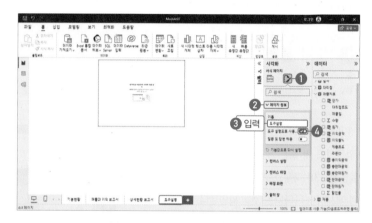

03 도구 설명 페이지에 다음과 같은 시각적 개체를 작성한 후 페이지에 맞게 조절한다.

- [묶은 가로 막대형 차트(📊)]를 선택
- Y축: <제품> 테이블의 [제품명] 필드
- X축: <매출자료> 테이블의 [총판매금액] 측정값
- [X축], [Y축]의 제목 옵션 해제
- [데이터 레이블] 옵션 설정
- 시각적 개체의 제목: '제품별 총판매금액'

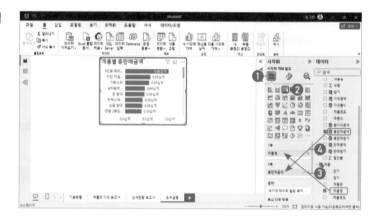

04 필터를 적용하기 위해 [필터] 창을 열고 [제품명]의 [필터 형식]을 '상위 N'으로 선택한 후 [항목 표시]는 '위쪽', '8'로 설정한다. [값]에 [총판매금액] 측정값을 추가하고 [필터 적용]을 클릭한다.

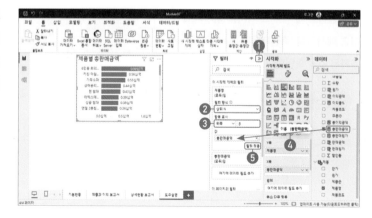

05 [필터] 창을 닫는다. [데이터] 창에서 <매출자료>테이블의[총판매금액]측정값을 [시각화] 창 – [시각적 개체 빌드] – [도구 설명] 영역으로 드래그하여 추가한다. 이는 [총 매출금액]을 사용하는 모든 보고서에서 도구 설명이 표시되도록 하기 위해서이다.

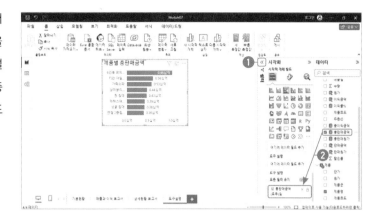

06 [기본현황] 페이지로 이동해 [도넛형 차트](제품군별 총판매금액)의 '침실가구' 요소에 마우스를 올리면 도구 설명 페이지가 표시된다.

TIP

작성된 도구 설명은 '총판매금액' 필드를 사용하는 모든 시각적 개체에 적용된다.

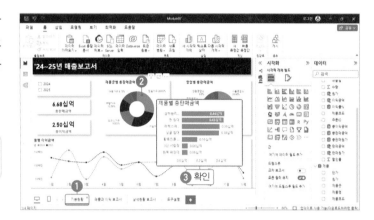

Section | 03
드릴스루

드릴스루는 Power BI의 필터 기능 중 하나로 사용자가 한 보고서 페이지에서 다른 페이지로 이동하면서 세부 정보를 볼 수 있게 해주는 기능이다. 드릴스루 필터를 통해 사용자는 선택한 요소에 대한 관련 데이터를 상세히 표시하여 다각도로 분석할 수 있다.

01 [상세현황 보고서] 페이지로 이동한 후 [행렬] 시각적 개체를 선택한다.

02 [시각화] 창 – [시각적 개체 빌드] – [드릴스루]에 [데이터] 창에서 <제품> 테이블의 [제품군] 필드를 드래그하여 추가한다.

TIP

드릴스루로 이동할 상세 데이터나 관련 시각화 페이지를 미리 작성해 두고 사용한다.

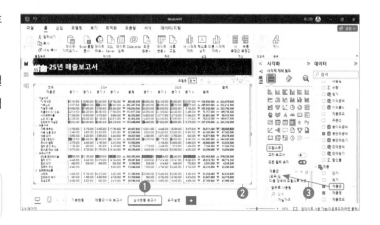

03 페이지에 드릴스루를 적용하면 뒤로 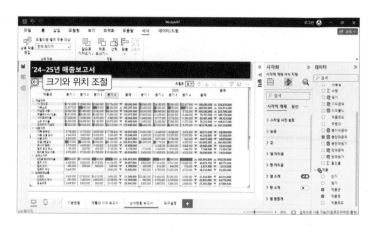 단추가 삽입된다. 단추의 위치와 크기를 조절해 배치한다.

TIP

은 드릴스루를 적용했던 이전 페이지로 다시 돌아가기 위한 단추로 자동 삽입된다.

04 [기본현황] 페이지로 이동한 후 필터를 적용하기 위해 [도넛형 차트] 중 '제품군별 총매출금액'을 선택하고 '침실 가구' 요소에서 마우스 오른쪽 버튼을 클릭한 다음 [드릴스루] – [상세현황 보고서]를 클릭한다.

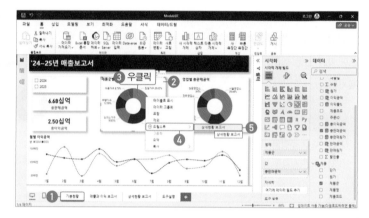

05 [상세현황 보고서] 페이지로 이동하면서 [행렬] 시각화의 [제품군] 열이 '침실가구'로 필터링된다.

06 다시 이전 페이지로 돌아가기 위해 Ctrl 키를 누른 채 단추를 클릭한다.

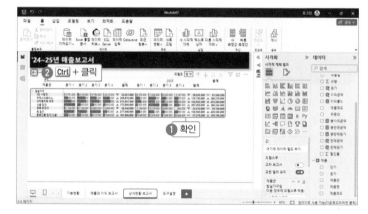

07 다시 [기본현황] 페이지로 이동된다.

TIP

다른 페이지의 [제품군] 필드를 사용하는 모든 시각적 개체에서 드릴스루 필터를 사용할 수 있다.

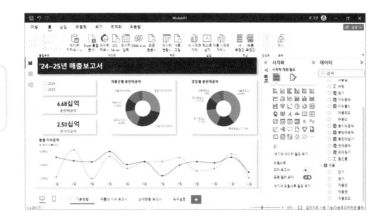

Power BI에는 다양한 필터 기능이 있다. 시각적 개체에 제한을 두는 [시각적 개체 필터], 페이지나 보고서 전체에 적용되는 [페이지 필터] 또는 [보고서 필터], 슬라이서를 사용한 필터, 드릴스루 필터 등 사용자는 목적이나 상황에 맞게 필터를 적용한다. 여기서는 시각적 개체와 페이지에 적용되는 필터를 알아본다.

1   시각적 개체 필터

필터에는 범주형 필드의 경우 '기본 필터', '고급 필터', '상위 N'의 유형이 있고, 숫사 필드에는 '보다 큼', '보다 작거나 같음', '다음임', '공백임' 등의 필터 조건이 있다.

01 [매출과 이익 보고서] 페이지를 선택한 후 [테이블] 시각적 개체를 선택한다.

02 [필터] 창에서 [년]을 클릭해 확장한 후 [필터 형식]을 '기본 필터링'으로 선택하고 '2024'의 체크를 해제한다.

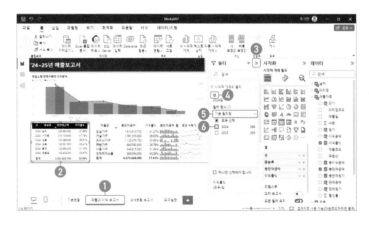

03 이번에는 [이익률%]에서 '보다 크거나 같음'을 선택하고 아래 입력란에 '0.35'를 입력한 후 [필터 적용]을 클릭한다.

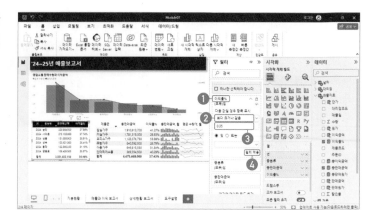

04 [중분류]에서 [필터 형식]은 '상위 N', [항목 표시]는 '위쪽'을 선택하고, '8'을 입력한다. [데이터] 창에서 [총판매금액] 측정값을 [필터] 창 – [값]으로 드래그하여 추가한 후 [필터 적용]을 클릭한다.

05 필터가 시각적 개체에 적용된 것을 확인한다.

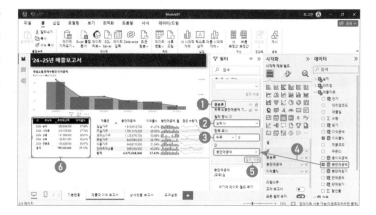

2 페이지 필터

페이지에 필터를 적용하면 시각적 개체 필터와는 달리 해당 페이지 전체 시각화에 동일한 필터가 적용되며, 보고서 필터는 현재 보고서 전체에 대한 필터가 적용된다. 여기서는 페이지에 고급 필터를 적용해 본다.

01 페이지의 빈 영역을 클릭한 후 [필터] 창을 연다.

02 [데이터] 창에서 <제품> 테이블의 [제품명] 필드를 드래그하여 [이 페이지의 필터] 영역에 추가한다.

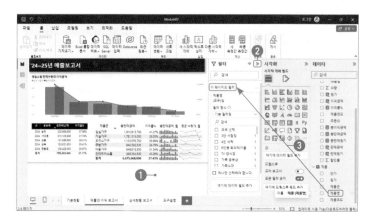

03 [필터 형식]을 '고급 필터링'으로 선택하고 [다음 값일 경우 항목 표시]에서 '포함하지 않음'을 신택, 입력란에 '세트'를 입력한다.

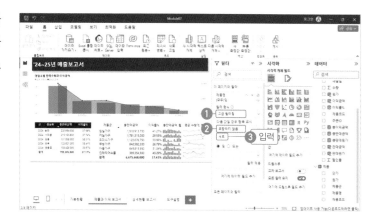

04 [필터 적용]을 클릭한 후 페이지 전체 시각화에 필터가 적용되었는지 확인한다.

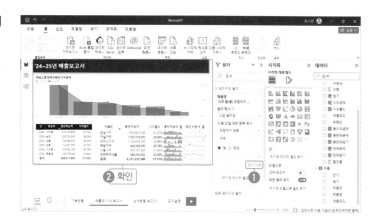

Power BI의 단추를 사용하여 보고서가 앱과 유사하게 동작하도록 만드는 것은 물론 사용자가 Power BI 콘텐츠를 마우스로 가리키거나 클릭하고, 추가로 상호 작용할 수 있는 환경을 만들 수 있다. 여기서는 화살표 단추와 페이지 탐색기를 추가하여 작업을 연결해 보겠다.

01 [기본현황] 페이지에서 [삽입] 탭 – [요소] 그룹 – [단추]를 클릭한 후 [오른쪽 화살표] 를 선택한다.

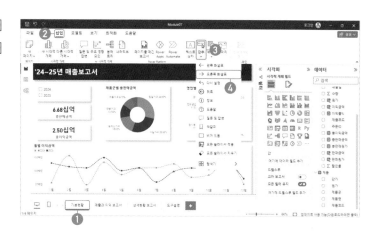

177

02 [서식] 창 – [Button] 탭 – [스타일]에서 [채우기] 옵션을 설정한 후 [색]을 '흰색', [투명도]는 '0'으로 설정한다.

03 화살표의 크기와 위치를 조절해 배치한다.

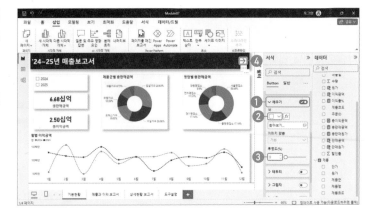

04 단추를 클릭할 때 수행하는 작업을 선택하기 위해 [Button] 탭 – [작업] – [유형]에서 '페이지 탐색'을 선택한 후 [대상]은 두 번째 페이지인 '매출과 이익 보고서'를 선택한다.

TIP

Ctrl+화살표 단추를 클릭하면 다음 페이지로 이동된다.

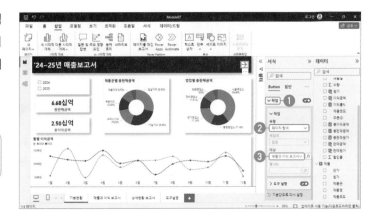

05 페이지 탐색기 단추를 삽입하기 위해 [삽입] 탭 – [요소] 그룹 – [단추]를 클릭한 후 [탐색기] – [페이지 탐색기]를 선택한다.

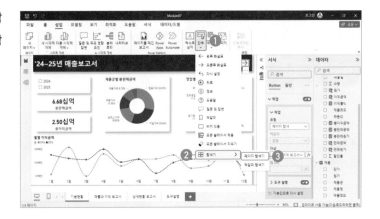

06 [페이지 탐색기]가 삽입되면 크기와 위치를 조절해 배치한다.

07 [서식] 창 – [시각적 개체] 탭 – [스타일]에서 [상태]를 '가리키기'로 선택하고 [채우기]에서 색을 원하는 색으로 설정한다.

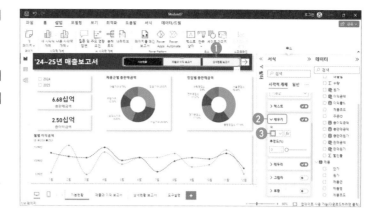

08 삽입된 페이지 탐색기를 복사(Ctrl + C)하여 [매출과 이익 보고서] 페이지와 [상세현황 보고서] 페이지에 붙여넣기(Ctrl + V)한다.

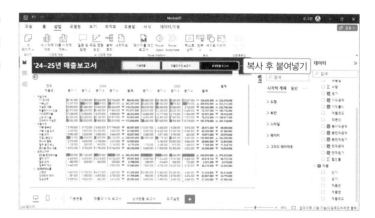

09 [페이지 탐색기]에서 Ctrl 키를 누른 채 [매출과 이익 보고서] 단추를 클릭한다.

10 페이지가 이동하는 것을 확인한다.

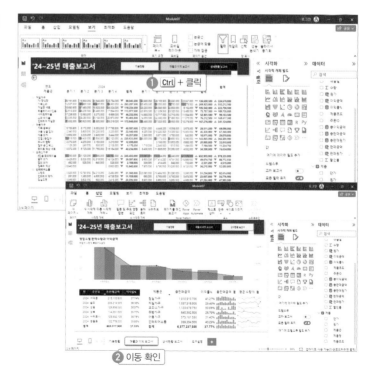

보고서 테마는 보고서의 디자인을 변경하고 표준화하는데 사용되며, 테마를 사용하면 보고서의 모든 시각적 개체가 선택한 테마의 색상과 서식이 기본값으로 설정된다. 또한, 테마는 파워포인트의 테마와 같이 색상부터 각 구성 요소의 기본 환경 설정을 변경할 수 있다.

01 [보기] 탭 – [테마] 그룹 – [테마]의 ˅를 클릭한 후 [태양] 테마를 선택한다.

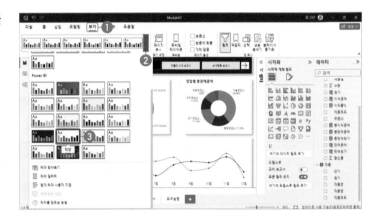

02 테마가 적용되면 모든 보고서의 색상부터 변경된다. 이제 테마의 기본 서식을 변경하기 위해 다시 [테마]의 ˅를 클릭한 후 [현재 테마 사용자 지정]을 선택한다.

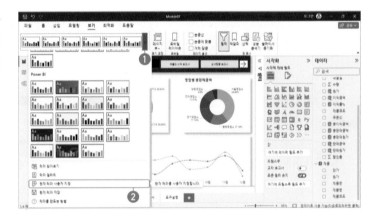

03 [테마 사용자 지정] 창에서 다양한 기본 서식을 변경할 수 있다. 여기서는 [텍스트] – [카드 및 KPI]에서 [글꼴 패밀리]를 'Segoe UI', [글꼴 크기]는 '30pt'로 설정한다.

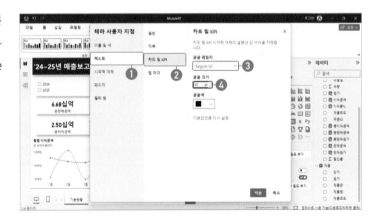

04 [필터 창] – [적용된 필터 카드]를 클릭한 후 [배경색]을 클릭하고 [헥스]에 '#F3D7D0'을 입력한 다음 [적용]을 클릭한다.

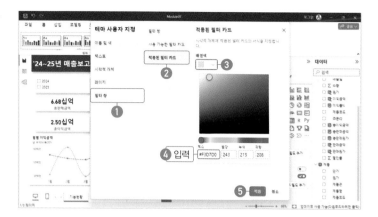

05 [기본현황] 페이지에서 보고서 전체의 테마 색과 카드에 적용된 글꼴 서식을 확인한다.

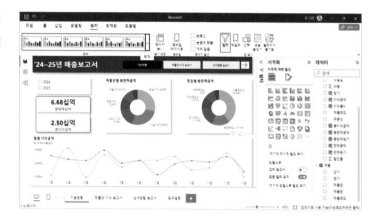

06 [매출과 이익 보고서] 페이지로 이동하여 [필터] 창의 조건이 적용된 필터 카드에 색상이 설정된 것을 확인한다.

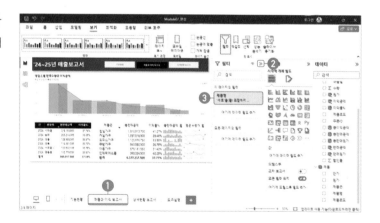

교육은 우리 자신의 무지를 점차 발견해 가는 과정이다.

– 윌 듀란트 –

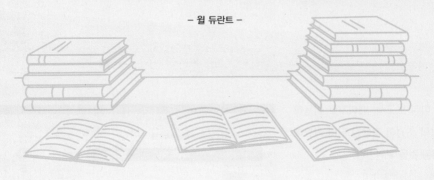

01 | 경영정보시각화능력 실기 모의문제 A형

단일 A형

프로그램명	제한시간		수험번호	성명
파워BI 데스크톱	70분			

유의사항

- 시험응시방법 안내에 따라 시험에 응시하여야 하며, 이를 소홀히 하여 발생한 불이익과 책임은 수험자 본인에게 있습니다.
- 답안 파일 위치: C:\PB\답안
- 문제 데이터 파일 위치: [문제1] C:\PB\문제1_데이터 / [문제2,3] C:\PB\문제2,3_데이터
- 작성된 답안은 다음과 같이 저장해야 합니다. 그렇지 않으면 [실격 처리]됩니다.
  ○ 주어진 경로 및 파일명을 변경하지 말고 그대로 저장
- 답안 저장 시간은 별도로 주어지지 않으므로 수시로 저장하십시오. 중간 저장을 하지 않아 생기는 피해에 대한 책임은 수험자에게 있으며, 답안이 저장되지 않을 경우 [실격 처리]됩니다.
- 별도의 지시사항이 없는 경우, 다음과 같이 처리할 때 [실격 처리]됩니다.
  ○ 제시된 파일, 페이지/대시보드, 데이터 원본의 이름 및 차원/측정값 속성을 임의로 변경한 경우
  ○ 제시된 파일, 페이지/대시보드, 데이터 원본을 임의로 삭제, 추가, 변경한 경우
  ○ 문제 데이터를 시험 시작 전에 열어보는 경우
- 반드시 답안 작성은 문제에서 지시한 위치에 작업하여야 하며 다음과 같이 처리시 해당 작업 또는 그 작업에 영향을 미치는 문제, 개체, 페이지 등은 [감점 및 오답 처리]됩니다.
  ○ 제시된 함수가 있으면 제시된 함수만을 사용해야 하며 그 외 함수를 사용해 풀이한 경우
  ○ 임의로 지시하지 않은 차트, 매개변수 등을 이동, 수정(변경), 삭제 등으로 인해 위치 및 내용이 변경된 경우
  ○ 임의로 기본 설정값(Default)을 변경한 경우
  ○ 숫자데이터를 임의로 문자화하여 처리한 경우
  ○ 개체가 해당 영역을 벗어난 경우
  ○ 개체가 너무 작아 해당 정보 확인이 눈으로 어려운 경우

1. 수험자가 작성할 답안파일은 1개입니다. 문제1, 문제2, 문제3의 답을 하나의 답안파일(.pbix)로 저장하십시오.

2. 문제1, 문제2, 문제3은 각각 독립적으로 구성되어 있어 앞 문제를 풀지 않아도 다음 문제 풀이가 가능합니다.

3. 문제1은 데이터 불러오기를 통해 문제를 풀이하고, 문제2와 문제3은 답안에 데이터가 포함되어 있어 바로 문제 풀이를 진행하십시오.
   - 데이터 파일은 문제1을 위한 데이터 파일과 문제2,3을 위한 데이터 파일로 구성되어 있습니다.

4. 문제2와 문제3 풀이를 위해 필요한 일부 측정값, 필터가 답안파일에 미리 적용되어 있을 수 있습니다.
   - 문제에 제시된 완성 화면과 수험자가 작성한 개체의 색상이 다를 수 있습니다. 지시사항에 제시되지 않은 것은 변경하지 마십시오.
   - 사전에 적용된 필터 등이 삭제되지 않도록 '페이지 지우기' 기능을 절대 사용하지 마십시오.

5. 하위문제(①, ②, ③)별로 점수가 부여되며, 하위문제의 전체 지시사항(▶ 또는 – 표시된 지시사항)을 작업하지 않을 경우 점수가 부여되지 않습니다. ※부분 점수 없음

6. 본 시험에서 사용되는 데이터 파일 수와 데이터명은 아래와 같습니다.
   - [문제1] 데이터 파일수 : 1개 / '자전거 대여현황.xlsx'

파일명	자전거 대여현황.xlsx									
테이블	구조									
자전거 대여이력	대여일		대여 대여소번호		대여 대여소명		대여건수		이용거리	
	2022-01-01		4217		한강공원 망원나들목		95		550629.53	
대여소 현황	대여소번호	대여소명	자치구	상세 주소	위도	경도	설치시기	거치대수 (LCD)	거치대수 (QR)	운영방식
	207	여의나루역 1번출구 앞	영등포구	서울특별시 영등포구 여의동로 지하343	37.52715683	126.9319	2015-09 -17	46		LCD

- [문제2,3] 데이터 파일수 : 1개 / '판매실적.xlsx'

파일명	판매실적.xlsx							
테이블	구조							
날짜	ID	날짜	연도	월	연월	영문월	일	요일
	20210101	2021-01-01	2021	1	2021-01	Jan	1	금

		거래처 구조		
거래처	거래처코드	거래처명	채널	시도
	1	송파점	아울렛	서울

제품	ID	분류코드	분류명	제품분류코드	제품분류명	제품코드	제품명	색상	사이즈	원가	단가	제조국
	1	SJ-01	상의	SJ-01206	티셔츠	SJCSTS2061	폴리 카라 액티비 티셔츠	PI	90	48,000	120,000	VIETNAM

판매	판매ID	판매일	거래처코드	제품코드	단가	수량	매출금액	매출이익
	1	2021-01-04	1	SJCSCT20250	219,800	2	439,600	314,000

파일 C:\PB\Part 2\모의문제 A형\ 폴더의 데이터 사용

문 제 01 **작업 준비** 20점

1 다음 지시사항에 따라 데이터 가져오기 및 편집을 수행하시오. 10점

① 데이터 파일을 가져온 후 파워 쿼리 편집기를 통해 테이블의 데이터를 편집하시오. 3점

▶ 가져올 데이터: '자전거 대여현황.xlsx' 파일의 〈자전거 대여이력〉, 〈대여소현황〉 테이블

▶ 파워 쿼리 편집기를 통해 〈자전거 대여이력〉 테이블의 [대여 대여소번호] 필드의 "210" 값 삭제

▶ 필드의 데이터 형식 변경
   - [대여건수], [이용시간] 필드: '정수'
   - [이용거리] 필드: '10진수'

② 파워 쿼리 편집기를 통해 <자전거 대여이력> 테이블에 <대여소현황> 테이블의 [자치구] 필드를 추가하시오. 4점

▶ 쿼리 병합 기능 사용
   - <자전거 대여이력> 테이블의 [대여 대여소번호] 필드와 <대여소현황> 테이블의 [대여소번호] 필드를 기준으로 병합
   - 조인 종류: '왼쪽 외부'

▶ 추가된 필드 이름: [자치구]

▶ 〈대여소현황〉 테이블 로드 사용 해제

③ <자전거 대여이력> 테이블의 필드 서식을 변경하시오. 3점

▶ [대여일] 필드: '년도-월-일' 형식으로 표시되도록 적용

▶ [대여건수] 필드: '정수', 천 단위에서 쉼표로 구분되도록 적용

2 다음 지시사항에 따라 테이블 및 측정값을 추가하시오. 10점

① 다음 조건으로 데이터 창에 테이블을 추가하시오. 4점

▶ 테이블 이름: 〈DimDate〉

- 필드: [Date], [연도], [월] 필드 구성

- 사용 함수: ADDCOLUMNS, CALENDAR, YEAR, MONTH

- [Date] 필드의 시작일: 2022-01-01

- [Date] 필드의 종료일: 2022-03-31

- [연도], [월] 필드: [Date] 필드 기준으로 값 표시

▶ [Date] 필드 서식: '년도-월-일' 형식으로 표시되도록 적용

② <자전거 대여이력> 테이블과 <DimDate> 테이블의 관계를 설정하시오. 3점

▶ 활용 필드: 〈자전거 대여이력〉 테이블의 [대여일] 필드, 〈DimDate〉 테이블의 [Date] 필드

▶ 기준(시작) 테이블: 〈자전거 대여이력〉 테이블

▶ 카디널리티: '다대일(*:1)' 관계

▶ 크로스 필터 방향: '단일'

③ 다음 조건으로 <자전거 대여이력> 테이블에 측정값을 추가하시오. 3점

▶ 측정값 이름: [총대여건수]

- 활용 필드: <자전거 대여이력> 테이블의 [대여건수] 필드

- [대여건수]의 합계 계산

- 사용 함수: SUM

- 서식: '정수', 천 단위에서 쉼표로 구분되도록 적용

▶ 측정값 이름: [일평균 대여건수]

- 활용 테이블 및 필드 : <DimDate> 테이블, <자전거 대여이력> 테이블의 [총대여건수] 측정값

- [총대여건수]를 전체 일수로 나누기 계산

- 사용 함수: COUNTROWS

- 서식: '정수', 천 단위에서 쉼표로 구분되도록 적용

단순요소 구현 `30점`

각 세부문제 풀이 후 '문제2' 페이지에 아래와 같이 개체를 배치하시오.

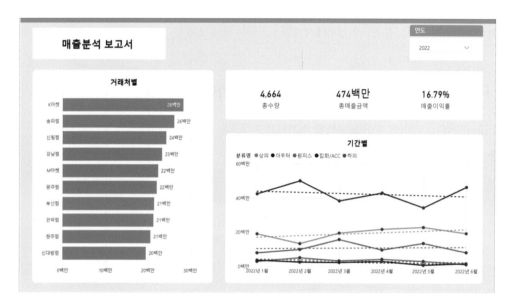

계산식 작성에 사용되는 문자열은 쌍따옴표(" ")를 사용하여 작성하시오.

1 '문제2', '문제3', '문제3-5' 페이지의 전체 서식을 설정하시오. `5점`

① 보고서 전체의 테마를 설정하고 테마 사용자 지정 기능을 사용하여 테마 색을 변경하시오. `3점`

  ▶ 보고서 테마: '기본값'

  ▶ 이름 및 색의 테마 색 변경

   - 테마 색 1 : '#6699CC'

   - 테마 색 2 : '#003377'

② 텍스트 상자를 사용하여 '문제2' 페이지에 보고서 제목을 작성하시오. `2점`

  ▶ 제목: "매출분석 보고서"

   - 제목 서식: 글꼴 'Segoe UI', 글꼴 크기 '20', '굵게', '가운데'

  ▶ 텍스트 상자를 '1-②' 위치에 배치

2 다음 지시사항에 따라 슬라이서와 카드를 구현하시오. 5점

① 다음 조건으로 '문제2' 페이지에 슬라이서를 구현하시오. 2점
- ▶ 활용 필드: 〈날짜〉 테이블의 [연도] 필드
- ▶ 슬라이서 설정
  - 슬라이서 스타일: '드롭다운'
  - 슬라이서에 '모두 선택' 항목이 표시되도록 설정
- ▶ 슬라이서 머리글이 보이지 않도록 설정
- ▶ 슬라이서 값: '2022' 필터 적용
- ▶ 슬라이서를 '2-①' 위치에 배치

② 다음 조건으로 '문제2' 페이지에 카드를 구현하시오. 3점
- ▶ 활용 필드 및 표시 단위
  - <판매> 테이블의 [총수량], [총매출금액], [매출이익률] 측정값
  - 표시 단위: [총수량] '없음', [총매출금액] '백만', [매출이익률] '없음'
- ▶ 설명 값 서식: 글꼴 크기 '20'
- ▶ 카드를 '2-②' 위치에 배치

3 다음 지시사항에 따라 묶은 가로 막대형 차트를 구현하시오. 10점

① 다음 조건으로 '문제2' 페이지에 묶은 가로 막대형 차트를 구현하시오. 4점
- ▶ 활용 필드
  - <거래처> 테이블의 [거래처명] 필드
  - <제품> 테이블의 [분류명], [제품분류명] 필드
  - <판매> 테이블의 [총매출금액] 측정값
- ▶ '시각화 드릴 모드' 옵션 선택 시 [총매출금액]을 [거래처명], [분류명], [제품분류명]에 따라 순차적으로 확인할 수 있도록 설정
- ▶ '계층 구조에서 한 수준 아래로 확장' 옵션을 선택 시, Y축의 레이블이 연결되도록 설정
  - 예) 송파점 아우터 자켓
- ▶ 도구 설명에 [총수량]이 표시되도록 추가
- ▶ 묶은 가로 막대형 차트를 '3-①' 위치에 배치

② 다음과 같이 묶은 가로 막대형 차트의 각 요소에 대한 서식을 지정하시오. `3점`

> ▶ 차트 제목: "거래처별"
>
> - 제목 서식: 글꼴 'Segoe UI', '굵게', '가운데 맞춤'
>
> ▶ Y축: 축 제목 제거
>
> ▶ X축: 축 제목 제거, 표시 단위 '백만'
>
> ▶ 데이터 레이블: 표시 단위 '백만', 넘치는 텍스트가 표시되도록 설정

③ 묶은 가로 막대형 차트에 '총매출금액' 기준으로 상위 10개의 '거래처'만 표시하시오. `3점`

4 다음 지시사항에 따라 꺾은선형 차트를 구현하시오. `10점`

① 다음 조건으로 '문제2' 페이지에 꺾은선형 차트를 구현하시오. `4점`

> ▶ 활용 필드
>
> - <날짜> 테이블의 [날짜] 필드
>
>   • [날짜] 필드의 날짜 계층에서 '연도'와 '월' 사용
>
> - <제품> 테이블의 [분류명] 필드
>
> - <판매> 테이블의 [총매출금액] 측정값
>
> ▶ 꺾은선형 차트를 '4-①' 위치에 배치

② 다음과 같이 꺾은선형 차트의 각 요소에 대한 서식을 적용하시오. `3점`

> ▶ 차트 제목: "기간별"
>
> - 제목 서식: 글꼴 'Segoe UI', '굵게', '가운데 맞춤' 설정
>
> ▶ X축, Y축: 축 제목 제거
>
> ▶ 표식: 도형 유형 '원형(●), 크기 '5', 색 '검정'

③ 꺾은선형 차트에 [분류명]별 [총매출금액]의 추세를 확인할 수 있도록 추세선을 표시하시오. `3점`

복합요소 구현 50점

<시각화 완성화면> 각 세부문제 풀이 후 '문제3' 페이지에 아래와 같이 개체를 배치하시오.

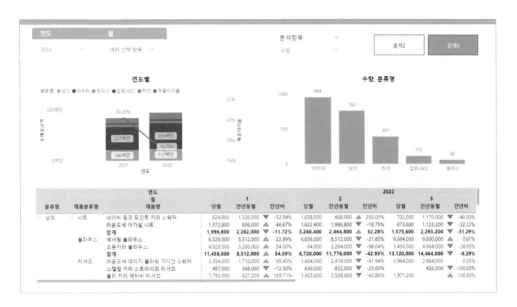

계산식 작성에 사용되는 문자열은 쌍따옴표(" ")를 사용하여 작성하시오.

1 다음 지시사항에 따라 슬라이서와 꺾은선형 및 누적 세로 막대형 차트를 구현하시오.
10점

① 다음 조건으로 '문제3' 페이지에 [연도] 슬라이서와 [월] 슬라이서를 구현하시오. 3점

- ▶ 활용 필드: 〈날짜〉 테이블의 [연도], [월] 필드
- ▶ 슬라이서 설정
  - 슬라이서 스타일: '드롭다운'
  - 슬라이서에 '모두 선택' 항목이 표시되도록 설정
- ▶ 슬라이서 머리글이 보이지 않도록 설정
- ▶ 연도 슬라이서를 '1-①', 월 슬라이서를 '1-②' 위치에 배치

② 다음 조건으로 '문제3' 페이지에 꺾은선형 및 누적 세로 막대형 차트를 구현하시오. 3점

▶ 활용 필드

  - <날짜> 테이블의 [연도] 필드

  - <제품> 테이블의 [분류명] 필드

  - <판매> 테이블의 [총매출금액], [매출이익률] 측정값

▶ 데이터 레이블 표시

  - 표시 단위: 전체 범례의 [총매출금액] '백만', [매출이익률] '없음'

▶ 차트 제목: "연도별"

  - 제목 서식: 글꼴 'Segoe UI', '굵게', '가운데 맞춤' 설정

▶ X축: 유형 '범주별', 정렬 '오름차순 정렬' (2021 – 2022 순으로 정렬)

▶ 꺾은선형 및 누적 세로 막대형 차트를 '1–③' 위치에 배치

③ [연도], [월] 슬라이서가 꺾은선형 및 누적 세로 막대형 차트에 적용되지 않도록 설정하시오. 4점

▶ 슬라이서 값: 연도 '2022', 월 '1', '2', '3' 필터 적용

2 다음 지시사항에 따라 매개 변수를 추가하시오. 10점

① 다음 조건으로 매개 변수를 추가하시오. 4점

▶ 매개 변수 이름: [분석항목]

  - 대상 필드: <판매> 테이블의 [총수량], [총매출금액] 측정값

  - 이 페이지에 슬라이서 추가 옵션 설정

  - 매개 변수 필드 값 이름 변경: [총수량] → [수량], [총매출금액] → [매출금액]

② 다음 조건으로 '문제3' 페이지에 슬라이서를 구현하시오. 3점

▶ 분석항목 슬라이서 설정

  - 슬라이서 스타일: '드롭다운'

  - 슬라이서의 선택 항목 중 한 가지의 항목만 선택할 수 있도록 설정

  - 슬라이서에 값 '수량'으로 필터

▶ 슬라이서를 '2–②' 위치에 배치

③ 다음 조건으로 '문제3' 페이지에 묶은 세로 막대형 차트를 구현하시오. 3점

▶ 활용 필드

  - <제품> 테이블의 [분류명] 필드

  - <분석항목> 테이블의 [분석항목] 필드

▶ 분석항목에 따라 Y축이 변경되도록 구현

▶ X축, Y축: 축 제목 제거

▶ 데이터 레이블: 배경 색 표시(기본값)

▶ 차트 제목

- 제목 서식: 글꼴 'Segoe UI', '굵게', '가운데'

▶ 묶은 세로 막대형 차트를 '2-③' 위치에 배치

3 다음 지시사항에 따라 행렬 차트를 구현하시오. `10점`

① 다음 조건으로 행렬 차트를 구현하시오. `3점`

▶ 활용 필드

- <제품> 테이블의 [분류명], [제품분류명], [제품명] 필드

- <날짜> 테이블의 [연도], [월] 필드

- <판매> 테이블의 [총매출금액], [전년동월 매출], [전년대비 증감률] 측정값

▶ 레이블명 변경

- "총매출금액" → "당월"

- "전년동월 매출" → "전년동월"

- "전년대비 증감률" → "전년비"

▶ 행렬 차트를 '3-①' 위치에 배치

② 다음과 같이 행렬 차트의 각 요소에 대한 서식을 지정하시오. `4점`

▶ 열 머리글: 계층 구조의 마지막 수준(월)까지 모두 확장

- 열 머리글 서식: 글꼴 '굵게', 배경색 '흰색, 20% 더 어둡게', 머리글 맞춤 '가운데'

▶ 행 머리글: 계층 구조의 마지막 수준(제품명)까지 확장, 서로 다른 열로 모든 행을 나열

③ 행렬 차트에 조건부 서식을 적용하시오. `3점`

▶ 설정 적용 대상: '전년비'

▶ '아이콘' 사용

▶ 적용 대상: '값 및 합계'

▶ 서식 스타일: 규칙

- 0보다 크고 최대값보다 작거나 같은 경우, 녹색 위쪽 삼각형(▲)

- 최소값보다 크거나 같고 0보다 작은 경우, 빨간색 아래쪽 삼각형(▼)

4 **다음 지시사항에 따라 '문제3' 페이지에 페이지 탐색기를 구현하시오.** `5점`

- ▶ 표시: '문제3_5' 페이지 적용 제외
- ▶ 선택한 상태의 단추 색: '테마 색 1'
- ▶ 페이지 탐색기를 '4-①' 위치에 배치

5 **다음 지시사항에 따라 측정값을 추가하시오.** `15점`

① 다음 조건으로 <_측정값> 테이블에 측정값을 추가하시오. `2점`
- ▶ 측정값 이름: 매출_매장
  - 활용 필드
    - <판매> 테이블의 [총매출금액] 측정값
    - <거래처> 테이블의 [채널] 필드
  - [채널] 필드 값이 "매장"인 경우의 [총매출금액]을 반환
  - 사용 함수: CALCULATE, FILTER
  - 서식: 천 단위에서 쉼표로 구분되도록 적용, '소수점 아래 0자리까지' 표시
  - '문제3_5' 페이지의 [표1]에 [매출_매장] 열 삽입

② 다음 조건으로 <_측정값> 테이블에 측정값을 추가하시오. `5점`
- ▶ 측정값 이름: 전월_매출
  - 활용 필드
    - <판매> 테이블의 [총매출금액] 측정값
    - <날짜> 테이블의 [날짜] 필드
  - 1개월 전의 [총매출금액]을 반환
  - 사용 함수: CALCULATE, DATEADD
  - 서식: 천 단위에서 쉼표로 구분되도록 적용, '소수점 아래 0자리까지' 표시
  - '문제3_5' 페이지의 [표2]에 [전월_매출] 열 삽입

③ 다음 조건으로 <_측정값> 테이블에 측정값을 추가하시오. `3점`
- ▶ 측정값 이름: 연간_누계
  - 활용 필드
    - <판매> 테이블의 [총매출금액] 측정값

• <날짜> 테이블의 [날짜] 필드

- 연간 [총매출금액]의 누계 값을 반환

- 사용 함수: TOTALYTD

- 서식: 천 단위에서 쉼표로 구분되도록 적용, '소수점 아래 0자리까지' 표시

- '문제3_5' 페이지의 [표2]에 [연간_누계] 열 삽입

④ 다음 조건으로 <_측정값> 테이블에 측정값을 추가하시오. `5점`

▶ 측정값 이름: 순위

- 활용 필드

• <판매> 테이블의 [총수량] 측정값

• <제품> 테이블의 [제품명] 필드

- [제품명]을 기준으로 [총수량]의 순위를 반환

- 사용 함수: RANKX, ALL

- [총수량]이 동률인 경우 다음 순위 값은 동률 순위 +1을 한 순위로 표시

• 예) 2개의 값이 2위인 경우, 다음 값은 3위로 표시

- [총수량] 기준 내림차순으로 정렬

- '문제3_5' 페이지의 [표3]에 [순위] 열 추가

1. 다음 지시사항에 따라 데이터 가져오기 및 편집을 수행하시오. 10점

① 데이터 파일을 가져온 후 파워 쿼리 편집기를 통해 테이블의 데이터를 편집하시오. 3점

▶ 가져올 데이터: '자전거 대여현황.xlsx' 파일의 〈자전거 대여이력〉, 〈대여소현황〉 테이블

▶ 파워 쿼리 편집기를 통해 〈자전거 대여이력〉 테이블의 [대여 대여소번호] 필드의 "210" 값 삭제

▶ 필드의 데이터 형식 변경
- [대여건수], [이용시간] 필드: '정수'
- [이용거리] 필드: '10진수'

　　소스　C:\PB\Part 2\모의문제 A형　　정답파일　A형_정답.pbix

01 [모의문제 A형\소스\ A형_답안.
pbix] 파일을 더블클릭한다.

02 [홈] 탭 – [데이터] 그룹 – [Excel 통합 문서]를 클릭한다.

03 [모의문제 A형\문제1 데이터\자전거 대여현황.xlsx] 파일을 선택한 후 [열기]를 클릭한다.

TIP

파일을 더블클릭하여 선택해도 된다.

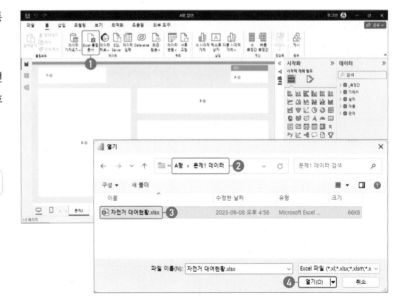

04 [탐색 창]이 나타나면 [대여소현황], [자전거 대여이력]의 체크박스를 각각 체크한 후 [로드]를 클릭한다.

05 [테이블 뷰(▦)]를 클릭해 이동한 후 [데이터] 창에서 로드된 테이블을 확인한다.

> **TIP**
>
> 실제 시험에서는 시간이 소요될 수 있으므로 데이터를 확인하는 단계는 거치지 않아도 된다.

06 데이터 전처리를 수행하기 위해 [홈] 탭 – [쿼리] 그룹 – [데이터 변환]을 클릭하여 파워 쿼리 편집기를 실행한다.

> **TIP**
>
> 변환 작업을 수행할 쿼리 선택 시 다음과 같은 노란색 알림 표시줄이 표시되면 [홈] 탭 – [쿼리] 그룹 – [미리 보기 새로 고침]을 클릭하여 미리 보기를 새로 고친다.

07 파워 쿼리 편집기의 [쿼리] 창에서 <자전거 대여이력>을 선택한 후 [대여대여소번호] 필드의 ▽(필터 단추)를 클릭하고 '210'만 체크를 해제한 다음 [확인]을 클릭한다.

08 [대여건수] 필드를 클릭하고 Ctrl 키를 누른 채 [이용시간] 필드를 클릭한다. 선택한 두 필드 중 임의의 필드명에서 마우스 오른쪽 버튼을 클릭한 후 [형식 변경] – [정수]를 선택한다.

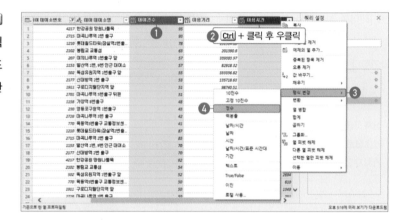

09 [이용거리] 필드명 왼쪽의 ABC 123을 클릭한 후 [10진수]를 선택한다.

> **TIP**
>
> 데이터 형식을 변경할 때는 필드명에서 마우스 오른쪽 버튼을 클릭하여 표시되는 [형식 변경] 메뉴나 필드명 왼쪽에 표시되는 아이콘을 사용한다.

② 파워 쿼리 편집기를 통해 <자전거 대여이력> 테이블에 <대여소현황> 테이블의 [자치구] 필드를 추가하시오. **4점**

  ▶ 쿼리 병합 기능 사용

   - <자전거 대여이력> 테이블의 [대여 대여소번호] 필드와 <대여소현황> 테이블의 [대여소번호] 필드를 기준으로 병합

   - 조인 종류: '왼쪽 외부'

  ▶ 추가된 필드 이름: [자치구]

  ▶ 〈대여소현황〉 테이블 로드 사용 해제

01 왼쪽 [쿼리] 창에서 <자전거 대여이력>을 선택한 후 [홈] 탭 – [결합] 그룹 – [쿼리 병합]의 ⤵를 클릭한 후 [쿼리 병합]을 선택한다.

02 [병합] 창이 나타나면 두 번째 드롭다운 목록을 클릭한 후 <대여소현황>을 선택한다.

03 <자전거 대여이력>의 [대여 대여소번호]를 클릭, <대여소현황>의 [대여소번호]를 클릭하여 연결 필드를 설정한 후 [조인 종류]는 '왼쪽 외부(첫 번째의 모두, 두 번째의 일치하는 행)' 옵션을 선택하고 [확인]을 클릭한다.

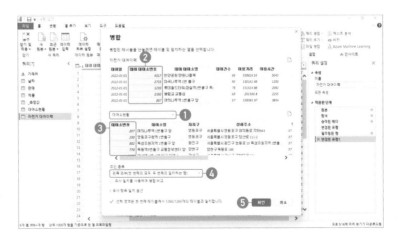

04 [대여소현황] 필드 오른쪽의 을 클릭한 후 [(모든 열 선택)]을 클릭하여 설정을 해제하고 [자치구]를 선택한 다음 [원래 열 이름을 접두사로 사용]을 해제하고 [확인]을 클릭한다.

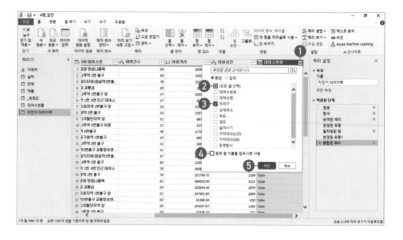

05 [쿼리] 창의 <대여소현황>에서 마우스 오른쪽 버튼을 클릭한 후 [로드 사용]을 클릭하여 해제한다.

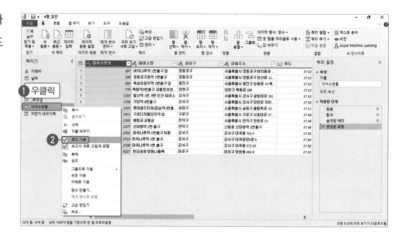

06 경고 창이 표시되면 [계속]을 클릭한다.

07 [홈] 탭 – [닫기] 그룹 – [닫기 및 적용]을 클릭하여 파워 쿼리 편집기를 종료한다.

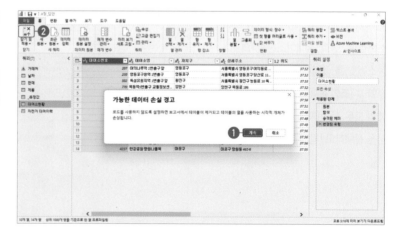

③ <자전거 대여이력> 테이블의 필드 서식을 변경하시오. **3점**

▶ [대여일] 필드: '년도-월 -일' 형식으로 표시되도록 적용

▶ [대여건수] 필드: '정수', 천 단위에서 쉼표로 구분되도록 적용

01 Power BI Desktop에서 [테이블 뷰(⊞)]를 클릭한 후 [데이터] 창에서 <자전거 대여이력> 테이블을 선택한다.

02 [대여일] 필드를 선택한 후 [열 도구] 탭 – [서식] 그룹 – [서식]의 ✓를 클릭한 후 날짜 형식을 [*2001-03-14(Short Date)]로 선택한다.

TIP

여기서는 서식 유형 중 '2001-03-14 (Short Date)'를 선택했지만, 본 시험에서는 정확히 어떤 서식을 지정해야 하는지 명기될 것으로 예상된다.

03 [대여건수] 필드를 선택한 후 [열 도구] 탭 – [서식] 그룹 – [서식]을 '정수'로 설정하고, ⠂(천 단위 구분 기호)를 클릭하여 천 단위 쉼표를 적용한다.

2. 다음 지시사항에 따라 테이블 및 측정값을 추가하시오. 10점

① 다음 조건으로 데이터 창에 테이블을 추가하시오. 4점

> ▶ 테이블 이름: 〈DimDate〉

- 필드: [Date], [연도], [월] 필드 구성
- 사용 함수: ADDCOLUMNS, CALENDAR, YEAR, MONTH
- [Date] 필드의 시작일: 2022-01-01
- [Date] 필드의 종료일: 2022-03-31
- [연도], [월] 필드: [Date] 필드 기준으로 값 표시

> ▶ [Date] 필드 서식: '년도-월-일' 형식으로 표시되도록 적용

---

01 새 테이블을 생성하는 DAX 식을 작성하기 위해 [홈] 탭 – [계산] 그룹 – [새 테이블]을 클릭한다.

> **TIP**
>
> [테이블 도구] 탭 – [계산] 그룹 – [새 테이블]을 사용해도 된다.

02 수식 입력줄에 다음 수식을 작성하고 Enter 키를 누른다.

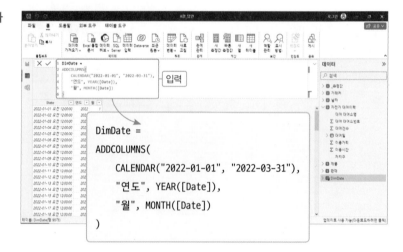

```
DimDate =
ADDCOLUMNS(
        CALENDAR("2022-01-01", "2022-03-31"),
        "연도", YEAR([Date]),
        "월", MONTH([Date])
)
```

> **함수**
>
> ① ADDCOLUMNS(<table>, <name>, <expression>, [<name>], [<expression>]…)
> 지정된 테이블 또는 테이블 식에 계산 열을 추가한다.
>
> ② CALENDAR(<start_date>, <end_date>)
> <start_date>부터 <end_date>까지 연속된 날짜가 포함된 [Date] 열을 반환한다.
>
> ③ YEAR(<date>), MONTH(<datetime>)
> Year 함수는 날짜에서 연도(1900-9999)를, Month 함수는 날짜에서 월(1~12)을 추출한다.

참고

정답 파일 수식 오류

정답 파일을 보면 수식에 Date 함수가 사용되었는데 문제 지시사항의 '사용 함수'에 Date가 없으므로 감점의 요인이 될 수 있다. 문제에 제시된 함수만 사용해서 작성하도록 주의한다.

DimDate = ADDCOLUMNS(CALENDAR(Date(2022,01,01), Date(2022,03,31)), "연도", Year([Date]), "월", Month([Date]))

03 [Date] 열을 선택하고 [열 도구] 탭 – [서식] 그룹 – [서식]의 ⌄을 클릭한 후 [*2001-03-14(Short Date)]를 선택한다.

② <자전거 대여이력> 테이블과 <DimDate> 테이블의 관계를 설정하시오. **3점**

▶ 활용 필드: 〈자전거 대여이력〉 테이블의 [대여일] 필드, 〈DimDate〉 테이블의 [Date] 필드

▶ 기준(시작) 테이블: 〈자전거 대여이력〉 테이블

▶ 카디널리티: '다대일(*:1)' 관계

▶ 크로스 필터 방향: '단일'

01 [모델 보기(⊞)]를 클릭하여 화면을 이동한다.

02 [홈] 탭 – [관계] 그룹 – [관계 관리]를 클릭한다.

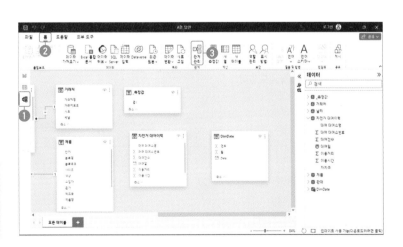

03 [관계 관리] 창이 나타나면 [새로 만들기]를 클릭한다.

04 첫 번째 목록에서 <자전거 대여이력> 테이블을 선택하고 [대여일] 필드를 클릭하여 선택한다.

05 두 번째 목록에서 <DimDate> 테이블을 선택하고 [Date] 필드를 클릭하여 선택한다.

06 [카디널리티]에 '다대일(*:1)', [크로스 필터 방향]에 '단일'이 지정되어 있는 것을 확인한 후 [확인]을 클릭한다.

07 [관계 관리] 창이 나타나면 [닫기]를 클릭한다.

TIP

필드를 드래그&드롭하여 관계를 작성할 수도 있다. 작성된 관계 선을 더블클릭하여 관계 옵션(카디널리티, 크로스 필터 방향)을 설정할 수도 있다.

③ 다음 조건으로 <자전거 대여이력> 테이블에 측정값을 추가하시오. (그룹)

▶ 측성값 이름: [총대여건수]

- 활용 필드: <자전거 대여이력> 테이블의 [대여건수] 필드
- [대여건수]의 합계 계산
- 사용 함수: SUM
- 서식: '정수', 천 단위에서 쉼표로 구분되도록 적용

▶ 측정값 이름: [일평균 대여건수]

- 활용 테이블 및 필드: <DimDate> 테이블, <자전거 대여이력> 테이블의 [총대여건수] 측정값
- [총대여건수]를 전체 일수로 나누기 계산
- 사용 함수: COUNTROWS
- 서식: '정수', 천 단위에서 쉼표로 구분되도록 적용

01 [테이블 뷰(▦)]를 클릭해 이동한 후 [데이터] 창에서 <자전거 대여이력> 테이블을 선택하고 [테이블 도구] 탭 - [계산] 그룹 - [새 측정값]을 클릭한다.

02 수식 입력줄에 다음 수식을 작성하고 Enter 키를 누른다.

03 측정값에 서식을 지정하기 위해 [측정 도구] 탭 - [서식] 그룹 - [서식]을 '정수', ,(천 단위 구분 기호)를 설정한다.

총대여건수 = SUM('자전거 대여이력'[대여건수])

함수

SUM(<column>)
열에 있는 모든 수를 더한 값을 반환한다.

04 새 측정값을 작성하기 위해 [데이터] 창에서 <자전거 대여이력> 테이블을 선택한 후 [테이블 도구] 탭 – [계산] 그룹 – [새 측정값]을 클릭한다.

TIP

직전 단계가 측정값 선택 상태이므로 [측정값 도구] 탭에서 [새 측정값]을 클릭해도 된다.

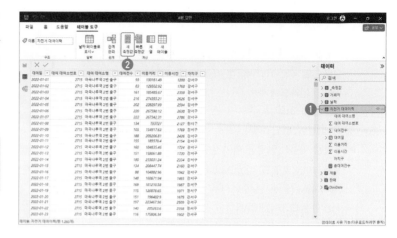

05 수식 입력줄에 다음 수식을 작성하고 Enter 키를 누른다.

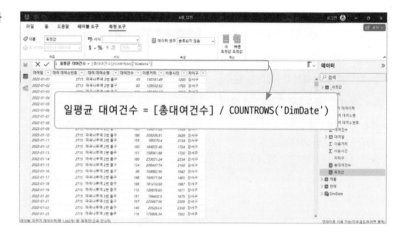

일평균 대여건수 = [총대여건수] / COUNTROWS('DimDate')

함수

COUNTROWS([<table>])
테이블의 행 수를 계산한다.

06 측정값에 서식을 지정하기 위해 [측정 도구] 탭 – [서식] 그룹 – [서식]을 '정수', ,(천 단위 구분 기호)를 설정한다.

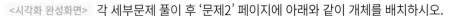

<시각화 완성화면> 각 세부문제 풀이 후 '문제2' 페이지에 아래와 같이 개체를 배치하시오.

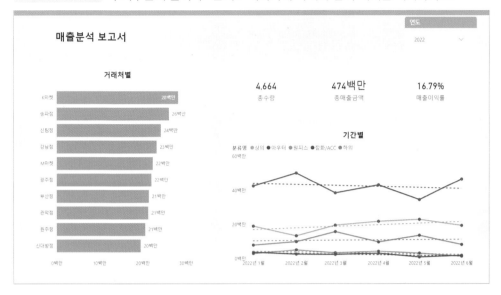

1. '문제2', '문제3', '문제3-5' 페이지의 전체 서식을 설정하시오. 5점

① 보고서 전체의 테마를 설정하고 테마 사용자 지정 기능을 사용하여 테마 색을 변경하시오. 3점

▶ 보고서 테마: '기본값'

▶ 이름 및 색의 테마 색 변경
  - 테마 색 1: '#6699CC'
  - 테마 색 2: '#003377'

01 [보고서 보기(📊)]를 클릭한 후 하단의 [문제2] 페이지를 선택한다.

02 [보기] 탭 – [테마] 그룹의 ▼를 클릭한 후 [기본값] 테마를 선택한다.

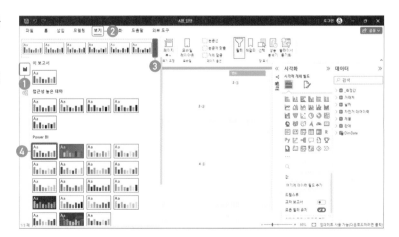

02 현재 테마를 사용자 지정하기 위해 다시 한 번 [보기] 탭 – [테마] 그룹의 ⌄ 를 클릭한 후 [현재 테마 사용자 지정]을 클릭한다.

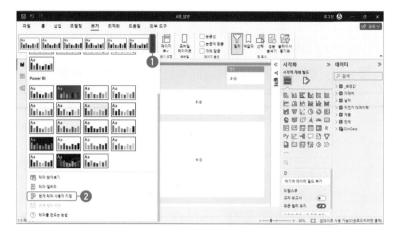

03 [테마 사용자 지정] 창이 나타나면 [색 1]을 클릭한 후 [헥스]에 '#6699CC'를 입력하고 창의 빈 공간을 클릭한다.

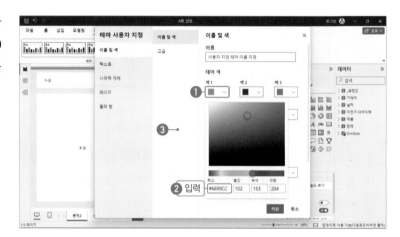

04 [색 2]를 클릭한 후 [헥스]에 '#003377'을 입력하고 [적용]을 클릭한다.

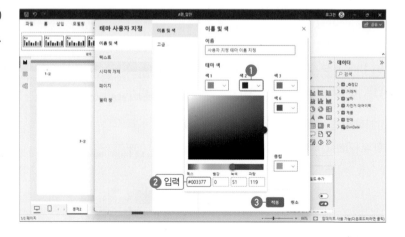

② 텍스트 상자를 사용하여 '문제2' 페이지에 보고서 제목을 작성하시오. 2점

▶ 제목: "매출분석 보고서"

- 제목 서식: 글꼴 'Segoe UI', 글꼴 크기 '20', '굵게', '가운데'

▶ 텍스트 상자를 '1-②' 위치에 배치

01 텍스트 상자를 삽입하기 위해 [삽입] 탭 - [요소] 그룹 - [텍스트 상자]를 클릭한다.

02 텍스트 상자에 '매출 분석 보고서'를 입력한다.

03 입력한 텍스트를 드래그한 후 [글꼴]은 'Segoe UI', [글꼴 크기]는 '20', '굵게', '가운데 맞춤' 서식을 설정한다.

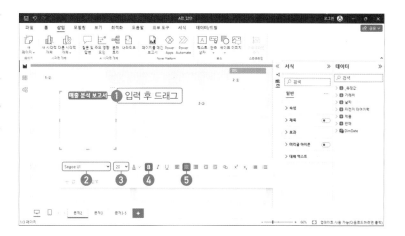

04 텍스트 상자의 크기를 적절히 조절한 후 '1-②' 위치에 배치한다.

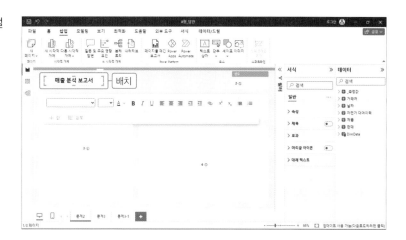

2. 다음 지시사항에 따라 슬라이서와 카드를 구현하시오. 5점

① 다음 조건으로 '문제2' 페이지에 슬라이서를 구현하시오. 2점

- ▶ 활용 필드: 〈날짜〉 테이블의 [연도] 필드
- ▶ 슬라이서 설정
  - 슬라이서 스타일: '드롭다운'
  - 슬라이서에 '모두 선택' 항목이 표시되도록 설정
- ▶ 슬라이서 머리글이 보이지 않도록 설정
- ▶ 슬라이서 값: '2022' 필터 적용
- ▶ 슬라이서를 '2-①' 위치에 배치

---

01 [시각화] 창 – [시각적 개체 빌드]에서 [슬라이서(⊞)]를 선택한다.

02 [데이터] 창에서 〈날짜〉 테이블의 [연도] 필드를 [필드] 영역으로 드래그하여 추가한다.

> **TIP**
>
> [연도] 필드의 체크박스를 체크하여 필드를 추가할 수도 있다.

03 [시각화] 창 – [시각적 개체 서식 지정] – [시각적 개체] 탭 – [슬라이서 설정] – [옵션]에서 [스타일]을 '드롭다운'으로 설정한다.

04 [슬라이서 설정] – [선택]에서 ["모
누 선택" 옵션 표시] 옵션을 실정한다.

["모두 선택" 옵션 표시] 옵션을 설정
하면 슬라이서의 조건 목록 맨 위에
[모두 선택] 옵션이 추가된다.

05 슬라이서 머리글이 보이지 않도록
[슬라이서 머리글] 옵션을 해제한다.

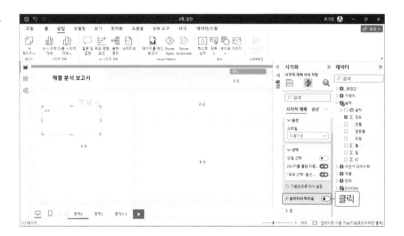

06 2022년 조건을 설정하기 위해 슬라
이서를 클릭한 후 '2022'를 선택한다.

07 슬라이서의 크기를 적절히 조절한 후 '2-①' 위치에 배치한다.

② 다음 조건으로 '문제2' 페이지에 카드를 구현하시오. `3점`

▶ 활용 필드 및 표시 단위
  - <판매> 테이블의 [총수량], [총매출금액], [매출이익률] 측정값
  - 표시 단위: [총수량] '없음', [총매출금액] '백만', [매출이익률] '없음'
▶ 설명 값 서식: 글꼴 크기 '20'
▶ 카드를 '2-②' 위치에 배치

01 새 개체를 추가하기 위해 보고서의 빈 공간을 클릭하여 개체가 선택된 상태를 해제한다.

02 [시각화] 창 – [시각적 개체 빌드]에서 [카드(🔢)]를 선택한다.

03 [데이터] 창에서 <판매> 테이블의 [총수량] 측정값을 [필드] 영역으로 드래그하여 추가한다.

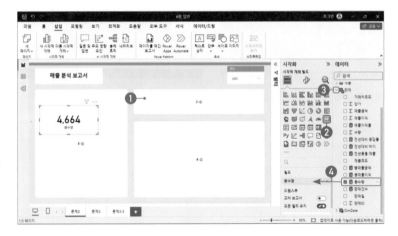

04 [시각화] 창 – [시각적 개체 서식 지정] – [시각적 개체] 탭 – [설명 값]에서 [글꼴 크기]를 '20'으로 설정한다.

05 개체의 크기를 적절히 조절해 '2-②' 위치에 배치한다.

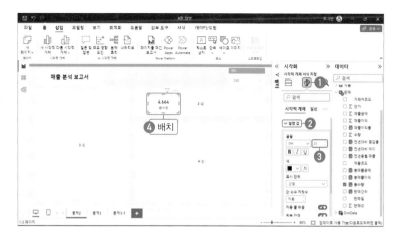

06 작성된 총수량 카드를 Ctrl + C 키를 눌러 복사하고, Ctrl + V 키를 눌러 붙여넣기 한 후 드래그하여 오른쪽으로 이동한다.

07 [데이터] 창에서 <판매> 테이블의 [총수량] 측정값의 체크박스를 클릭하여 해제한다.

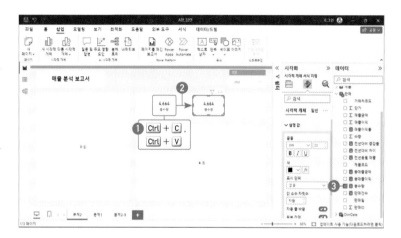

08 [총매출금액] 측정값의 체크박스를 클릭하여 필드를 교체한다.

09 총매출금액 카드를 선택한 후 Ctrl + C 키를 눌러 복사한다.

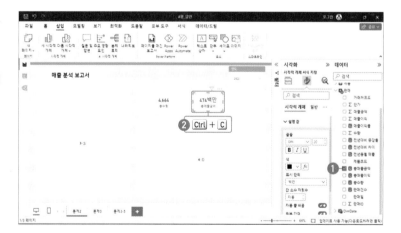

10 Ctrl + V 키를 눌러 붙여넣기 한 후 드래그하여 오른쪽에 배치한다.

11 [데이터] 창에서 <판매> 테이블의 [총매출금액] 측정값의 체크박스를 클릭하여 해제한다.

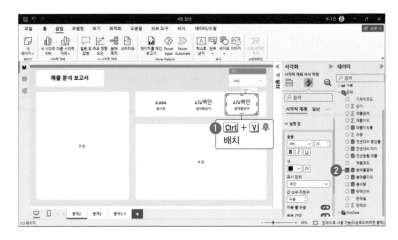

12 [매출이익률] 측정값의 체크박스를 클릭하여 필드를 교체한다.

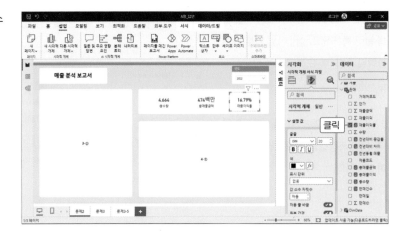

3. 다음 지시사항에 따라 묶은 가로 막대형 차트를 구현하시오. 10점

① 다음 조건으로 '문제2' 페이지에 묶은 가로 막대형 차트를 구현하시오. 4점

▶ 활용 필드
- <거래처> 테이블의 [거래처명] 필드
- <제품> 테이블의 [분류명], [제품분류명] 필드
- <판매> 테이블의 [총매출금액] 측정값

▶ '시각화 드릴 모드' 옵션 선택 시 [총매출금액]을 [거래처명], [분류명], [제품분류명]에 따라 순차적으로 확인할 수 있도록 설정

▶ '계층 구조에서 한 수준 아래로 확장' 옵션을 선택 시, Y축의 레이블이 연결되도록 설정
- 예) 송파점 아우터 자켓

▶ 도구 설명에 [총수량]이 표시되도록 추가

▶ 묶은 가로 막대형 차트를 '3-①' 위치에 배치

---

01 새 개체를 추가하기 위해 보고서의 빈 공간을 클릭하여 개체가 선택된 상태를 해제한다.

02 [시각화] 창 – [시각적 개체 빌드]에서 [묶은 가로 막대형 차트(▤)]를 선택한다.

03 [시각화] 창 – [시각적 개체 빌드]의 [Y축] 영역으로 <거래처> 테이블의 [거래처명] 필드, <제품> 테이블의 [분류명], [제품분류명] 필드를 드래그하여 추가한다.

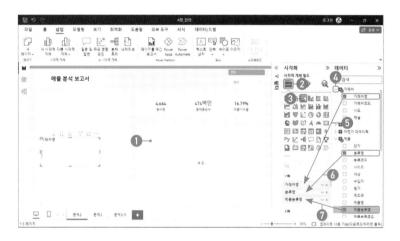

04 [데이터] 창에서 <판매> 테이블의 [총매출금액] 측정값을 [X축]으로 드래그하여 추가한다. 묶은 가로 막대형 차트의 크기를 적절히 조절한 후 '3-①' 위치에 배치한다.

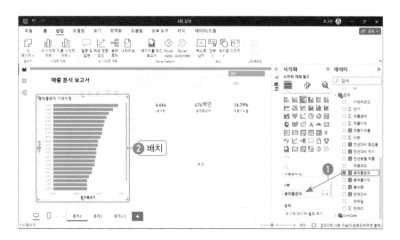

05 드릴다운 시 Y축의 레이블이 연결되도록 설정하기 위해 [시각화] 창 – [시각적 개체 서식 지정] – [시각적 개체] 탭 – [Y축] – [값]에서 [레이블 연결] 옵션을 설정한다.

06 시각적 개체 상단의 ⛓(계층 구조에서 한 수준 아래로 모두 확장)을 두 번 클릭해 하위 수준으로 확장하여 Y축의 레이블이 연결되어 표시되는 것을 확인한다.

07 ⬆(드릴업)을 두 번 클릭하여 상위 계층으로 드릴업한다.

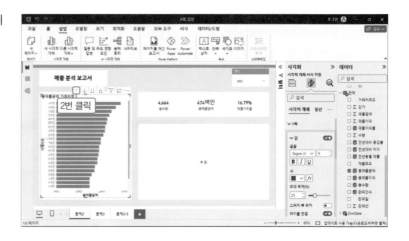

08 도구 설명에 [총수량]이 표시되도록 하기 위해 [시각화] 창 – [시각적 개체 빌드]를 클릭한 후 [데이터] 창에서 <판매> 테이블의 [총수량] 측정값을 [도구 설명]으로 드래그하여 추가한다.

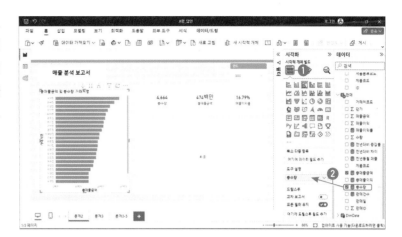

09 묶은 가로 막대형 차트의 데이터 요소에 마우스를 위치시켜 도구 설명에 [총수량]이 표시되는 것을 확인한다.

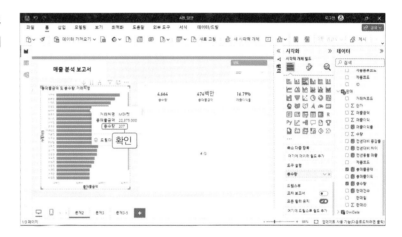

② 다음과 같이 묶은 가로 막대형 차트의 각 요소에 대한 서식을 지정하시오. 3점

  ▶ 차트 제목: "거래처별"
    - 제목 서식: 글꼴 'Segoe UI', '굵게', '가운데 맞춤'
  ▶ Y축: 축 제목 제거
  ▶ X축: 축 제목 제서, 표시 단위 '백만'
  ▶ 데이터 레이블: 표시 단위 '백만', 넘치는 텍스트가 표시되도록 설정

01 [시각화] 창 – [시각적 개체 서식 지정] – [일반] 탭 – [제목] 옵션을 설정한 후 [제목] 옵션을 클릭하여 확장한다.

02 [제목] – [텍스트]에 '거래처별'을 입력한 후 [글꼴]은 'Segoe UI', '굵게' 로 설정한다.

03 [가로 맞춤]을 '가운데'로 설정한다.

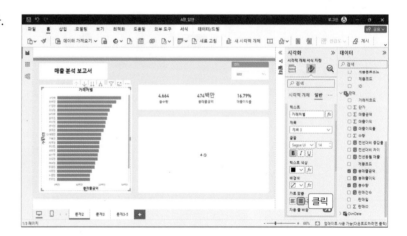

04 [시각적 개체] 탭 – [Y축]에서 [제목] 옵션을 해제안나.

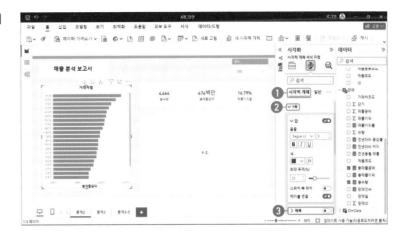

05 [시각적 개체] 탭 – [X축]에서 [제목] 옵션을 해제한다.

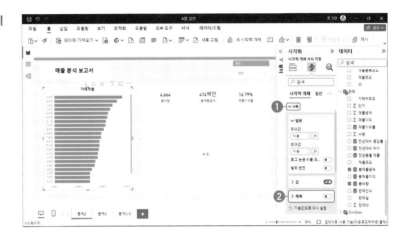

06 [X축] – [값]에서 [표시 단위]를 '백만'으로 설정한다.

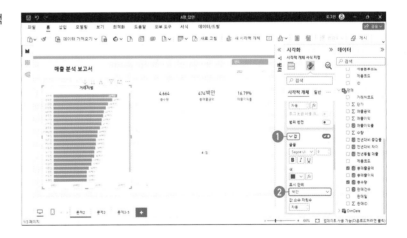

07 [시각적 개체] 탭에서 [데이터 레이블] 옵션을 설정한 후 [값]에서 [표시 단위]를 '백만'으로 설정한다.

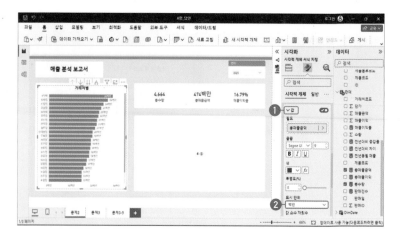

08 넘치는 텍스트가 표시되도록 설정하기 위해 [데이터 레이블] – [옵션]에서 [넘치는 텍스트] 옵션을 설정한다.

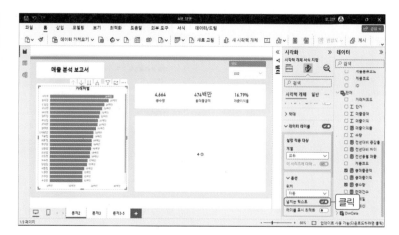

③ 묶은 가로 막대형 차트에 '총매출금액' 기준으로 상위 10개의 '거래처'만 표시하시오. **3점**

01 묶은 가로 막대형 차트가 선택된 상태에서 [필터] 창의 »을 클릭하여 확장한다.

02 [거래처명] 필터 카드를 클릭하여 확장한다.

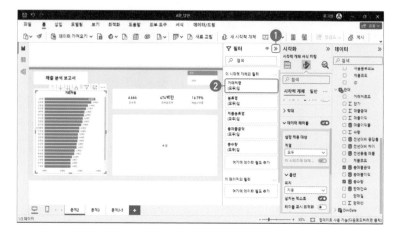

03 [필터 형식]에 '상위 N', [항목 표
시] 입력란에 '10'을 입력하고, [값]에
<판매> 테이블의 [총매출금액] 측정값
을 드래그하여 설정한 후 [필터 적용]
을 클릭한다.

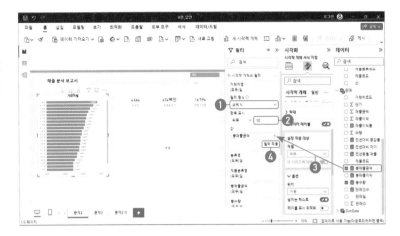

04 [필터] 창 오른쪽 상단의 »을 클릭
하여 필터 창을 축소한다.

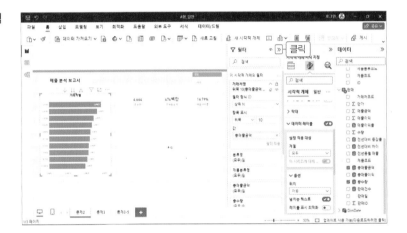

4. 다음 지시사항에 따라 꺾은선형 차트를 구현하시오. 10점

① 다음 조건으로 '문제2' 페이지에 꺾은선형 차트를 구현하시오. 4점

▶ 활용 필드
- <날짜> 테이블의 [날짜] 필드
  • [날짜] 필드의 날짜 계층에서 '연도'와 '월' 사용
- <제품> 테이블의 [분류명] 필드
- <판매> 테이블의 [총매출금액] 측정값
▶ 꺾은선형 차트를 '4−①' 위치에 배치

01 새 개체를 추가하기 위해 보고서의 빈 공간을 클릭하여 개체가 선택된 상태를 해제한다.

02 [시각화] 창 – [시각적 개체 빌드]에서 [꺾은선형 차트(📈)]를 선택한다.

03 [데이터] 창에서 <날짜> 테이블의 [날짜] 필드를 [X축]으로 드래그하여 추가한 후 [분기]와 [일]의 ⊠를 클릭하여 제거한다.

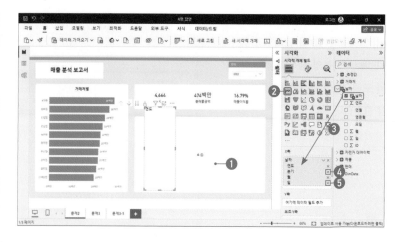

04 [데이터] 창에서 <제품> 테이블의 [분류명] 필드를 [범례]로 드래그하여 추가한다.

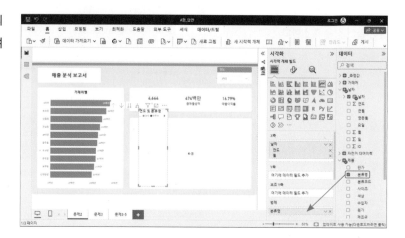

05 <판매> 테이블의 [총매출금액] 측정값을 [Y축]으로 드래그하여 추가한다. 차트 크기를 조절하여 '4-①' 위치에 배치한다.

06 꺾은선형 차트의 오른쪽 상단에 ⤵(계층 구조에서 한 수준 아래로 모두 확장)을 클릭하여 월 수준까지 확장한다.

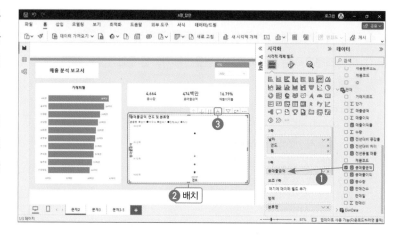

07 꺾은선형 차트가 월 수준까지 표시된 것을 확인한다.

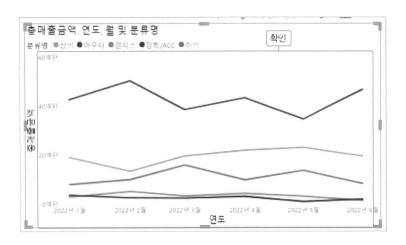

② 다음과 같이 꺾은선형 차트의 각 요소에 대한 서식을 적용하시오. `3점`

▶ 차트 제목: "기간별"

- 제목 서식: 글꼴 'Segoe UI', '굵게', '가운데 맞춤' 설정

▶ X축, Y축: 축 제목 제거

▶ 표식: 도형 유형 '원형(●), 크기 '5', 색 '검정'

01 [시각화] 창 – [시각적 개체 서식 지정] – [일반] 탭 – [제목] – [제목]에서 [텍스트]에 '기간별'을 입력하고, [글꼴]을 'Segoe UI', '굵게', [가로 맞춤]을 '가운데'로 설정한다.

02 [시각적 개체] 탭 – [X축]에서 [제목] 옵션을 해제한다.

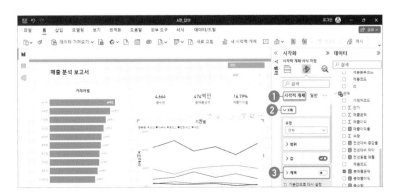

03 [시각적 개체] 탭 – [Y축]에서 [제
목] 옵션을 해제한다.

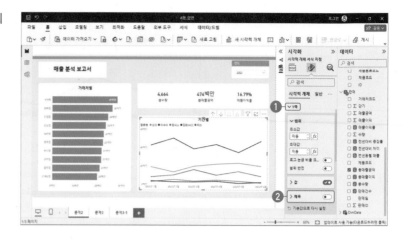

04 [시각적 개체] 탭에서 [표식] 옵션
을 설정한 후 [도형]에서 [유형]을 '원
형(•)', [크기]를 '5'로 설정한다.

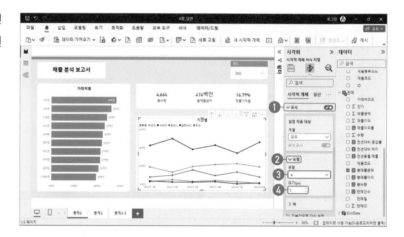

05 [표식] – [색]에서 [기본값]을 클릭
한 후 '검정'을 선택한다.

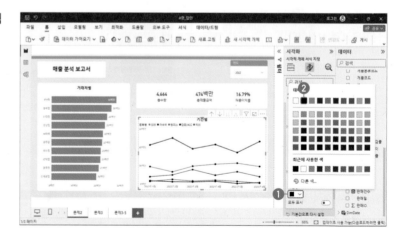

③ 꺾은선형 차트에 [분류명]별 [총매출금액]의 추세를 확인할 수 있도록 추세선을 표시하시오. **3점**

01 [시각화] 창 – [분석]에서 [추세선] 옵션을 설정한다.

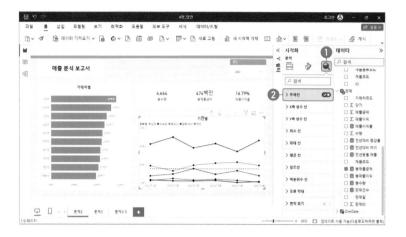

02 계열 별로 추세선을 표시하기 위해 [추세선]을 클릭하여 확장한 후 [계열 결합] 옵션을 해제한다.

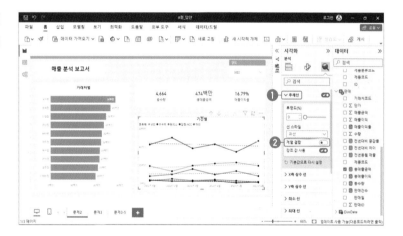

<시각화 완성화면> 각 세부 문제 풀이 후 '문제3' 페이지에 아래와 같이 개체를 배치하시오.

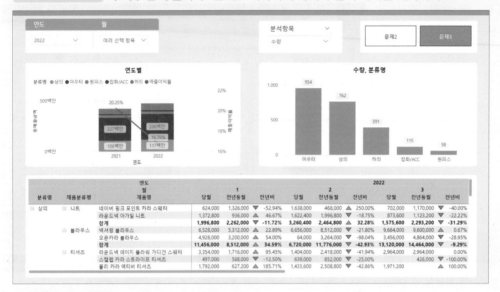

계산식 작성에 사용되는 문자열은 쌍따옴표(" ")를 사용하여 작성하시오.

1. 다음 지시사항에 따라 슬라이서와 꺾은선형 및 누적 세로 막대형 차트를 구현하시오. 10점

① 다음 조건으로 '문제3' 페이지에 [연도] 슬라이서와 [월] 슬라이서를 구현하시오. 3점

▶ 활용 필드: 〈날짜〉 테이블의 [연도], [월] 필드

▶ 슬라이서 설정

- 슬라이서 스타일: '드롭다운'

- 슬라이서에 '모두 선택' 항목이 표시되도록 설정

▶ 슬라이서 머리글이 보이지 않도록 설정

▶ 연도 슬라이서를 '1-①', 월 슬라이서를 '1-②' 위치에 배치

01 [문제3] 페이지를 선택한다.

02 [시각화] 창 – [시각적 개체 빌드]에서 [슬라이서(🗔)]를 선택한다.

03 [데이터] 창에서 <날짜> 테이블의 [연도] 필드 체크박스를 체크하여 필드를 추가한다.

04 [시각화] 창 – [시각적 개체 서식 지정] – [시각적 개체] 탭 – [슬라이서 설정] – [옵션]에서 [스타일]을 클릭한 후 '드롭다운'을 선택한다.

05 슬라이서에 '모두 선택' 항목이 표시되도록 설정하기 위해 [시각적 개체] 탭 – [슬라이서 설정] – [선택]에서 ["모두 선택" 옵션 표시] 옵션을 설정한다.

06 [슬라이서 머리글] 옵션을 해제한다.

07 슬라이서 크기를 적절히 조절한다.

08 슬라이서를 '1-①' 위치에 배치한다.

09 작성한 연도 슬라이서를 복사하여 월 슬라이서를 작성하기 위해 연도 슬라이서가 선택된 상태에서 Ctrl + C 키를 눌러 복사한다.

10 Ctrl + V 키를 눌러 붙여넣은 후 '1-②' 위치에 배치한다.

11 [데이터] 창에서 [연도] 필드의 체크를 해제하고 [월] 필드의 체크박스를 체크하여 필드를 교체한다.

② 다음 조건으로 '문제3' 페이지에 꺾은선형 및 누적 세로 막대형 차트를 구현하시오. 3점

▶ 활용 필드
- <날짜> 테이블의 [연도] 필드
- <제품> 테이블의 [분류명] 필드
- <판매> 테이블의 [총매출금액], [매출이익률] 측정값

▶ 데이터 레이블 표시
- 표시 단위: 전체 범례의 [총매출금액] '백만', [매출이익률] '없음'

▶ 차트 제목: "연도별"
- 제목 서식: 글꼴 'Segoe UI', '굵게', '가운데 맞춤' 설정

▶ X축: 유형 '범주별', 정렬 '오름차순 정렬' (2021 - 2022 순으로 정렬)

▶ 꺾은선형 및 누적 세로 막대형 차트를 '1-③' 위치에 배치

01 새 개체를 추가하기 위해 보고서의 빈 공간을 클릭하여 개체가 선택된 상태를 해제한다.

02 [시각화] 창 – [시각적 개체 빌드]에서 [꺾은선형 및 누적 세로 막대형 차트(📊)]를 선택한다.

03 [데이터] 창에서 다음 필드를 필드 영역으로 드래그하여 추가한다.

- X축: <날짜> 테이블의 [연도] 필드
- 열 y축: <판매> 테이블의 [총매출금액] 측정값
- 선 y축: <판매> 테이블의 [매출이익률] 측정값
- 열 범례: <제품> 테이블의 [분류명] 필드

04 차트의 크기를 적절히 조절한 후 [시각화] 창 – [시각적 개체 서식 지정] – [시각적 개체] 탭 – [데이터 레이블] 옵션을 설정하고 클릭하여 확장한다.

05 [데이터 레이블] – [값]에서 [표시 단위]를 '백만'으로 설정한다.

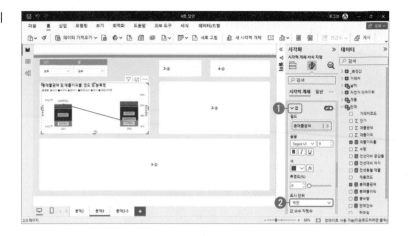

06 [데이터 레이블]에서 [계열]을 '매출이익률'로 설정한다.

07 [값] – [표시 단위]를 '없음'으로 설정한다.

08 [일반] 탭 – [제목] 옵션을 설정한 후 [제목]에서 [텍스트]에 '연도별'을 입력하고 [글꼴]을 'Segoe UI', '굵게', [가로 맞춤]을 '가운데'로 설정한다.

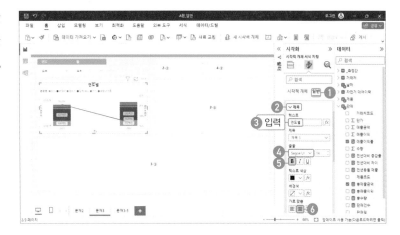

09 [시각적 개체] 탭 – [X축]에서 [유형]을 '범주별'로 설정한다.

10 정렬 기준을 변경하기 위해 차트 오른쪽 상단의 …(추가 옵션)을 클릭한 후 [축 정렬] – [연도]를 선택한다.

11 다시 한 번 [⋯](추가 옵션)을 클릭한 후 [축 정렬] – [오름차순 정렬]을 선택하면 2021 – 2022 순으로 정렬된다.

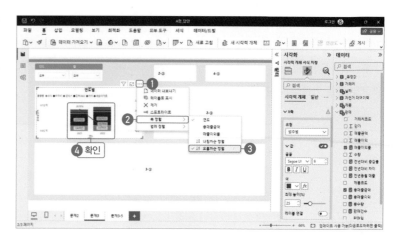

③ [연도], [월] 슬라이서가 꺾은선형 및 누적 세로 막대형 차트에 적용되지 않도록 설정하시오. **4점**

▶ 슬라이서 값: 연도 '2022', 월 '1', '2', '3' 필터 적용

01 [연도], [월] 슬라이서가 꺾은선형 및 누적 세로 막대형 차트에 적용되지 않도록 상호 작용을 설정하기 위해 [연도] 슬라이서를 선택한 상태에서 [서식] 탭 – [상호 작용] 그룹 – [상호 작용 편집]을 클릭한다.

02 꺾은선형 및 누적 세로 막대형 차트 오른쪽 상단의 ◎(없음)을 클릭한다.

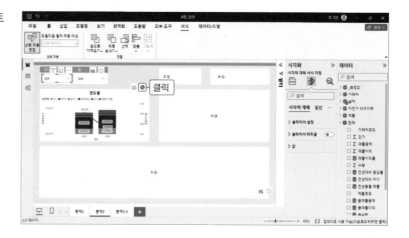

03 [월] 슬라이서를 선택한 상태에서 꺾은선형 및 누적 세로 마대형 차트 오른쪽 상단의 ◎(없음)을 클릭한다.

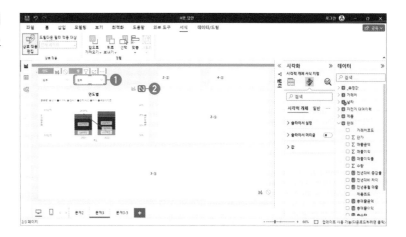

04 [서식] 탭 – [상호 작용] 그룹 – [상호 작용 편집]을 클릭하여 상호 작용 편집 상태를 해제한다.

05 각 슬라이서에 조건을 설정하기 위해 [연도] 슬라이서를 클릭하여 '2022' 조건을 선택한다.

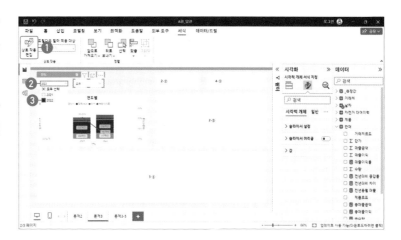

06 [월] 슬라이서를 클릭한 후 '1'을 선택하고 Ctrl 키를 누른 채 '2', '3'을 선택한 다음 보고서의 빈 공간을 클릭하여 슬라이서를 닫는다.

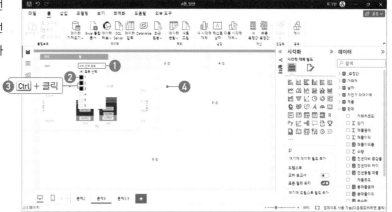

2. 다음 지시사항에 따라 매개 변수를 추가하시오. 10점

① 다음 조건으로 매개 변수를 추가하시오. 4점

▶ 매개 변수 이름: [분석항목]
- 대상 필드: <판매> 테이블의 [총수량], [총매출금액] 측정값
- 이 페이지에 슬라이서 추가 옵션 설정
- 매개 변수 필드 값 이름 변경: [총수량] → [수량], [총매출금액] → [매출금액]

01 매개 변수를 추가하기 위해 [모델링] 탭 – [매개 변수] 그룹 – [새 매개 변수]를 클릭한 후 [필드]를 선택한다.

02 [매개 변수] 창이 나타나면 [이름]에 '분석항목'을 입력한다.

03 [필드]에서 <판매> 테이블의 [총수량], [총매출금액]을 체크하여 필드를 추가한다.

04 [이 페이지에 슬라이서 추가] 옵션이 설정되어 있는 것을 확인한 후 [만들기]를 클릭한다.

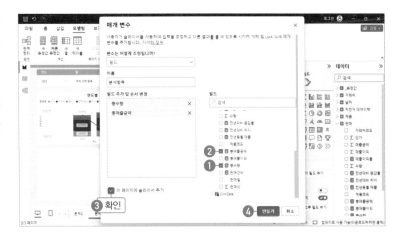

05 <분석항목> 테이블과 슬라이서가 생성된 것을 확인한다.

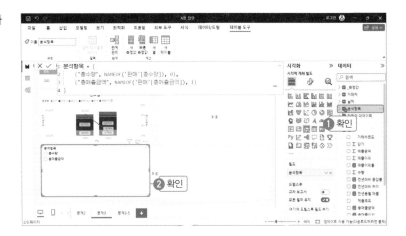

06 매개 변수 필드 값의 이름을 변경하기 위해 수식 입력줄에서 "총수량", "총매출금액"을 "수량"과 "매출금액"으로 수정한 후 Enter 키를 누른다. 매개 변수의 필드 값 이름이 변경된 것을 확인한다.

TIP

04에서 [매개 변수] 창에 필드를 추가한 후 추가된 필드명을 더블클릭하여 이름을 변경해도 된다.

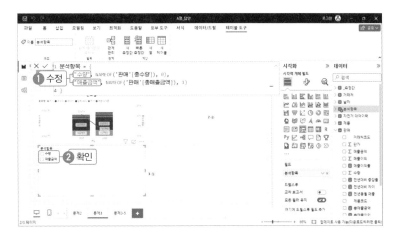

② 다음 조건으로 '문제3' 페이지에 슬라이서를 구현하시오. 3점

▶ 분석항목 슬라이서 설정
- 슬라이서 스타일: '드롭다운'
- 슬라이서의 선택 항목 중 한 가지의 항목만 선택할 수 있도록 설정
- 슬라이서에 값 '수량'으로 필터
▶ 슬라이서를 '2-②' 위치에 배치

01 분석항목 슬라이서를 선택한 상태에서 [시각화] 창 – [시각적 개체 서식 지정] – [시각적 개체] 탭 – [슬라이서 설정] – [옵션]에서 [스타일]을 '드롭다운'으로 설정한다.

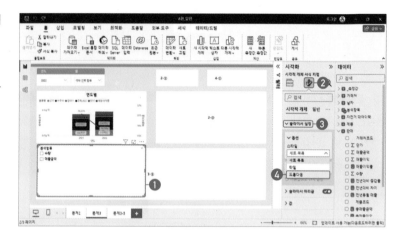

02 [슬라이서 설정] - [선택]에서 [단일 선택] 옵션을 설정한다.

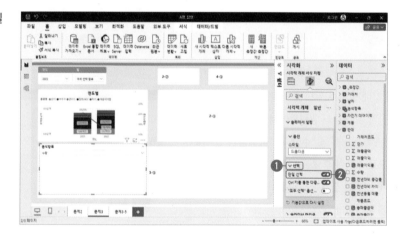

236

03 슬라이서를 클릭한 후 [수량] 조건을 선택한다.

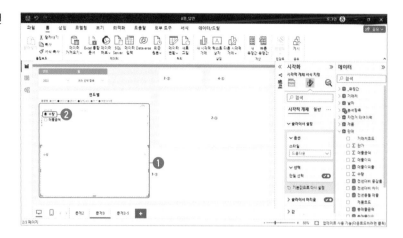

04 슬라이서의 크기를 적절히 조절한 후 '2-②' 위치에 배치한다.

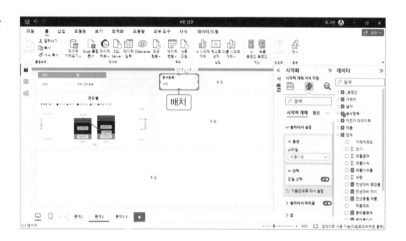

③ 다음 조건으로 '문제3' 페이지에 묶은 세로 막대형 차트를 구현하시오. **3점**

  ▶ 활용 필드
    - <제품> 테이블의 [분류명] 필드
    - <분석항목> 테이블의 [분석항목] 필드
  ▶ 분석항목에 따라 Y축이 변경되도록 구현
  ▶ X축, Y축: 축 제목 제거
  ▶ 데이터 레이블: 배경 색 표시(기본값)
  ▶ 차트 제목
    - 제목 서식: 글꼴 'Segoe UI', '굵게', '가운데'
  ▶ 묶은 세로 막대형 차트를 '2-③' 위치에 배치

01 새 개체를 추가하기 위해 보고서의 빈 공간을 클릭하여 개체가 선택된 상태를 해제한다.

02 [시각화] 창 – [시각적 개체 빌드]에서 [묶은 세로 막대형 차트(📊)]를 선택한다.

03 [데이터] 창에서 다음 필드를 필드 영역으로 드래그하여 추가한다.

- X축: <제품> 테이블의 [분류명] 필드
- Y축: <분석항목> 테이블의 [분석항목] 필드

04 차트의 크기를 적절히 조절한 후 '2-③' 위치에 배치한다.

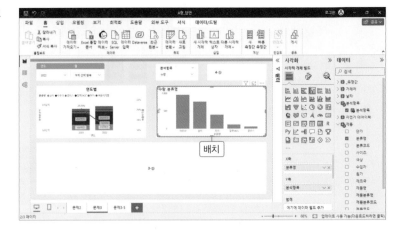

05 [시각화] 창 – [시각적 개체 서식 지정] – [시각적 개체] 탭 – [X축]에서 [제목] 옵션을 해제한다.

06 [시가저 개체] 탭 – [Y축]에서 [제목] 옵션을 해제한다.

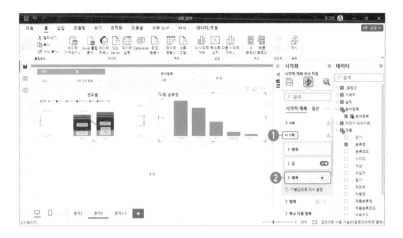

07 [시각적 개체] 탭 – [데이터 레이블] 옵션을 설정한 후 확장한다.

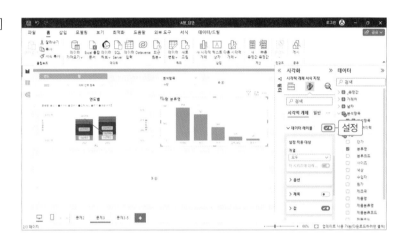

08 [시각적 개체] 탭 – [배경] 옵션을 설정한다.

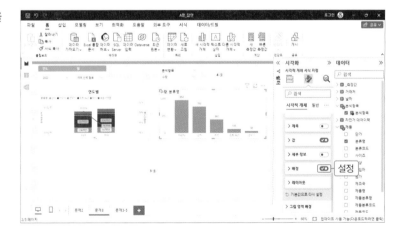

09 [일반] 탭 – [제목] 옵션을 설정한
후 클릭하여 확장한다.

10 [제목]에서 [글꼴]을 'Segoe UI',
'굵게', [가로 맞춤]을 '가운데'로 설정
한다.

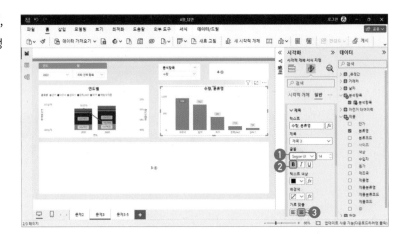

3. 다음 지시사항에 따라 행렬 차트를 구현하시오. `10점`

① 다음 조건으로 행렬 차트를 구현하시오. `3점`

▶ 활용 필드
- <제품> 테이블의 [분류명], [제품분류명], [제품명] 필드
- <날짜> 테이블의 [연도], [월] 필드
- <판매> 테이블의 [총매출금액], [전년동월 매출], [전년대비 증감률] 측정값

▶ 레이블명 변경
- "총매출금액" → "당월"
- "전년동월 매출" → "전년동월"
- "전년대비 증감률" → "전년비"

▶ 행렬 차트를 '3-①' 위치에 배치

---

01 새 개체를 추가하기 위해 보고서의 빈 공간을 클릭하여 개체가 선택된 상태를 해제한다.

02 [시각화] 창 – [시각적 개체 빌드]에서 [행렬(▦)]을 선택한다.

03 [시각화] 창 – [시각적 개체 빌드] – [행] 영역에 <제품> 테이블의 [분류명], [제품분류명], [제품명] 필드를 드래그하여 추가한다.

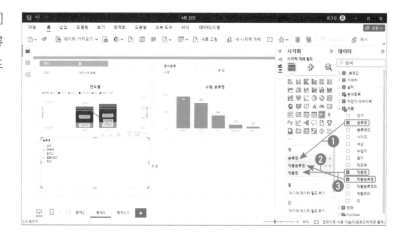

04 [열] 영역에 <날짜> 테이블의 [연도], [월] 필드를 추가한다.

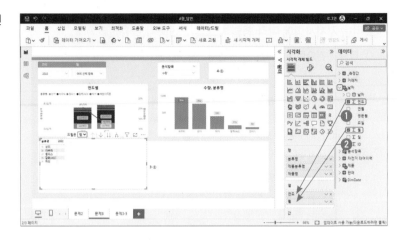

05 [값] 영역에 <판매> 테이블의 [총매출금액], [전년동월 매출], [전년대비 증감률] 필드를 추가한다.

06 레이블명을 변경하기 위해 [값] 영역에 추가된 필드명을 더블클릭하여 각각 '당월', '전년동월', '전년비'로 수정한 후 Enter 키를 누른다.

② 다음과 같이 행렬 차트의 각 요소에 대한 서식을 지정하시오. **4점**

▶ 열 머리글: 계층 구조의 마지막 수준(월)까지 모두 확장
- 열 머리글 서식: 글꼴 '굵게', 배경색 '흰색, 20% 더 어둡게', 머리글 맞춤 '가운데'
▶ 행 머리글: 계층 구조의 마지막 수준(제품명)까지 확장, 서로 다른 열로 모든 행을 나열

01 행렬 시각적 개체의 오른쪽 상단의 [드릴온] 옵션을 '열'로 설정한 후 🔄(계층 구조에서 한 수준 아래로 모두 확장)을 클릭한다.

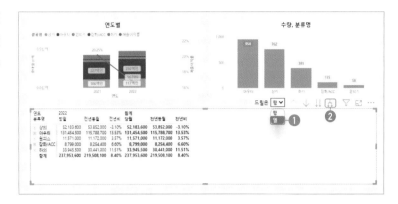

02 열에 월이 표시된 것을 확인한다. 크기 조절핸들들을 드래그하여 크기를 조절한다.

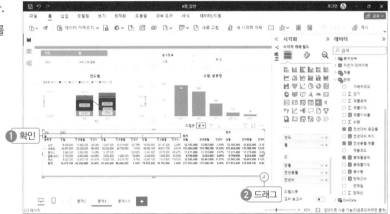

03 [시각화] 창 – [시각적 개체 서식 지정] – [시각적 개체] 탭 – [열 머리글] – [텍스트]에서 [글꼴]을 '굵게', [배경색]을 '흰색, 20% 더 어둡게', [머리글 맞춤]을 '가운데'로 설정한다.

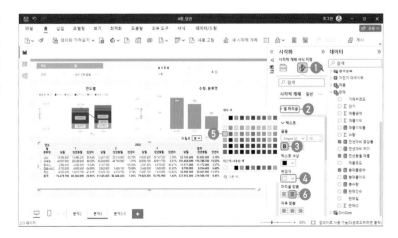

243

04 행 머리글을 확장하기 위해 행렬 시각적 개체의 오른쪽 상단에 [드릴온] 옵션을 '행'으로 설정한 후 ⊞(계층 구조에서 한 수준 아래로 모두 확장)을 두 번 클릭한다.

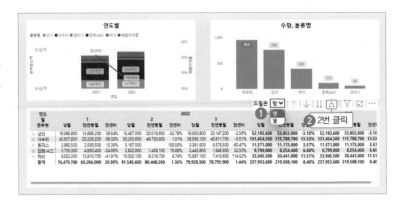

05 행이 분류명, 제품분류명, 제품명까지 표시된 것을 확인한다.

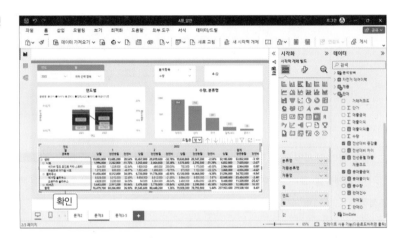

06 행에 표시된 열을 서로 다른 열로 표시되도록 하기 위해 [시각화] 창 – [시각적 개체 서식 지정] – [시각적 개체] 탭 – [행 머리글] – [옵션]에서 [계단형 레이아웃] 옵션을 해제한다.

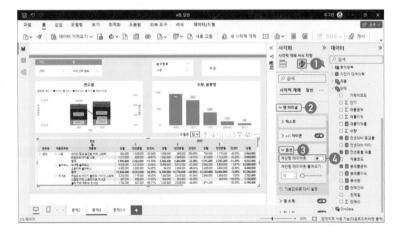

③ 행렬 차트에 조건부 서식을 적용하시오. 3점

> ▶ 설정 적용 대상: '전년비'
> ▶ '아이콘' 사용
> ▶ 적용 대상: '값 및 합계'
> ▶ 서식 스타일: 규칙
>> - 0보다 크고 최대값보다 작거나 같은 경우, 녹색 위쪽 삼각형(▲)
>> - 최소값보다 크거나 같고 0보다 작은 경우, 빨간색 아래쪽 삼각형(▼)

01 [전년비] 필드에 조건부 서식을 지정하기 위해 [시각화] 창의 [필드] 영역에 있는 [전년비] 필드에서 마우스 오른쪽 버튼을 클릭한 후 [조건부 서식]–[아이콘]을 선택한다.

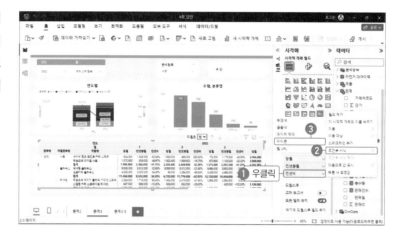

02 적용할 조건이 두 개이므로 [아이콘 – 전년비] 창에서 마지막 조건의 ⊠를 클릭하여 삭제한다.

03 조건 유형을 모두 '숫자'로 변경한 후 첫 번째 조건을 순서대로 >, 0, <=, 최대값(33 조건을 삭제한 후 설정)으로 설정하고 아이콘을 클릭하여 △를 선택한다.

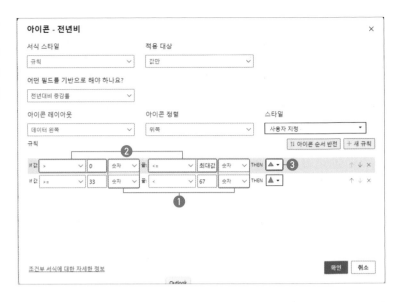

04 두 번째 조건을 순서대로 >=, 최소값(33 조건을 삭제한 후 설정), <, 0으로 설정하고 아이콘을 클릭하여 ▽를 선택한다.

05 [적용 대상]을 '값 및 합계', [서식 스타일]을 '규칙'으로 설정한 후 [확인]을 클릭한다.

TIP

일반적으로 [서식 스타일], [적용 대상]을 먼저 설정하고 규칙을 설정한다. 하지만 [값 및 합계]를 미리 설정할 경우 조건 유형을 [백분율]에서 [숫자]로 변경할 수 없어 마지막 단계에서 설정한 것이다.

06 행렬의 [전년비] 필드에 적용된 조건부 서식을 확인한다.

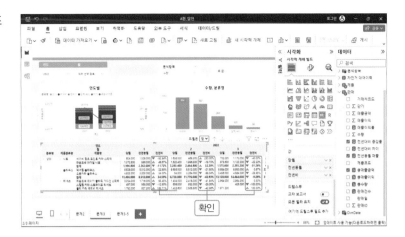

4. 다음 지시사항에 따라 '문제3' 페이지에 페이지 탐색기를 구현하시오. `5점`

▶ 표시: '문제3_5' 페이지 적용 제외

▶ 선택한 상태의 단추 색: '테마 색 1'

▶ 페이지 탐색기를 '4-①' 위치에 배치

---

01 페이지 탐색기를 작성하기 위해 [삽입] 탭 – [요소] 그룹 – [단추]를 클릭한 후 [탐색기] – [페이지 탐색기]를 선택한다.

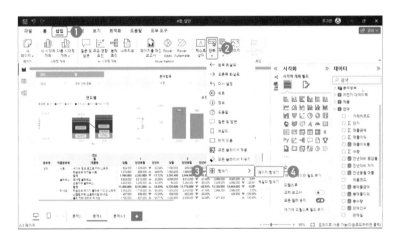

02 보고서 왼쪽 상단에 페이지 탐색기가 삽입된 것을 확인한다.

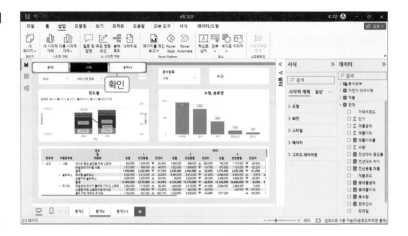

03 '문제3-5' 페이지를 제외하기 위해 [서식] 창 – [시각적 개체] 탭 – [페이지] – [표시]에서 [문제3-5] 옵션을 해제한다.

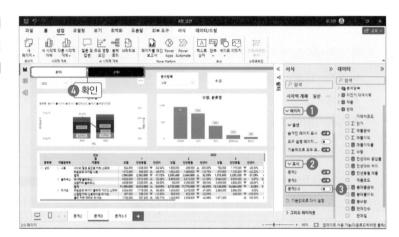

04 단추를 선택했을 때의 색을 변경하기 위해 [시각적 개체] 탭 – [스타일] – [설정 적용 대상]에서 [상태]를 '선택한 상태'로 설정한다.

05 [채우기] 옵션을 설정한 후 [색]을 클릭해 '테마 색 1'을 선택한다.

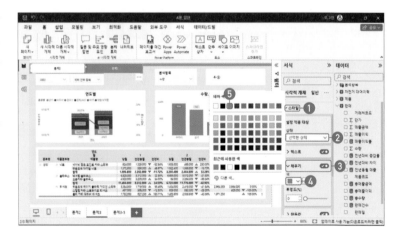

06 페이지 탐색기의 크기를 적절히 조절한 후 '4-①' 위치에 배치한다.

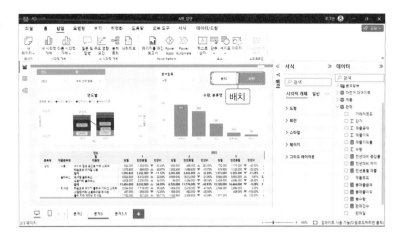

5. 다음 지시사항에 따라 측정값을 추가하시오. 15점

① 다음 조건으로 <_측정값> 테이블에 측정값을 추가하시오. 2점

▶ 측정값 이름: 매출_매장

- 활용 필드
  - <판매> 테이블의 [총매출금액] 측정값
  - <거래처> 테이블의 [채널] 필드
- [채널] 필드 값이 "매장"인 경우의 [총매출금액]을 반환
- 사용 함수: CALCULATE, FILTER
- 서식: 천 단위에서 쉼표로 구분되도록 적용, '소수점 아래 0자리까지' 표시
- '문제3_5' 페이지의 [표1]에 [매출_매장] 열 삽입

---

01 <_측정값> 테이블에 측정값을 추가하기 위해 [데이터] 창의 <_측정값> 테이블 오른쪽 끝의 ⋯(추가 옵션)을 클릭한 후 [새 측정값]을 선택한다.

TIP

테이블에서 마우스 오른쪽 버튼을 클릭한 후 [새 측정값]을 선택하여 측정값을 작성할 수도 있다.

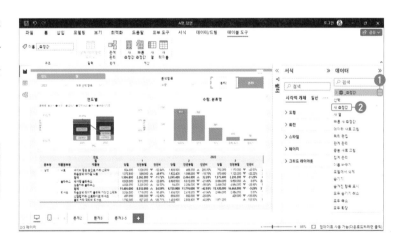

02 수식 입력줄에 수식을 작성하고 Enter 키를 누른다.

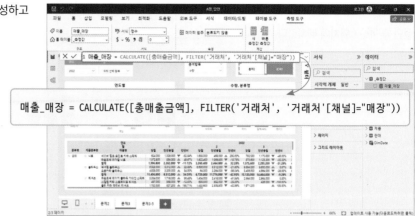

매출_매장 = CALCULATE([총매출금액], FILTER('거래처', '거래처'[채널]="매장"))

함수

① CALCULATE(<expression>[, <filter1> [, <filter2> [, …]]])
필터링된 데이터를 대상으로 식을 계산한다.

② FILTER(<table>,<filter>)
필터링된 행으로 구성된 테이블을 반환한다.

03 측정값에 서식을 지정하기 위해 [측정 도구] 탭 – [서식] 그룹의 (천 단위 구분 기호)를 클릭한 후 소수 자 릿수를 '0'으로 설정한다.

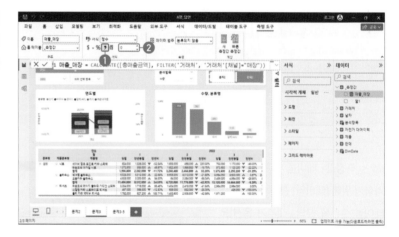

04 [문제3_5] 페이지로 이동한 후 [표 1]의 테이블 시각적 개체를 선택한다.

05 [데이터] 창의 <_측정값> 테이블 에 있는 [매출_매장] 측정값을 선택 하여 [표1]의 테이블에 측정값을 추가 한다.

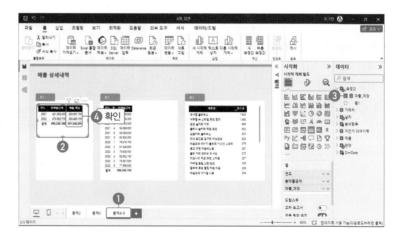

② 다음 조건으로 <_측정값> 테이블에 측정값을 추가하시오. 5점

▶ 측정값 이름: 전월_매출

- 활용 필드
  - <판매> 테이블의 [총매출금액] 측정값
  - <날짜> 테이블의 [날짜] 필드
- 1개월 전의 [총매출금액]을 반환
- 사용 함수: CALCULATE, DATEADD
- 서식: 천 단위에서 쉼표로 구분되도록 적용, '소수점 아래 0자리까지' 표시
- '문제3_5' 페이지의 [표2]에 [전월_매출] 열 삽입

01 [데이터] 창의 <_측정값> 테이블에서 마우스 오른쪽 버튼을 클릭한 후 [새 측정값]을 선택한다.

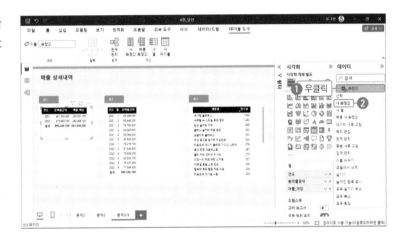

02 수식 입력줄에 다음 수식을 작성한 후 Enter 키를 누른다.

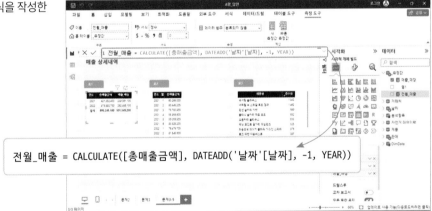

전월_매출 = CALCULATE([총매출금액], DATEADD('날짜'[날짜], -1, YEAR))

함수

DATEADD(<dates>, <number_of_intervals>, <interval>)
현재 날짜에서 지정된 간격 수만큼 앞 또는 뒤로 이동한 날짜 열이 포함된 테이블을 반환한다.

03 측정값에 서식을 지정하기 위해 [측정 도구] 탭 – [서식] 그룹의 ▯(천 단위 구분 기호)를 클릭한 후 소수 자릿수를 '0'으로 설정한다.

04 [표2]의 테이블 시각적 개체를 선택한 후 <_측정값> 테이블의 [전월_매출] 측정값을 선택하여 추가한다.

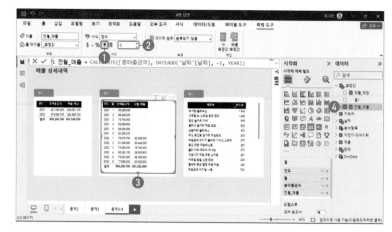

③ 다음 조건으로 <_측정값> 테이블에 측정값을 추가하시오. `3점`

▶ 측정값 이름: 연간_누계
  - 활용 필드
    • <판매> 테이블의 [총매출금액] 측정값
    • <날짜> 테이블의 [날짜] 필드
  - 연간 [총매출금액]의 누계 값을 반환
  - 사용 함수: TOTALYTD
  - 서식: 천 단위에서 쉼표로 구분되도록 적용, '소수점 아래 0자리까지' 표시
  - '문제3_5' 페이지의 [표2]에 [연간_누계] 열 삽입

01 [데이터] 창에서 <_측정값> 테이블을 선택한 후 [테이블 도구] 탭 – [계산] 그룹 – [새 측정값]을 클릭한다.

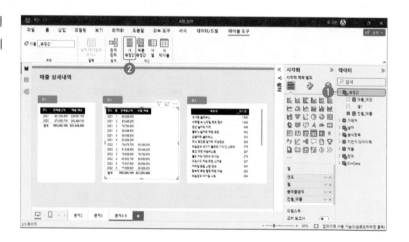

02 수식 입력줄에 다음 수식을 작성하고 Enter 키를 누른다.

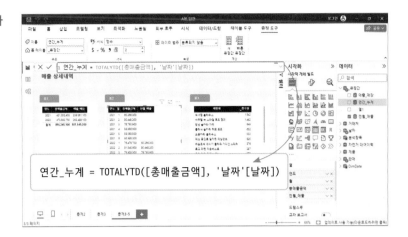

연간_누계 = TOTALYTD([총매출금액], '날짜'[날짜])

함수

TOTALYTD(<expression>, <dates>[,<filter>][,<year_end_date>])
연도별 누적값을 계산한다.

03 측정값에 서식을 설정하기 위해 [측정 도구] 탭 – [서식] 그룹의 💬(천 단위 구분 기호)를 클릭한 후 소수 자릿수를 '0'으로 설정한다.

04 [표2]의 테이블 시각적 개체를 선택한 후 [데이터] 창에서 <_측정값> 테이블의 [연간_누계] 측정값을 선택하여 추가한다.

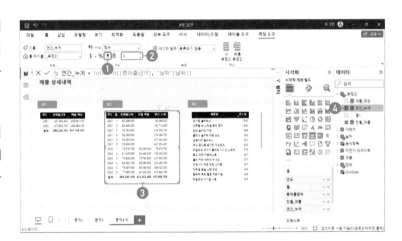

④ 다음 조건으로 <_측정값> 테이블에 측정값을 추가하시오. **5점**

▶ 측정값 이름: 순위
 - 활용 필드
  • <판매> 테이블의 [총수량] 측정값
  • <제품> 테이블의 [제품명] 필드
 - [제품명]을 기준으로 [총수량]의 순위를 반환
 - 사용 함수: RANKX, ALL
 - [총수량]이 동률인 경우 다음 순위 값은 동률 순위 +1을 한 순위로 표시
  • 예) 2개의 값이 2위인 경우, 다음 값은 3위로 표시
 - [총수량] 기준 내림차순으로 정렬
 - '문제3_5' 페이지의 [표3]에 [순위] 열 추가

01 [데이터] 창에서 <_측정값> 테이블을 선택한 후 [측정 도구] 탭 – [계산] 그룹 – [새 측정값]을 클릭한다.

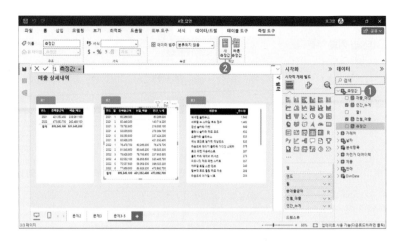

02 수식 입력줄에 다음 수식을 작성하고 Enter 키를 누른다.

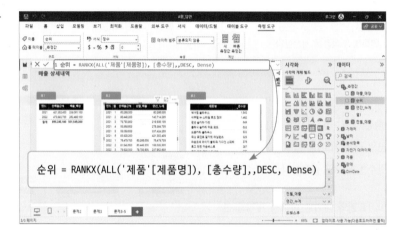

순위 = RANKX(ALL('제품'[제품명]), [총수량],,DESC, Dense)

함수

① RANKX(<table>, <expression>, [<value>], [<order>], [<ties>])
순위를 반환한다.

② ALL([<table> | <column>, [<column>], [<column>], …)
적용된 필터를 제거하고 테이블의 모든 행 또는 열의 모든 값을 반환한다.

---

03 [표3]의 테이블 시각적 개체를 선택한 후 <_측정값> 테이블의 [순위] 측정값을 선택하여 추가한다.

04 [저장]을 클릭하여 답안을 완성한다.

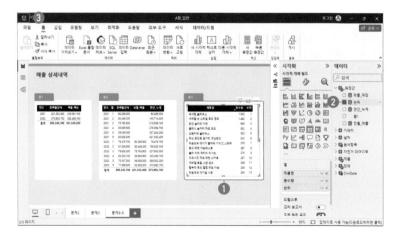

02 | 경영정보시각화능력 실기 모의문제 B형

단일 B형

프로그램명	제한시간		수험번호	성명
파워BI 데스크톱	70분			

유의사항

- 시험응시방법 안내에 따라 시험에 응시하여야 하며, 이를 소홀히 하여 발생한 불이익과 책임은 수험자 본인에게 있습니다.
- 답안 파일 위치: C:\PB\답안
- 문제 데이터 파일 위치: [문제1] C:\PB\문제1_데이터 / [문제2,3] C:\PB\문제2,3_데이터
- 작성된 답안은 다음과 같이 저장해야 합니다. 그렇지 않으면 [실격 처리]됩니다.
  ○ 주어진 경로 및 파일명을 변경하지 말고 그대로 저장
- 답안 저장 시간은 별도로 주어지지 않으므로 수시로 저장하십시오. 중간 저장을 하지 않아 생기는 피해에 대한 책임은 수험자에게 있으며, 답안이 저장되지 않을 경우 [실격 처리]됩니다.
- 별도의 지시사항이 없는 경우, 다음과 같이 처리할 때 [실격 처리]됩니다.
  ○ 제시된 파일, 페이지/대시보드, 데이터 원본의 이름 및 차원/측정값 속성을 임의로 변경한 경우
  ○ 제시된 파일, 페이지/대시보드, 데이터 원본을 임의로 삭제, 추가, 변경한 경우
  ○ 문제 데이터를 시험 시작 전에 열어보는 경우
- 반드시 답안 작성은 문제에서 지시한 위치에 작업하여야 하며 다음과 같이 처리시 해당 작업 또는 그 작업에 영향을 미치는 문제, 개체, 페이지 등은 [감점 및 오답 처리]됩니다.
  ○ 제시된 함수가 있으면 제시된 함수만을 사용해야 하며 그 외 함수를 사용해 풀이한 경우
  ○ 임의로 지시하지 않은 차트, 매개변수 등을 이동, 수정(변경), 삭제 등으로 인해 위치 및 내용이 변경된 경우
  ○ 임의로 기본 설정값(Default)을 변경한 경우
  ○ 숫자데이터를 임의로 문자화하여 처리한 경우
  ○ 개체가 해당 영역을 벗어난 경우
  ○ 개체가 너무 작아 해당 정보 확인이 눈으로 어려운 경우

1. 수험자가 작성할 답안파일은 1개입니다. 문제1, 문제2, 문제3의 답을 하나의 답안파일(.pbix)로 저장하십시오.

2. 문제1, 문제2, 문제3은 각각 독립적으로 구성되어 있어 앞 문제를 풀지 않아도 다음 문제 풀이가 가능합니다.

3. 문제1은 데이터 불러오기를 통해 문제를 풀이하고, 문제2와 문제3은 답안에 데이터가 포함되어 있어 바로 문제 풀이를 진행하십시오.
   - 데이터 파일은 문제1을 위한 데이터 파일과 문제2,3을 위한 데이터 파일로 구성되어 있습니다.

4. 문제2와 문제3 풀이를 위해 필요한 일부 측정값, 필터가 답안파일에 미리 적용되어 있을 수 있습니다.
   - 문제에 제시된 완성 화면과 수험자가 작성한 개체의 색상이 다를 수 있습니다. 지시사항에 제시되지 않은 것은 변경하지 마십시오.
   - 사전에 적용된 필터 등이 삭제되지 않도록 '페이지 지우기' 기능을 절대 사용하지 마십시오.

5. 하위문제(①, ②, ③)별로 점수가 부여되며, 하위문제의 전체 지시사항(▶ 또는 – 표시된 지시사항)을 작업하지 않을 경우 점수가 부여되지 않습니다. ※부분 점수 없음

6. 본 시험에서 사용되는 데이터 파일 수와 데이터명은 아래와 같습니다.
   - [문제1] 데이터 파일수 : 1개 / '광역별 방문자수.xlsx'

파일명	광역별 방문자수.xlsx				
테이블	구조				
A_광역별 방문자수	시군구코드	광역지자체 방문자 수	광역지자체 방문자 비율	기초지자체 방문자 수	기초지자체 방문자 비율
	32400	197,861,774	4.5	11,783,977	6
B_광역별 방문자수	시군구코드	광역지자체 방문자 수	광역지자체 방문자 비율	기초지자체 방문자 수	기초지자체 방문자 비율
	32010	679,426,007	3.6	1.13E+08	16.6
행정구역 코드	행정동코드		광역지자체명		기초지자체명
	11010		서울특별시		종로구

- [문제2,3] 데이터 파일수 : 1개 / '방송판매.xlsx'

파일명	'방송판매.xlsx'							
테이블	구조							
방송주문	주문번호	담당MD	방송일	거래처코드	제품번호	담당호스트	준비수량	판매수량
	B0611-0035	6	2023-01-01	866179	8661791	김연아	2320	2100

	MD_ID	사원명	직위	입사일자	매출계획(2023)	매출계획(2024)	총매출계획
담당자	1	민지혜	부장	2007-03-24	480,975,000	522,500,000	1,003,475,000

	ID	거래처코드	제품번호	거래처명	분류	상품명	담당호스트	판매가격	매입원가
제품정보	8655351	865535	1	포커스	프린터/사무기기	복합기K910	최나연	560,000	410,000

	날짜ID	날짜
날짜	202301	2023-01-01

	구분	처리번호	처리일자	주문번호	고객ID	물류사고내용
고객불만	교환	불만족0504-0141	2023-01-06	T0610-0016	7	서비스및상품불만족

	고객ID	고객명	시도
고객	1	강경아	경북

	거래처코드	거래처명
거래처	865535	포커스

문제 01 작업 준비 30점

계산식 작성에 사용되는 문자열은 쌍따옴표(" ")를 사용하여 작성하시오.

1 다음 지시사항에 따라 데이터 가져오기 및 편집을 수행하시오. 10점

① 데이터 파일을 가져온 후 파워 쿼리 편집기를 통해 테이블의 데이터를 편집하시오. 3점
- ▶ 가져올 데이터: '광역별 방문자수.xlsx' 파일의 〈A_광역별방문자수〉, 〈B_광역별방문자수〉, 〈행정구역코드〉 테이블
- ▶ 파워 쿼리 편집기를 통해 〈A_광역별방문자수〉, 〈B_광역별방문자수〉 테이블에서 [시군구코드], [기초지자체 방문자 수]를 제외한 다른 필드 삭제
- ▶ 필드 이름 변경
  - <A_광역별방문자수> 테이블의 [기초지자체 방문자수] 필드 → [A사] 필드로 변경
  - <B_광역별방문자수> 테이블의 [기초지자체 방문자수] 필드 → [B사] 필드로 변경

② 파워 쿼리 편집기를 통해 <A_광역별방문자수>, <B_광역별방문자수> 테이블을 활용하여 새로운 테이블을 추가하고 편집하시오. 4점
- ▶ 쿼리 병합 기능 사용
  - 테이블 이름: <지자체별 방문자수>
  - <A_광역별방문자수>, <B_광역별방문자수> 테이블의 [시군구코드] 필드를 기준으로 병합
  - 조인 종류: '왼쪽 외부'
- ▶ 〈지자체별 방문자수〉 테이블의 [A사], [B사] 필드에 열 피벗 해제 기능 적용
- ▶ 필드 이름 변경
  - <지자체별 방문자수> 테이블의 [특성] 필드 → [이동통신] 필드로 변경
  - <지자체별 방문자수> 테이블의 [값] 필드 → [방문자수] 필드로 변경

③ 파워 쿼리 편집기를 통해 <지자체별 방문자수> 테이블에 <행정구역코드> 테이블의 [광역지자체명] 필드를 추가하시오. 3점
- ▶ 쿼리 병합 기능 사용
  - <지자체별 방문자수> 테이블의 [시군구코드] 필드와 <행정구역코드> 테이블의 [행정동코드] 필드를 기준으로 병합
  - 조인 종류: '왼쪽 외부'
- ▶ 추가된 필드 이름: [광역지자체명]

2 파워 쿼리 편집기를 통해 필드를 추가하고 데이터 모델링 작업을 수행하시오. `10점`

① <행정구역코드> 테이블에 필드를 추가하시오. `4점`
  - ▶ 조건 열 기능 사용
    - 필드 이름: [지역구분]
    - 활용 필드: <행정구역코드> 테이블의 [광역지자체명]
    - <행정구역코드> 테이블의 [광역지자체명] 필드값이 "서울특별시", "경기도", "인천광역시"일 경우 "수도권", 그 외의 값일 경우 "지방권"을 반환
    - 추가된 필드의 데이터 형식: '텍스트'
② <A_광역별방문자수>, <B_광역별방문자수> 테이블의 로드 사용을 해제하시오. `3점`
③ <지자체별 방문자수> 테이블과 <행정구역코드> 테이블의 관계를 설정하시오. `3점`
  - ▶ 활용 필드: 〈지자체별 방문자수〉의 [시군구코드] 필드, 〈행정구역코드〉의 [행정동코드] 필드
  - ▶ 기준(시작) 테이블: 〈지자체별 방문자수〉 테이블
  - ▶ 카디널리티: '다대일(*:1)' 관계
  - ▶ 크로스 필터 방향: '단일'

3 다음 지시사항에 따라 테이블 및 측정값을 추가하시오. `10점`

① 다음 조건으로 테이블과 측정값을 추가하시오. `4점`
  - ▶ 테이블 이름: 〈요약〉
    - 활용 필드: <지자체별 방문자수> 테이블의 [광역지자체명], [방문자수] 필드
    - <행정구역코드> 테이블의 [광역지자체명] 필드를 기준으로 방문자 수의 합계 반환
    - 사용 함수: SUM, SUMMARIZE
    - <요약> 테이블과 <지자체별 방문자수> 테이블 관계 설정
      - 활용 필드: <요약>, <지자체별 방문자수> 테이블의 [광역지자체명] 필드
      - 기준(시작) 테이블: <지자체별 방문자수> 테이블
      - 카디널리티: '다대일(*:1)' 관계
      - 크로스 필터 방향: '단일'
  - ▶ 측정값 이름: [광역지자체수]
    - 활용 필드: <행정구역코드> 테이블의 [광역지자체명] 필드
    - [광역지자체명]의 개수 반환
    - 사용 함수: DISTINCTCOUNT

② 다음 조건으로 측정값을 추가하시오. 3점
  ▶ 측정값 이름: [서울지역 방문자수]
    - 활용 필드: <지자체별 방문자수> 테이블의 [방문자수], [광역지자체명] 필드
    - 서울지역 [방문자수]의 합계 반환
    - <지자체별 방문자수> 테이블에 적용된 필터 제외
    - 사용 함수: ALL, CALCULATE, FILTER, SUM
    - 서식: 천 단위에서 쉼표로 구분되도록 적용
  ▶ 측정값 이름: [서울방문자비율 %]
    - 활용 필드: [서울지역 방문자수] 측정값, <요약> 테이블의 [합계] 필드
    - 전체 방문자 수의 [합계]에 대한 [서울지역 방문자수]의 비율 반환
    - 사용 함수: DIVIDE, SUM
    - 서식: '백분율', '소수점 아래 2자리까지' 표시
③ 다음 조건으로 데이터 창에 테이블을 추가하시오. 3점
  ▶ 테이블 이름: 〈측정값T〉
    - [광역지자체수], [서울지역 방문자수], [서울방문자비율 %] 측정값을 테이블에 추가

참고

문제에서는 테이블 <B_광역별방문자수>로 표기되어 있으나, 데이터는 <B_광역별방문자 수>로 띄어쓰기가 다르게 표기되어 있다. 이 책에서는 데이터를 기준으로 풀이를 진행한다.

<시각화 완성화면> 각 세부문제 풀이 후 '문제2' 페이지에 아래와 같이 개체를 배치하시오.

계산식 작성에 사용되는 문자열은 쌍따옴표(" ")를 사용하여 작성하시오.

1 '문제2', '문제3' 페이지의 전체 서식을 설정하시오. 5점

① '문제2'와 '문제3' 페이지의 캔버스 배경을 설정하시오. 3점

▶ 배경 이미지

- '문제2' 페이지: '문제2-배경.png'

- '문제3' 페이지: '문제3-배경.png'

▶ 캔버스 배경 설정

- 이미지 맞춤: '기본'

- 투명도: '0%'

▶ 보고서 테마: '기본값'

② 텍스트 상자를 사용하여 '문제2' 페이지에 보고서 제목을 작성하시오. 2점

▶ 제목 : "23~24년도 홈쇼핑 판매 보고서"

- 제목 서식: 글꼴 'Segoe UI', 글꼴 크기 '28', '굵게', '가운데'

▶ 텍스트 상자를 '1-②' 위치에 배치

2 다음 지시사항에 따라 카드와 슬라이서를 구현하시오. 5점

① 다음 조건으로 '문제2' 페이지에 카드를 구현하시오. 3점

> ▶ 활용 필드: 〈방송주문〉 테이블의 [총방송횟수], [총판매수량], [총거래처수] 측정값
>
> ▶ 설명 값 서식: 글꼴 'DIN', 글꼴 크기 '33', 표시 단위 '없음'
>
> ▶ 범주 레이블 서식: 글꼴 'Segoe UI', 글꼴 크기 '13', '굵게'
>
> ▶ 카드를 '2-①' 위치에 배치

② 다음 조건으로 '문제2' 페이지에 슬라이서를 구현하시오. 2점

> ▶ 활용 필드: 〈날짜〉 테이블의 [년] 필드
>
> ▶ 슬라이서 스타일: '타일'
>
> ▶ 값 서식: 글꼴 'Segoe UI', 글꼴 크기 '19', '굵게'
>
> ▶ 슬라이서 머리글이 보이지 않도록 설정
>
> ▶ '반응형' 옵션 해제
>
> ▶ 슬라이서를 '2-②' 위치에 배치

3 다음 지시사항에 따라 리본 차트를 구현하시오. 10점

① 다음 조건으로 '문제2' 페이지에 리본 차트를 구현하시오. 3점

> ▶ 활용 필드
>
> - <날짜> 테이블의 [월이름] 필드
>
> - <담당자> 테이블의 [사원명] 필드
>
> - <방송주문> 테이블의 [판매가격] 필드
>
> ▶ 도구 설명에 [총판매수량]이 표시되도록 추가
>
> ▶ 리본 차트를 '3-①' 위치에 배치

참고

문제에서 <날짜> 테이블의 [월이름] 필드가 데이터에는 [월 이름]으로 띄어쓰기가 다르다. 문제 풀이에서 데이터를 기준으로 설명한다.

② 다음과 같이 리본 차트의 각 요소에 대한 서식을 지정하시오. `4점`

- ▶ 차트 제목: "담당MD(Top3) 매출실적"
    - 제목 서식: 글꼴 'DIN', 글꼴 크기 '15', '굵게', '가운데 맞춤'
- ▶ X축: 글꼴 크기 '12', 축 제목 제거
- ▶ Y축: 축 제목 제거, 값 제거
- ▶ 범례: 위치 '위쪽 가운데'
- ▶ 리본: 색의 '투명도 50%'

③ 리본 차트에 [판매가격]이 상위 3위인 [사원명]만 표시되도록 설정하시오. `3점`

4 다음 지시사항에 따라 도넛형 차트를 구현하시오. `10점`

① 다음 조건으로 '문제2' 페이지에 도넛형 차트를 구현하시오. `4점`

- ▶ 활용 필드: 〈방송주문〉 테이블의 [담당호스트] 필드, [총방송횟수] 측정값
- ▶ 차트 제목: "담당호스트별 방송횟수"
    - 제목 서식: 글꼴 'Segoe UI', '굵게', '가운데'
- ▶ 범례: 위치 '위쪽 가운데'
- ▶ 도넛형 차트를 '4-①' 위치에 배치

② 다음과 같이 도넛형 차트의 조각에 대한 서식을 지정하시오. `3점`

- ▶ 색상: 김연아 '#E645AB'
- ▶ 내부 반경: '50%'

③ 다음과 같이 도넛형 차트의 세부 정보 레이블에 대한 서식을 지정하시오. `3점`

- ▶ 레이블 내용: '범주, 총퍼센트'로 표시
- ▶ 위치: '바깥쪽 우선'

<시각화 완성화면> 각 세부문제 풀이 후 '문제3' 페이지에 아래와 같이 개체를 배치하시오.

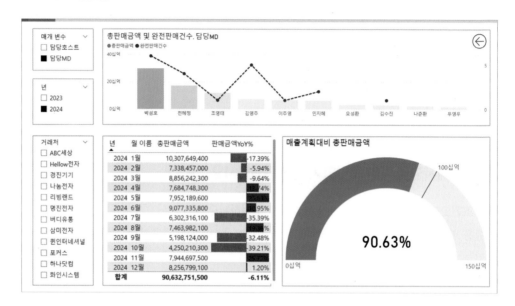

계산식 작성에 사용되는 문자열은 쌍따옴표(" ")를 사용하여 작성하시오.

1 다음 지시사항에 따라 꺾은선형 및 묶은 세로 막대형 차트를 구현하시오. 10점

① 다음 조건으로 <방송주문> 테이블에 측정값을 추가하시오. 3점

▶ 측정값 이름: [완전판매건수]

- 활용 필드: <방송주문> 테이블의 [주문번호], [준비수량], [판매수량] 필드

- [준비수량]이 모두 판매된 [주문번호]의 건 수 계산

- 사용 함수: CALCULATE, COUNT, FILTER

▶ 측정값 이름: [총판매금액]

- 활용 필드: <방송주문> 테이블의 [판매수량], [판매가격] 필드

- 판매금액의 합계 계산

- 사용 함수: SUMX

- 서식: 천 단위에서 쉼표로 구분되도록 적용

② 다음 조건으로 매개 변수를 추가하고 '문제3' 페이지에 슬라이서를 구현하시오. 3점
  ▶ 매개 변수 추가
    - 대상 필드
      • <방송주문> 테이블의 [담당호스트] 필드
      • <담당자> 테이블의 [사원명] 필드
    - 이 페이지에 슬라이서 추가 옵션 설정
    - 매개 변수 필드 이름 변경: [사원명] → [담당MD]
  ▶ 슬라이서 값: '담당MD' 필터 적용
  ▶ 슬라이서를 '1-②' 위치에 배치
③ 다음 조건으로 '문제3' 페이지에 꺾은선형 및 묶은 세로 막대형 차트를 구현하시오. 4점
  ▶ 활용 필드
    - <방송주문> 테이블의 [총판매금액], [완전판매건수] 측정값
    - [매개 변수] 매개 변수
  ▶ [매개 변수]에 따라 X축이 변경되도록 구현
  ▶ 꺾은선형 차트 서식
    - 선 스타일: '파선'
    - '표식' 옵션 설정
  ▶ 묶은 세로 막대형 차트에 조건부 서식 적용
    - 서식 스타일: 그라데이션
    - [총판매금액]의 최소값 '백억(10,000,000,000)', 최대값 '5백억(50,000,000,000)'으로 설정
  ▶ 꺾은선형 및 묶은 세로 막대형 차트를 '1-③' 위치에 배치

2 다음 지시사항에 따라 슬라이서와 테이블 차트를 구현하시오. 10점

① 다음 조건으로 '문제3' 페이지에 슬라이서를 구현하시오. 3점
  ▶ 〈방송주문〉 테이블에 새 열 추가
    - 열 이름: [거래처]
    - 활용 필드: <거래처> 테이블의 [거래처명] 필드
    - <방송주문> 테이블에서 <거래처> 테이블의 [거래처명] 필드의 값을 반환
    - 사용 함수: RELATED

▶ 활용 필드

  - <날짜> 테이블의 [년] 필드

  - <방송주문> 테이블 [거래처] 열

▶ 슬라이서 스타일: '세로 목록'

▶ 슬라이서 값: '2024' 필터 적용

▶ 슬라이서를 '2-①'에 배치

② 다음 조건으로 <방송주문> 테이블에 측정값을 추가하시오. <kbd>3점</kbd>

  ▶ 측정값 이름: [판매금액PY]

    - 활용 필드

     • <방송주문> 테이블의 [총판매금액] 측정값

     • <날짜> 테이블의 [날짜] 필드

    - 전년도의 [총판매금액]을 반환

    - 사용 함수: CALCULATE, DATEADD

    - 서식: '정수', 천 단위에서 쉼표로 구분되도록 적용

  ▶ 측정값 이름: [판매금액YoY%]

    - 활용 필드: <방송주문> 테이블의 [총판매금액], [판매금액PY] 측정값

    - 전년대비 금년도 매출의 비율 반환

    - 사용 함수: DIVIDE

    - 서식: '백분율', '소수점 아래 2자리까지' 표시

③ 다음 조건으로 '문제3' 페이지에 테이블 차트를 구현하시오. <kbd>4점</kbd>

  ▶ 활용 필드

    - <날짜> 테이블의 [년], [월 이름] 필드

    - <방송주문> 테이블의 [총판매금액], [판매금액YoY%] 측정값

  ▶ 값, 열 머리글 서식: 글꼴 크기 '13'

  ▶ 정렬: [년] 기준 '내림차순'

  ▶ 조건부 서식 적용

    - 설정 적용 대상: '판매금액YoY%'

    - '데이터 막대' 사용

    - 양수 막대 색: '자주(#4A2D75)', 음수 막대 색: '빨강(#FF0000)'

  ▶ 테이블 차트를 '2-③' 위치에 배치

3 다음 지시사항에 따라 계기 차트와 카드를 구현하시오. `10점`

① 다음 조건으로 '문제3' 페이지에 계기 차트를 구현하시오. `4점`

- ▶ 활용 필드: 〈방송주문〉 테이블의 [총판매금액] 측정값
- ▶ 게이지 축 설정
  - 최대값: '천오백억(150,000,000,000)'
  - 대상: '천억(100,000,000,000)', 색상 '테마 색 5'
- ▶ 설명 값 제거
- ▶ 차트 제목: "매출계획대비 총판매금액"
  - 제목 서식: 글꼴 크기 '15'
- ▶ 계기 차트를 '3-①' 위치에 배치

② 다음 조건으로 <방송주문> 테이블에 측정값을 추가하시오. `3점`

- ▶ 측정값 이름: [목표대비총판매비율%]
  - 활용 필드: <방송주문> 테이블의 [총판매금액] 측정값
  - 목표(대상) 대비 [총판매금액]의 비율 반환
  - 사용 함수: DIVIDE
  - 서식: '백분율', '소수점 아래 2자리까지' 표시

③ 다음 조건으로 '문제3' 페이지에 카드를 구현하시오. `3점`

- ▶ 활용 필드: 〈방송주문〉 테이블의 [목표대비총판매비율%] 측정값
- ▶ 설명 값 서식: 글꼴 크기 '28', 표시 단위 '없음'
- ▶ 범주 레이블 제거
- ▶ 카드를 그림과 같이 지정된 위치에 배치

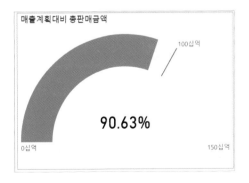

4 다음 지시사항에 따라 페이지와 시각적 개체 간 상호 작용 기능을 설정하시오. 10점

① 다음 조건으로 '문제3' 페이지에 단추를 구현하시오. 4점

   ▶ 종류: '뒤로'

   ▶ 두께: '2px'

   ▶ 가로 맞춤: '오른쪽'

   ▶ 작업 유형: '페이지 탐색', 대상 '문제2'

   ▶ 단추를 그림과 같이 지정된 위치(4-①)에 배치

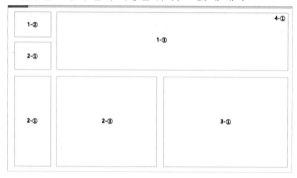

② 다음과 같이 시각적 개체의 상호 작용을 설정하시오. 3점

   ▶ [년] 슬라이서: [거래처] 슬라이서와 상호 작용 '없음'

   ▶ 테이블 차트: 계기 차트, 카드와 상호 작용 '없음'

③ 다음과 같이 시각적 개체의 상호 작용을 설정하시오. 3점

   ▶ [거래처] 슬라이서: 꺾은선형 및 묶은 세로 막대형 차트, 계기 차트, 카드와 상호 작용 '없음'

계산식 작성에 사용되는 문자열은 쌍따옴표(" ")를 사용하여 작성하시오.

1. 다음 지시사항에 따라 데이터 가져오기 및 편집을 수행하시오. 10점

① 데이터 파일을 가져온 후 파워 쿼리 편집기를 통해 테이블의 데이터를 편집하시오. 3점

▶ 가져올 데이터: '광역별 방문자수.xlsx' 파일의 〈A_광역별방문자수〉, 〈B_광역별방문자수〉, 〈행정구역코드〉
　테이블

▶ 파워 쿼리 편집기를 통해 〈A_광역별방문자수〉, 〈B_광역별방문자수〉 테이블에서 [시군구코드], [기초지자체
　방문자 수]를 제외한 다른 필드 삭제

▶ 필드 이름 변경

- 〈A_광역별방문자수〉 테이블의 [기초지자체 방문자수] 필드 → [A사] 필드로 변경
- 〈B_광역별방문자수〉 테이블의 [기초지자체 방문자수] 필드 → [B사] 필드로 변경

소스 C:\PB\Part 2\모의문제 B형　　정답파일 B형_정답.pbix

01　[모의문제　B형\소스\B형_답안.
pbix] 파일을 더블클릭한다.

02 [홈] 탭 – [데이터] 그룹 – [Excel 통
합 문서]를 클릭한다.

03 [모의문제 B형\소스\문제1 데이터\광역별 방문자수.xlsx] 파일을 선택한 후 [열기]를 클릭한다.

TIP

파일을 더블클릭하여 선택해도 된다.

04 [탐색 창]이 나타나면 <A_광역별방문자수>, <B_광역별방문자 수>, <행정구역코드>의 체크박스에 체크한 후 [로드]를 클릭한다.

05 [테이블 뷰(▦)]를 클릭해 이동한 후 [데이터] 창에서 로드된 테이블을 확인한다.

06 데이터 전처리를 수행하기 위해 [홈] 탭 – [쿼리] 그룹 – [데이터 변환]을 클릭하여 파워 쿼리 편집기를 실행한다.

TIP

변환 작업을 수행할 쿼리 선택 시 다음과 같은 노란색 알림 표시줄이 나타나면 [홈] 탭 – [쿼리] 그룹 – [미리 보기 새로 고침]을 클릭하여 미리 보기를 새로 고친다.

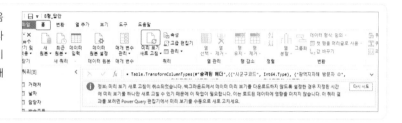

07 [쿼리] 창에서 <A_광역별방문자수> 테이블을 선택하고 [시군구코드] 필드를 클릭한 후 Ctrl 키를 누른 채 [기초지자체 방문자 수] 필드를 선택한 다음 필드명에서 마우스 오른쪽 버튼을 클릭해 [다른 열 제거]를 선택한다.

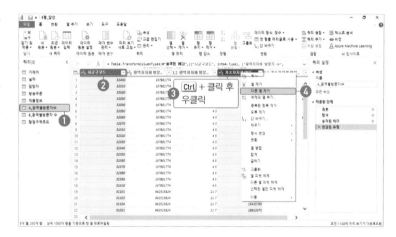

271

08 [기초지자체 방문자 수] 필드의 필드명을 더블클릭하여 필드명을 'A사'로 변경한다.

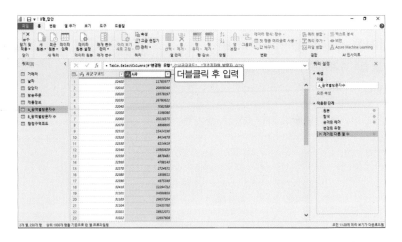

09 <B_광역별방문자 수> 테이블을 07~08과 같은 방법으로 필드를 삭제하고 [기초지자체 방문자 수] 필드명을 'B사'로 변경한다.

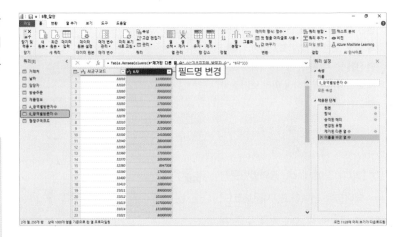

TIP

테이블을 파워 쿼리로 가져올 때 자동으로 추가되는 단계에 '승격된 헤더' 항목이 없는 경우 수동으로 [홈] 탭 – [변환] 그룹에서 [첫 행을 머리글로 사용]을 클릭해서 단계를 추가한다.

② 파워 쿼리 편집기를 통해 <A_광역별방문자수>, <B_광역별방문자수> 테이블을 활용하여 새로운 테이블을 추가하고 편집하시오. 4점

▶ 쿼리 병합 기능 사용
- 테이블 이름: <지자체별 방문자수>
- <A_광역별방문자수>, <B_광역별방문자수> 테이블의 [시군구코드] 필드를 기준으로 병합
- 조인 종류: '왼쪽 외부'
▶ 〈지자체별 방문자수〉 테이블의 [A사], [B사] 필드에 열 피벗 해제 기능 적용
▶ 필드 이름 변경
- <지자체별 방문자수> 테이블의 [특성] 필드 → [이동통신] 필드로 변경
- <지자체별 방문자수> 테이블의 [값] 필드 → [방문자수] 필드로 변경

01 [쿼리] 창에서 <A_광역별방문자수> 테이블을 선택한 후 [홈] 탭 – [결합] 그룹 – [쿼리 병합]의 🔽를 클릭한 후 [쿼리를 새 항목으로 병합]을 선택한다.

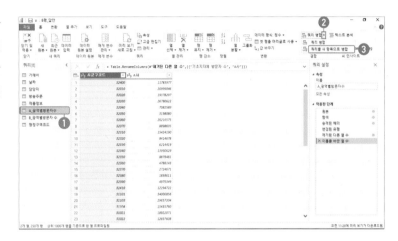

02 [병합] 창이 나타나면 두 번째 드롭다운 목록을 클릭한 후 <B_광역별방문자 수>를 선택한다.

03 <A_광역별방문자수>의 [시군구코드]와 <B_광역별방문자 수>의 [시군구코드]를 순서대로 클릭하여 연결 필드를 설정한 후 [조인 종류]를 '왼쪽 외부(첫 번째의 모두, 두 번째의 일치하는 행)'으로 선택하고 [확인]을 클릭한다.

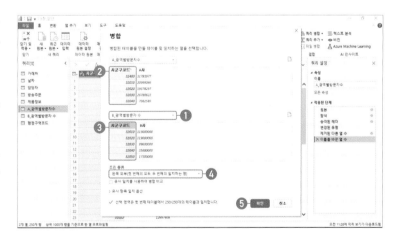

04 <B_광역별방문자 수> 필드의 🔲
을 클릭한 후 [시군구코드]를 클릭하
여 열의 설정 상태를 해제하고 [원래
열 이름을 접두사로 사용]을 해제한 다
음 [확인]을 클릭한다.

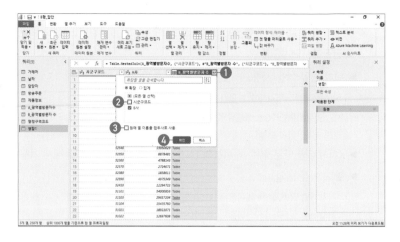

05 [A사] 필드를 클릭하고 Ctrl 키를
누른 채 [B사] 필드를 클릭해 선택한
후 [변환] 탭 – [열] 그룹 – [열 피벗 해
제]를 클릭한다.

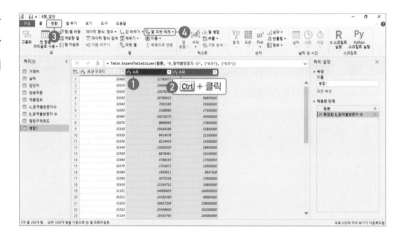

06 [특성] 필드를 더블클릭한 후 '이
동통신'으로 변경하고, 같은 방법으로
[값] 필드를 '방문자수'로 변경한다.

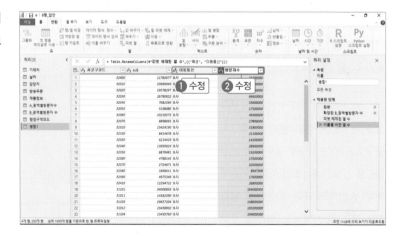

07 [쿼리] 창의 <병합1>을 마우스 오른쪽 버튼으로 클릭한 후 [이름 바꾸기]를 선택하고 '지자체별 방문자수'를 입력한다.

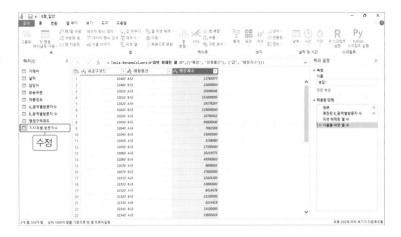

③ 파워 쿼리 편집기를 통해 <지자체별 방문자수> 테이블에 <행정구역코드> 테이블의 [광역지자체명] 필드를 추가하시오. 3점

▶ 쿼리 병합 기능 사용
- <지자체별 방문자수> 테이블의 [시군구코드] 필드와 <행정구역코드> 테이블의 [행정동코드] 필드를 기준으로 병합
- 조인 종류: '왼쪽 외부'
▶ 추가된 필드 이름: [광역지자체명]

01 [쿼리] 창에서 <지자체별 방문자수> 테이블을 선택하고 [홈] 탭 – [결합] 그룹 – [쿼리 병합]의 █를 클릭한 후 [쿼리 병합]을 선택한다.

TIP

바로 [쿼리 병합] 명령을 클릭해도 된다.

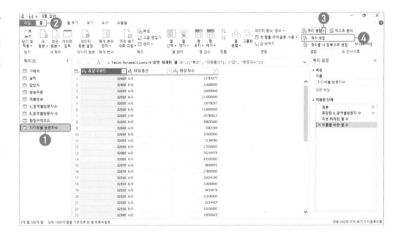

02 [병합] 창이 나타나면 두 번째 드롭다운 목록을 클릭한 후 <행정구역코드>를 선택한다.

03 <지자체별 방문자수>의 [시군구코드]를 클릭하고 <행정구역코드>의 [행정동코드]를 클릭하여 연결 필드를 설정한 후 [조인 종류]를 '왼쪽 외부(첫 번째의 모두, 두 번째의 일치하는 행)'로 선택한 다음 [확인]을 클릭한다.

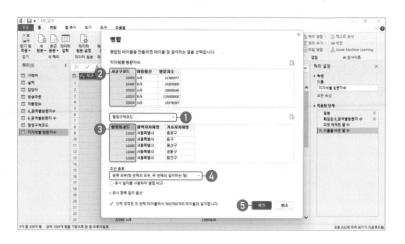

04 [행정구역코드] 필드의 🔽을 클릭한 후 [모든 열 선택]을 클릭하여 전체 열의 설정 상태를 해제하고 [광역지자체명] 필드를 선택한다. [원래 열 이름을 접두사로 사용]이 해제된 것을 확인한 후 [확인]을 클릭한다.

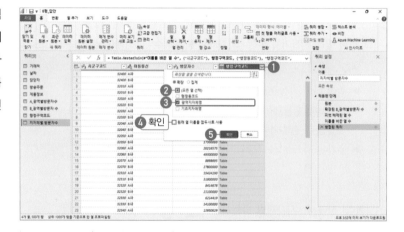

2. 파워 쿼리 편집기를 통해 필드를 추가하고 데이터 모델링 작업을 수행하시오. 10점

① <행정구역코드> 테이블에 필드를 추가하시오. 4점

▶ 조건 열 기능 사용

- 필드 이름: [지역구분]
- 활용 필드: <행정구역코드> 테이블의 [광역지자체명]
- <행정구역코드> 테이블의 [광역지자체명] 필드값이 "서울특별시", "경기도", "인천광역시"일 경우 "수도권", 그 외의 값일 경우 "지방권"을 반환
- 추가된 필드의 데이터 형식: '텍스트'

---

01 [쿼리] 창에서 <행정구역코드> 테이블을 선택하고 [열 추가] 탭 – [일반] 그룹 – [조건 열]을 선택한다.

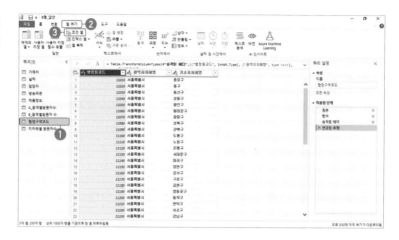

02 [조건 열 추가] 창이 나타나면 [새열 이름]에 '지역구분'을 입력한다.

03 [조건]에서 [열 이름]을 '광역지자체명'으로 선택하고 [값]에 '서울특별시', [출력]에 '수도권'을 입력한다.

04 [절 추가] 버튼을 클릭한 후 다음 조건에서 [광역지자체명]을 선택하고 '경기도', '수도권'을 입력한다. [절 추가] 버튼을 클릭한 후 세 번째 조건에는 [광역지자체명]을 선택하고 '인천광역시', '수도권'을 입력한다.

05 [기타]에 '지방권'을 입력한 후 [확인]을 클릭한다.

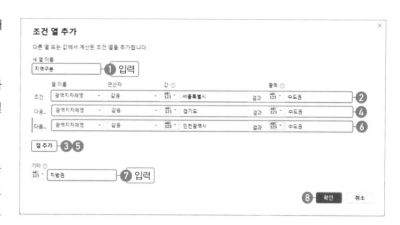

06 추가된 [지역구분] 필드의 필드명 왼쪽에 ABC 123 를 클릭한 후 [텍스트]를 선택한다.

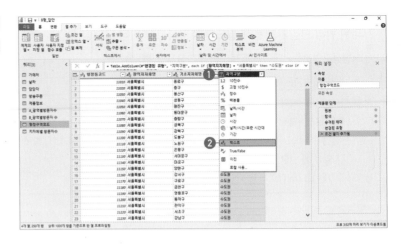

② <A_광역별방문자수>, <B_광역별방문자수> 테이블의 로드 사용을 해제하시오. `3점`

③ <지자체별 방문자수> 테이블과 <행정구역코드> 테이블의 관계를 설정하시오. `3점`

- ▶ 활용 필드: <지자체별 방문자수>의 [시군구코드] 필드, <행정구역코드>의 [행정동코드] 필드
- ▶ 기준(시작) 테이블: <지자체별 방문자수> 테이블
- ▶ 카디널리티: '다대일(*:1)' 관계
- ▶ 크로스 필터 방향: '단일'

01 [쿼리] 창의 <A_광역별방문자수>에서 마우스 오른쪽 버튼을 클릭한 후 [로드 사용]의 체크를 해제한다. [가능한 데이터 손실 경고] 창이 나타나면 [계속]을 클릭한다.

> **TIP**
>
> [로드 사용]을 해제하면 쿼리명이 이탤릭체로 변경된다.

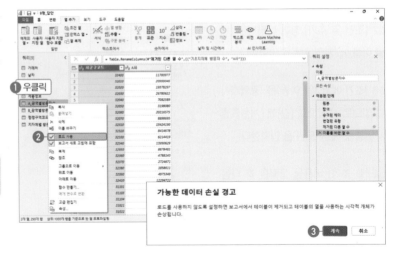

02 같은 방법으로 <B_광역별방문자수>도 [로드 사용]을 해제한다.

03 [홈] 탭 – [닫기] 그룹 – [닫기 및 적용]을 클릭해 파워 쿼리 편집기를 종료한다.

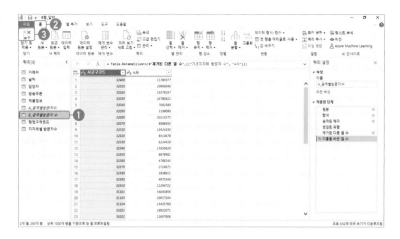

04 Power BI Desktop의 [홈] 탭 – [관계] 그룹 – [관계 관리]를 클릭하여 [관계 관리] 창이 나타나면 [새로 만들기]를 클릭한다.

05 [관계 만들기] 창의 첫 번째 목록에서 <지자체별 방문자수> 테이블을 선택하고 [시군구코드] 필드를 클릭하여 선택한다.

06 두 번째 목록에서 <행정구역코드> 테이블을 선택하고 [행정동코드] 필드를 클릭하여 선택한다.

07 [카디널리티]에 '다대일(*:1)', [크로스 필터 방향]에 '단일'을 설정하고, [이 관계를 활성으로 만들기]가 체크되어 있는 것을 확인한 후 [확인]을 클릭한다.

08 [관계 관리] 창에 추가한 관계가 활
성화된 것을 확인한 후 [닫기]를 클릭
한다.

09 [모델 보기(⊞)]를 클릭해 화면을
이동하면 추가된 관계를 다이어그램
으로 확인할 수 있다.

TIP

필드를 드래그&드롭하여 관계를 작
성할 수도 있다. 작성된 관계 선을 더
블클릭하여 관계 옵션(카디널리티, 크
로스 필터 방향)을 설정할 수도 있다.

3. 다음 지시사항에 따라 테이블 및 측정값을 추가하시오. 10점

① 다음 조건으로 테이블과 측정값을 추가하시오. 4점

▶ 테이블 이름: 〈요약〉
- 활용 필드: <지자체별 방문자수> 테이블의 [광역지자체명], [방문자수] 필드
- <행정구역코드> 테이블의 [광역지자체명] 필드를 기준으로 방문자 수의 합계 반환
- 사용 함수: SUM, SUMMARIZE
- <요약> 테이블과 <지자체별 방문자수> 테이블 관계 설정
  • 활용 필드: <요약>, <지자체별 방문자수> 테이블의 [광역지자체명] 필드
  • 기준(시작) 테이블: <지자체별 방문자수> 테이블
  • 카디널리티: '다대일(*:1)' 관계
  • 크로스 필터 방향: '단일'

▶ 측정값 이름: [광역지자체수]
- 활용 필드: <행정구역코드> 테이블의 [광역지자체명] 필드
- [광역지자체명]의 개수 반환
- 사용 함수: DISTINCTCOUNT

---

01 [테이블 뷰(▦)] 상태에서 새 테이블을 생성하는 DAX 식을 작성하기 위해 [홈] 탭 – [계산] 그룹 – [새 테이블]을 클릭한다.

> **TIP**
>
> [테이블 도구] 탭 – [계산] 그룹 – [새 테이블]을 사용해도 된다.

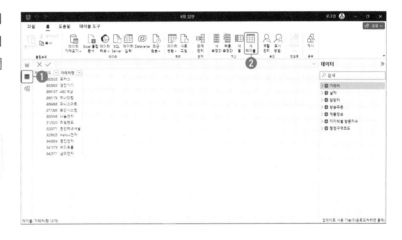

02 수식 입력줄에 다음 수식을 작성하고 Enter 키를 누른다.

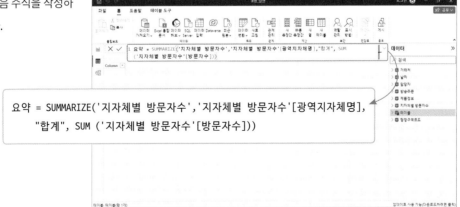

요약 = SUMMARIZE('지자체별 방문자수','지자체별 방문자수'[광역지자체명],
"합계", SUM ('지자체별 방문자수'[방문자수]))

① SUM(<column>)
열에 있는 모든 수를 더한 값을 반환한다.

② SUMMARIZE(<table>, <groupBy_columnName>, [<groupBy_columnName>], ···, <name>, <expression>], ···)
테이블에서 그룹화된 데이터에 대한 요약 값을 가지는 열이 추가된 테이블을 반환한다.

03 [홈] 탭 – [관계] 그룹 – [관계 관리]를 클릭하여 [관계 관리] 창이 나타나면 [새로 만들기]를 클릭한다.

04 [관계 만들기] 창이 나타나면 첫 번째 목록에서 <지자체별 방문자수> 테이블을 선택하고 [광역지자체명] 필드를 클릭하여 선택한다.

05 두 번째 목록에서 <요약> 테이블을 선택하고 [광역지자체명] 필드를 클릭하여 선택한다.

06 [카디널리티]에 '다대일(*:1)', [크로스 필터 방향]에 '단일'이 지정되어 있는 것을 확인한 후 [확인]을 클릭한다.

07 [관계 관리] 창이 표시되면 [닫기]를 클릭한다.

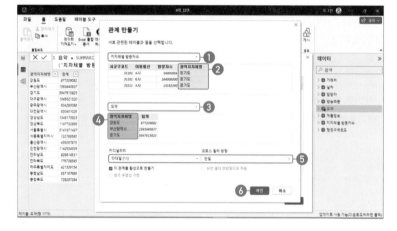

08 [모델 보기(⊞)]를 클릭해 화면을
이동하면 추가된 관계를 다이어그램
으로 확인할 수 있다.

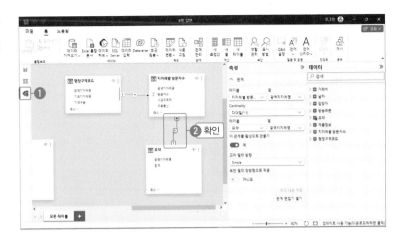

09 [테이블 뷰(⊞)]를 클릭해 화면을
이동한다. [데이터] 창에서 <지자체
별 방문자수> 테이블을 선택한 후 [홈]
탭 – [계산] 그룹 – [새 측정값]을 클릭
한다.

TIP
선택한 테이블에 측정값이 저장된다.

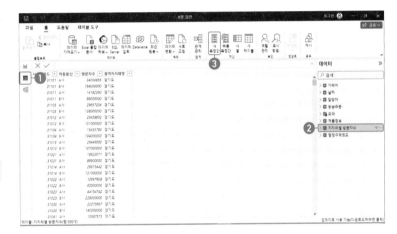

10 수식 입력줄에 수식을 작성하고
Enter 키를 누른다.

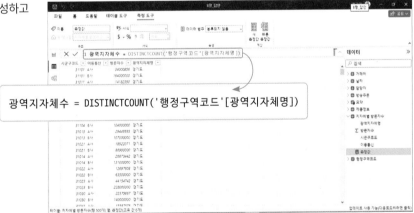

광역지자체수 = DISTINCTCOUNT('행정구역코드'[광역지자체명])

함수

DISTINCTCOUNT(<column>)
열의 고유한 값의 수를 계산한다.

② 다음 조건으로 측정값을 추가하시오. 3점

▶ 측정값 이름: [서울지역 방문자수]
- 활용 필드: <지자체별 방문자수> 테이블의 [방문자수], [광역지자체명] 필드
- 서울지역 [방문자수]의 합계 반환
- <지자체별 방문자수> 테이블에 적용된 필터 제외
- 사용 함수: ALL, CALCULATE, FILTER, SUM
- 서식: 천 단위에서 쉼표로 구분되도록 적용

▶ 측정값 이름: [서울방문자비율 %]
- 활용 필드: [서울지역 방문자수] 측정값, <요약> 테이블의 [합계] 필드
- 전체 방문자 수의 [합계]에 대한 [서울지역 방문자수]의 비율 반환
- 사용 함수: DIVIDE, SUM
- 서식: '백분율', '소수점 아래 2자리까지' 표시

01 새 측정값을 작성하기 위해 [데이터] 창의 <지자체별 방문자수> 테이블을 선택하고 [테이블 도구] 탭 – [계산] 그룹 – [새 측정값]을 클릭한다.

02 수식 입력줄에 수식을 작성하고 Enter 키를 누른다.

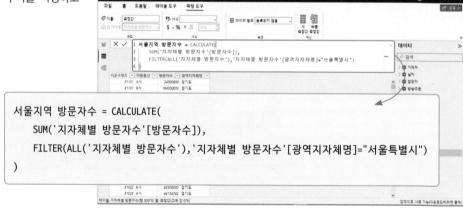

서울지역 방문자수 = CALCULATE(
    SUM('지자체별 방문자수'[방문자수]),
    FILTER(ALL('지자체별 방문자수'),'지자체별 방문자수'[광역지자체명]="서울특별시")
)

03 [측정 도구] 탭 – [계산] 그룹 [새 측정값]을 클릭한 후 수식 입력줄에 수식을 작성하고 Enter 키를 누른다.

04 [측정 도구] 탭 – [서식] 그룹에서 %(백분율)을 클릭한다. 소수 자릿수가 2가 아닌 경우 값을 '2'로 변경한다.

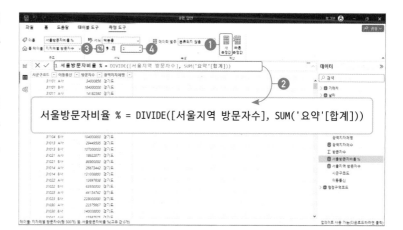

서울방문자비율 % = DIVIDE([서울지역 방문자수], SUM('요약'[합계]))

함수

① CALCULATE(<expression>, [<filter1>], [<filter2>], …)
필터링된 데이터를 대상으로 식을 계산한다.

② ALL([<table> | <column>], [<column>], [<column>], …)
적용된 필터를 제거하고 테이블의 모든 행 또는 열의 모든 값을 반환한다.

③ FILTER(<table>, <filter>)
필터링된 행만 포함하는 테이블을 반환한다.

④ DIVIDE(<numerator>, <denominator>, [<alternateResult>]
분자를 분모로 나누고, 분모가 0인 경우 대체 결과(alternateResult) 반환, <alternateResult> 인수를 지정하지 않으면 공백을 반환한다.

---

③ 다음 조건으로 데이터 창에 테이블을 추가하시오. 3점

▶ 테이블 이름: 〈측정값T〉
  - [광역지자체수], [서울지역 방문자수], [서울방문자비율 %] 측정값을 테이블에 추가

01 측정값을 저장할 〈측정값T〉 테이블을 작성하기 위해 [홈] 탭 – [데이터] 그룹 – [데이터 입력]을 클릭한다.

02 [테이블 만들기] 창이 나타나면 [이름]에 '측정값T'를 입력하고 [로드]를 클릭한다.

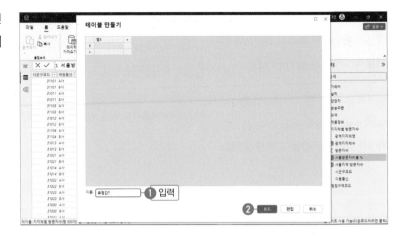

03 [데이터] 창에서 <지자체별 방문자수> 테이블의 [광역지자체수] 측정값을 선택하고 [측정 도구] 탭 – [구조] 그룹 - [홈 테이블]을 클릭한 후 '측정값T'를 선택한다.

04 같은 방법으로 [서울지역 방문자수]와 [서울방문자비율 %]를 <측정값T> 테이블에 추가한다.

<시각화 완성화면> 각 세부문제 풀이 후 '문제2' 페이지에 아래와 같이 개체를 배치하시오.

계산식 작성에 사용되는 문자열은 쌍따옴표(" ")를 사용하여 작성하시오.

1. '문제2', '문제3' 페이지의 전체 서식을 설정하시오. 5점

① '문제2'와 '문제3' 페이지의 캔버스 배경을 설정하시오. 3점

▶ 배경 이미지
- '문제2' 페이지: '문제2-배경.png'
- '문제3' 페이지: '문제3-배경.png'

▶ 캔버스 배경 설정
- 이미지 맞춤: '기본'
- 투명도: '0%'

▶ 보고서 테마: '기본값'

참고

• 문제의 지시 사항에 제목을 "23~24년도 홈쇼핑 판매 보고서"로 입력하라고 되어 있지만, 정답 파일에는 23 앞에 '가 포함되어 있다. 실제 자격시험에서는 출제된 문제대로 푸는게 맞겠지만, 여기서는 정답 파일을 기준으로 진행한다.

• 시행처 정답 파일에 <시각화 완성화면>의 리본 차트와 도넛 차트의 색상이 다르게 표현되어 있어, 이 책에서는 잘못된 부분 바로 잡아 진행한다.

01 [보고서 보기(▥)]를 클릭하고 [문제2] 페이지를 선택한다. [시각화] 창 – [서식 페이지] – [캔버스 배경]에서 [이미지]의 [찾아보기]를 클릭한다.

02 [모의문제 B형\소스\문제2,3 배경\문제2_배경.png] 파일을 선택한 후 [열기]를 클릭한다.

03 [이미지 맞춤]은 '기본', [투명도]는 '0%'인지 확인한다.

04 같은 방법으로 [문제3] 페이지도 배경 이미지를 설정한다.

05 [보기] 탭 – [테마] 그룹의 ▾를 클릭한 후 [Power BI]에서 [기본값]을 클릭한다.

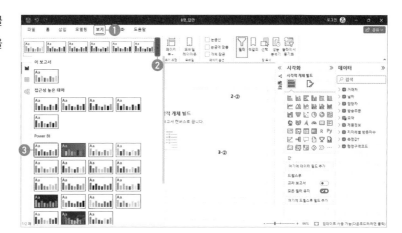

② 텍스트 상자를 사용하여 '문제2' 페이지에 보고서 제목을 작성하시오. `2점`

▶ 제목 : "23~24년도 홈쇼핑 판매 보고서"

- 제목 서식: 글꼴 'Segoe UI', 글꼴 크기 '28', '굵게', '가운데'

▶ 텍스트 상자를 '1-②' 위치에 배치

01 [문제2] 페이지를 선택한다. 텍스트 상자를 삽입하기 위해 [삽입] 탭 – [요소] 그룹 – [텍스트 상자]를 클릭한다.

02 텍스트 상자에 ''23~24년도 홈쇼핑 판매 보고서'를 입력한다.

03 입력한 텍스트를 드래그하여 선택한 후 [글꼴]은 'Segoe UI', [글꼴 크기]는 '28', '굵게', '가운데' 서식을 설정한다.

04 텍스트 상자의 크기를 적절히 조절한 후 '1-②' 위치에 배치한다.

2. 다음 지시사항에 따라 카드와 슬라이서를 구현하시오. `5점`

① 다음 조건으로 '문제2' 페이지에 카드를 구현하시오. `3점`

- ▶ 활용 필드: 〈방송주문〉 테이블의 [총방송횟수], [총판매수량], [총거래처수] 측정값
- ▶ 설명 값 서식: 글꼴 'DIN', 글꼴 크기 '33', 표시 단위 '없음'
- ▶ 범주 레이블 서식: 글꼴 'Segoe UI', 글꼴 크기 '13', '굵게'
- ▶ 카드를 '2-①' 위치에 배치

---

01 새 개체를 추가하기 위해 보고서의 빈 공간을 클릭하여 개체가 선택된 상태를 해제한다.

02 [시각화] 창 – [시각적 개체 빌드]에서 [카드(📇)]를 선택한다.

03 [데이터] 창에서 〈방송주문〉 테이블의 [총방송횟수] 측정값을 [필드] 영역으로 드래그하여 추가한다.

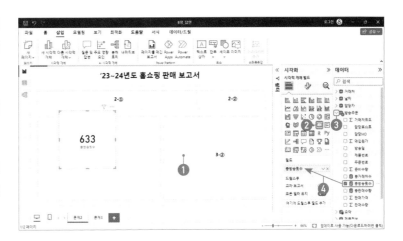

04 [시각화] 창 – [시각적 개체 서식 지정] – [시각적 개체] 탭 – [설명 값]에서 [글꼴]은 'DIN', [글꼴 크기]는 '33', [표시 단위]는 '없음'으로 설정한다.

05 [시각적 개체] 탭 – [범주 레이블]에서 [글꼴]은 'Segoe UI', [글꼴 크기]는 '13', '굵게'로 설정한다.

06 카드 개체의 크기를 적절히 조절한 후 '2-①' 위치에 배치한다.

07 작성된 [총방송횟수] 카드를 Ctrl + C 키를 눌러 복사하고, Ctrl + V 키를 눌러 붙여넣기 한 후 드래그하여 오른쪽에 배치한다.

08 [데이터] 창에서 <방송주문> 테이블의 [총방송횟수]의 체크박스를 클릭하여 해제한 후 [총판매수량]을 체크하여 측정값을 교체한다.

09 같은 방법으로 [총거래처수] 카드를 추가한다.

② 다음 조건으로 '문제2' 페이지에 슬라이서를 구현하시오. 2점

▶ 활용 필드: 〈날짜〉 테이블의 [년] 필드

▶ 슬라이서 스타일: '타일'

▶ 값 서식: 글꼴 'Segoe UI', 글꼴 크기 '19', '굵게'

▶ 슬라이서 머리글이 보이지 않도록 설정

▶ '반응형' 옵션 해제

▶ 슬라이서를 '2-②' 위치에 배치

01 [문제2] 페이지의 빈 영역을 클릭한 후 [시각화] 창 – [시각적 개체 빌드]에서 [슬라이서(▣)]를 선택한다.

02 [데이터] 창에서 <날짜> 테이블의 ▽를 클릭한 후 [년] 필드를 [필드] 영역으로 드래그하여 추가한다.

TIP

[년] 필드의 체크박스를 체크하여 필드를 추가할 수도 있다.

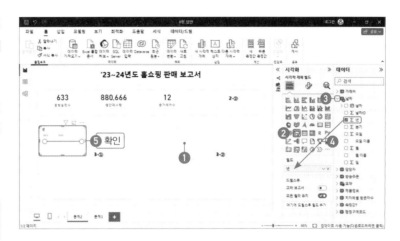

03 [시각화] 창 – [시각적 개체 서식 지정] – [시각적 개체] 탭 – [슬라이서 설정] – [옵션]에서 [스타일]을 '타일'로 선택한다.

04 슬라이서 머리글이 보이지 않도록 [슬라이서 머리글] 옵션을 해제하고 [값]의 [글꼴]은 'Segoe UI', [글꼴 크기]는 '19', '굵게'로 설정한다.

05 [시각화] 창 – [시각적 개체 서식 지정] – [일반] 탭 – [속성] – [고급 옵션]에서 [반응형] 옵션을 해제한다.

06 슬라이서의 크기를 적절히 조절한 후 '2-②' 위치에 배치한다.

3. 다음 지시사항에 따라 리본 차트를 구현하시오. 10점

① 다음 조건으로 '문제2' 페이지에 리본 차트를 구현하시오. 3점

▶ 활용 필드
   - <날짜> 테이블의 [월이름] 필드
   - <담당자> 테이블의 [사원명] 필드
   - <방송주문> 테이블의 [판매가격] 필드
▶ 도구 설명에 [총판매수량]이 표시되도록 추가
▶ 리본 차트를 '3-①' 위치에 배치

---

01 새 개체를 추가하기 위해 보고서의 빈 공간을 클릭한 후 [시각화] 창 – [시각적 개체 빌드]에서 - [리본 차트(📊)]를 선택한다.

02 [데이터] 창에서 다음 필드를 필드 영역으로 드래그하여 추가한다.

- X축: <날짜> 테이블의 [월 이름] 필드
- Y축: <방송주문> 테이블의 [판매가격] 필드
- 범례: <담당자> 테이블의 [사원명] 필드
- 도구 설명: <방송주문> 테이블의 [총판매수량] 측정값

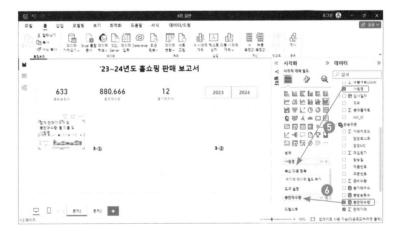

참고

문제에서 <날짜> 테이블의 [월이름] 필드가 데이터에는 [월 이름]으로 띄어쓰기가 다르다. 문제 풀이에서 데이터를 기준으로 설명한다.

03 리본 차트의 크기를 적절히 조절한 후 '3-①' 위치에 배치한다. 리본 차트에 마우스를 가져가 도구 설명에 총판매수량이 표시되는 것을 확인한다.

② 다음과 같이 리본 차트의 각 요소에 대한 서식을 지정하시오. **4점**

▶ 차트 제목: "담당MD(Top3) 매출실적"

- 제목 서식: 글꼴 'DIN', 글꼴 크기 '15', '굵게', '가운데 맞춤'

▶ X축: 글꼴 크기 '12', 축 제목 제거

▶ Y축: 축 제목 제거, 값 제거

▶ 범례: 위치 '위쪽 가운데'

▶ 리본: 색의 '투명도 50%'

01 [시각화] 창 – [시각적 개체 서식 지정] – [일반] 탭 – [제목]을 클릭하여 확장한다.

02 [제목] – [텍스트]에 '담당MD (Top3) 매출실적'을 입력한 후 [글꼴]은 'DIN', [글꼴 크기]는 '15', '굵게', [가로 맞춤]은 '가운데'로 설정한다.

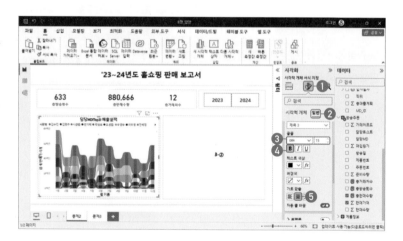

04 [시각적 개체] 탭 – [X축] – [값]에서 [글꼴 크기]를 '12'로 설정하고, [제목] 옵션을 해제한다.

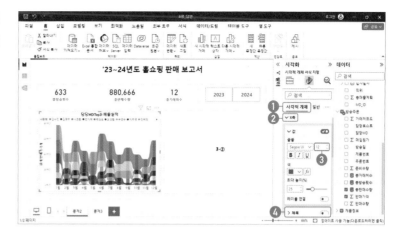

05 [시각적 개체] 탭 – [Y축]에서 [제목], [값] 옵션을 해제한다.

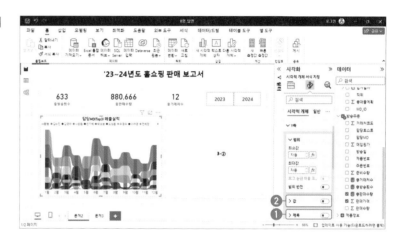

06 [시각적 개체] 탭 – [범례]에서 [위치]를 '위쪽 가운데'로 선택한다.

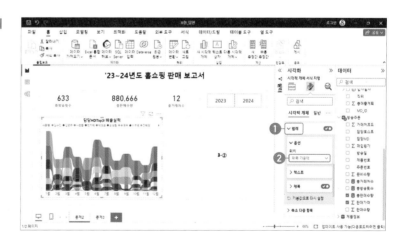

07 [시각적 개체] 탭 – [리본]에서 [색]
의 투명도를 '50'으로 설정한다.

③ 리본 차트에 [판매가격]이 상위 3위인 [사원명]만 표시되도록 설정하시오. **3점**

01 리본 차트가 선택된 상태에서 [필
터(▽)] 창을 클릭하여 확장한다.

02 [사원명] 필터 카드를 클릭하여 확
장한 후 [필터 형식]을 '상위 N'으로 선
택한다.

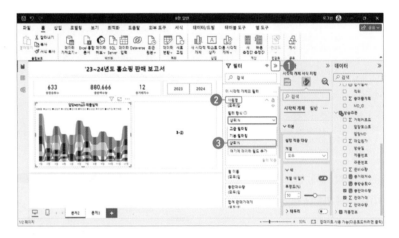

03 [항목 표시] 입력란에 '3'을 입력하
고, [값]에 <방송주문> 테이블의 [판매
가격] 필드를 드래그하여 설정한 후
[필터 적용]을 클릭한다.

> **TIP**
>
> 작성이 끝나면 [필터] 창 오른쪽 상단
> 의 ≫를 클릭하여 필터 창을 축소한
> 다.

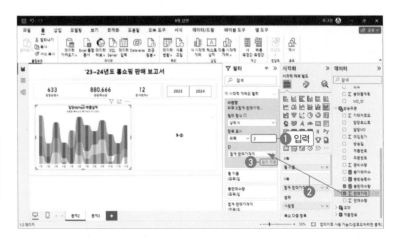

4. 다음 지시사항에 따라 도넛형 차트를 구현하시오. 10점

① 다음 조건으로 '문제2' 페이지에 도넛형 차트를 구현하시오. 4점

▶ 활용 필드: 〈방송주문〉 테이블의 [담당호스트] 필드, [총방송횟수] 측정값

▶ 차트 제목: "담당호스트별 방송횟수"

- 제목 서식: 글꼴 'Segoe UI', '굵게', '가운데'

▶ 범례: 위치 '위쪽 가운데'

▶ 도넛형 차트를 '4-①' 위치에 배치

---

01 새 개체를 추가하기 위해 보고서의 빈 공간을 클릭하여 개체가 선택된 상태를 해제한다.

02 [시각화] 창 – [시각적 개체 빌드]에서 [도넛형 차트(◎)]를 선택한다.

03 [데이터] 창에서 〈방송주문〉 테이블의 [담당호스트] 필드를 [범례]로, [총방송횟수] 측정값을 [값]으로 드래그하여 추가한다.

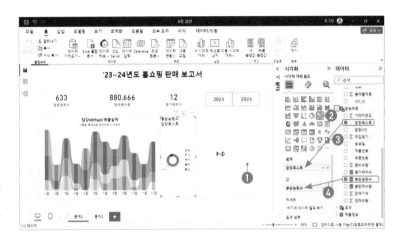

04 [시각화] 창 – [시각적 개체 서식 지정] – [일반] 탭 – [제목]을 클릭하여 확장한다.

05 [제목] – [텍스트]에 '담당호스트별 방송횟수'를 입력한 후 [글꼴]은 'Segoe UI', '굵게', [가로 맞춤]은 '가운데'로 설정한다.

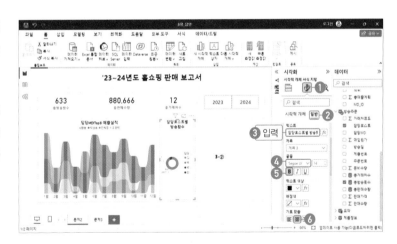

06 [시각적 개체] 탭 – [범례]에서 위치를 '위쪽 가운데'로 선택한다.

07 도넛형 차트의 크기를 적절히 조절한 후 '3-②' 위치에 배치한다.

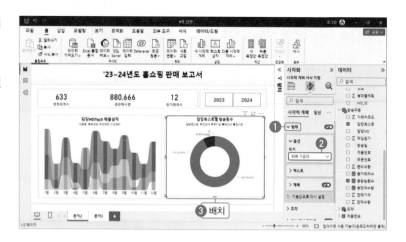

② 다음과 같이 도넛형 차트의 조각에 대한 서식을 지정하시오. `3점`

▶ 색상: 김연아 '#E645AB'

▶ 내부 반경: '50%'

③ 다음과 같이 도넛형 차트의 세부 정보 레이블에 대한 서식을 지정하시오. `3점`

▶ 레이블 내용: '범주, 총퍼센트'로 표시

▶ 위치: '바깥쪽 우선'

01 [시각화] 창 – [시각적 개체 서식 지정] – [시각적 개체] 탭 – [조각] - [색]에서 '김연아'의 ⊡를 클릭한 후 [다른 색]을 선택한다.

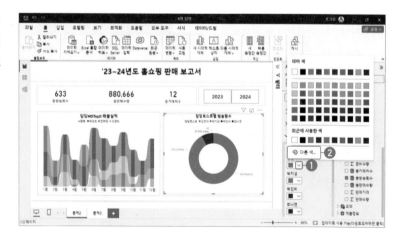

02 [헥스] 값을 '#E645AB'로 입력
한다.

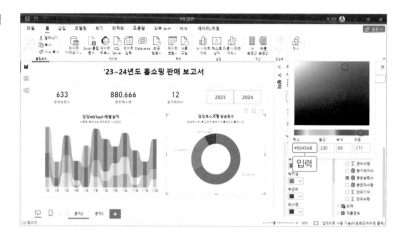

03 [시각적 개체] 탭 – [조각] – [간격]
– [내부 반경]을 '50'으로 설정한다.

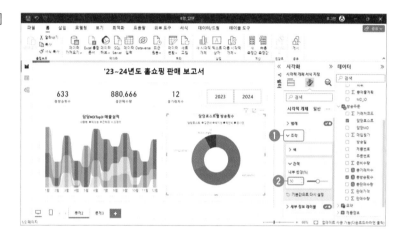

04 [시각적 개체] 탭 – [세부 정보 레이
블] – [옵션]에서 [위치]를 '바깥쪽 우
선'으로 선택한다.

05 [레이블 내용]은 '범주, 총 퍼센트'
로 선택한다.

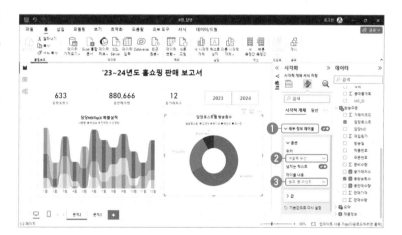

<시각화 완성화면> 각 세부문제 풀이 후 '문제3' 페이지에 아래와 같이 개체를 배치하시오.

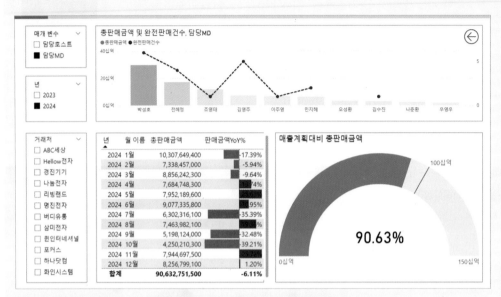

계산식 작성에 사용되는 문자열은 쌍따옴표(" ")를 사용하여 작성하시오.

1. 다음 지시사항에 따라 꺾은선형 및 묶은 세로 막대형 차트를 구현하시오. 10점

① 다음 조건으로 <방송주문> 테이블에 측정값을 추가하시오. 3점

▶ 측정값 이름: [완전판매건수]

- 활용 필드: <방송주문> 테이블의 [주문번호], [준비수량], [판매수량] 필드
- [준비수량]이 모두 판매된 [주문번호]의 건 수 계산
- 사용 함수: CALCULATE, COUNT, FILTER

▶ 측정값 이름: [총판매금액]

- 활용 필드: <방송주문> 테이블의 [판매수량], [판매가격] 필드
- 판매금액의 합계 계산
- 사용 함수: SUMX
- 서식: 천 단위에서 쉼표로 구분되도록 적용

01 [문제3] 페이지로 이동한다.

02 [데이터] 창에서 <방송주문> 테이블을 선택한 후 [테이블 도구] 탭 – [계산] 그룹 – [새 측정값]을 클릭한다.

03 수식 입력줄에 수식을 작성하고 Enter 키를 누른다.

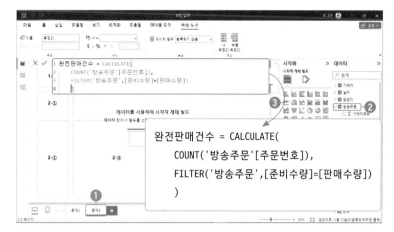

```
완전판매건수 = CALCULATE(
    COUNT('방송주문'[주문번호]),
    FILTER('방송주문',[준비수량]=[판매수량])
)
```

04 [측정 도구] 탭 – [계산] 그룹 – [새 측정값]을 클릭한 후 수식 입력줄에 수식을 작성하고 Enter 키를 누른다.

05 [측정 도구] 탭 – [서식] 그룹 - , (천 단위 구분 기호)를 클릭한다.

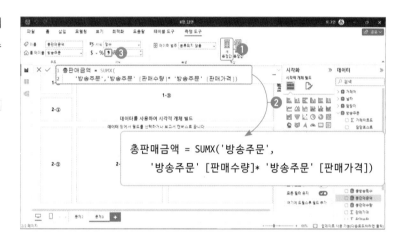

```
총판매금액 = SUMX('방송주문',
    '방송주문'[판매수량]* '방송주문'[판매가격])
```

함수

① COUNT(<column>)
지정된 열에서 데이터 값이 비어 있지 않은 행 수를 계산한다.

② SUMX(<table>, <expression>)
지정된 테이블의 각 행에 대해 계산된 식의 합계를 반환한다.

② 다음 조건으로 매개 변수를 추가하고 '문제3' 페이지에 슬라이서를 구현하시오. 3점

▶ 매개 변수 추가
  - 대상 필드
    • <방송주문> 테이블의 [담당호스트] 필드
    • <담당자> 테이블의 [사원명] 필드
  - 이 페이지에 슬라이서 추가 옵션 설정
  - 매개 변수 필드 이름 변경: [사원명] → [담당MD]

▶ 슬라이서 값: '담당MD' 필터 적용

▶ 슬라이서를 '1-②' 위치에 배치

01 새 매개 변수를 추가하기 위해 [모델링] 탭 – [매개 변수] 그룹 – [새 매개 변수]를 클릭한 후 [필드]를 선택한다.

02 [매개 변수] 창이 나타나면 [필드]에서 <방송주문> 테이블의 [담당호스트]를 선택하고, 두 번째로 <담당자> 테이블의 [사원명]을 선택하여 추가한다.

03 추가된 [사원명] 필드를 더블클릭하여 '담당MD'로 이름을 변경한 후 [만들기]를 클릭한다.

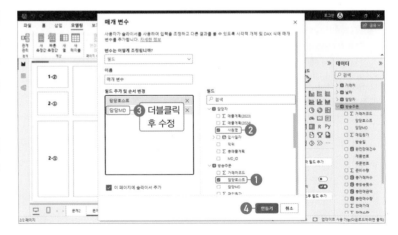

04 삽입된 슬라이서를 적절한 크기로 조절한 후 '1-②' 위치에 배치한다.

05 슬라이서의 값은 '담당MD'를 선택하여 필터를 적용한다.

③ 다음 조건으로 '문제3' 페이지에 꺾은선형 및 묶은 세로 막대형 차트를 구현하시오. `4점`

▶ 활용 필드
  - <방송주문> 테이블의 [총판매금액], [완전판매건수] 측정값
  - [매개 변수] 매개 변수
▶ [매개 변수]에 따라 X축이 변경되도록 구현
▶ 꺾은선형 차트 서식
  - 선 스타일: '파선'
  - '표식' 옵션 설정
▶ 묶은 세로 막대형 차트에 조건부 서식 적용
  - 서식 스타일: 그라데이션
  - [총판매금액]의 최소값 '백억(10,000,000,000)', 최대값 '5백억(50,000,000,000)'으로 설정
▶ 꺾은선형 및 묶은 세로 막대형 차트를 '1-③' 위치에 배치

01 새 개체를 추가하기 위해 보고서의 빈 공간을 클릭하여 개체가 선택된 상태를 해제한다.

02 [시각화] 창 – [시각적 개체 빌드]에서 [꺾은선형 및 묶은 세로 막대형 차트(⊡)]를 선택한다.

03 [데이터] 창에서 다음 필드를 필드 영역으로 드래그하여 추가한다.

• X축: [매개 변수] 테이블의 [매개 변수]
• 열 y축: <방송주문> 테이블의 [총판매금액] 측정값
• 선 y축: <방송주문> 테이블의 [완전판매건수] 측정값

04 차트 크기를 적절히 조절한 후 '1-③' 위치에 배치한다.

> **TIP**
>
> 차트가 너무 작으면 [제목] 옵션이 자동으로 해제되기 때문에 크기와 위치를 먼저 적용한 것이다.

05 [시각화] 창 – [시각적 개체 서식 지정] – [시각적 개체] 탭 – [X축]에서 [제목] 옵션을 해제한다. [Y축]과 [보조 Y축]의 [제목] 옵션을 해제한다.

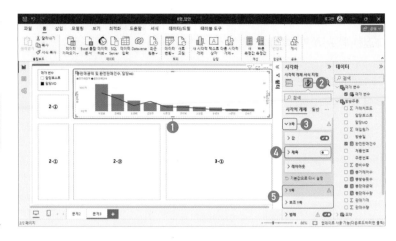

06 [시각적 개체] 탭 – [선] – [도형]에서 [선 스타일]을 '파선'으로 선택한다.

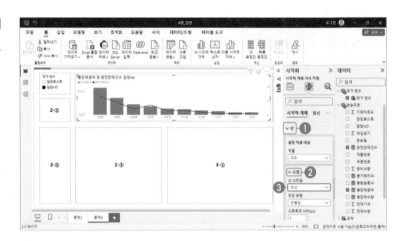

07 [시각적 개체] 탭 - [표식] 옵션을 설정한다.

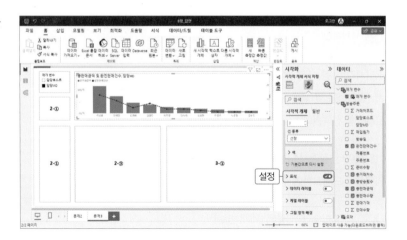

08 [총판매금액] 데이터 막대에 조건부 서식을 지정하기 위해 [시각적 개체] 탭 - [열] – [색]에서 fx(조건부 서식)을 클릭한다.

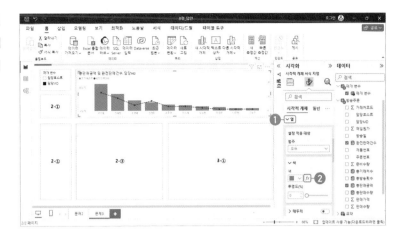

09 [색 – 범주] 창이 나타나면 [서식 스타일]은 '그라데이션'을 선택하고, [총판매금액]의 측정값을 기반으로 하기 위해 <방송주문> 테이블의 [총판매금액] 측정값을 선택한다. [총판매금액] 측정값을 기반으로 [최소값]은 '사용자 지정'을 선택하고 '10000000000'을 입력한다. [최대값]도 '사용자 지정'을 선택하고 '50000000000'을 입력한 후 [확인]을 클릭한다.

> **TIP**
>
> 문제의 지시사항에 색상을 지정하지 않았으면 '시각화 완성화면'의 색상과 동일하지 않아도 된다.

10 조건부 서식이 적용된 것을 확인한다.

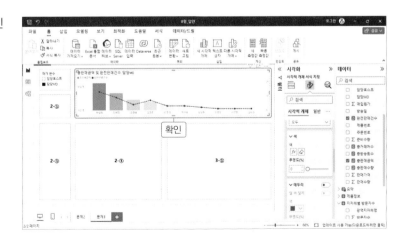

2. 다음 지시사항에 따라 슬라이서와 테이블 차트를 구현하시오. 10점

① 다음 조건으로 '문제3' 페이지에 슬라이서를 구현하시오. 3점

▶ 〈방송주문〉 테이블에 새 열 추가

- 열 이름: [거래처]
- 활용 필드: <거래처> 테이블의 [거래처명] 필드
- <방송주문> 테이블에서 <거래처> 테이블의 [거래처명] 필드의 값을 반환
- 사용 함수: RELATED

▶ 활용 필드

- <날짜> 테이블의 [년] 필드
- <방송주문> 테이블 [거래처] 열

▶ 슬라이서 스타일: '세로 목록'

▶ 슬라이서 값: '2024' 필터 적용

▶ 슬라이서를 '2-①'에 배치

---

01 <방송주문> 테이블에 새 열을 추가하기 위해 [데이터] 창에서 <방송주문> 테이블을 선택한 후 [테이블 도구] 탭 - [계산] 그룹 - [새 열]을 클릭한다.

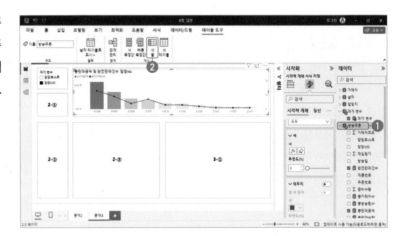

02 수식 입력줄에 수식을 작성하고 Enter 키를 누른다.

함수

RELATED(<column>)
관계로 연결된 다른 테이블에서 관련된 값을 반환한다.

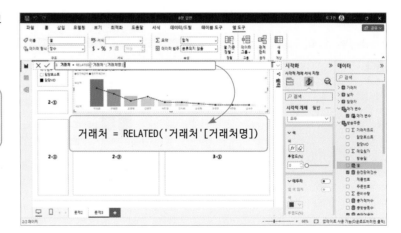

거래처 = RELATED('거래처'[거래처명])

03 새 개체를 추가하기 위해 보고서의 빈 공간을 클릭한 후 [시각화] 창 – [시각적 개체 빌드]에서 [슬라이서(📇)]를 선택한다.

04 [데이터] 창에서 <날짜> 테이블의 [년] 필드를 [필드] 영역으로 드래그하여 추가한다.

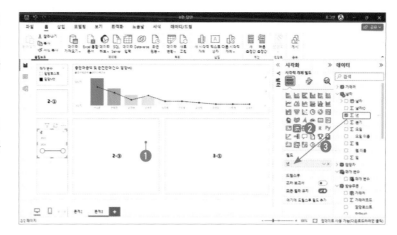

05 [시각화] 창 – [시각적 개체 서식 지정] – [시각적 개체] 탭 – [슬라이서 설정]에서 [스타일]을 '세로 목록'으로 선택한다.

06 슬라이서 개체의 크기를 적절히 조정하여 '2-①' 위치에 배치하고 '2024'를 선택한다.

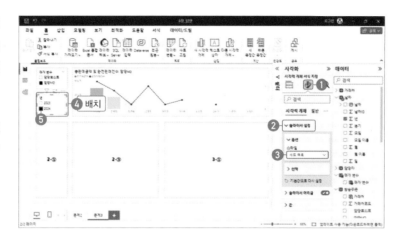

07 다시 새 개체를 추가하기 위해 보고서의 빈 공간을 클릭한 후 [시각화] 창 – [시각적 개체 빌드]에서 [슬라이서(📇)]를 선택한다.

08 [데이터] 창에서 <방송주문> 테이블의 [거래처] 필드를 [필드] 영역으로 드래그한다.

09 슬라이서 개체의 크기를 적절히 조절한 후 '2-①'의 아래쪽에 배치한다.

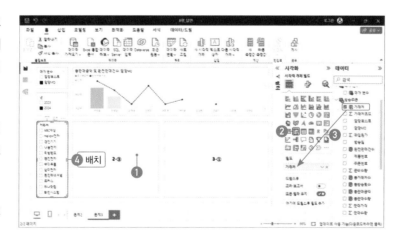

② 다음 조건으로 <방송주문> 테이블에 측정값을 추가하시오. 3점

▶ 측정값 이름: [판매금액PY]
  - 활용 필드
    • <방송주문> 테이블의 [총판매금액] 측정값
    • <날짜> 테이블의 [날짜] 필드
  - 전년도의 [총판매금액]을 반환
  - 사용 함수: CALCULATE, DATEADD
  - 서식: '정수', 천 단위에서 쉼표로 구분되도록 적용
▶ 측정값 이름: [판매금액YoY%]
  - 활용 필드: <방송주문> 테이블의 [총판매금액], [판매금액PY] 측정값
  - 전년대비 금년도 매출의 비율 반환
  - 사용 함수: DIVIDE
  - 서식: '백분율', '소수점 아래 2자리까지' 표시

---

01 <방송주문> 테이블에 새 측정값을 추가하기 위해 [데이터] 창에서 <방송주문> 테이블을 선택한다.

02 [테이블 도구] 탭 – [계산] 그룹 – [새 측정값]을 선택한다.

03 수식 입력줄에 수식을 작성하고 Enter 키를 누른다.

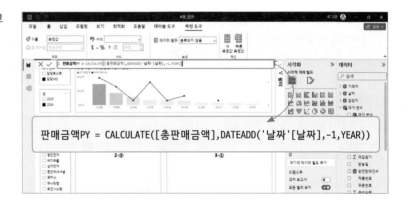

판매금액PY = CALCULATE([총판매금액],DATEADD('날짜'[날짜],-1,YEAR))

함수

DATEADD(<dates>, <number_of_intervals>, <interval>)
현재 날짜에서 지정된 간격 수만큼 앞 또는 뒤로 이동한 날짜 열이 포함된 테이블을 반환한다.

04 새 측정값을 추가로 작성하기 위해 [측정 도구] 탭 – [계산] 그룹 – [새 측정값]을 선택한다.

05 수식 입력줄에 수식을 작성하고 Enter 키를 누른다.

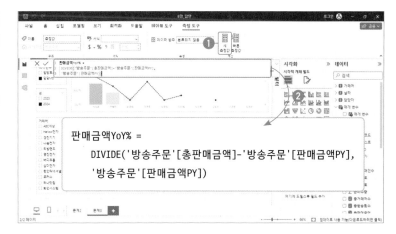

판매금액YoY% =
DIVIDE('방송주문'[총판매금액]-'방송주문'[판매금액PY],
'방송주문'[판매금액PY])

③ 다음 조건으로 '문제3' 페이지에 테이블 차트를 구현하시오. **4점**

▶ 활용 필드
- <날짜> 테이블의 [년], [월 이름] 필드
- <방송주문> 테이블의 [총판매금액], [판매금액YoY%] 측정값

▶ 값, 열 머리글 서식: 글꼴 크기 '13'

▶ 정렬: [년] 기준 '내림차순'

▶ 조건부 서식 적용
- 설정 적용 대상: '판매금액YoY%'
- '데이터 막대' 사용
- 양수 막대 색: '자주(#4A2D75)', 음수 막대 색: '빨강(#FF0000)'

▶ 테이블 차트를 '2-③' 위치에 배치

01 새 개체를 추가하기 위해 보고서의 빈 공간을 클릭하여 개체가 선택된 상태를 해제한다.

02 [시각화] 창 – [시각적 개체 빌드]에서 [테이블(▦)]을 선택한다.

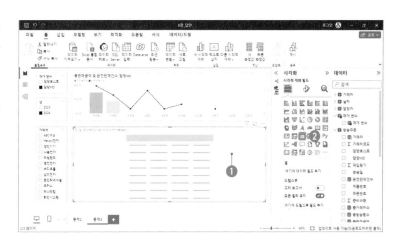

03 [데이터] 창에서 <날짜> 테이블의 ∨를 클릭한 후 [년]과 [월 이름] 필드를 [열] 필드 영역으로 드래그한다.

04 [시각화] 창의 [열] 필드에서 [합계 년개]의 ∨를 클릭한 후 [요약 안 함]을 선택한다.

> **TIP**
>
> [년] 필드는 테이블에 열로 추가되면 '숫자' 데이터 형식이므로 요약 함수가 '합계' 함수로 바로 적용된다. 연도의 합계가 아닌 개별 연도로 표시하기 위해 [요약 안함]을 선택한다.

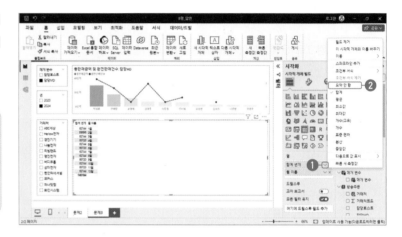

05 [데이터] 창에서 <방송주문> 테이블의 [총판매금액]과 [판매금액YoY%] 측정값을 [열] 필드 영역으로 드래그하여 추가한다.

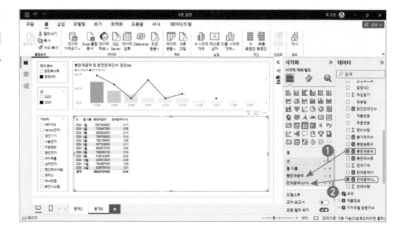

06 [시각화] 창 – [시각적 개체 서식 지정] – [시각적 개체] 탭 – [값] – [값]에서 [글꼴 크기]를 '13'으로 설정한다.

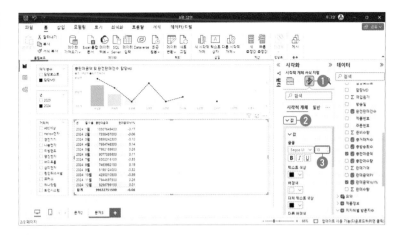

07 같은 방법으로 [열 머리글]에서 [텍스트]의 [글꼴 크기]도 '13'으로 설정한다.

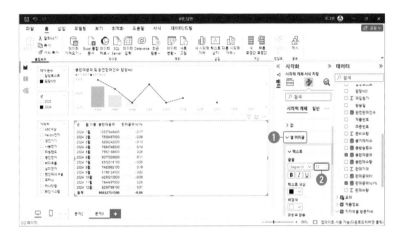

08 정렬을 변경하기 위해 테이블 시각화 개체의 ⋯(추가 옵션)를 클릭한 후 [정렬 기준] – [년]을 선택한다.

TIP

테이블의 [년] 필드를 클릭하면 정렬을 쉽게 변경할 수 있다.

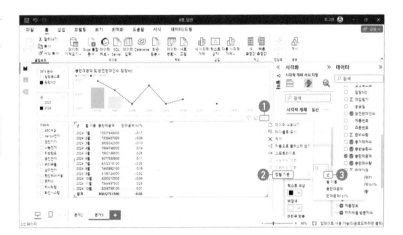

09 [년]을 기준으로 정렬되면 ⋯(추가 옵션)을 클릭해 내림차순인지 확인한다.

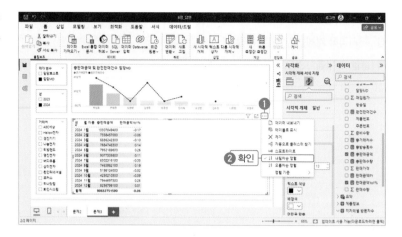

10 [판매금액YoY%] 측정값에 조건부 서식을 지정하기 위해 [시각화] 창 - 필드 영역의 [판매금액YoY%] 측정값에서 마우스 오른쪽 버튼을 클릭한 후 [조건부 서식] – [데이터 막대]를 선택한다.

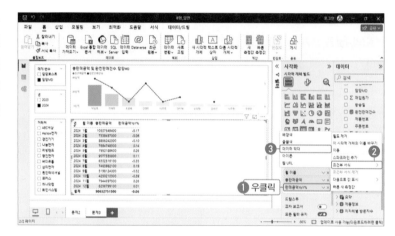

11 [데이터 막대] 창이 나타나면 [양수 막대]의 색을 클릭하여 '테마 색 6'을 선택한다.

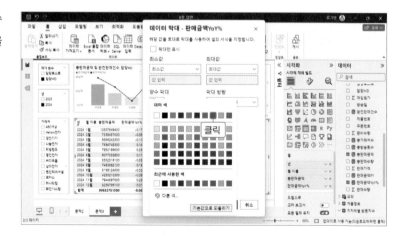

12 [음수 막대]의 색을 클릭한 후 [다른 색]을 선택하고 창이 열리면 [헥스]에 '#FF0000'을 입력한 후 [확인]을 클릭한다.

13 테이블 개체의 크기를 적절히 조절한 후 '2-③' 위치에 배치한다.

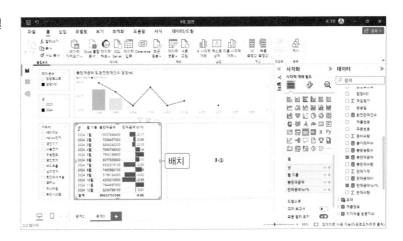

3. 다음 지시사항에 따라 계기 차트와 카드를 구현하시오 10점

① 다음 조건으로 '문제3' 페이지에 계기 차트를 구현하시오. 4점

▶ 활용 필드: 〈방송주문〉 테이블의 [총판매금액] 측정값

▶ 게이지 축 설정

  - 최대값: '천오백억(150,000,000,000)'

  - 대상: '천억(100,000,000,000)', 색상 '테마 색 5'

▶ 설명 값 제거

▶ 차트 제목: "매출계획대비 총판매금액"

  - 제목 서식: 글꼴 크기 '15'

▶ 계기 차트를 '3-①' 위치에 배치

---

01 새 개체를 추가하기 위해 보고서의 빈 공간을 클릭하여 개체가 선택된 상태를 해제한다.

02 [시각화] 창 – [시각적 개체 빌드]에서 [계기(◔)]를 선택한다.

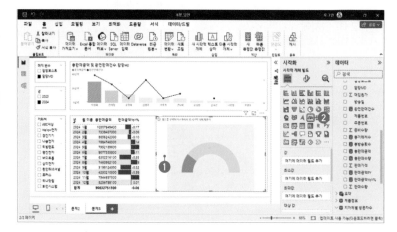

03 [데이터] 창에서 <방송주문> 테이블의 [총판매금액] 측정값을 [값] 영역으로 드래그하여 추가한다.

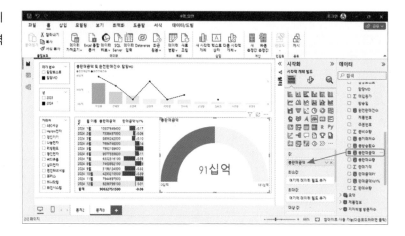

316

04 [시각화] 창 – [시각적 개체 서식 지정] – [시각적 개체] 탭 – [게이지 축]에서 [최대값]은 '150000000000', [대상]은 '100000000000'으로 입력한다.

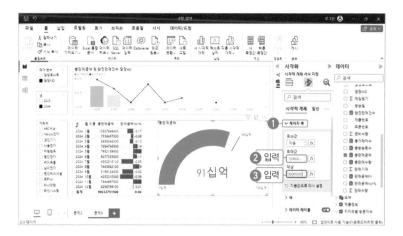

05 [시각적 개체] 탭 – [색] – [대상 색상]을 클릭하여 '테마 색 5'를 선택한다.

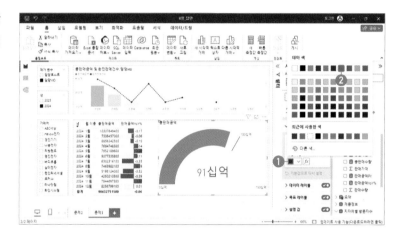

06 [시각적 개체] 탭에서 [설명 값] 옵션을 해제한다.

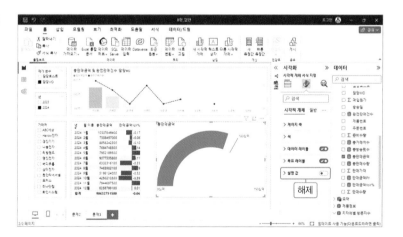

07 [일반] 탭 – [제목] – [제목]에서 [텍스트]에 '매출계획대비 총 판매금액'을 입력한다.

08 [글꼴 크기]를 '15'로 설정한다.

09 계기 차트의 크기를 적절히 조정하여 '3-①' 위치에 배치한다.

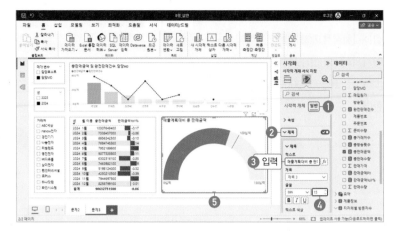

② 다음 조건으로 <방송주문> 테이블에 측정값을 추가하시오. **3점**

▶ 측정값 이름: [목표대비총판매비율%]

- 활용 필드: <방송주문> 테이블의 [총판매금액] 측정값
- 목표(대상) 대비 [총판매금액]의 비율 반환
- 사용 함수: DIVIDE
- 서식: '백분율', '소수점 아래 2자리까지' 표시

01 새 측정값을 작성하기 위해 [데이터] 창에서 <방송주문> 테이블을 선택한 후 [테이블 도구] 탭 – [계산] 그룹 – [새 측정값]을 선택한다.

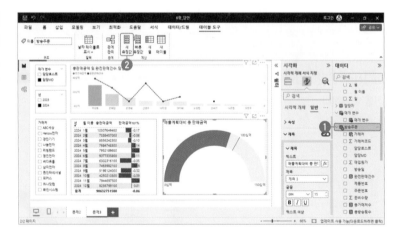

02 수식 입력줄에 수식을 작성하고 Enter 키를 누른다.

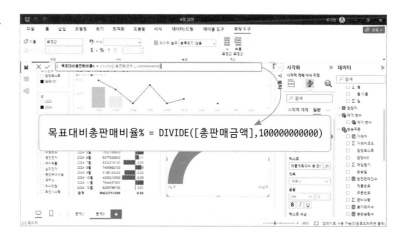

목표대비총판매비율% = DIVIDE([총판매금액],100000000000)

03 [측정 도구] 탭 – [서식] 그룹 – %(백분율)을 선택한다. 소수 자릿수가 '2'인 것을 확인한다.

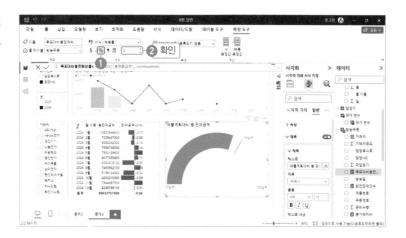

③ 다음 조건으로 '문제3' 페이지에 카드를 구현하시오. `3점`

▶ 활용 필드: 〈방송주문〉 테이블의 [목표대비총판매비율%] 측정값

▶ 설명 값 서식: 글꼴 크기 '28', 표시 단위 '없음'

▶ 범주 레이블 제거

▶ 카드를 그림과 같이 지정된 위치에 배치

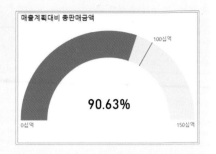

01 새 개체를 추가하기 위해 보고서의 빈 공간을 클릭하여 개체가 선택된 상태를 해제한다.

02 [시각화] 창 – [시각적 개체 빌드]에서 [카드(🎴)]를 선택한다.

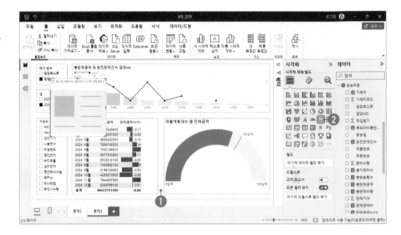

03 [데이터] 창에서 〈방송주문〉 테이블의 [목표대비총판매비율%] 측정값을 [필드] 영역으로 드래그하여 추가한다.

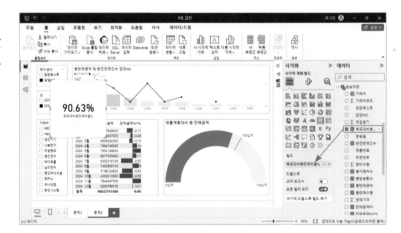

04 [시각화] 창 – [시각적 개체 서식 지정] – [시각적 개체] 탭 – [설명 값]에서 [글꼴 크기]는 '28'로 설정하고 [표시 단위]는 '없음'으로 선택한다.

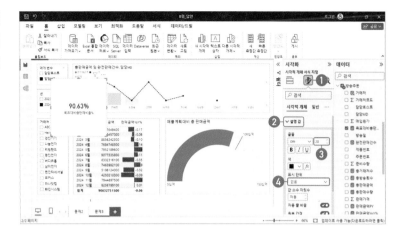

05 [범주 레이블] 옵션을 해제한다.

06 카드 차트의 크기를 적절히 조절하여 계기 차트 안쪽에 배치한다.

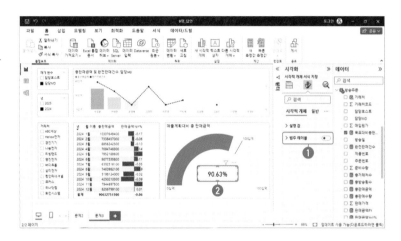

4. 다음 지시사항에 따라 페이지와 시각적 개체 간 상호 작용 기능을 설정하시오. `10점`

① 다음 조건으로 '문제3' 페이지에 단추를 구현하시오. `4점`

▶ 종류: '뒤로'

▶ 두께: '2px'

▶ 가로 맞춤: '오른쪽'

▶ 작업 유형: '페이지 탐색', 대상 '문제2'

▶ 단추를 그림과 같이 지정된 위치(4-①)에 배치

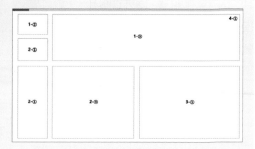

01 단추를 작성하기 위해 [삽입] 탭 – [요소] 그룹 – [단추]를 클릭한 후 [뒤로]를 선택한다.

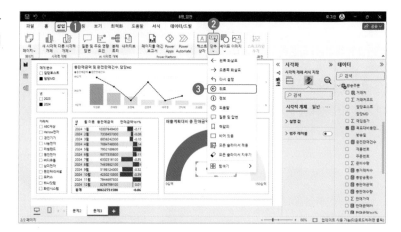

02 단추의 스타일을 변경하기 위해 단추를 선택한 상태에서 [서식] 창 – [Button] 탭 – [스타일] – [아이콘]에서 [두께]를 '2'로 설정하고, [가로 맞춤]을 '오른쪽'으로 선택한다.

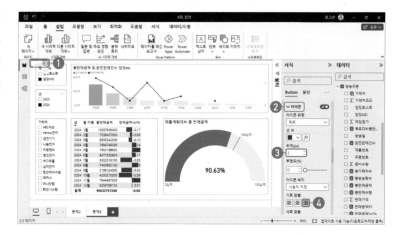

03 [Button] 탭 – [작업] – [작업]에서 [유형]을 '페이지 탐색'으로 선택하고, [대상]은 '문제2'로 선택한다.

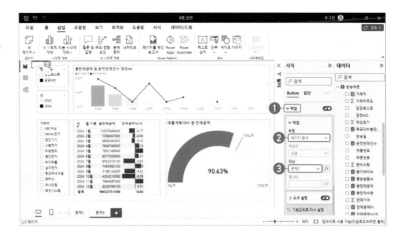

04 단추의 크기를 적절히 조절한 후 '4-①' 위치에 배치한다.

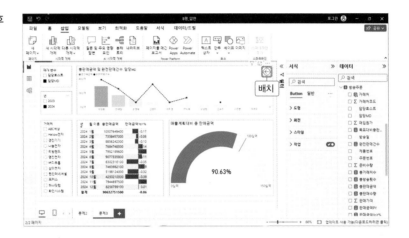

② 다음과 같이 시각적 개체의 상호 작용을 설정하시오. 3점

▶ [년] 슬라이서: [거래처] 슬라이서와 상호 작용 '없음'

▶ 테이블 차트: 계기 차트, 카드와 상호 작용 '없음'

③ 다음과 같이 시각적 개체의 상호 작용을 설정하시오. 3점

▶ [거래처] 슬라이서: 꺾은선형 및 묶은 세로 막대형 차트, 계기 차트, 카드와 상호 작용 '없음'

01 슬라이서와 개체에 상호작용을 적용하기 위해 [년] 슬라이서를 선택하고 [서식] 탭 – [상호 작용] 그룹 – [상호 작용 편집]을 클릭한다.

02 상호 작용 편집 기능이 실행되면 [거래처] 슬라이서의 ⊘(없음)을 클릭한다.

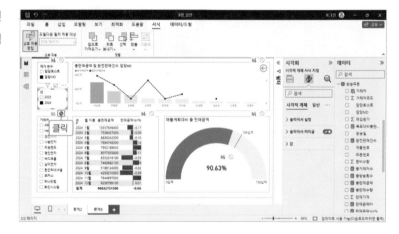

03 이번에는 [테이블] 차트를 선택하고 [계기] 차트와 [카드] 개체의 ◎(없음)을 클릭한다.

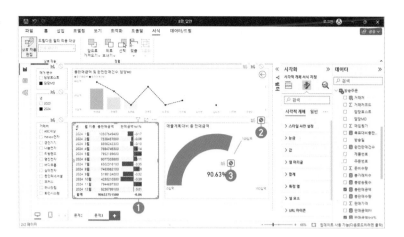

04 [거래처] 슬라이서를 선택하고 [계기] 차트와 [카드] 개체의 ◎(없음)을 클릭한다.

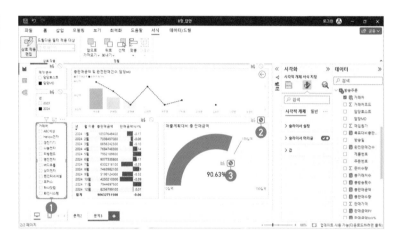

05 [서식] 탭 – [상호 작용] 그룹 – [상호 작용 편집]을 클릭하여 편집을 마친다.

06 [저장]을 클릭하여 답안을 완성한다.

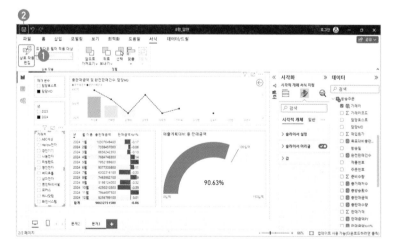

교육은 우리 자신의 무지를 점차 발견해 가는 과정이다.

– 월 듀란트 –

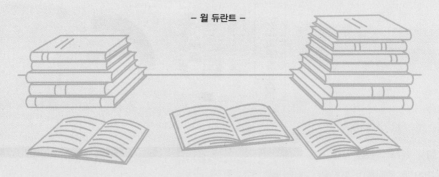

03

출제예상문제

데이터 및 문제 안내

1. 수험자가 작성할 답안파일은 1개입니다. 문제1, 문제2, 문제3의 답을 하나의 답안파일(.pbix)로 저장하십시오.

2. 문제1, 문제2, 문제3은 각각 독립적으로 구성되어 있어 앞 문제를 풀지 않아도 다음 문제 풀이가 가능합니다.

3. 문제1은 데이터 불러오기를 통해 문제를 풀이하고, 문제2와 문제3은 답안에 데이터가 포함되어 있어 바로 문제 풀이를 진행하십시오.

    - 데이터 파일은 문제1을 위한 데이터 파일과 문제2,3을 위한 데이터 파일로 구성되어 있습니다.

4. 문제2와 문제3 풀이를 위해 필요한 일부 측정값, 필터가 답안파일에 미리 적용되어 있을 수 있습니다.

    - 문제에 제시된 완성 화면과 수험자가 작성한 개체의 색상이 다를 수 있습니다. 지시사항에 제시되지 않은 것은 변경하지 마십시오.

    - 사전에 적용된 필터 등이 삭제되지 않도록 '페이지 지우기' 기능을 절대 사용하지 마십시오.

5. 하위문제(①, ②, ③)별로 점수가 부여되며, 하위문제의 전체 지시사항(▶ 또는 – 표시된 지시사항)을 작업하지 않을 경우 점수가 부여되지 않습니다. ※부분 점수 없음

6. 본 시험에서 사용되는 데이터 파일 수와 데이터명은 아래와 같습니다.
    - [문제1] 데이터 파일수 : 1개 / '인구현황 및 주택매매지수.xlsx'

파일명	인구현황 및 주택매매지수.xlsx			
테이블	구조			
2022년	시점	자치구	남자	여자
	2022년01월	종로구	69911	74364
2023년	시점	자치구	남자	여자
2024년	시점	자치구	남자	여자
	2022년01월	종로구	67228	72270
65세이상_노령인구	자치구	22년1월	23년1월	24년1월
	강남구	78575	83097	88662
주택매매지수	시점	자치구	종합	아파트
	2022년	종로구	102.8	103.7
날짜	날짜	연도		
	2022-01-01	2022		

파일명	쇼핑몰_판매데이터.xlsx						
테이블	구조						
쇼핑몰_판매데이터	판매일	카테고리	시간대	지역	성별	연령대	판매수량	판매금액

	판매일	카테고리	시간대	지역	성별	연령대	판매수량	판매금액
쇼핑몰_판매데이터	2023-01-01	식품	06-11시	인천	여	60대이상	124	27,085,696

	Date	연도	분기	월(한글)	월No
Calendar	2023-01-01	2023	1분기	1월	1

파일 C:\PB\Part 3\예상문제1\폴더의 데이터 사용

문제 01 작업 준비 30점

계산식 작성에 사용되는 문자열은 쌍따옴표(" ")를 사용하여 작성하시오.

1 다음 지시사항에 따라 데이터 가져오기 및 파워 쿼리 편집기를 활용한 데이터 편집을 수행하시오. 10점

① 데이터 파일을 가져온 후 데이터를 편집하시오. 3점
  ▶ 가져올 데이터: '인구현황 및 주택매매지수.xlsx' 파일의 〈2022년〉, 〈2023년〉, 〈2024년〉 테이블
  ▶ 〈2022년〉 테이블 [시점] 필드의 '-'을 "2022년01월"로 바꾸기

② <2022년>, <2023년>, <2024년> 테이블을 활용하여 추가 쿼리를 수행하시오. 4점
  ▶ 〈2022년〉, 〈2023년〉, 〈2024년〉 세 개의 테이블의 데이터가 추가된 새 쿼리 생성
  ▶ [시점] 필드의 데이터 형식: 날짜
  ▶ 쿼리 이름: 〈자치구별인구수〉
  ▶ 〈2022년〉, 〈2023년〉, 〈2024년〉 테이블의 로드 사용 해제

③ <자치구별인구수> 테이블에 사용자 지정 열을 추가하시오. 3점
  ▶ [남자]+[여자] 수식이 계산된 "인구수" 사용자 지정 열 추가
  ▶ [인구수] 열의 데이터 형식 설정: 정수

2 파워 쿼리 편집기를 통해 데이터 변환, 쿼리 병합, 그룹화 작업을 수행하시오. `10점`

① <65세이상_노령인구> 테이블의 데이터를 편집하시오. `4점`

  ▶ 첫 행을 머리글로 설정

  ▶ [22년1월], [23년1월], [24년1월] 필드를 열 피벗 해제

  ▶ 필드 이름 변경: [특성] → [시점], [값] → [노령인구(65세이상)]

  ▶ 데이터 형식 변경: [시점] 필드 '날짜'

② <자치구별인구수> 테이블에 <65세이상_노령인구> 테이블을 병합하시오. `3점`

  ▶ [시점], [자치구]가 같은 경우 〈65세이상_노령인구〉 테이블의 [노령인구(65세이상)] 필드 추가

  ▶ 조인 종류: '내부(일치하는 행만)'

  ▶ '원래 열 이름을 접두사로 사용' 해제

  ▶ 〈65세이상_노령인구〉 테이블의 로드 사용 해제

③ <자치구별인구수> 테이블에서 [자치구]별 [인구수] 평균을 집계하는 그룹화 작업을 수행하시오. `3점`

  ▶ [자치구] 필드를 기준으로 [인구수] 열의 평균을 계산하는 그룹화 작업 수행

    - 새 열 이름: 인구수(3년평균)

3 다음 지시사항에 따라 관계를 설정하고 계산 열 및 측정값을 추가하시오. `10점`

① <주택매매지수> 테이블과 <날짜> 테이블 간에 관계를 설정하시오. `3점`

  ▶ 활용 필드: 〈주택매매지수〉 테이블의 [시점], 〈날짜〉 테이블의 [날짜]

  ▶ 기준(시작) 테이블: 〈주택매매지수〉 테이블

  ▶ 카디널리티: '다대일(*:1)'

  ▶ 크로스 필터 방향: '단일'

② 다음 조건으로 <주택매매지수> 테이블에 계산 열을 추가하시오. `4점`

  ▶ 계산 열 이름: [강남3구]

    - 활용 필드: <주택매매지수> 테이블의 [자치구] 필드

    - 사용 함수 및 연산자: BLANK, IF, IN

    - <주택매매지수> 테이블의 <자치구>가 '강남구', '서초구', '송파구'이면 'O' 아니면 공백 반환

③ 측정값을 관리할 테이블을 생성한 후 해당 테이블에 측정값을 작성하시오. `3점`

  ▶ [데이터 입력] 명령을 사용하여 테이블 이름이 "_측정값"인 테이블 생성

  ▶ 측정값 이름: [전년대비증감율]

   - 활용 필드: <날짜> 테이블의 [날짜] 필드, <주택매매지수> 테이블의 [아파트매매지수] 측정값

   - [아파트매매지수] 측정값에 대한 전년 대비 증감율 계산

     ([아파트매매지수] / 전년도 [아파트매매지수]) -1

   - 사용 함수: CALCULATE, DIVIDE, DATEADD

   - 서식: 백분율(%), '소수점 아래 1자리까지' 표시

  ▶ 측정값 이름: [2024년강남구아파트_평균매매지수]

   - 활용 필드: <날짜> 테이블의 [연도], <주택매매지수> 테이블의 [아파트] 필드

   - [연도]가 2024년이고, [자치구]가 "강남구"인 [아파트] 필드의 평균

   - 사용 함수: CALCULATE, AVERAGE

   - 서식: '10진수', '소수점 아래 1자리까지' 표시

<시각화 완성화면> 각 세부문제 풀이 후 '문제2' 페이지에 아래와 같이 개체를 배치하시오.

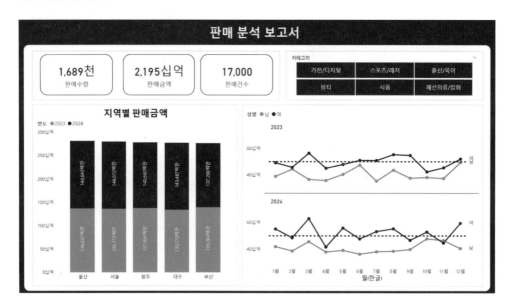

계산식 작성에 사용되는 문자열은 쌍따옴표(" ")를 사용하여 작성하시오.

1 '문제2', '문제3' 페이지의 전체 서식을 설정하시오. 5점

① 보고서 전체의 테마를 설정하고 적용된 테마를 사용자 지정하시오. 3점

▶ 보고서 테마: '접근성 높은 도시 공원'

▶ 테마 사용자 지정

- 텍스트 – 카드 및 KPI – 글꼴 크기: 24pt

- 필터 창 – 필터 창 – 배경색: #D2E7DC

② '문제2'와 '문제3' 페이지의 캔버스 배경을 설정하시오. 2점

▶ 배경 이미지

- '문제2' 페이지: '문제2_배경.png'

- '문제3' 페이지: '문제3_배경.png'

▶ 캔버스 배경 설정

- 이미지 맞춤: '맞춤'

- 투명도: '0%'

2 다음 지시사항에 따라 카드와 슬라이서를 구현하시오. `5점`

① 다음 조건으로 '문제2' 페이지에 카드를 구현하시오. `3점`
- ▶ 활용 필드, 집계 함수 및 시각적 개체 이름
  - <쇼핑몰_판매데이터> 테이블의 [판매수량], [판매금액] 필드
  - 요약 옵션: [판매수량] 합계, [판매금액] 합계, [판매금액] 개수
  - 시각적 개체의 이름 바꾸기: 판매수량, 판매금액, 판매건수
- ▶ 표시 단위 및 값 소수 자릿수
  - 표시 단위: [판매수량] '천', [판매금액] '십억', [판매건수] '없음'
  - 값 소수 자릿수: [판매건수] '0'
- ▶ 시각적 테두리: 둥근 모서리(px) '20'
- ▶ 카드를 '2-①' 위치에 배치
② 다음 조건으로 '문제2' 페이지에 슬라이서를 구현하시오. `2점`
- ▶ 활용 필드: 〈쇼핑몰_판매데이터〉 테이블의 [카테고리] 필드
- ▶ 슬라이서 스타일: '타일'
- ▶ 값의 글꼴 크기 및 글꼴 색: '11', 글꼴 색 '흰색'
- ▶ 값의 배경색: '테마 색 8'
- ▶ 슬라이서를 '2-②' 위치에 배치

3 다음 지시사항에 따라 누적 세로 막대형 차트를 구현하시오. `10점`

① 다음 조건으로 '문제2' 페이지에 누적 세로 막대형 차트를 구현하시오. `3점`
- ▶ 활용 필드
  - <쇼핑몰_판매데이터> 테이블의 [지역], [연도] 필드, [판매금액합계] 측정값
- ▶ 도구 설명에 [판매수량합계] 측정값이 표시되도록 추가
- ▶ 누적 세로 막대형 차트를 '3-①' 위치에 배치
② 다음과 같이 누적 세로 막대형 차트의 각 요소에 대한 서식을 지정하시오. `4점`
- ▶ 차트 제목: "지역별 판매금액"
  - 제목 서식: 글꼴 크기 '18', '굵게', '가운데 맞춤'
- ▶ X축: 축 제목 제거
- ▶ Y축: 축 제목 제거
- ▶ 데이터 레이블: 방향 '세로', 위치 '안쪽 가운데', 값의 표시 단위 '백만'
③ [판매금액합계]를 기준으로 상위 5개의 [지역]만 표시되도록 필터를 적용하시오. `3점`

4 다음 지시사항에 따라 꺾은선형 차트를 구현하시오. 10점

① 다음 조건으로 '문제2' 페이지에 꺾은선형 차트를 구현하시오. 4점

  ▶ 활용 필드

    - <Calendar> 테이블의 [월(한글)], [연도] 필드

    - <쇼핑몰_판매데이터> 테이블의 [성별] 필드, [판매금액합계] 측정값

  ▶ 꺾은선형 차트를 '4–①' 위치에 배치

② 다음과 같이 꺾은선형 차트의 각 요소에 대한 서식을 지정하시오. 3점

  ▶ 차트 제목: 설정 해제

  ▶ Y축: 제목 제거

  ▶ 축소 다중 항목: 행 '2', 열 '1'

  ▶ 표식: 설정

  ▶ 계열 레이블: 설정

③ 꺾은선형 차트 Y축의 500억 지점에 상수 선을 표시하시오. 3점

  ▶ 상수선 이름: "목표판매액"

  ▶ 값: 50000000000(5백억)

  ▶ 색: 테마 색 4

  ▶ 투명도: 0

복합요소 구현 40점

<시각화 완성화면> 각 세부문제 풀이 후 '문제3' 페이지에 아래와 같이 개체를 배치하시오.

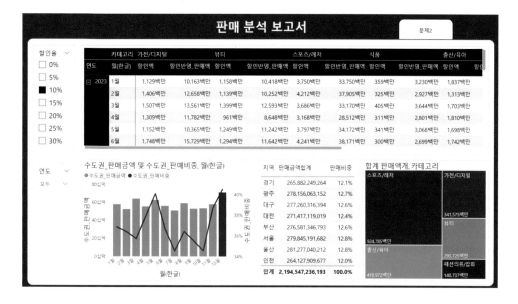

계산식 작성에 사용되는 문자열은 쌍따옴표(" ")를 사용하여 작성하시오.

1 다음 지시사항에 따라 행렬 차트를 구현하시오. 10점

① 다음 조건으로 매개 변수를 추가하고 '문제3' 페이지에 슬라이서를 구현하시오. 3점

▶ 숫자 범위 매개 변수 추가

- 이름: 할인율, 데이터 형식: 10진수, 최소값: 0, 최대값: 0.3, 증가: 0.05, 기본값: 0.1

- 이 페이지에 슬라이서 추가 옵션 설정

- 매개 변수 필드 서식 변경: 백분율(%), 소수 자릿수 0

- 매개 변수 측정값 이름 변경: [값 할인율] → [할인율_변수]

▶ 슬라이서 스타일: 스타일 '세로 목록'

▶ 값: 글꼴 크기 '14'

▶ 슬라이서 값: '10%' 필터 적용

▶ 슬라이서를 '1-①' 위치에 배치

② 다음 조건으로 <할인율> 테이블에 측정값을 추가하시오. [3점]

- ▶ 측정값 이름: [할인액]
  - 활용 필드: <쇼핑몰_판매데이터> 테이블의 [판매금액], <할인율> 테이블의 [할인율_변수] 측정값
  - 판매금액 합계 * 할인율_변수
  - 사용 함수: SUM
  - 서식: 정수, 천 단위 구분 기호(,) 적용
- ▶ 측정값 이름: [할인반영_판매액]
  - 활용 필드: <쇼핑몰_판매데이터> 테이블의 [판매금액합계], <할인율> 테이블의 [할인액] 측정값
  - 판매금액합계 – 할인액
  - 서식: 정수, 천 단위 구분 기호(,) 적용

③ 다음 조건으로 '문제3' 페이지에 행렬 차트를 구현하시오. [4점]

- ▶ 활용 필드
  - <Calendar> 테이블의 [연도], [월(한글)] 필드, <쇼핑몰_판매데이터> 테이블의 [카테고리] 필드,
    <할인율> 테이블의 [할인액], [할인반영_판매액] 측정값
- ▶ 계층 구조의 마지막 수준(월(한글))까지 확장, 서로 다른 열로 모든 행을 나열
- ▶ 스타일 사전 설정: 대체 행
- ▶ 눈금: 행 안쪽 여백 '5', 전역 글꼴 크기 '11'
- ▶ [할인액], [할인반영_판매액] 필드 값의 표시 단위: 백만
- ▶ [월(한글)] 필드의 정렬 기준을 [월No] 필드로 설정
  - [월(한글)] 필드의 데이터가 '1월, 2월, 3월, ..., 12월' 순서로 나열되어야 함
- ▶ 행렬 차트를 '1–③' 위치에 배치

2 다음 지시사항에 따라 슬라이서와 꺾은선형 및 묶은 세로 막대형 차트를 구현하시오. [10점]

① 다음 조건으로 '문제3' 페이지에 슬라이서를 구현하시오. [3점]

- ▶ 활용 필드: ⟨Calendar⟩ 테이블 [연도] 필드
- ▶ 슬라이서 스타일: '드롭다운'
- ▶ 슬라이서를 '2–①'에 배치

② 다음 조건으로 <쇼핑몰_판매데이터> 테이블에 측정값을 추가하시오. 3점

▶ 측정값 이름: [수도권_판매금액]

- 활용 필드

• <쇼핑몰_판매분석> 테이블의 [판매금액], [지역] 필드

- [지역]이 "서울" 또는 "경기" 또는 "인천"인 데이터의 [판매금액] 합계 계산

- 사용 함수: CALCULATE, SUM

- 서식: '정수', 천 단위 구분 기호(,) 적용

▶ 측정값 이름: [수도권_판매비중]

- 활용 필드: <쇼핑몰_판매데이터> 테이블의 [수도권_판매금액], [판매금액합계] 측정값

- [수도권_판매금액] / [판매금액합계]

- 사용 함수: DIVIDE

- 서식: 백분율(%), '소수점 아래 1자리까지' 표시

③ 다음 조건으로 '문제3' 페이지에 꺾은선형 및 묶은 세로 막대형 차트를 구현하시오. 4점

▶ 활용 필드

- <Calendar> 테이블의 [월(한글)] 필드

- <쇼핑몰_판매데이터> 테이블의 [수도권_판매금액], [수도권_판매비중] 측정값

▶ 조건부 서식 적용

- [수도권_판매금액]이 700억 이상이면 [열] 색을 '테마 색 2'로 지정

▶ 꺾은선형 및 묶은 세로 막대형 차트를 '2-③' 위치에 배치

3 다음 지시사항에 따라 테이블과 트리맵 차트를 구현하시오. `10점`

① 다음 조건으로 <쇼핑몰_판매데이터> 테이블에 측정값을 추가한 후 '문제3' 페이지에 테이블 차트를 구현하시오. `4점`

  ▶ 측정값 작성

    - 이름: [판매비중]

    - 활용 필드: <쇼핑몰_판매데이터> 테이블의 [지역] 필드, [매출금액합계] 측정값

    - 작성 수식:

      • [지역]별 [판매금액합계]의 비율 계산

      • [판매금액합계] / 테이블 차트에 추가된 [지역] 필터를 제거한 [판매금액합계]

    - 사용 함수: ALL, CALCULATE, DIVIDE

    - 서식: '백분율(%)', '소수점 아래 1자리까지' 표시

  ▶ 테이블 차트 작성

    - 활용 필드: <쇼핑몰_판매데이터> 테이블의 [지역] 필드, [판매금액합계], [판매비중] 측정값

  ▶ 눈금: 행 안쪽 여백 '4', 전역 글꼴 크기 '11'

  ▶ 테이블 차트를 '3-①' 위치에 배치

② 다음 조건으로 수식을 작성하여 새 테이블을 추가하시오. `3점`

  ▶ 테이블 이름: 〈Top5_카테고리〉

    - 활용 필드: <쇼핑몰_판매데이터> 테이블의 [카테고리] 필드, <판매금액합계> 측정값

    - 작성 수식:

      • SUMMARIZE 함수를 사용하여 <쇼핑몰_판매데이터> 테이블의 [카테고리] 필드를 기준으로 "판매액" 열 이름에 [판매금액합계]가 계산된 테이블 반환

      • SUMMARIZE 함수로 생성된 테이블을 인수로 사용하여 TOPN 함수로 [판매금액합계] 상위 5개의 데이터를 가지는 테이블 생성

③ 다음 조건으로 '문제3' 페이지에 트리맵 차트를 구현하시오. `3점`

  ▶ 활용 필드: 〈Top5_카테고리〉 테이블의 [카테고리], [판매액] 필드

  ▶ 색: 스포츠/레저 '테마 색 8'

  ▶ 데이터 레이블: 표시 단위 '백만'

  ▶ 〈Top5_카테고리〉 테이블의 [판매액] 필드 서식: 천 단위 구분 기호(,) 적용

  ▶ 트리맵 차트를 '3-③' 위치에 배치

4 **다음 지시사항에 따라 페이지와 시각적 개체 간 상호 작용 기능을 설정하시오.** `10점`

① 다음 조건으로 '문제3' 페이지에 단추를 구현하시오. `4점`

▶ 종류: '페이지 탐색기'

▶ 페이지 표시: '문제3'은 표시하지 않음

▶ 도형: '둥근 탭, 양쪽 위'

▶ 스타일: '가리키기' 상태일 때 [채우기] 색 '테마 색 7'

▶ 단추를 '4-①' 위치에 배치

② 다음과 같이 시각적 개체의 상호 작용을 설정하시오. `3점`

▶ [연도] 슬라이서: [할인율] 슬라이서, 행렬 차트와 상호 작용 '없음'

▶ 행렬 차트: 꺾은선형 및 묶은 세로 막대형 차트와 상호 작용 '없음'

③ 다음과 같이 [꺾은선형 및 묶은 세로 막대형] 차트에 필터를 설정하시오. `3점`

▶ 〈쇼핑몰_판매데이터〉 테이블의 [연령대]가 '30대', '40대', '50대'인 데이터만 표시

계산식 작성에 사용되는 문자열은 쌍따옴표(" ")를 사용하여 작성하시오.

1. 다음 지시사항에 따라 데이터 가져오기 및 파워 쿼리 편집기를 활용한 데이터 편집을 수행하시오. 10점

① 데이터 파일을 가져온 후 데이터를 편집하시오. 3점

▶ 가져올 데이터: '인구현황 및 주택매매지수.xlsx' 파일의 〈2022년〉, 〈2023년〉, 〈2024년〉 테이블

▶ 〈2022년〉 테이블 [시점] 필드의 '–'을 "2022년01월"로 바꾸기

소스 C:\PB\Part 3\예상문제1\   정답파일 예상문제_1회_정답.pbix

---

01 [예상문제1\예상문제_1회_답안.pbix] 파일을 더블클릭하여 연다.

02 Power BI Desktop에서 [홈] 탭 – [데이터] 그룹 – [Excel 통합 문서]를 클릭한다.

03 [예상문제1\문제1 데이터\인구현황 및 주택매매지수.xlsx] 파일을 더블클릭한다.

04 [탐색 창]이 나타나면 <2022년>, <2023년>, <2024년>의 체크박스에 체크한 후 [로드]를 클릭한다.

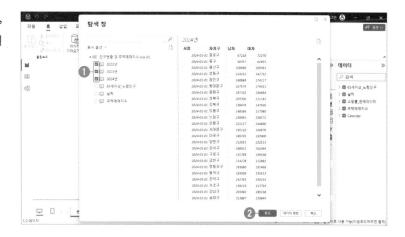

05 [테이블 뷰(▦)]를 클릭한 후 [데이터] 창에서 로드된 테이블을 확인한다.

TIP

실제 시험에서는 시간이 소요될 수 있으므로 데이터를 확인하는 단계는 거치지 않아도 된다.

06 데이터 전처리를 수행하기 위해 [홈] 탭 – [쿼리] 그룹 – [데이터 변환]을 클릭하여 파워 쿼리 편집기를 실행한다.

07 파워 쿼리 편집기의 [쿼리] 창에서 <2022년> 테이블을 선택하고 [시점] 필드명에서 마우스 오른쪽 버튼을 클릭한 후 [값 바꾸기]를 선택한다.

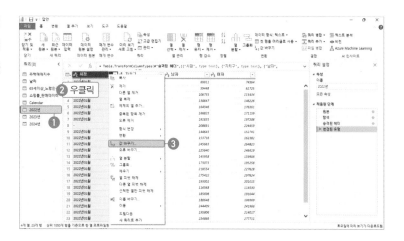

08 [값 바꾸기] 창이 나타나면 [찾을 값]에 '-', [바꿀 항목]에 '2022년01월'을 입력하고 [확인]을 클릭한다.

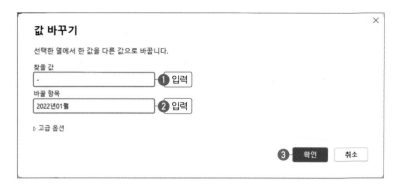

② ⟨2022년⟩, ⟨2023년⟩, ⟨2024년⟩ 테이블을 활용하여 추가 쿼리를 수행하시오. **4점**

▶ ⟨2022년⟩, ⟨2023년⟩, ⟨2024년⟩ 세 개의 테이블의 데이터가 추가된 새 쿼리 생성

▶ [시점] 필드의 데이터 형식: 날짜

▶ 쿼리 이름: ⟨자치구별인구수⟩

▶ ⟨2022년⟩, ⟨2023년⟩, ⟨2024년⟩ 테이블의 로드 사용 해제

01 [쿼리] 창에서 ⟨2022년⟩ 테이블을 선택한 후 [홈] 탭 – [결합] 그룹 – [쿼리 추가]의 ▪를 클릭한 후 [쿼리를 새 항목으로 추가]를 선택한다.

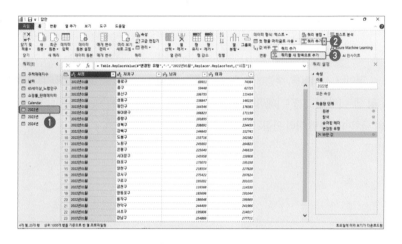

02 [추가] 창이 나타나면 [3개 이상의 테이블] 옵션을 선택한 후 [사용 가능한 테이블] 목록에서 ⟨2023년⟩, ⟨2024년⟩을 더블클릭하여 [추가할 테이블]에 추가한 후 [확인]을 클릭한다.

TIP

Ctrl +클릭 또는 Shift +클릭을 사용하여 여러 항목을 선택한 후 창 중앙의 [추가 >>] 버튼을 클릭해도 된다.

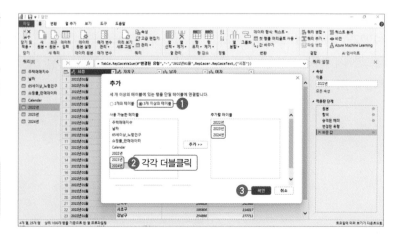

03 새 쿼리가 생성된 것을 확인한 후 [시점] 필드명 왼쪽의 ABC를 클릭하고 [날짜] 데이터 형식을 선택한다.

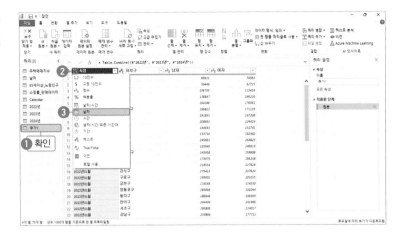

04 [쿼리 설정] 창의 [이름]에 '자치구별인구수'를 입력하고 Enter 키를 누른다.

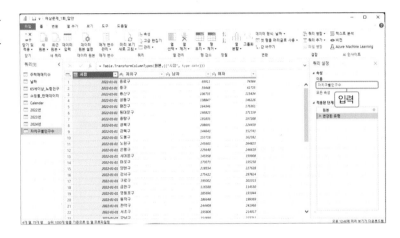

05 [쿼리] 창에서 <2022년>을 마우스 오른쪽 버튼으로 클릭한 후 [로드 사용]을 클릭하여 해제한다.

06 [가능한 데이터 손실 경고] 창이 나타나면 [계속]을 클릭한다.

07 같은 방법으로 <2023년>, <2024년> 테이블도 [로드 사용]을 해제한다.

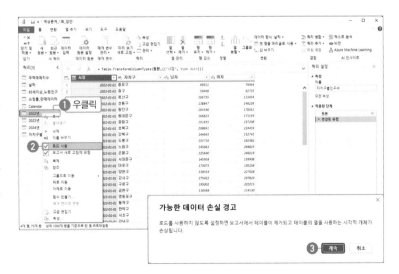

③ <자치구별인구수> 테이블에 사용자 지정 열을 추가하시오. 3점

▶ [남자]+[여자] 수식이 계산된 "인구수" 사용자 지정 열 추가

▶ [인구수] 열의 데이터 형식 설정: 정수

01 [쿼리] 창에서 <자치구별인구수> 테이블을 선택한 후 [열 추가] 탭 – [일반] 그룹 – [사용자 지정 열]을 클릭한다.

02 [사용자 지정 열] 창이 나타나면 [새 열 이름]에 '인구수'를 입력한다.

03 [사용자 지정 열 수식]을 클릭한 후 [사용 가능한 열]에서 [남자]를 더블클릭하여 열을 추가하고 '+'를 입력한 다음 [여자]를 더블클릭하여 수식 작성이 마무리되면 [확인]을 클릭한다.

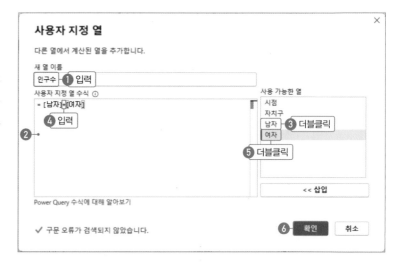

04 [인구수] 필드명의 123를 클릭한 후 [정수]를 선택하여 데이터 형식을 '정수'로 설정한다.

2. 파워 쿼리 편집기를 통해 데이터 변환, 쿼리 병합, 그룹화 작업을 수행하시오. `10점`

① <65세이상_노령인구> 테이블의 데이터를 편집하시오. `4점`

▶ 첫 행을 머리글로 설정

▶ [22년1월], [23년1월], [24년1월] 필드를 열 피벗 해제

▶ 필드 이름 변경: [특성] → [시점], [값] → [노령인구(65세이상)]

▶ 데이터 형식 변경: [시점] 필드 '날짜'

---

01 [쿼리] 창에서 <65세이상_노령인구> 테이블을 선택한다.

02 첫 행을 머리글로 설정하기 위해 [홈] 탭 – [변환] 그룹 – [첫 행을 머리글로 사용]을 클릭한다.

03 [2022년1월] 필드명을 클릭하고 Shift 키를 누른 채 [2024년1월] 필드명을 클릭한 후 선택된 필드명 중 임의의 위치에서 마우스 오른쪽 버튼을 클릭한 다음 [열 피벗 해제]를 선택한다.

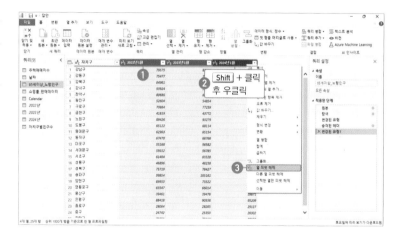

04 [특성] 필드와 [값] 필드를 각각 더블클릭한 후 '시점', '노령인구(65세이상)'을 입력하고 Enter 키를 누른다.

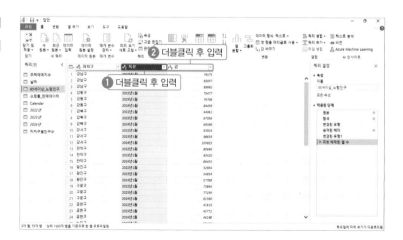

05 [시점] 필드명의 [AℂC]을 클릭한 후 [날짜] 데이터 형식을 선택한다.

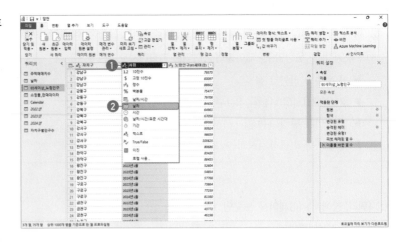

---

② <자치구별인구수> 테이블에 <65세이상_노령인구> 테이블을 병합하시오. 3점

▶ [시점], [자치구]가 같은 경우 〈65세이상_노령인구〉 테이블의 [노령인구(65세이상)] 필드 추가

▶ 조인 종류: '내부(일치하는 행만)'

▶ '원래 열 이름을 접두사로 사용' 해제

▶ 〈65세이상_노령인구〉 테이블의 로드 사용 해제

---

01 [쿼리] 창에서 <자치구별인구수> 테이블을 선택한다.

02 [홈] 탭 – [결합] 그룹 – [쿼리 병합]의 [▾]를 클릭한 후 [쿼리 병합]을 선택한다.

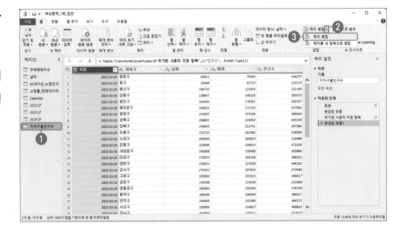

346

03 [병합] 창이 나타나면 두 번째 목록을 클릭하여 <65세이상_노령인구> 테이블을 선택한다.

04 <자치구별인구수> 테이블의 [시점] 필드를 클릭하고 Ctrl 키를 누른 채 [자치구] 필드를 클릭한다.

05 <65세이상_노령인구> 테이블의 [시점] 필드를 클릭하고 Ctrl 키를 누른 채 [자치구] 필드를 클릭한다.

06 [조인 종류]는 '내부(일치하는 행만)'을 선택하고 [확인]을 클릭한다.

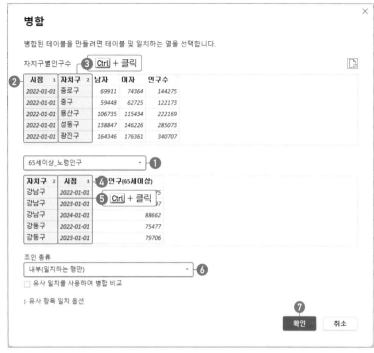

07 테이블 오른쪽 끝에 추가된 [65세이상_노령인구] 필드명의 🔽을 클릭한 후 [자치구], [시점], [원래 열 이름을 접두사로 사용]의 체크를 해제하여 [노령인구(65세이상)] 필드만 남기고 [확인]을 클릭한다.

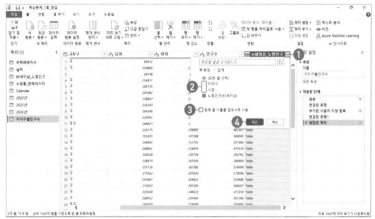

08 [쿼리] 창의 <65세이상_노령인구>에서 마우스 오른쪽 버튼으로 클릭한 후 [로드 사용]을 클릭하여 해제한다.

09 [가능한 데이터 손실 경고] 창이 나타나면 [계속]을 클릭한다.

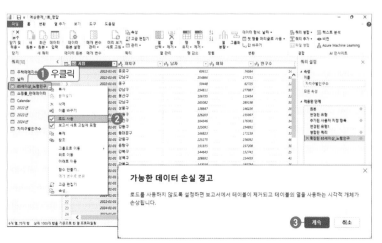

③ <자치구별인구수> 테이블에서 [자치구]별 [인구수] 평균을 집계하는 그룹화 작업을 수행하시오. 3점

▶ [자치구] 필드를 기준으로 [인구수] 열의 평균을 계산하는 그룹화 작업 수행
   - 새 열 이름: 인구수(3년평균)

01 [쿼리] 창에서 <자치구별인구수> 테이블을 선택한다.

02 [자치구] 필드명을 마우스 오른쪽 버튼으로 클릭하고 [그룹화]를 선택한다.

03 [그룹화] 창이 나타나면 [새 열 이름]에 '인구수(3년평균)'을 입력하고, [연산]에 '평균', [열]에 '인구수'를 설정한 후 [확인]을 클릭한다.

참고

[그룹화] 창의 [고급] 옵션을 설정하여 집계를 추가할 수도 있다.

04 [홈] 탭 – [닫기] 그룹 – [닫기 및 적용]을 클릭하여 파워 쿼리 편집기를 종료한다.

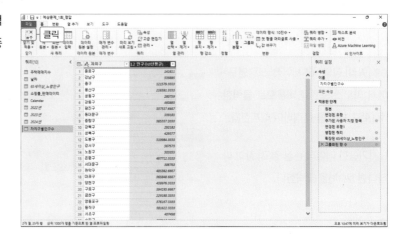

3. 다음 지시사항에 따라 관계를 설정하고 계산 열 및 측정값을 추가하시오. 10점

① <주택매매지수> 테이블과 <날짜> 테이블 간에 관계를 설정하시오. 3점

▶ 활용 필드: 〈주택매매지수〉 테이블의 [시점], 〈날짜〉 테이블의 [날짜]

▶ 기준(시작) 테이블: 〈주택매매지수〉 테이블

▶ 카디널리티: '다대일(*:1)'

▶ 크로스 필터 방향: '단일'

---

01 관계를 작성하기 위해 [모델 보기(圖)]를 클릭하여 화면을 이동한다.

02 [홈] 탭 – [관계] 그룹 – [관계 관리]를 클릭한다.

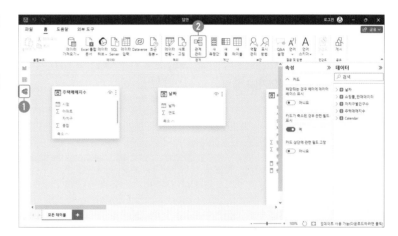

03 [관계 관리] 창이 나타나면 [새로 만들기]를 클릭한다.

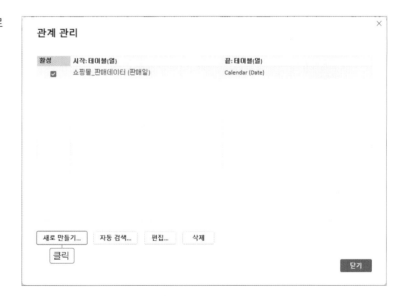

04 [관계 만들기] 창의 첫 번째 목록에서 <주택매매지수> 테이블을 선택하고 [시점] 필드를 클릭하여 선택한다.

05 두 번째 목록에서 <날짜> 테이블을 선택하고 [날짜] 필드를 클릭하여 선택한다.

06 [카디널리티]는 '다대일(*:1)', [크로스 필터 방향]에 '단일'이 지정되어 있는 것을 확인한 후 [확인]을 클릭한다.

07 [관계 관리] 창에서 [닫기]를 클릭한다.

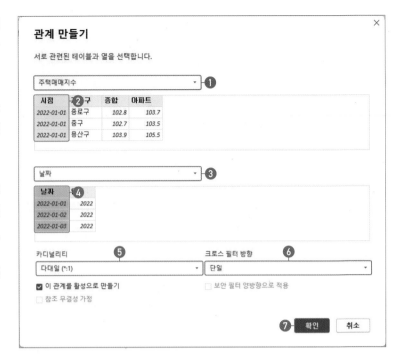

---

② 다음 조건으로 <주택매매지수> 테이블에 계산 열을 추가하시오. `4점`

▶ 계산 열 이름: [강남3구]
- 활용 필드: <주택매매지수> 테이블의 [자치구] 필드
- 사용 함수 및 연산자: BLANK, IF, IN
- <주택매매지수> 테이블의 <자치구>가 '강남구', '서초구', '송파구'이면 'O' 아니면 공백 반환

---

01 [테이블 뷰(▦)]를 클릭해 이동한다.

02 [데이터] 창에서 <주택매매지수> 테이블을 마우스 오른쪽 버튼으로 클릭하고 [새 열]을 선택한다.

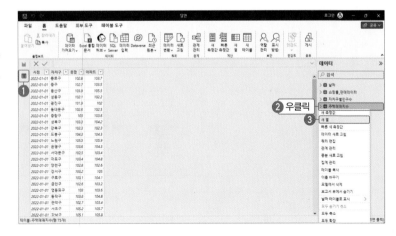

03 수식 입력줄에 다음 수식을 작성하고 Enter 키를 누른다.

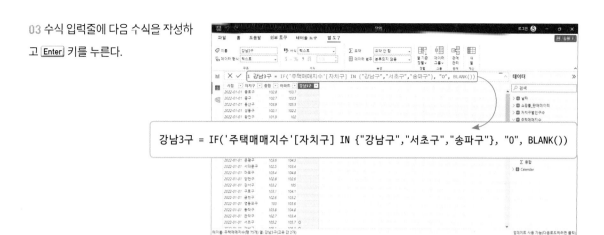

강남3구 = IF('주택매매지수'[자치구] IN {"강남구","서초구","송파구"}, "0", BLANK())

함수

① IF(<logical_test>, <value_if_true>, <value_if_false>)
IF 함수는 <logical_test>로 지정된 조건을 판단한 결과가 True이면 <value_if_true>, False이면 <value_if_false>)를 반환한다.

② BLANK()
공백을 반환한다.

③ IN 연산자
논리 연산자로 테이블과 비교되는 각 행 사이에 논리적 OR 조건을 만든다. 테이블 생성자 구문은 중괄호를 사용한다.

③ 측정값을 관리할 테이블을 생성한 후 해당 테이블에 측정값을 작성하시오. `3점`

▶ [데이터 입력] 명령을 사용하여 테이블 이름이 "_측정값"인 테이블 생성

▶ 측정값 이름: [전년대비증감율]
- 활용 필드: <날짜> 테이블의 [날짜] 필드, <주택매매지수> 테이블의 [아파트매매지수] 측정값
- [아파트매매지수] 측정값에 대한 전년 대비 증감율 계산
  ([아파트매매지수] / 전년도 [아파트매매지수]) -1
- 사용 함수: CALCULATE, DIVIDE, DATEADD
- 서식: 백분율(%), '소수점 아래 1자리까지' 표시

▶ 측정값 이름: [2024년강남구아파트_평균매매지수]
- 활용 필드: <날짜> 테이블의 [연도], <주택매매지수> 테이블의 [아파트] 필드
- [연도]가 2024년이고, [자치구]가 "강남구"인 [아파트] 필드의 평균
- 사용 함수: CALCULATE, AVERAGE
- 서식: '10진수', '소수점 아래 1자리까지' 표시

01 [데이터 입력] 명령을 사용하여 테이블을 생성하기 위해 [홈] 탭 – [데이터] 그룹 – [데이터 입력]을 선택한다.

02 [테이블 만들기] 창이 나타나면 [이름]에 '_측정값'을 입력하고 [로드]를 클릭한다.

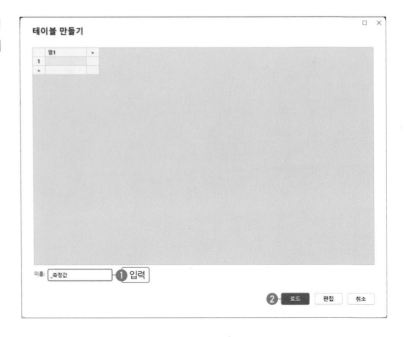

03 [데이터] 창에서 <_측정값> 테이블을 마우스 오른쪽 버튼으로 클릭한 후 [새 측정값]을 선택한다.

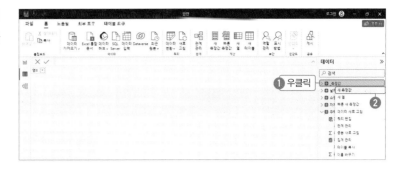

04 수식 입력줄에 수식을 작성하고 Enter 키를 누른다.

05 [측정 도구] 탭 – [서식] 그룹 – % (백분율) 서식을 클릭하고, 소수 자릿수를 '1'로 설정한다.

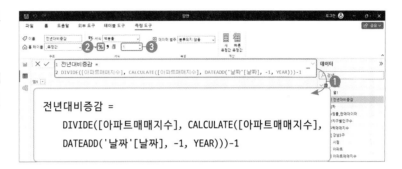

전년대비증감 =
DIVIDE([아파트매매지수], CALCULATE([아파트매매지수],
DATEADD('날짜'[날짜], -1, YEAR)))-1

06 [측정 도구] 탭 – [계산] 그룹 – [새 측정값]을 클릭한 후 수식을 작성하고 Enter 키를 누른다.

07 [측정 도구] 탭 – [서식] 그룹 – [서식]을 '10진수', 소수 자릿수를 '1'로 설정한다.

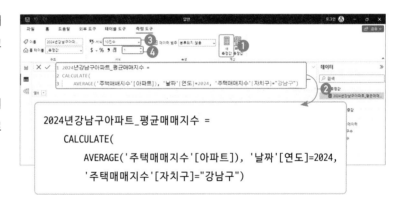

2024년강남구아파트_평균매매지수 =
CALCULATE(
AVERAGE('주택매매지수'[아파트]), '날짜'[연도]=2024,
'주택매매지수'[자치구]="강남구")

함수

① DIVIDE(<numerator>, <denominator>, [<alternateResult>])
분자를 분모로 나누고, 분모가 0인 경우 대체 결과(alternateResult)를 반환한다. <alternateResult> 인수를 지정하지 않으면 공백을 반환한다.

② CALCULATE(<expression>, [<filter1>], [<filter2>], …)
필터링된 데이터를 대상으로 식을 계산한다.

③ DATEADD(<dates>, <number_of_intervals>, <interval>)
현재 날짜에서 지정된 간격 수만큼 앞 또는 뒤로 이동한 날짜 열이 포함된 테이블을 반환한다.

④ AVERAGE(<column>)
열에 있는 모든 숫자의 평균을 반환한다.

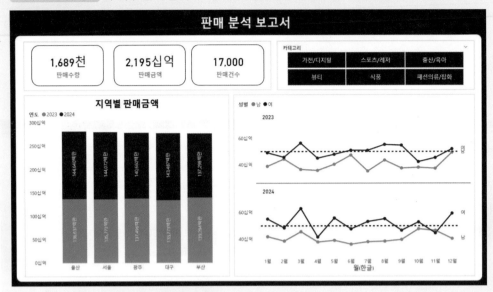

<시각화 완성화면> 각 세부 문제 풀이 후 '문제2' 페이지에 아래와 같이 개체를 배치하시오.

1. '문제2', '문제3' 페이지의 전체 서식을 설정하시오. 5점

① 보고서 전체의 테마를 설정하고 적용된 테마를 사용자 지정하시오. 3점

▶ 보고서 테마: '접근성 높은 도시 공원'

▶ 테마 사용자 지정
- 텍스트 – 카드 및 KPI – 글꼴 크기: 24pt
- 필터 창 – 필터 창 – 배경색: #D2E7DC

01 [보고서 보기(📊)]를 클릭하여 이동한다.

02 [보기] 탭 – [테마] 그룹의 ⋮를 클릭한 후 [접근성 높은 테마]의 [접근성 높은 도시 공원] 테마를 선택한다.

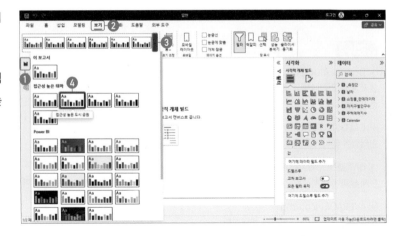

03 테마를 사용자 지정하기 위해 [보기] 탭 – [테마] 그룹의 ⋮를 클릭한 후 [현재 테마 사용자 지정]을 선택한다.

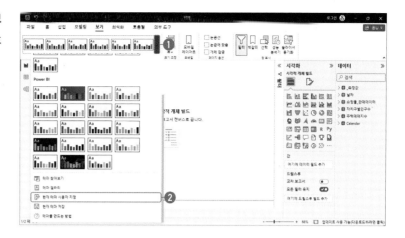

04 [테마 사용자 지정] 창이 나타나면 [텍스트] – [카드 및 KPI]에서 [글꼴 크기]를 '24'로 설정한다.

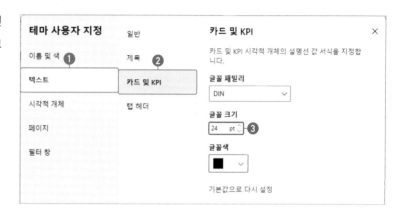

05 [필터 창] – [필터 창]에서 [배경색]을 클릭한 후 [헥스]에 '#D2E7DC'를 입력하고 [적용]을 클릭한다.

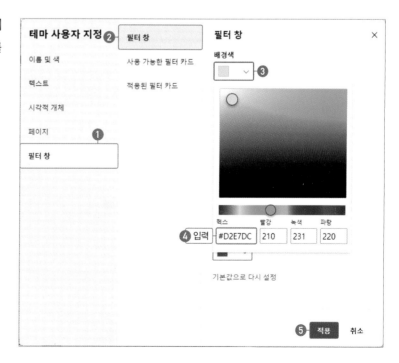

06 테마가 적용되어 [필터] 창의 색이 변경된 것을 확인한다.

TIP

시험에서는 테마가 적용되어도 화면에 변화가 없을 수 있다.

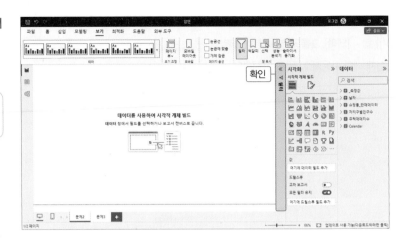

② '문제2'와 '문제3' 페이지의 캔버스 배경을 설정하시오. 2점

▶ 배경 이미지

- '문제2' 페이지: '문제2_배경.png'
- '문제3' 페이지: '문제3_배경.png'

▶ 캔버스 배경 설정

- 이미지 맞춤: '맞춤'
- 투명도: '0%'

01 [문제2] 페이지를 선택한다.

02 [시각화] 창 - [서식 페이지] – [캔버스 배경]에서 [찾아보기]를 클릭한다.

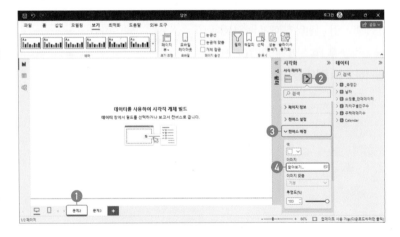

03 [예상문제1\문제2,3 배경\문제2_배경.png] 파일을 선택한 후 [열기]를 클릭한다.

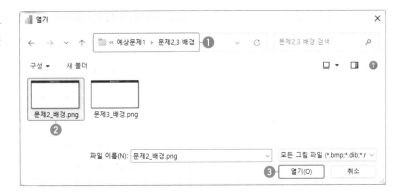

04 [이미지 맞춤]을 '맞춤', [투명도]를 '0'으로 설정한다.

05 [문제3] 페이지를 선택한 후 같은 방법으로 '문제3_배경.png' 파일을 불러와 배경 이미지를 설정한다.

2. 다음 지시사항에 따라 카드와 슬라이서를 구현하시오. 5점

① 다음 조건으로 '문제2' 페이지에 카드를 구현하시오. 3점

▶ 활용 필드, 집계 합수 및 시각적 개체 이름
- <쇼핑몰_판매데이터> 테이블의 [판매수량], [판매금액] 필드
- 요약 옵션: [판매수량] 합계, [판매금액] 합계, [판매금액] 개수
- 시각적 개체의 이름 바꾸기: 판매수량, 판매금액, 판매건수

▶ 표시 단위 및 값 소수 자릿수
- 표시 단위: [판매수량] '천', [판매금액] '십억', [판매건수] '없음'
- 값 소수 자릿수: [판매건수] '0'

▶ 시각적 테두리: 둥근 모서리(px) '20'

▶ 카드를 '2-①' 위치에 배치

01 [문제2] 페이지를 선택하고 [시각화] 창 – [시각적 개체 빌드]에서 [카드(▦)]를 선택한다.

02 [데이터] 창에서 <쇼핑몰_판매데이터> 테이블의 [판매수량] 필드를 [필드] 영역으로 드래그하여 추가한다.

03 [시각화] 창의 [필드] 영역에 추가된 필드를 더블클릭한 후 '판매수량'을 입력하고 Enter 키를 누른다.

04 [시각화] 창 – [시각적 개체 서식 지정] – [시각적 개체] 탭 – [설명 값]에서 [표시 단위]를 '천'으로 설정한다.

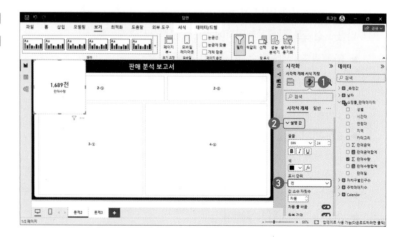

05 [일반] 탭 – [효과]에서 [시각적 테두리] 옵션을 설정한 후 확장하고 [둥근 모서리(px)]를 '20'으로 설정한다.

06 개체의 크기를 적절히 조절한 후 '2-①' 위치에 배치한다.

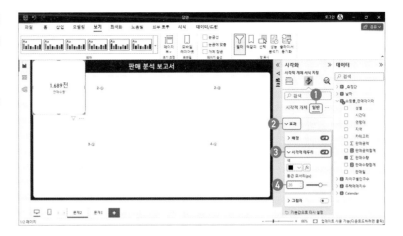

07 작성한 [판매수량] 카드를 Ctrl + C 키를 눌러 복사하고, Ctrl + V 키를 눌러 붙여넣기 한 후 오른쪽으로 드래그하여 배치한다.

08 [데이터] 창에서 <쇼핑몰_판매데이터> 테이블의 [판매수량] 필드의 체크를 해제한 후 [판매금액] 필드를 체크하여 필드를 교체한다.

09 [시각화] 창의 [필드] 영역에 추가된 필드를 더블클릭한 후 '판매금액'을 입력하고 Enter 키를 누른다.

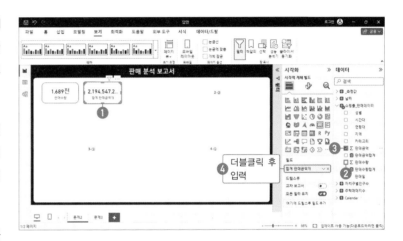

10 [시각화] 창 - [시각적 개체 서식 지정] – [시각적 개체] 탭 – [설명 값]에서 [표시 단위]를 '십억'으로 설정한다.

11 작성된 [판매금액] 카드를 Ctrl+C 키를 눌러 복사하고, Ctrl+V 키를 눌러 붙여넣기 한 후 오른쪽으로 드래그하여 배치한다.

12 [시각화] 창의 [판매금액] 필드의 ⌄을 클릭한 후 [개수]를 선택하여 요약 옵션을 변경한다.

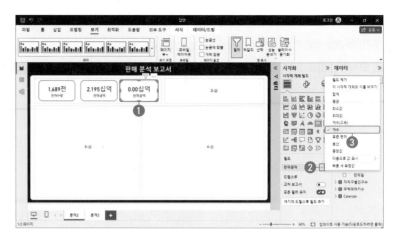

13 필드명을 더블클릭한 후 '판매건수'를 입력하고 Enter 키를 누른다.

14 [시각화] 창 – [시각적 개체 서식 지정] – [시각적 개체] 탭 – [설명 값]에서 [표시 단위]를 '없음', [값 소수 자릿수]를 '0'으로 설정한다.

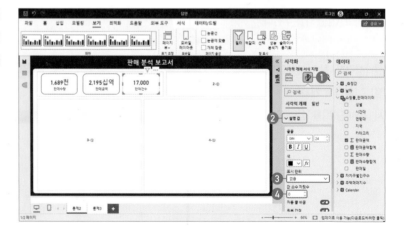

② 다음 조건으로 '문제2' 페이지에 슬라이서를 구현하시오. **2점**

- ▶ 활용 필드: 〈쇼핑몰_판매데이터〉 테이블의 [카테고리] 필드
- ▶ 슬라이서 스타일: '타일'
- ▶ 값의 서식: 글꼴 크기: '11', 글꼴 색 '흰색'
- ▶ 값의 배경색: '테마 색 8'
- ▶ 슬라이서를 '2-②' 위치에 배치

01 [문제2] 페이지의 빈 영역을 클릭한 후 [시각화] 창 – [시각적 개체 빌드]에서 [슬라이서(🔳)]를 선택한다.

02 [데이터] 창에서 <쇼핑몰_판매데이터> 테이블의 [카테고리] 필드를 [필드] 영역으로 드래그하여 추가한다.

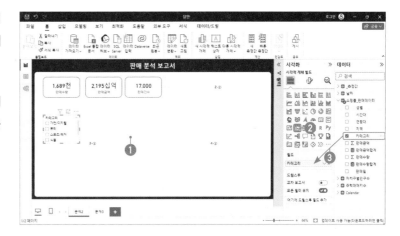

03 [시각화] 창 – [시각적 개체 서식 지정] - [시각적 개체] 탭 – [슬라이서 설정] – [옵션]에서 [스타일]을 '타일'로 설정한다.

04 [시각적 개체] 탭 - [값] – [값]에서 [글꼴 크기]를 '11', [글꼴색]을 '흰색'으로 설정한다.

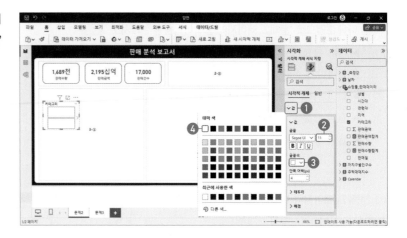

05 [값] – [배경]에서 [색]을 '테마 색 8'로 설정한다.

06 슬라이서의 크기를 적절히 조절한 후 '2-②' 위치에 배치한다.

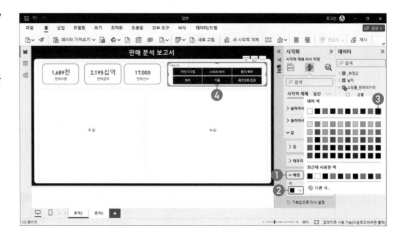

3. 다음 지시사항에 따라 누적 세로 막대형 차트를 구현하시오. 10점

① 다음 조건으로 '문제2' 페이지에 누적 세로 막대형 차트를 구현하시오. 3점

▶ 활용 필드

- <쇼핑몰_판매데이터> 테이블의 [지역], [연도] 필드, [판매금액합계] 측정값

▶ 도구 설명에 [판매수량합계] 측정값이 표시되도록 추가

▶ 누적 세로 막대형 차트를 '3-①' 위치에 배치

---

01 새 개체를 추가하기 위해 보고서의 빈 공간을 클릭하여 개체가 선택된 상태를 해제한다.

02 [시각화] 창 – [시각적 개체 빌드]에서 [누적 세로 막대형 차트(📊)]를 선택한다.

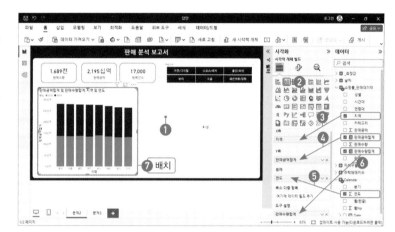

03 [데이터] 창에서 다음 필드를 필드 영역으로 드래그하여 추가한다.

• X축: <쇼핑몰_판매데이터> 테이블의 [지역] 필드

• Y축: <쇼핑몰_판매데이터> 테이블의 [판매금액합계] 측정값

• 범례: <Calendar> 테이블의 [연도] 필드

• 도구 설명: <쇼핑몰_판매데이터> 테이블의 [판매수량합계] 측정값

04 차트의 크기를 적절히 조절한 후 '3-①' 위치에 배치한다.

② 다음과 같이 누적 세로 막대형 차트의 각 요소에 대한 서식을 지정하시오. 4점

▶ 차트 제목: "지역별 판매금액"

- 제목 서식: 글꼴 크기 '18', '굵게', '가운데 맞춤'

▶ X축: 축 제목 제거

▶ Y축: 축 제목 제거

▶ 데이터 레이블: 방향 '세로', 위치 '안쪽 가운데', 값의 표시 단위 '백만'

01 누적 세로 막대형 차트를 선택한 상태에서 [시각화] 창 – [시각적 개체 서식 지정] – [일반] 탭 – [제목] 옵션을 선택한다.

02 [제목] – [텍스트]에 '지역별 판매금액'을 입력한 후 [글꼴 크기]는 '18', '굵게', [가로 맞춤]을 '가운데'로 설정한다.

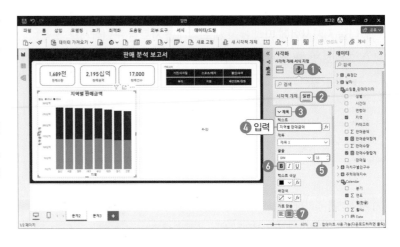

03 [시각적 개체] 탭 – [X축]에서 [제목] 옵션을 해제한다.

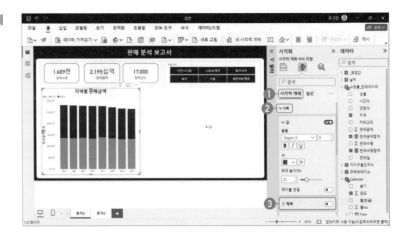

04 [Y축]에서 [제목] 옵션을 해제한다.

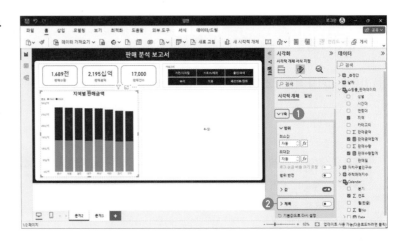

05 [데이터 레이블] 옵션을 설정한 후 [옵션]에서 [방향]을 '세로', [위치]를 '안쪽 가운데'로 설정한다.

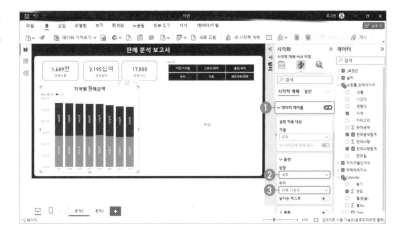

06 [값]에서 [표시 단위]를 '백만'으로 설정한다.

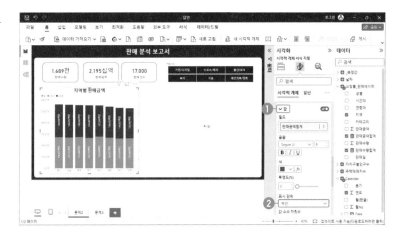

③ [판매금액합계]를 기준으로 상위 5개의 [지역]만 표시되도록 필터를 적용하시오. **3점**

01 누적 세로 막대형 차트가 선택된 상태에서 [필터] 창을 클릭하여 확장한다.

02 [지역] 필터 카드를 클릭하여 확장한다.

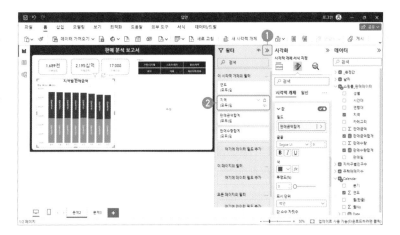

03 [필터 형식]에 '상위 N', [항목 표시] 입력란에 '5', [값]에 <쇼핑몰_판매데이터> 테이블의 [판매금액합계] 측정값을 드래그하여 설정한 후 [필터 적용]을 클릭한다. [필터] 창 오른쪽 상단의 ≫을 클릭하여 필터 창을 축소한다.

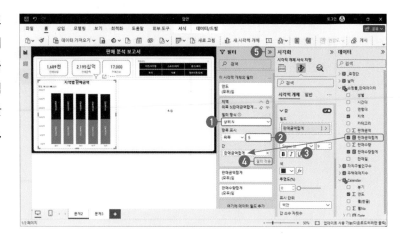

---

4. 다음 지시사항에 따라 꺾은선형 차트를 구현하시오. `10점`

① 다음 조건으로 '문제2' 페이지에 꺾은선형 차트를 구현하시오. `4점`

> ▶ 활용 필드
> - <Calendar> 테이블의 [월(한글)], [연도] 필드
> - <쇼핑몰_판매데이터> 테이블의 [성별] 필드, [판매금액합계] 측정값
> ▶ 꺾은선형 차트를 '4–①' 위치에 배치

---

01 새 개체를 추가하기 위해 보고서의 빈 공간을 클릭하여 개체가 선택된 상태를 해제한다.

02 [시각화] 창 – [시각적 개체 빌드]에서 [꺾은선형 차트(📈)]를 선택한다.

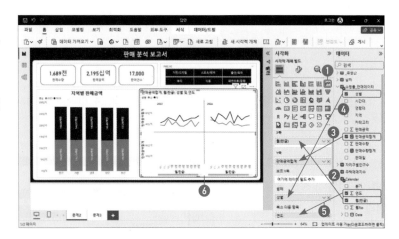

03 [데이터] 창에서 다음 필드를 필드 영역으로 드래그하여 추가한다.
- X축: <Calendar> 테이블의 [월(한글)] 필드
- Y축: <쇼핑몰_판매데이터> 테이블의 [판매금액합계] 측정값
- 범례: <쇼핑몰_판매데이터> 테이블의 [성별] 필드
- 축소 다중 항목: <Calendar> 테이블의 [연도] 필드

04 차트의 크기를 적절히 조절한 후 '4-①' 위치에 배치한다.

② 다음과 같이 꺾은선형 차트의 각 요소에 대한 서식을 지정하시오. **3점**

▶ 차트 제목: 설정 해제

▶ Y축: 제목 제거

▶ 축소 다중 항목: 행 '2', 열 '1'

▶ 표식: 설정

▶ 계열 레이블: 설정

01 꺾은선형 차트를 선택한 상태에서 [시각화] 창 – [시각적 개체 서식 지정] – [일반] 탭에서 [제목] 옵션을 해제한다.

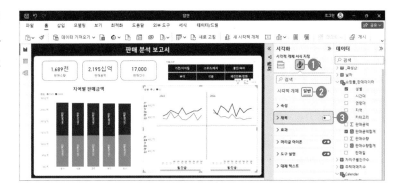

02 [시각적 개체] 탭 – [Y축]에서 [제목] 옵션을 해제한다.

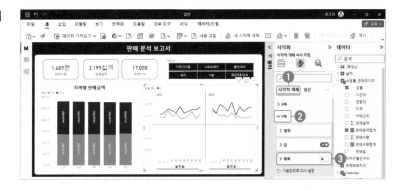

03 [시각적 개체] 탭 – [축소 다중 항목] – [레이아웃]에서 [행]을 '2', [열]을 '1'로 설정한다.

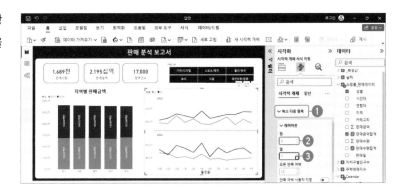

04 [시각적 개체] 탭에서 [표식]과 [계열 레이블] 옵션을 설정한다.

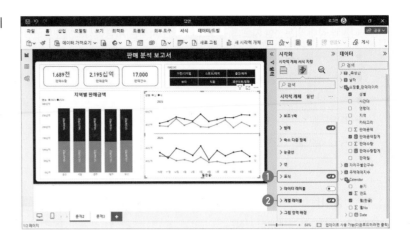

③ 꺾은선형 차트 Y축의 500억 지점에 상수 선을 표시하시오. `3점`

▶ 상수선 이름: "목표판매액"

▶ 값: 50000000000(5백억)

▶ 색: 테마 색 4

▶ 투명도: 0

01 [시각화] 창 - [분석]에서 [Y축 상수선]을 클릭한 후 [선 추가]를 클릭한다.

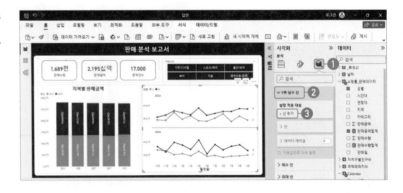

02 ✎을 클릭한 후 상수 선 이름에 '목표판매액'을 입력하고 `Enter` 키를 누른다.

03 [선]에서 [값]에 '50000000000'(5백억)을 입력한다.

04 [색]을 클릭한 후 '테마 색 4'를 선택하고 [투명도]를 '0'으로 설정한다.

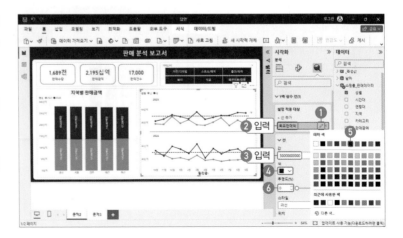

<시각화 완성화면> 각 세부문제 풀이 후 '문제3' 페이지에 아래와 같이 개체를 배치하시오.

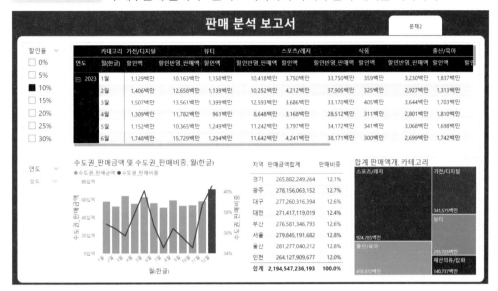

계산식 작성에 사용되는 문자열은 쌍따옴표(" ")를 사용하여 작성하시오.

1. 다음 지시사항에 따라 행렬 차트를 구현하시오. 10점

① 다음 조건으로 매개 변수를 추가하고 '문제3' 페이지에 슬라이서를 구현하시오. 3점

▶ 숫자 범위 매개 변수 추가

- 이름: 할인율, 데이터 형식: 10진수, 최소값: 0, 최대값: 0.3, 증가: 0.05, 기본값: 0.1
- 이 페이지에 슬라이서 추가 옵션 설정
- 매개 변수 필드 서식 변경: 백분율(%), 소수 자릿수 0
- 매개 변수 측정값 이름 변경: [값 할인율] → [할인율_변수]

▶ 슬라이서 스타일: 스타일 '세로 목록'

▶ 값: 글꼴 크기 '14'

▶ 슬라이서 값: '10%' 필터 적용

▶ 슬라이서를 '1-①' 위치에 배치

01 [문제3] 페이지로 이동한다.

02 매개 변수를 추가하기 위해 [모델링] 탭 – [매개 변수] 그룹 – [새 매개 변수]를 클릭한 후 [숫자 범위]를 선택한다.

03 [매개 변수] 창이 나타나면 다음과 같이 옵션을 설정한 후 [만들기]를 클릭한다.

• 이름: 할인율
• 데이터 형식: 10진수
• 최소값: 0
• 최대값: 0.3
• 증가: 0.05
• 기본값: 0.1
• [이 페이지에 슬라이서 추가] 옵션 설정

04 [데이터] 창에서 생성된 <할인율> 테이블의 [할인율] 필드를 선택한다.

05 [열 도구] 탭 – [서식] 그룹 – % (백분율), 소수 자릿수를 '0'으로 설정한다.

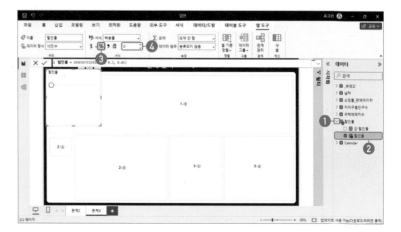

06 [데이터] 창에서 <할인율> 테이블의 [값_할인율] 측정값을 선택한 후 수식 입력줄에서 '값_할인율'을 '할인율_변수'로 변경한다.

TIP

[데이터] 창에서 [값_할인율] 측정값을 더블클릭한 후 '할인율_변수'를 입력해도 된다.

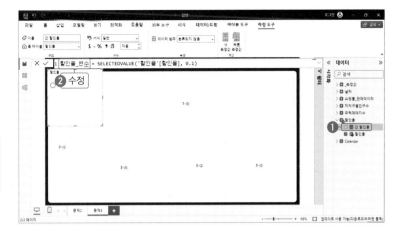

07 [시각화] 창 – [시각적 개체 서식 지정] – [시각적 개체] 탭 – [슬라이서 설정] – [옵션]에서 [스타일]을 '세로 목록'으로 설정한다.

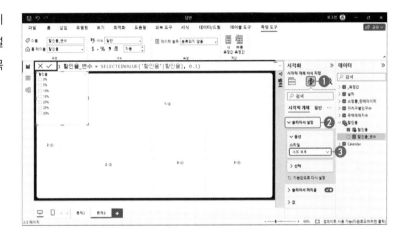

08 [값] – [값]에서 [글꼴 크기]를 '14'로 설정한다.

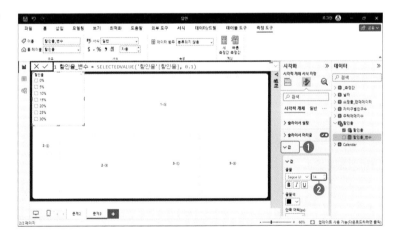

09 슬라이서에서 '10%' 조건을 클릭하여 선택한 후 '1-①' 위치에 배치한다.

② 다음 조건으로 <할인율> 테이블에 측정값을 추가하시오. 3점

▶ 측정값 이름: [할인액]
- 활용 필드: <쇼핑몰_판매데이터> 테이블의 [판매금액], <할인율> 테이블의 [할인율_변수] 측정값
- 판매금액 합계 * 할인율_변수
- 사용 함수: SUM
- 서식: '정수', 천 단위 구분 기호(,) 적용

▶ 측정값 이름: [할인반영_판매액]
- 활용 필드: <쇼핑몰_판매데이터> 테이블의 [판매금액합계], <할인율> 테이블의 [할인액] 측정값
- 작성 수식: 판매금액합계 – 할인액
- 서식: '정수', 천 단위 구분 기호(,) 적용

01 <할인율> 테이블에 측정값을 작성하기 위해 <할인율> 테이블에서 마우스 오른쪽 버튼을 클릭한 후 [새 측정값]을 선택한다.

02 수식 입력줄에 수식을 작성하고 Enter 키를 누른다.

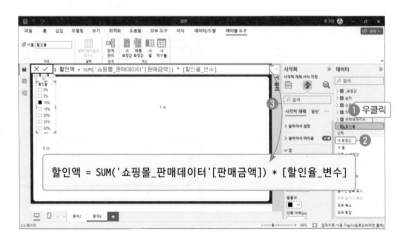

할인액 = SUM('쇼핑몰_판매데이터'[판매금액]) * [할인율_변수]

함수

SUM(<column>)
열에 있는 모든 수를 더한 값을 반환한다.

03 [측정 도구] 탭 – [서식] 그룹 –
[서식]을 '정수', ‚(천 단위 구분 기호)
를 설정한다.

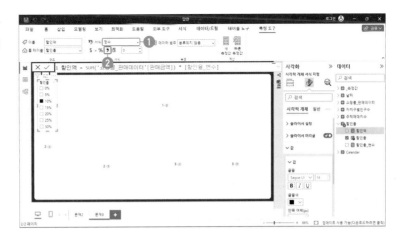

04 [측정 도구] 탭 – [계산] 그룹 – [새
측정값]을 클릭한다.

05 수식 입력줄에 다음 수식을 작성하
고 Enter 키를 누른다.

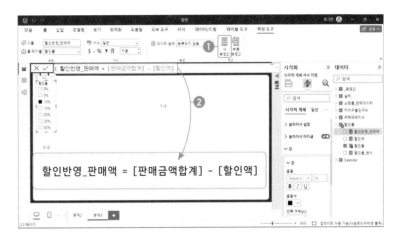

할인반영_판매액 = [판매금액합계] - [할인액]

06 [측정 도구] 탭 – [서식] 그룹 –
[서식]을 '정수', ‚(천 단위 구분 기호)
를 설정한다.

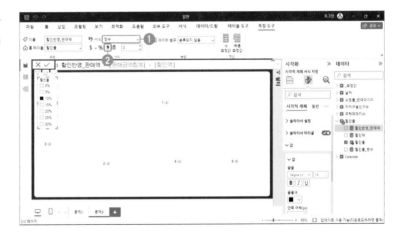

③ 다음 조건으로 '문제3' 페이지에 행렬 차트를 구현하시오. 4점

▶ 활용 필드
  - <Calendar> 테이블의 [연도], [월(한글)] 필드, <쇼핑몰_판매데이터> 테이블의 [카테고리] 필드, <할인율> 테이블의 [할인율],
    [할인반영_판매액] 측정값
▶ 계층 구조의 마지막 수준(월(한글))까지 확장, 서로 다른 열로 모든 행을 나열
▶ 스타일 사전 설정: 대체 행
▶ 눈금: 행 안쪽 여백 '5', 전역 글꼴 크기 '11'
▶ [할인액], [할인반영_판매액] 필드 값의 표시 단위: 백만
▶ [월(한글)] 필드의 정렬 기준을 [월No] 필드로 설정
  - [월(한글)] 필드의 데이터가 '1월, 2월, 3월, ..., 12월' 순서로 나열되어야 함
▶ 행렬 차트를 '1-③' 위치에 배치

01 새 개체를 추가하기 위해 보고서의 빈 공간을 클릭하여 개체가 선택된 상태를 해제한다.

02 [시각화] 창 – [시각적 개체 빌드]에서 [행렬(▦)]을 선택한다.

03 [데이터] 창에서 다음 필드를 필드 영역으로 드래그하여 추가한다.

• 행: <Calendar> 테이블의 [연도], [월(한글)] 필드
• 열: <쇼핑몰_판매데이터> 테이블의 [카테고리] 필드
• 값: <할인율> 테이블의 [할인액], [할인반영_판매액] 측정값

04 행렬 차트를 '1-③' 위치에 배치한다.

05 행렬 차트 오른쪽 싱딘의 ☐(계층 구조에서 한 수준 아래로 모두 확장)을 클릭하여 [월(한글)] 열까지 표시되도록 설정한다.

06 [시각화] 창 – [시각적 개체 서식 지정] – [시각적 개체] 탭 – [행 머리글] – [옵션]에서 [계단형 레이아웃] 옵션을 해제하여 [연도]와 [월(한글)] 열이 별도로 표시되도록 설정한다.

07 [시각적 개체] 탭 – [스타일 사전 설정]을 '대체 행'으로 설정한다.

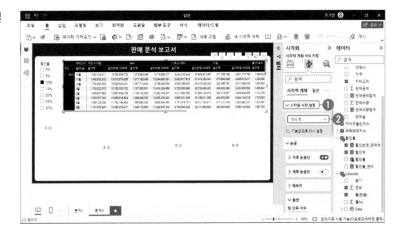

08 [시각적 개체] 탭 – [눈금] – [옵션]에서 [행 안쪽 여백]을 '5', [전역 글꼴 크기]를 '11'로 설정한다.

09 [시각적 개체] 탭 – [특정 열] – [설정 적용 대상]에서 [계열]을 '할인액'으로 선택한 후 [값] – [표시 단위]를 '백만'으로 설정한다.

10 같은 방법으로 [시각적 개체] 탭 – [특정 열] – [설정 적용 대상] – [계열]에서 '할인반영_판매액'을 선택한 후 [값] – [표시 단위]를 '백만'으로 설정한다.

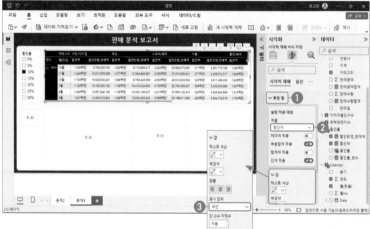

11 [월(한글)] 필드의 정렬 기준을 [월No]로 설정하여 데이터가 '1월, 2월, 3월, …, 12월' 순으로 나열되도록 하기 위해 [데이터] 창에서 <Calendar> 테이블의 [월(한글)] 필드를 선택한다.

12 [열 도구] 탭 – [정렬] 그룹 – [열 기준 정렬]을 클릭한 후 [월No] 필드를 선택한다.

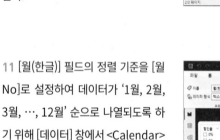

2. 다음 지시사항에 따라 슬라이서와 꺾은선형 및 묶은 세로 막대형 차트를 구현하시오. [10점]

① 다음 조건으로 '문제3' 페이지에 슬라이서를 구현하시오. [3점]

- ▶ 활용 필드: 〈Calendar〉 테이블 [연도] 필드
- ▶ 슬라이서 스타일: '드롭다운'
- ▶ 슬라이서를 '2-①'에 배치

---

01 새 개체를 추가하기 위해 보고서의 빈 공간을 클릭하여 개체가 선택된 상태를 해제한다.

02 [시각화] 창 – [시각적 개체 빌드]에서 [슬라이서(▦)]를 선택한다.

03 [데이터] 창에서 <Calendar> 테이블의 [연도] 필드를 [필드] 영역으로 드래그하여 추가한다.

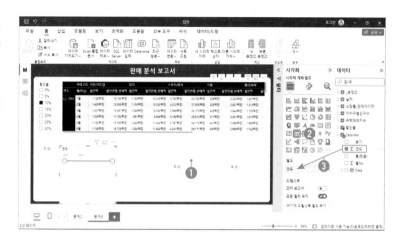

04 [시각화] 창 – [시각적 개체 서식 지정] – [시각적 개체] 탭 – [슬라이서 설정] – [옵션]에서 [스타일]을 '드롭다운'으로 설정한다.

05 슬라이서의 크기를 적절히 조절한 후 '2-①' 위치에 배치한다.

② 다음 조건으로 <쇼핑몰_판매데이터> 테이블에 측정값을 추가하시오. `3점`

▶ 측정값 이름: [수도권_판매금액]

- 활용 필드
  • <쇼핑몰_판매분석> 테이블의 [판매금액], [지역] 필드
- [지역]이 "서울" 또는 "경기" 또는 "인천"인 데이터의 [판매금액] 합계 계산
- 사용 함수: CALCULATE, SUM
- 서식: '정수', 천 단위 구분 기호(**,**) 적용

▶ 측정값 이름: [수도권_판매비중]

- 활용 필드: <쇼핑몰_판매데이터> 테이블의 [수도권_판매금액], [판매금액합계] 측정값
- [수도권_판매금액] / [판매금액합계]
- 사용 함수: DIVIDE
- 서식: 백분율(**%**), '소수점 아래 1자리까지' 표시

01 <쇼핑몰_판매데이터> 테이블에 측정값을 추가하기 위해 [데이터] 창의 <쇼핑몰_판매데이터> 테이블을 마우스 오른쪽 버튼으로 클릭한 후 [새 측정값]을 선택한다.

02 수식 입력줄에 수식을 작성하고 Enter 키를 누른다.

03 [측정 도구] 탭 – [서식] 그룹 – [서식]을 '정수', **,**(천 단위 구분 기호)를 설정한다.

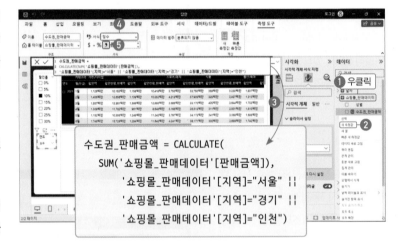

수도권_판매금액 = CALCULATE(
    SUM('쇼핑몰_판매데이터'[판매금액]),
        '쇼핑몰_판매데이터'[지역]="서울" ||
        '쇼핑몰_판매데이터'[지역]="경기" ||
        '쇼핑몰_판매데이터'[지역]="인천")

04 [측정 도구] 탭 – [계산] 그룹 – [새 측정값]을 클릭한 후 수식 입력줄에 다음 수식을 작성하고 Enter 키를 누른다.

05 [측정 도구] 탭 – [서식] 그룹 – **%**(백분율), 소수 자릿수를 '1'로 설정한다.

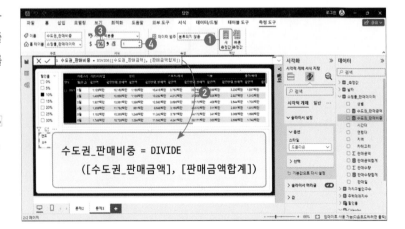

수도권_판매비중 = DIVIDE
    ([수도권_판매금액], [판매금액합계])

③ 다음 조건으로 '문제3' 페이지에 꺾은선형 및 묶은 세로 막대형 차트를 구현하시오. **4점**

▶ 활용 필드
- <Calendar> 테이블의 [월(한글)] 필드
- <쇼핑몰_판매데이터> 테이블의 [수도권_판매금액], [수도권_판매비중] 측정값

▶ 조건부 서식 적용
- [수도권_판매금액]이 700억 이상이면 [열] 색을 '테마 색 2'로 지정

▶ 꺾은선형 및 묶은 세로 막대형 차트를 '2-③' 위치에 배치

01 새 개체를 추가하기 위해 보고서의 빈 공간을 클릭하여 개체가 선택된 상태를 해제한다.

02 [시각화] 창 – [시각적 개체 빌드]에서 [꺾은선형 및 묶은 세로 막대형 차트(📊)]를 선택한다.

03 [데이터] 창에서 다음 필드를 필드 영역으로 드래그하여 추가한다.

- X축: <Calendar> 테이블의 [월(한글)] 필드
- 열 y축: <쇼핑몰_판매데이터> 테이블의 [수도권_판매금액] 측정값
- 선 y축: <쇼핑몰_판매데이터> 테이블의 [수도권_판매비중] 측정값

04 차트를 '2-③' 위치에 배치한다.

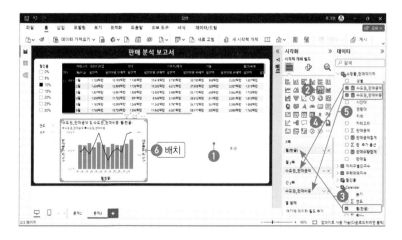

05 [열]의 색상에 조건부 서식을 지정하기 위해 [시각화] 창 – [시각적 개체 서식 지정] – [시각적 개체] 탭 – [열] – [색]에서 [색]의 𝑓𝑥(조건부 서식)을 클릭한다.

06 [색 – 범주] 창이 나타나면 [서식 스타일]은 '규칙', [어떤 필드를 기반으로 해야 하나요?]에 <쇼핑몰_판매데이터> 테이블의 [수도권_판매금액] 측정값을 선택한다. [규칙]의 [If 값]에 '>=', '70000000000', '숫자', [끝]에 '<', '최대값', '숫자'를 선택한 후 [THEN]의 색상을 클릭해 '테마 색 2'를 설정하고 [확인]을 클릭한다.

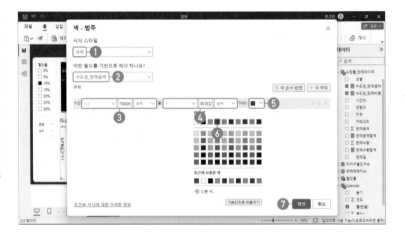

07 [수도권_판매금액]이 700억 이상인 데이터에 서식이 지정된 것을 확인한다.

3. 다음 지시사항에 따라 테이블과 트리맵 차트를 구현하시오. `10점`

① 다음 조건으로 <쇼핑몰_판매데이터> 테이블에 측정값을 추가한 후 '문제3' 페이지에 테이블 차트를 구현하시오.

`4점`

- ▶ 측정값 작성
  - 이름: [판매비중]
  - 활용 필드: <쇼핑몰_판매데이터> 테이블의 [지역] 필드, [매출금액합계] 측정값
  - 작성 수식:
    - • [지역]별 [판매금액합계]의 비율 계산
    - • [판매금액합계] / 테이블 차트에 추가된 [지역] 필터를 제거한 [판매금액합계]
  - 사용 함수: ALL, CALCULATE, DIVIDE
  - 서식: '백분율(%)', '소수점 아래 1자리까지' 표시
- ▶ 테이블 차트 작성
  - 활용 필드: <쇼핑몰_판매데이터> 테이블의 [지역] 필드, [판매금액합계], [판매비중] 측정값
- ▶ 눈금: 행 안쪽 여백 '4', 전역 글꼴 크기 '11'
- ▶ 테이블 차트를 '3-①' 위치에 배치

---

01 <쇼핑몰_판매데이터> 테이블에 새 측정값을 추가하기 위해 [데이터] 창에서 <쇼핑몰_판매데이터> 테이블을 선택한다.

02 [테이블 도구] 탭 – [계산] 그룹 – [새 측정값]을 선택한다.

03 수식 입력줄에 수식을 작성하고 Enter 키를 누른다.

04 [측정 도구] 탭 – [서식] 그룹에서 %(백분율), 소수 자릿수를 '1'로 설정한다.

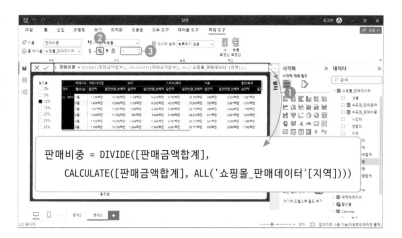

판매비중 = DIVIDE([판매금액합계],
        CALCULATE([판매금액합계], ALL('쇼핑몰_판매데이터'[지역])))

ALL([<table> | <column>, [<column>], [<column>], …)
적용된 필터를 제거하고 테이블의 모든 행 또는 열의 모든 값을 반환한다.

05 [시각화] 창 – [시각적 개체 빌드]에서 [테이블(⊞)]을 선택한다.

06 [데이터] 창에서 <쇼핑몰_판매데이터> 테이블의 [지역] 필드와 [판매금액합계], [판매비중] 측정값을 [열] 필드 영역으로 드래그하여 추가한다.

07 [시각화] 창 – [시각적 개체 서식 지정] – [시각적 개체] 탭 – [눈금] – [옵션]에서 [행 안쪽 여백]을 '4', [전역 글꼴 크기]를 '11'로 설정한다.

08 차트의 크기를 적절히 조절한 후 '3-①' 위치에 배치한다.

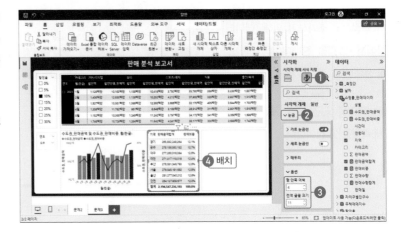

② 다음 조건으로 수식을 작성하여 새 테이블을 추가하시오. `3점`

▶ 테이블 이름: 〈Top5_카테고리〉

  - 활용 필드: <쇼핑몰_판매데이터> 테이블의 [카테고리] 필드, <판매금액합계> 측정값
  - 작성 수식:
    • SUMMARIZE 함수를 사용하여 <쇼핑몰_판매데이터> 테이블의 [카테고리] 필드를 기준으로 "판매액" 열 이름에 [판매금액합계]가 계산된 테이블 반환
    • SUMMARIZE 함수로 생성된 테이블을 인수로 사용하여 TOPN 함수로 [판매금액합계] 상위 5개의 데이터를 가지는 테이블 생성

01 수식으로 작성된 테이블을 바로 확인할 수 있도록 [테이블 뷰(▦)]를 클릭하여 이동한다.

02 [홈] 탭 – [계산] 그룹 – [새 테이블]을 클릭한다.

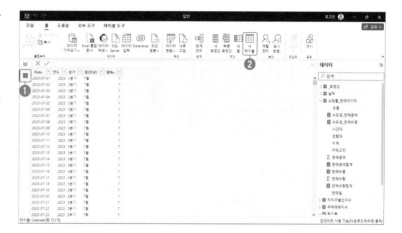

03 수식 입력줄에 수식을 작성하고 Enter 키를 누른다.

04 생성된 새 테이블의 데이터를 확인한다.

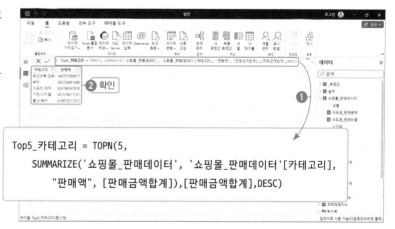

```
Top5_카테고리 = TOPN(5,
    SUMMARIZE('쇼핑몰_판매데이터', '쇼핑몰_판매데이터'[카테고리],
    "판매액", [판매금액합계]), [판매금액합계], DESC)
```

③ 다음 조건으로 '문제3' 페이지에 트리맵 차트를 구현하시오. 3점

▶ 활용 필드: 〈Top5_카테고리〉 테이블의 [카테고리], [판매액] 필드

▶ 색: 스포츠/레저 '테마 색 8'

▶ 데이터 레이블: 표시 단위 '백만'

▶ 〈Top5_카테고리〉 테이블의 [판매액] 필드 서식: 천 단위 구분 기호(,) 적용

▶ 트리맵 차트를 '3-③' 위치에 배치

01 트리맵 차트를 작성하기 위해 [보고서 보기(🔲)]를 클릭하여 보고서 보기로 이동한다. 선택된 개체가 있다면 보고서의 빈 공간을 클릭한다.

02 [시각화] 창 – [시각적 개체 빌드]에서 [Treemap(🔳)] 차트를 선택한다.

03 [데이터] 창에서 〈Top5_카테고리〉 테이블의 다음 필드를 필드 영역으로 드래그하여 추가한다.

• 범주: [카테고리] 필드
• 값: [판매액] 필드

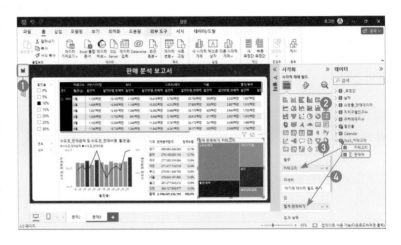

04 [시각화] 창 – [시각적 개체 서식 지정] – [시각적 개체] 탭 – [색]에서 [스포츠/레저]의 색을 클릭한 후 '테마 색 8'을 선택한다.

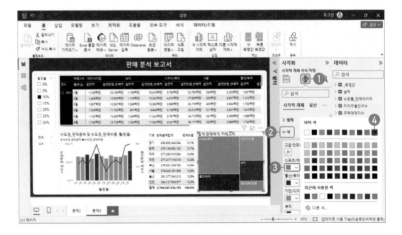

384

05 [데이터 레이블] 옵션을 설정한 후 클릭하여 확장하고 [값] – [표시 단위]를 '백만'으로 설정한다.

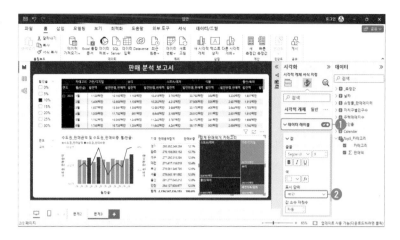

06 [데이터] 창에서 <Top5_카테고리> 테이블의 [판매액] 필드를 선택한다.

07 [열 도구] 탭 – [서식] 그룹 – **,** (천 단위 구분 기호)를 설정한다. 트리맵 개체가 '3–③' 위치에 배치되었는지 확인한다.

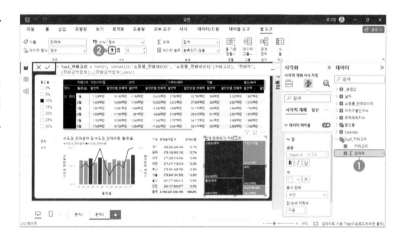

4. 다음 지시사항에 따라 페이지와 시각적 개체 간 상호 작용 기능을 설정하시오. 10점

① 다음 조건으로 '문제3' 페이지에 단추를 구현하시오. 4점

▶ 종류: '페이지 탐색기'

▶ 페이지 표시: '문제3'은 표시하지 않음

▶ 도형: '둥근 탭, 양쪽 위'

▶ 스타일: '가리키기' 상태일 때 [채우기] 색 '테마 색 7'

▶ 단추를 '4-①' 위치에 배치

---

01 단추를 작성하기 위해 [삽입] 탭 – [요소] 그룹 – [단추]를 클릭한 후 [탐색기] – [페이지 탐색기]를 선택한다.

02 [문제3] 단추는 표시되지 않도록 하기 위해 단추가 선택된 상태에서 [서식] 창 – [시각적 개체] 탭 – [페이지] – [표시]에서 [문제3] 옵션을 해제한다.

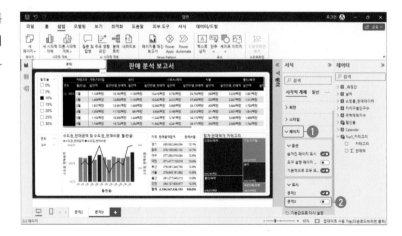

03 도형 모양을 변경하기 위해 [시각적 개체] 탭 – [도형]에서 [도형]을 '둥근 탭, 양쪽 위'로 선택한다.

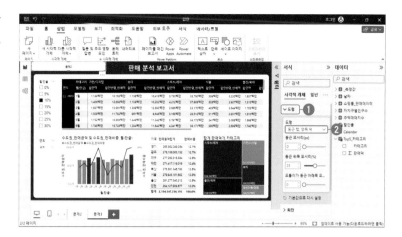

04 마우스로 단추를 가리킬 때 채우기 색을 변경하기 위해 [시각적 개체] 탭 – [스타일] – [설정 적용 대상]에서 [상태]를 '가리키기'로 선택한 후 [채우기]에서 [색]을 클릭하고 '테마 색 7'을 선택한다.

> **TIP**
>
> 단추 위에 마우스를 가져가면 설정된 서식을 확인할 수 있다.

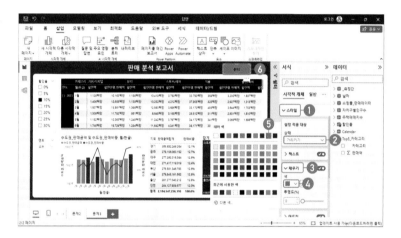

05 단추의 크기를 적절히 조절한 후 '4-①' 위치에 배치한다.

② 다음과 같이 시각적 개체의 상호 작용을 설정하시오. 3점

▶ [연도] 슬라이서: [할인율] 슬라이서, 행렬 차트와 상호 작용 '없음'

▶ 행렬 차트: 꺾은선형 및 묶은 세로 막대형 차트와 상호 작용 '없음'

01 슬라이서와 개체에 상호작용을 설정하기 위해 [연도] 슬라이서를 선택하고 [서식] 탭 – [상호 작용] 그룹 – [상호 작용 편집]을 클릭한다.

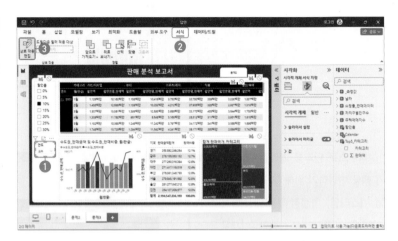

02 상호 작용 편집 기능이 실행되면 [할인율] 슬라이서와 [행렬] 차트의 ⊘ (없음)을 클릭한다.

03 이번에는 [행렬] 차트를 선택하고 [꺾은선형 및 묶은 세로 막대형] 차트의 ⊘(없음)을 클릭한다.

04 [서식] 탭 – [상호 작용] 그룹 – [상호 작용 편집]을 클릭하여 편집을 마친다.

③ 다음과 같이 [꺾은선형 및 묶은 세로 막대형] 차트에 필터를 설정하시오. 3점

▶ 〈쇼핑몰_판매데이터〉 테이블의 [연령대]가 '30대', '40대', '50대'인 데이터만 표시

01 [꺾은선형 및 묶음 세로 막대형] 차트에 필터를 설정하기 위해 차트를 선택한다.

02 [필터] 창을 클릭하여 확장한다.

03 [데이터] 창에서 <쇼핑몰_판매데이터> 테이블의 [연령대] 필드를 [이 시각적 개체의 필터] 영역의 [여기에 데이터 필드 추가]로 드래그하여 추가한다.

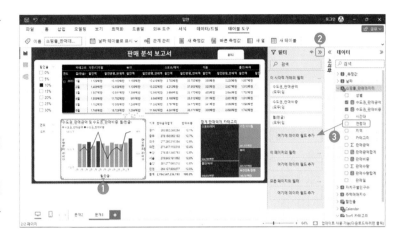

04 [연령대] 필터 카드에서 '30대', '40대', '50대' 조건을 설정한다.

05 꺾은선형 및 묶은 세로 막대형 차트가 필터된 것을 확인한 후 [저장]을 클릭하여 답안을 완성한다.

데이터 및 문제 안내

1. 수험자가 작성할 답안파일은 1개입니다. 문제1, 문제2, 문제3의 답을 하나의 답안파일(.pbix)로 저장하십시오.

2. 문제1, 문제2, 문제3은 각각 독립적으로 구성되어 있어 앞 문제를 풀지 않아도 다음 문제 풀이가 가능합니다.

3. 문제1은 데이터 불러오기를 통해 문제를 풀이하고, 문제2와 문제3은 답안에 데이터가 포함되어 있어 바로 문제 풀이를 진행하십시오.
   - 데이터 파일은 문제1을 위한 데이터 파일과 문제2,3을 위한 데이터 파일로 구성되어 있습니다.

4. 문제2와 문제3 풀이를 위해 필요한 일부 측정값, 필터가 답안파일에 미리 적용되어 있을 수 있습니다.
   - 문제에 제시된 완성 화면과 수험자가 작성한 개체의 색상이 다를 수 있습니다. 지시사항에 제시되지 않은 것은 변경하지 마십시오.
   - 사전에 적용된 필터 등이 삭제되지 않도록 '페이지 지우기' 기능을 절대 사용하지 마십시오.

5. 하위문제(①, ②, ③)별로 점수가 부여되며, 하위문제의 전체 지시사항(▶ 또는 – 표시된 지시사항)을 작업하지 않을 경우 점수가 부여되지 않습니다. ※부분 점수 없음

6. 본 시험에서 사용되는 데이터 파일 수와 데이터명은 아래와 같습니다.
   - [문제1] 데이터 파일수 : 1개 / '지하철승하차 및 날씨정보.xlsx'

파일명	지하철승하차 및 날씨정보.xlsx		
테이블	구조		
서울_지하철_ 승하차 _20211231	연번	호선	역번호
	1	1	150
서울_지하철_ 승하차 _20221231	연번	호선	
	1	1	
날씨와 강수량	년월ID	년	월
	201901	2019	1월

- [문제2,3] 데이터 파일수 : 1개 / '편의점판매분석.xlsx'

파일명	편의점판매분석.xlsx					
테이블	구조					
편의점판매	판매일	성별	연령대	외국인여부	코드	판매수량
	2023-01-01	식품	06-11시	내국인	C01S01I02	2
소득구간	소득구간		월소득			
	1		0 ~ 100만원			
분류	품목코드		대분류		중분류	
	C01S01I01		음료		스포츠/탄산음료	

파일 C:\PB\Part 3\예상문제2\ 폴더의 데이터 사용

문제 01 작업 준비 30점

계산식 작성에 사용되는 문자열은 쌍따옴표(" ")를 사용하여 작성하시오.

1 다음 지시사항에 따라 데이터 가져오기 및 파워 쿼리 편집기를 활용한 데이터 편집을 수행하시오. 10점

① 데이터 파일을 가져온 후 데이터를 편집하시오. 4점

▶ 가져올 데이터: '지하철승하차 및 날씨정보.xlsx' 파일의 〈서울_지하철_ 승하차_20211231〉, 〈서울_지하철_ 승하차_20221231〉, 〈날씨와강수량〉 테이블

▶ 〈승하차_2021〉, 〈승하차_2022〉 테이블 이름 변경

② <승하차_2021> 테이블을 활용하여 쿼리를 수행하시오. 3점

▶ 첫 행을 머리글로 사용

▶ [2021년1월] 필드부터 [2021년12월] 필드의 'null'값을 '0'으로 변경

▶ [2021년1월] 필드부터 [2021년12월] 필드를 열 피벗 해제

▶ 필드 이름 변경: [특성] → [수송년월], [값] → [수송인원수]

▶ 데이터 형식 변경: [수송년월] 필드 '날짜'

③ <날씨와강수량> 테이블을 활용하여 쿼리를 수행하시오. 3점

▶ [월] 필드에서 '2024-01-01'을 '1월'로 변환

▶ [년] 필드에서 '2021'과 '2022'만 추출

▶ 데이터 형식 변경: [년월ID] '텍스트'

2 파워 쿼리 편집기를 통해 쿼리를 결합하고 데이터 모델링 작업을 수행하시오. 10점

① 파워 쿼리 편집기에서 <승하차_2021>과 <승하차_2022> 테이블을 사용해 새 쿼리를 추가하여 결합하시오. 3점

▶ 쿼리를 새 항목으로 추가하여 〈승하차_2021〉과 〈승하차_2022〉 테이블 결합

▶ 새 쿼리 이름: 〈서울지하철수송인원〉

▶ [연번] 필드 삭제

▶ 〈승하차_2021〉, 〈승하차_2022〉 테이블의 로드 사용 해제

② <서울지하철수송인원> 테이블에 [수송년월] 열을 복제하여 편집하시오. 3점

▶ 복제된 열 이름: [년월]

▶ 데이터 형식 변경: '텍스트'

▶ '-' 문자 삭제 후 처음 문자 '6'자리 추출

③ <서울지하철수송인원> 테이블과 <날씨와강수량> 테이블 간에 관계를 설정하시오. 4점

▶ 활용 필드: 〈서울지하철수송인원〉 테이블의 [년월], 〈날씨와강수량〉 테이블의 [년월ID]

▶ 기준(시작) 테이블: 〈서울지하철수송인원〉 테이블

▶ 카디널리티: '다대일(*:1)'

▶ 크로스 필터 방향: '단일'

3 다음 지시사항에 따라 계산 열 및 측정값을 추가하시오. 10점

① <서울지하철수송인원> 테이블의 [년월], [역명] 필드를 기준으로 그룹화하고 [수송인원수]가 '200만명' 이상인 역의 개수를 [총역수] 필드로 요약한 테이블을 작성하시오. 3점

▶ 요약 테이블 이름: 〈200만이상수송〉

▶ 활용 필드: 〈서울지하철수송인원〉 테이블의 [년월], [역명], [수송인원수]

▶ 요약된 테이블의 필드: [년월], [역명], [총역수]

▶ 사용 함수: SUMMARIZECOLUMNS, FILTER, COUNTA

② <서울지하철수송인원>, <날씨와강수량> 테이블을 사용하여 다음의 측정값을 작성하시오. 4점

  ▶ 측정값 이름: [온도에 따른 이용객수]

   - 활용 필드: <서울지하철수송인원> 테이블의 [수송인원수] 필드, <날씨와강수량> 테이블의 [평균기온] 필드

   - 사용 함수 및 연산자: CALCULATE, SUM, OR

   - [평균기온]이 30도 이상이거나 5도 이하일 때의 [수송인원수]의 합계

   - 서식: '정수', 천 단위 구분 기호(,)

  ▶ 측정값 이름: [날씨변화에 따른 이용률]

   - 활용 필드: <_측정값> 테이블의 [온도에 따른 이용객수] 측정값, <서울지하철수송인원> 테이블의 [수송인원수] 필드

   - 사용 함수 및 연산자: DIVIDE, SUM

   - [수송인원수]에 따른 [온도에 따른 이용객수]의 비율

   - 서식: 백분율(%), '소수점 아래 2자리까지' 표시

③ 측정값 테이블을 사용하여 다음 측정값을 작성하여 추가하시오. 3점

  ▶ [데이터 입력] 명령을 사용하여 테이블 이름이 "_측정값T"인 테이블 생성

  ▶ 측정값 이름: [서울지역_역수]

   - 활용 필드: <서울지하철수송인원> 테이블의 [역번호] 필드

   - 사용 함수: DISTINCTCOUNT

   - 서식: '정수', 천 단위 구분 기호(,)

  ▶ 테이블에 추가할 측정값: [온도에 따른 이용객수], [날씨변화에 따른 이용률], [서울지역_역수]

<시각화 완성화면> 각 세부문제 풀이 후 '문제2' 페이지에 아래와 같이 개체를 배치하시오.

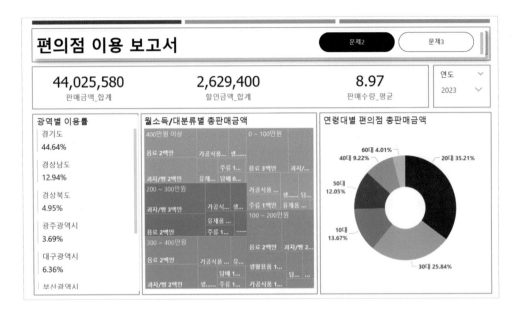

계산식 작성에 사용되는 문자열은 쌍따옴표(" ")를 사용하여 작성하시오.

1 '문제2', '문제3' 페이지의 전체 서식을 설정하시오. 5점

① 보고서 전체의 테마를 설정하고 적용된 테마를 사용자 지정하시오. 3점

- ▶ 보고서 테마: 'Highrise'
- ▶ 테마 사용자 지정 (텍스트)
  - 일반: 'Segoe UI', '12pt'
  - 제목: 'Segoe UI Bold', '14pt'
  - 카드 및 KPI: 'Tahoma', '28pt'
- ▶ 캔버스 배경 이미지
  - '문제2' 페이지: '문제2_배경.png'
  - '문제3' 페이지: '문제3_배경.png'
  - 투명도: '0%'

② '문제2' 페이지 상단에 다음과 같이 텍스트 상자를 사용해 제목을 작성하시오. `2점`

▶ 텍스트 상자에 내용 입력: "편의점 이용 보고서"

- 일반: 'Arial Black', '32pt', '굵게'

▶ 그림자 효과 지정

▶ 텍스트 상자를 '1-②' 위치에 배치

▶ '문제3' 페이지에 텍스트 상자 복사

2 다음 지시사항에 따라 카드를 구현하시오. `5점`

① 다음 조건으로 '문제2' 페이지에 카드를 구현하시오. `3점`

▶ 활용 필드, 설명 값, 범주 레이블 서식

- <편의점판매> 테이블의 [판매금액_합계], [할인금액_합계], [판매수량_평균]

- 설명 값 글꼴: 'Tahoma', '28pt'

- 범주 레이블 글꼴: '14pt'

▶ 표시 단위 및 값 소수 자릿수

- 표시 단위: '없음'

- 값 소수 자릿수: '자동'

② 카드를 순서대로 '2-①' 위치에 배치하시오. `2점`

3 **다음 지시사항에 따라 슬라이서와 여러 행 카드를 구현하시오.** `10점`

① 다음 조건으로 '문제2' 페이지에 슬라이서를 구현하시오. `3점`
- ▶ 활용 필드
  - <날짜> 테이블의 [연도] 필드
- ▶ 슬라이서 스타일: '드롭다운'
- ▶ 슬라이서 머리글과 값: 글꼴 크기 '14'
- ▶ '2023' 선택
- ▶ 슬라이서를 '3-①' 위치에 배치

② 다음과 같이 여러 행 카드를 구현하시오. `4점`
- ▶ 활용 필드
  - <편의점판매> 테이블의 [광역], [판매수량] 필드
- ▶ [판매수량] 필드의 값 표시: '총합계의 백분율'
- ▶ 차트 제목: 텍스트 "광역별 이용률", 글꼴 크기 '16'
- ▶ 설명 값: 글꼴 크기 '15'
- ▶ 범주 레이블 제거
- ▶ 카드 서식: 제목 글꼴 크기 '14', '테마 색 5'
- ▶ 악센트 바: '테마 색 7', 너비 '2'
- ▶ 여러 행 카드를 '3-②' 위치에 배치

③ [GT% 합계 판매수량개]를 기준으로 3% 이상 [지역]만 표시되도록 필터를 적용하시오. `3점`

4 **다음 지시사항에 따라 Treemap 차트와 도넛형 차트를 구현하시오.** `10점`

① 다음 조건으로 '문제2' 페이지에 Treemap 차트를 구현하시오. `3점`
- ▶ 활용 필드
  - <소득구간> 테이블의 [월소득], <분류> 테이블의 [대분류]
  - <편의점판매> 테이블의 [판매금액_합계] 측정값
- ▶ 차트 서식 지정
  - 제목 텍스트: "월소득/대분류별 총판매금액", 글꼴 크기 '16'
  - 데이터 레이블: 글꼴 '굵게'
  - 색: '테마 색 8, 60% 더 밝게'
- ▶ Treemap 차트를 '4-①' 위치에 배치

② 다음과 같이 도넛형 차트를 구현하시오. `4점`

　▶ 활용 필드

　　- <편의점판매> 테이블의 [연령대] 필드, [판매금액_합계] 측정값

　▶ 차트 제목 서식

　　- 제목 텍스트: '연령대별 편의점 총판매금액', 글꼴 크기 '16'

　▶ 조각: 내부 반경 '40'

　▶ 범례: 삭제

　▶ 세부 정보 레이블

　　- 레이블 내용: '범주, 총퍼센트'

　　- 위치: '바깥쪽 우선'

　▶ 값: 글꼴 크기 '11', '굵게'

　▶ 도넛형 차트를 '4-②' 위치에 배치

③ 다음 조건으로 각 차트에 도구 설명과 서식을 추가하시오. `3점`

　▶ Treemap 차트: 도구 설명에 [판매수량] 필드가 표시되도록 추가

　▶ 도넛형 차트 서식

　　- 조각 색: 20대 '테마 색 8'

<시각화 완성화면> 각 세부문제 풀이 후 '문제3' 페이지에 아래와 같이 개체를 배치하시오.

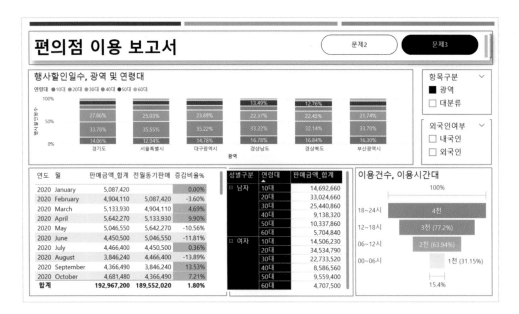

계산식 작성에 사용되는 문자열은 쌍따옴표(" ")를 사용하여 작성하시오.

1 다음 지시사항에 따라 100% 누적 세로 막대형 차트를 구현하시오. 10점

① 다음 조건으로 매개 변수를 추가하고 '문제3' 페이지에 슬라이서를 구현하시오. 3점

▶ 필드 매개 변수 추가

- 이름: 구분

- 필드: [광역], [대분류] 추가

- 이 페이지에 슬라이서 추가 옵션 설정

- 매개 변수 측정값 이름 변경: '구분' → '항목구분'

▶ 슬라이서 스타일: '세로 목록'

▶ 값: 글꼴 크기 '14'

▶ 슬라이서 값: '광역' 필터 적용

▶ 슬라이서를 '1–①' 위치에 배치

② 다음 조건으로 <편의점판매> 테이블에 측정값을 추가하시오. `3점`

　　▶ 측정값 이름: [행사할인일수]

　　　- 활용 필드: <편의점판매> 테이블의 [판매일], [행사할인금액] 필드

　　　- '행사할인금액 > 0'인 판매일의 개수

　　　- 사용 함수: CALCULATE, COUNTA

　　　- 서식: '정수', 천 단위 구분 기호(,) 적용

③ 다음 조건으로 '문제3' 페이지에 100% 누적 세로 막대형 차트를 구현하시오. `4점`

　　▶ 활용 필드

　　　- <구분> 테이블의 [항목구분] 측정값, <편의점판매> 테이블의 [연령대] 필드, [행사할인일수] 측정값

　　▶ 열 서식

　　　- 레이아웃: 범주 사이의 간격 '30', 계열 사이의 공간 '2'

　　▶ 데이터 레이블

　　　- 세부 정보 내용: 총 퍼센트, 글꼴 크기 '10'

　　▶ 행렬 차트를 '1-③' 위치에 배치

2 다음 지시사항에 따라 슬라이서와 테이블 차트를 구현하시오. `10점`

① 다음 조건으로 '문제3' 페이지에 슬라이서를 구현하시오. `3점`

　　▶ 활용 필드: 〈편의점판매〉 테이블의 [연령대] 필드

　　▶ 슬라이서 스타일: '세로 목록'

　　▶ 슬라이서 값: '내국인' 필터 적용

　　▶ 슬라이서를 '2-①'에 배치

② 다음 조건으로 <편의점판매> 테이블에 측정값을 추가하시오. `4점`

　　▶ 측정값 이름: [전월동기판매]

　　　- <편의점판매> 테이블의 [판매금액_합계] 측정값, <날짜> 테이블의 [Date] 필드

　　　- 1개월 전의 판매금액_합계의 값

　　　- 사용 함수: CALCULATE, DATEADD

　　　- 서식: '정수', 천 단위 구분 기호(,) 적용

▶ 측정값 이름: [증감비율%]

   - 활용 필드: <편의점판매> 테이블의 [판매금액_합계], [전월동기판매] 측정값

   - 전월 대비 이번 달 판매금액의 증감비율을 구하고 오류가 있을 때는 '0'으로 처리

   - (판매합계_금액-전월동기판매)/전월동기판매

   - 사용 함수: DIVIDE

   - 서식: '백분율', '소숫점 아래 2자리까지' 표시

③ 다음 조건으로 '문제3' 페이지에 테이블 차트를 구현하시오. `3점`

  ▶ 활용 필드

   - <날짜> 테이블의 [연도], [월] 필드

   - <편의점판매> 테이블의 [판매금액_합계], [전월동기판매], [증감비율%] 측정값

  ▶ 조건부 서식 적용

   - [증감비율%]이 0 이상이면 배경 색을 '테마 색 6'으로 지정

  ▶ 테이블 차트를 '2-③' 위치에 배치

3 다음 지시사항에 따라 행렬과 깔때기 차트를 구현하시오. `10점`

① 다음 조건으로 '문제3' 페이지에 새 열을 추가하고 행렬을 구현하시오. `3점`

  ▶ 새 열 이름: [성별구분]

   - 활용 필드: <편의점판매> 테이블의 [성별] 필드

   - [성별]이 1이면 '남자', 아니면 '여자'

   - 사용 함수: IF

  ▶ 활용 필드: 〈편의점판매〉 테이블의 [성별구분], [연령대] 필드, [판매금액_합계] 측정값

   - 행 영역에 계층으로 필드 추가

   - 계층 구조에서 한 수준 아래로 모두 확장

  ▶ 서로 다른 열로 모든 행을 나열

  ▶ 스타일 사전 설정: '좁게'

  ▶ 열 소계, 행 소계 모두 해제

  ▶ 행렬 차트를 '3-①' 위치에 배치

② 다음 조건으로 <편의점판매> 테이블에 새 열과 측정값을 추가하시오. `4점`

  ▶ 새 열 이름: [이용시간대]

   - 활용 필드: <편의점판매> 테이블의 [시간대] 필드

- [시간대]의 값이 '6'이면 '00~06시', '612'면 '06~12시', '1218'이면 '12~18시', '1824'면 '18~24시', 그 외는 '시간대 정보 없음'으로 계산
  - 사용 함수: SWITCH
- ▶ 측정값 이름: [이용건수]
  - 활용 필드: <편의점판매> 테이블
  - 편의점 판매의 전체 건수
  - 사용 함수: COUNTROWS
  - 서식: '정수', 천 단위 구분 기호(,) 적용

③ 다음 조건으로 '문제3' 페이지에 깔때기 차트를 구현하시오. 3점
  - ▶ 활용 필드: 〈편의점판매〉 테이블의 [이용시간대] 필드, [이용건수] 측정값
  - ▶ 데이터 레이블: 위치 '안쪽 가운데', 레이블 내용 '데이터 값, 이전 퍼센트'
  - ▶ 조건부 서식 적용
    - [그라데이션] 적용, 중간색 '테마 색 6', 최대값은 '테마 색 4'로 지정
  - ▶ 깔때기 차트를 '3-③' 위치에 배치

4 다음 지시사항에 따라 페이지와 시각적 개체 간 상호 작용 기능을 설정하시오. 10점

① 다음 조건으로 '문제3' 페이지에 단추를 구현하시오. 4점
  - ▶ 종류: '페이지 탐색기'
  - ▶ 페이지 표시: '문제2', '문제3'을 모든 페이지에 표시
  - ▶ 도형: '알약'
  - ▶ 스타일: '누르기' 상태일 때 [채우기] 색 '테마 색 3'
  - ▶ 단추를 '4-①' 위치에 배치

② 다음과 같이 시각적 개체의 상호 작용을 설정하시오. 3점
  - ▶ [외국인여부] 슬라이서: 100% 누적 세로 막대형 차트, 깔때기 차트와 상호 작용 '없음'
  - ▶ 100% 누적 세로 막대형 차트: 테이블 차트와 상호 작용 '없음'
  - ▶ 행렬 차트: 100% 누적 세로 막대형 차트, 깔때기 차트에 '필터'상호 작용으로 지정

③ 다음과 같이 [100% 누적 세로 막대형] 차트에 필터를 설정하시오. 3점
  - ▶ 〈편의점판매〉 테이블의 [광역]을 [판매금액_합계] 기준 위쪽 '8'까지의 데이터만 표시

1. 다음 지시사항에 따라 데이터 가져오기 및 파워 쿼리 편집기를 활용한 데이터 편집을 수행하시오. 10점

① 데이터 파일을 가져온 후 데이터를 편집하시오. 4점

▶ 가져올 데이터: '지하철승하차 및 날씨정보.xlsx' 파일의 〈서울_지하철_ 승하차_20211231〉, 〈서울_지하철_
　승하차_20222131〉, 〈날씨와강수량〉 테이블

▶ 〈승하차_2021〉, 〈승하차_2022〉 테이블 이름 변경

소스 C:\PB\Part 3\예상문제2\　　정답파일 예상문제_2회_정답.pbix

---

01 [예상문제2\예상문제_2회_답안.
pbix]파일을 더블클릭하여 연다.

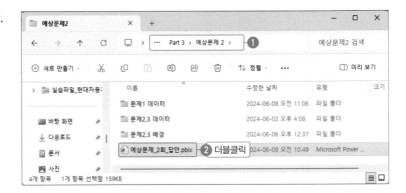

02 [홈] 탭 – [데이터] 그룹 – [Excel 통
합 문서]를 클릭한다.

03 [Part 3\예상문제2\문제1 데이터\
지하철승하차 및 날씨정보.xlsx] 파일
을 선택한 후 [열기]를 클릭한다.

> **TIP**
>
> 파일을 더블클릭하여 선택해도 된다.

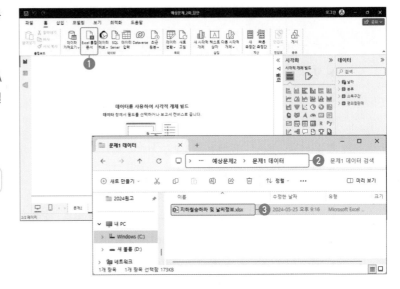

04 [탐색 상]이 나타나면 <날씨와강수량>, <서울_지하철_승하차_2021 1231>,<서울_지하철_승하차_2022 1231>의 체크박스에 체크한 후 [로드]을 클릭한다.

05 [테이블 뷰(▦)]로 이동한 후 [데이터] 창에서 로드된 테이블을 확인한다.

> **TIP**
>
> 실제 시험에서는 시간이 소요될 수 있음으로 데이터를 확인하는 단계는 거치지 않아도 된다.

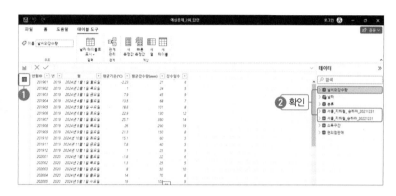

06 데이터 전처리를 수행하기 위해 [홈] 탭 - [쿼리] 그룹 - [데이터 변환]을 클릭하여 파워 쿼리 편집기를 실행한다.

07 파워 쿼리 편집기의 [쿼리] 창에서 <서울_지하철_승하차_20211231> 테이블을 선택한 후 [쿼리 설정] 창에서 [속성]의 [이름]을 '승하차_2021'로 변경한다.

08 같은 방법으로 <서울_지하철_승하차_20221231> 테이블을 '승하차_2022'로 변경한다.

② <승하차_2021> 테이블을 활용하여 쿼리를 수행하시오. 3점

▶ 첫 행을 머리글로 사용

▶ [2021년1월] 필드부터 [2021년12월] 필드의 'null'값을 '0'으로 변경

▶ [2021년1월] 필드부터 [2021년12월] 필드를 열 피벗 해제

▶ 필드 이름 변경: [특성] → [수송년월], [값] → [수송인원수]

▶ 데이터 형식 변경: [수송년월] 필드 '날짜'

01 [쿼리] 창에서 <승하차_2021>을 선택한 후 [홈] 탭 – [변환] 그룹 – [첫 행을 머리글로 사용]을 클릭한다.

02 [2021년1월] 필드를 클릭하고 Shift 키를 누른 채 [2021년12월] 필드를 클릭한 후 [홈] 탭 – [변환] 그룹 – [값 바꾸기]를 클릭한다.

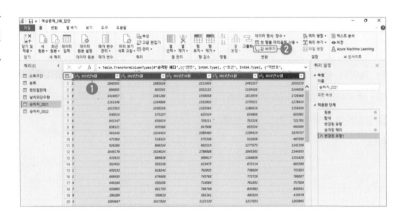

03 [값 바꾸기] 창이 나타나면 [찾을 값]에 'null', [바꿀 항목]에는 '0'을 입력한 후 [확인]을 클릭한다.

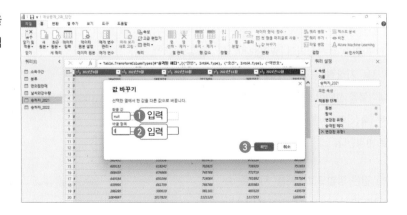

04 [변환] 탭 – [열] 그룹 – [열 피벗 해제]를 선택한다.

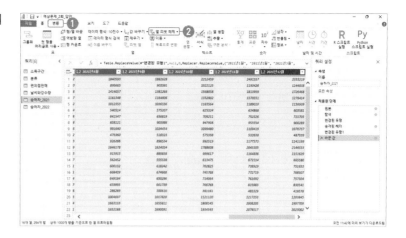

05 [특성] 열의 열 머리글을 더블클릭하여 '수송년월'로 변경하고, [값] 열은 '수송인원수'로 변경한다.

06 [수송년월] 필드의 아이콘을 클릭한 후 [날짜]를 선택한다.

TIP

데이터 형식 변경은 메뉴를 사용하지 않고 필드명의 아이콘을 클릭해 변경하는 것이 가장 빠르다.

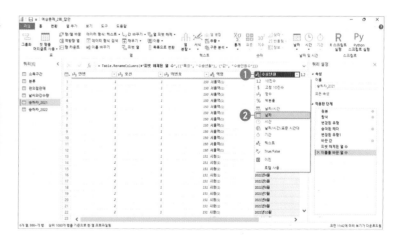

③ <날씨와강수량> 테이블을 활용하여 쿼리를 수행하시오. 3점

▶ [월] 필드에서 '2024-01-01'을 '1월'로 변환

▶ [년] 필드에서 '2021'과 '2022'만 추출

▶ 데이터 형식 변경: [년월ID] '텍스트'

01 [쿼리] 창에서 <날씨와강수량> 테이블을 선택한다.

02 [월] 필드를 선택하고 [변환] 탭 – [날짜 및 시간] 그룹 – [날짜]를 클릭한후 [월] – [월 이름]을 선택한다.

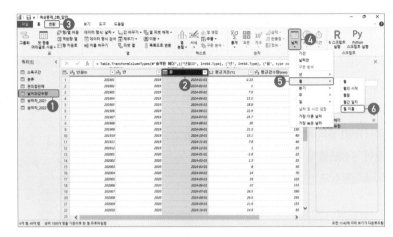

03 [년] 필드의 ▽(필터 단추)를 클릭한 후 '2019', '2020'을 클릭해 해제하고 [확인]을 클릭한다.

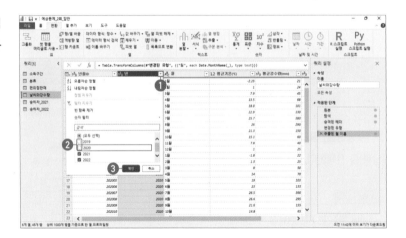

04 [년월ID] 필드의 123를 클릭한 후 [텍스트]를 선택한다.

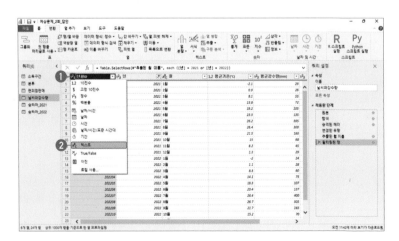

2. 파워 쿼리 편집기를 통해 쿼리를 결합하고 데이터 모델링 작업을 수행하시오. [10점]

① 파워 쿼리 편집기에서 <승하차_2021>과 <승하차_2022> 테이블을 사용해 새 쿼리를 추가하여 결합하시오. [3점]

▶ 쿼리를 새 항목으로 추가하여 〈승하차_2021〉과 〈승하차_2022〉 테이블 결합

▶ 새 쿼리 이름: 〈서울지하철수송인원〉

▶ [연번] 필드 삭제

▶ 〈승하차_2021〉, 〈승하자_2022〉 테이블의 로드 사용 해제

01 [쿼리] 창에서 <승하차_2021>을 선택한 후 [홈] 탭 – [결합] 그룹 – [쿼리 추가]의 ⬝를 클릭한 후 [쿼리를 새 항목으로 추가]를 선택한다.

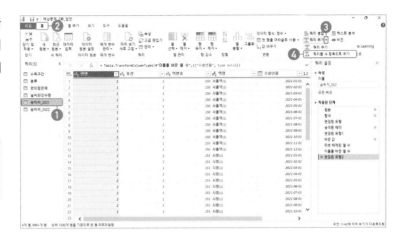

TIP

[쿼리] 창의 빈 영역에서 마우스 오른쪽 버튼을 클릭한 후 [새 쿼리]를 선택해 실행해도 된다.

02 [추가] 창이 나타나면 [두 번째 테이블]에서 <승하차_2022> 테이블을 선택한 후 [확인]을 클릭한다.

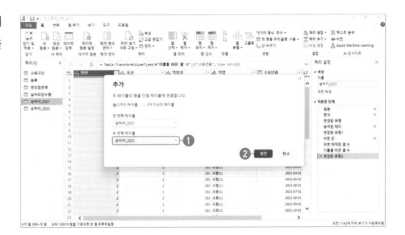

03 추가된 <추가1> 쿼리를 선택하고 [쿼리 설정] 창의 이름란에 '서울지하철수송인원'을 입력한 후 Enter 키를 누른다.

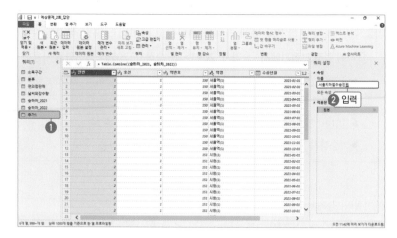

04 [연번] 필드를 선택하고 마우스 오른쪽 버튼을 클릭한 후 [제거]를 선택한다.

05 [쿼리] 창의 <승하차_2021>에서 마우스 오른쪽 버튼을 클릭한 후 [로드 사용]의 체크를 해제한다.

06 [가능한 데이터 손실 경고] 대화상자가 열리면 [계속]을 클릭한다. <승하차_2021>이 기울임체로 바뀐 것을 확인한다.

07 같은 방법으로 <승하차_2022>도 [로드 사용]을 해제한다.

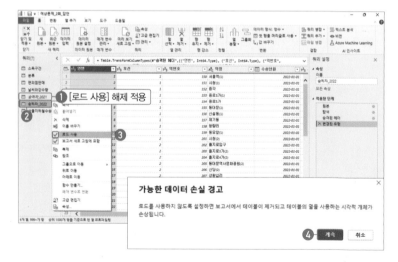

408

② <서울지하철수송인원> 테이블에 [수송년월] 열을 복제하여 편집하시오. 3점

  ▶ 복제된 열 이름: [년월]

  ▶ 데이터 형식 변경: '텍스트'

  ▶ '-' 문자 삭제 후 처음 문자 '6'자리 추출

③ <서울지하철수송인원> 테이블과 <날씨와강수량> 테이블 간에 관계를 설정하시오. 4점

  ▶ 활용 필드: 〈서울지하철수송인원〉 테이블의 [년월], 〈날씨와강수량〉 테이블의 [년월ID]

  ▶ 기준(시작) 테이블: 〈서울지하철수송인원〉 테이블

  ▶ 카디널리티: '다대일(*:1)'

  ▶ 크로스 필터 방향: '단일'

---

01 [쿼리] 창에서 <서울지하철수송인원>을 선택하고 [수송년월] 필드를 선택한 후 [열 추가] 탭 – [일반] 그룹 – [열 복제]를 클릭한다.

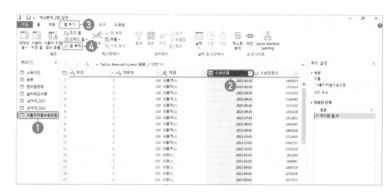

02 복제된 열의 이름을 '년월'로 변경하고 ▦를 클릭한 후 데이터 형식을 [텍스트]로 선택한다.

03 [년월] 필드를 선택하고 [홈] 탭 – [변환] 그룹 – [값 바꾸기]를 클릭한다.

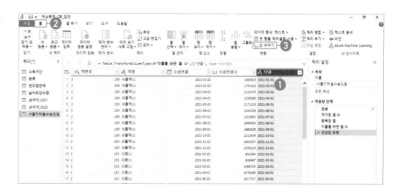

04 [값 바꾸기] 창이 나타나면 [찾을 값]에 '–'를 입력하고 [바꿀 항목]은 빈 값으로 둔 후 [확인]을 클릭한다.

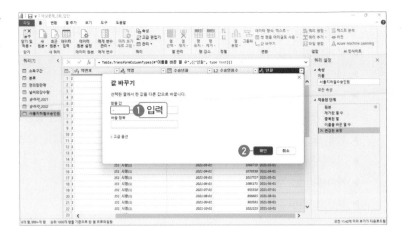

05 [변환] 탭 – [텍스트] 그룹 – [추출]을 클릭한 후 [처음 문자]를 선택한다.

06 [처음 문자 추출] 창이 나타나면 [개수]에 '6'을 입력한 후 [확인]을 클릭한다.

07 쿼리 편집이 끝나면 [홈] 탭 – [닫기] 그룹 – [닫기 및 적용]을 클릭해 파워 쿼리 편집기를 종료한다.

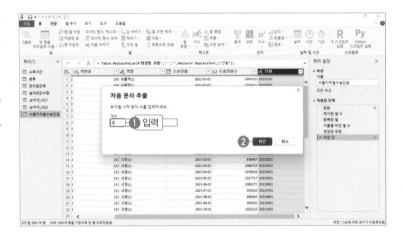

08 Power BI Desktop에서 [홈] 탭 – [관계] 그룹 – [관계 관리]를 클릭하여 [관계 관리] 창이 나타나면 [새로 만들기]를 클릭한다.

09 [관계 만들기] 창이 나타나면 첫 번째 목록에서 <서울지하철수송인원> 테이블을 선택하고 [년월] 필드를 선택한다.

10 두 번째 목록에서 <날씨와강수량> 테이블을 선택하고 [년월ID] 필드를 선택한다.

11 [카디널리티]가 '다대일(*:1)', [크로스 필터 방향]은 '단일'임을 확인한 후 [확인]을 클릭한다.

12 [관계 관리] 창에 새로운 관계가 나타나면 [닫기]를 클릭한다.

13 [모델 보기(⊞)]를 클릭하여 화면을 이동하면 추가된 관계가 다이어그램에서 확인된다.

TIP

필드를 드래그&드롭하여 관계를 작성할 수 있으며, 작성된 관계 선을 더블클릭하여 관계 옵션(카디널리티, 크로스 필터 방향)을 설정할 수도 있다.

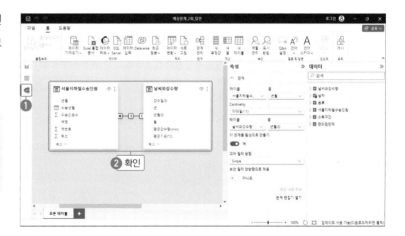

3. 다음 지시사항에 따라 계산 열 및 측정값을 추가하시오. 10점

① <서울지하철수송인원> 테이블의 [년월], [역명] 필드를 기준으로 그룹화하고 [수송인원수]가 '200만명' 이상인 역의 개수를 [총역수] 필드로 요약한 테이블을 작성하시오. 3점

▶ 요약 테이블 이름: 〈200만이상수송〉

▶ 활용 필드: 〈서울지하철수송인원〉 테이블의 [년월], [역명], [수송인원수]

▶ 요약된 테이블의 필드: [년월], [역명], [총역수]

▶ 사용 함수: SUMMARIZECOLUMNS, FILTER, COUNTA

---

01 [테이블 뷰(▦)]를 클릭해 화면을 이동한 후 새 테이블을 작성하기 위해 [홈] 탭 – [계산] 그룹 – [새 테이블]을 클릭한다.

TIP

[테이블 도구] 탭 – [계산] 그룹 – [새 테이블]을 사용해도 된다.

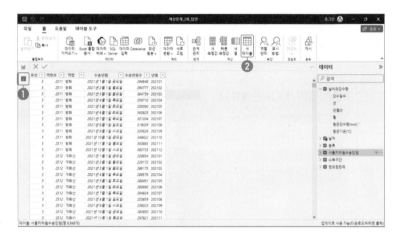

02 수식 입력줄에 수식을 작성하고 Enter 키를 누른다.

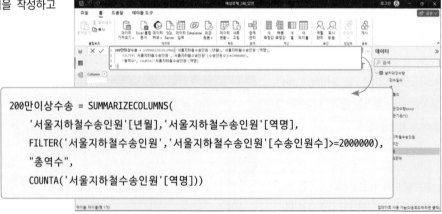

```
200만이상수송 = SUMMARIZECOLUMNS(
    '서울지하철수송인원'[년월], '서울지하철수송인원'[역명],
    FILTER('서울지하철수송인원', '서울지하철수송인원'[수송인원수]>=2000000),
    "총역수",
    COUNTA('서울지하철수송인원'[역명]))
```

① SUMMARIZECOLUMNS(<groupBy_columnName> [, < groupBy_columnName >]…, [<filterTable>]…[, <name>, <expression>]…)
하나 이상의 열을 기반으로 요약 테이블을 생성한다.

② FILTER(<table>, <filter>)
필터링된 행만 포함하는 테이블을 반환한다.

③ COUNT(<Column>)
열에 있는 값의 수를 계산한다.

② <서울지하철수송인원>, <날씨와강수량> 테이블을 사용하여 다음의 측정값을 작성하시오. **4점**

▶ 측정값 이름: [온도에 따른 이용객수]

- 활용 필드: <서울지하철수송인원> 테이블의 [수송인원수] 필드, <날씨와강수량> 테이블의 [평균기온] 필드
- 사용 함수 및 연산자: CALCULATE, SUM, OR
- [평균기온]이 30도 이상이거나 5도 이하일 때의 [수송인원수]의 합계
- 서식: '정수', 천 단위 구분 기호(**,**)

▶ 측정값 이름: [날씨변화에 따른 이용률]

- 활용 필드: 측정값 [온도에 따른 이용객수], <서울지하철수송인원> 테이블의 [수송인원수] 필드
- 사용 함수: DIVIDE, SUM
- [수송인원수]에 따른 [온도에 따른 이용객수]의 비율
- 서식: '백분율(**%**)', '소수점 아래 2자리까지' 표시

01 새 측정값을 추가하기 위해 [데이터] 창의 <서울지하철수송인원> 테이블을 선택한 후 [테이블 도구] 탭 – [계산] 그룹 – [새 측정값]을 클릭한다.

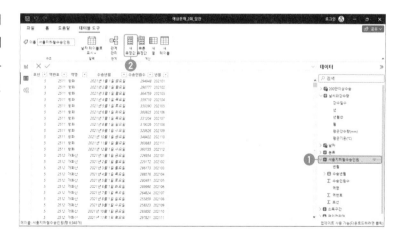

02 수식 입력줄에 수식을 작성하고 Enter 키를 누른다.

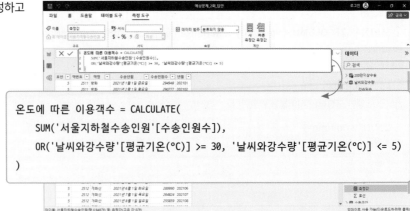

온도에 따른 이용객수 = CALCULATE(
    SUM('서울지하철수송인원'[수송인원수]),
    OR('날씨와강수량'[평균기온(℃)] >= 30, '날씨와강수량'[평균기온(℃)] <= 5)
)

03 [측정 도구] 탭 - [서식] 그룹 - [서식]은 '정수', ⁹(천 단위 구분 기호)를 클릭한다.

04 [데이터] 창의 <서울지하철수송인원> 테이블을 다시 선택하고 [테이블 도구] 탭 – [계산] 그룹 – [새 측정값]을 클릭한다.

> **TIP**
>
> 앞에 추가한 측정값과 같은 테이블에 추가할 때는 바로 [측정 도구] 탭 – [계산] 그룹 – [새 측정값]을 클릭해도 된다.

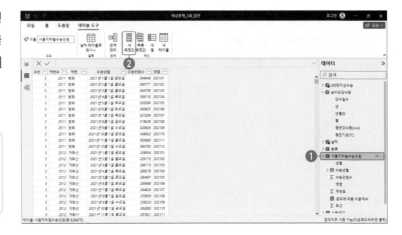

05 수식 입력줄에 다음 수식을 작성하고 Enter 키를 누른다.

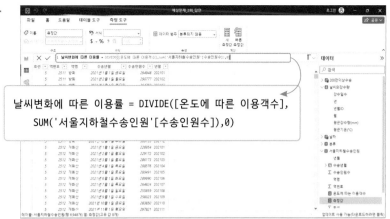

날씨변화에 따른 이용률 = DIVIDE([온도에 따른 이용객수],
SUM('서울지하철수송인원'[수송인원수]),0)

06 [측정도구] 탭 - [서식] 그룹 - 백분율(%), 소수 자릿수는 '2'로 설정한다.

함수

① CALCULATE(<expression>[, <filter1> [, <filter2> [, …]]])
필터링된 데이터를 대상으로 식을 계산한다.

② SUM(<column>)
열에 있는 모든 수를 더한 값을 반환한다.

③ OR(<logical1>,<logical2>)
두 인수가 모두 FALSE이면 FALSE, 아니면 TRUE를 반환한다.

④ DIVIDE(<numerator>, <denominator>, [<alternateResult>])
분자를 분모로 나누고, 분모가 0인 경우 대체 결과(alternateResult)를 반환한다. <alternateResult> 인수를 지정하지 않으면 공백을 반환한다.

③ 측정값 테이블을 사용하여 다음 측정값을 작성하여 추가하시오. `3점`

▶ [데이터 입력] 명령을 사용하여 테이블 이름이 "_측정값T"인 테이블 생성

▶ 측정값 이름: [서울지역_역수]

   - 활용 필드: <서울지하철수송인원> 테이블의 [역번호] 필드

   - 사용 함수: DISTINCTCOUNT

   - 서식: '정수', 천 단위 구분 기호(**,**)

▶ 테이블에 추가할 측정값: [온도에 따른 이용객수], [날씨변화에 따른 이용률], [서울지역_역수]

01 측정값만을 포함할 '_측정값T' 테이블을 작성하기 위해 [홈] 탭 – [데이터] 그룹 – [데이터 입력]을 클릭한다.

02 [테이블 만들기] 창이 나타나면 [테이블 이름]에 '_측정값T'를 입력하고 [로드]를 클릭한다.

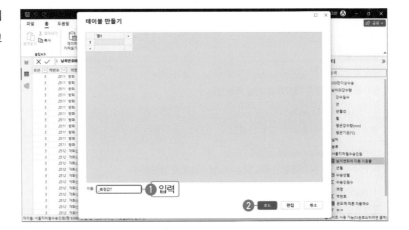

416

03 새 측정값을 작성하기 위해 [데이터] 창에서 <_측정값T> 테이블을 선택한 후 [테이블 도구] 탭 – [계산] 그룹 – [새 측정값]을 클릭한다.

04 수식 입력줄에 다음 수식을 작성하고 Enter 키를 누른다.

05 [측정 도구] 탭 - [서식] 그룹에서 [서식]은 '정수', , (천 단위 구분 기호), 소수 자릿수는 '0'으로 설정한다.

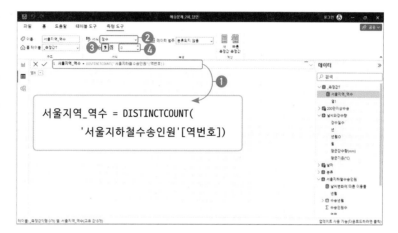

서울지역_역수 = DISTINCTCOUNT(
　　　　'서울지하철수송인원'[역번호])

06 [데이터] 창에서 <서울지하철수송인원> 테이블의 [날씨변화에 따른 이용률] 측정값을 선택하고 [측정 도구] 탭 – [구조] 그룹 - [홈 테이블]의 ⯆를 클릭한 후 '_측정값T'를 선택한다.

07 같은 방법으로 [온도에 따른 이용객수] 측정값을 <_측정값T> 테이블에 추가한다.

<시각화 완성화면> 각 세부문제 풀이 후 '문제2' 페이지에 아래와 같이 개체를 배치하시오.

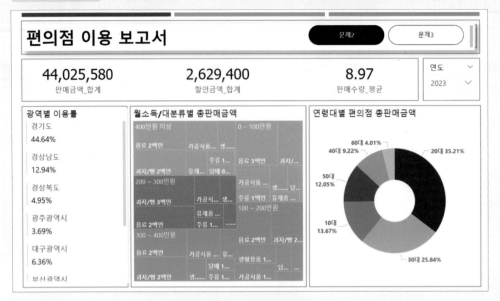

계산식 작성에 사용되는 문자열은 쌍따옴표(" ")를 사용하여 작성하시오.

1. '문제2', '문제3' 페이지의 전체 서식을 설정하시오. 5점

① 보고서 전체의 테마를 설정하고 적용된 테마를 사용자 지정하시오. 3점

▶ 보고서 테마: 'Highrise'

▶ 테마 사용자 지정 (텍스트)
  - 일반: 'Segoe UI', '12pt'
  - 제목: 'Segoe UI Bold', '14pt'
  - 카드 및 KPI: 'Tahoma', '28pt'

▶ 캔버스 배경 이미지
  - '문제2' 페이지: '문제2_배경.png'
  - '문제3' 페이지: '문제3_배경.png'
  - 투명도: '0%'

01 [보고서 보기(📊)]를 클릭한 후 [문제2] 페이지를 선택한다.

02 [시각화] 창 - [서식 페이지] – [캔버스 배경]에서 [찾아보기]를 클릭한다.

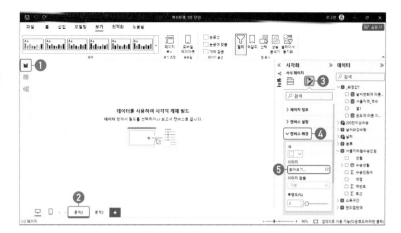

03 [예상문제2\문제2,3 배경\문제2_배경.png] 파일을 선택한 후 [열기]를 클릭한다.

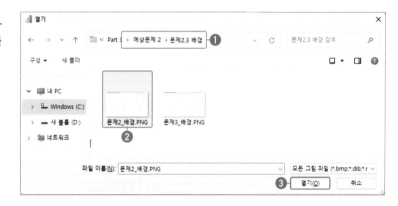

04 [이미지 맞춤]은 '기본', [투명도]는 '0%'인지 확인한다.

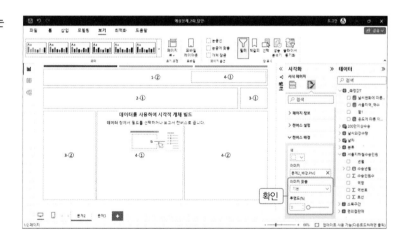

05 같은 방법으로 [문제3] 페이지의 배경을 '문제3_배경.png' 파일로 설정한다.

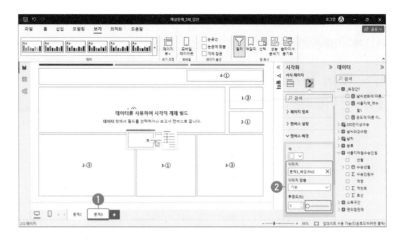

06 [보기] 탭 – [테마] 그룹의 ▾를 클릭한 후 [Power BI]에서 [Highrise]를 선택한다.

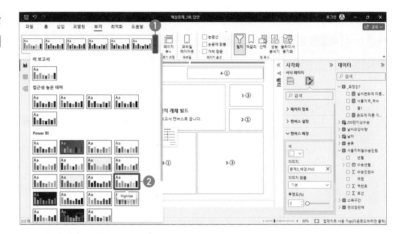

07 현재 테마에 서식을 지정하기 위해 [보기] 탭 – [테마] 그룹의 ▾를 클릭한 후 [현재 테마 사용자 지정]을 선택한다.

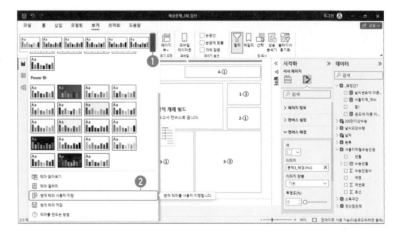

08 [테마 사용자 지징] 창에서 [텍스트] – [일반]을 선택한 후 [글꼴 패밀리]는 'Segoe UI', [글꼴 크기]는 '12pt'로 설정한다.

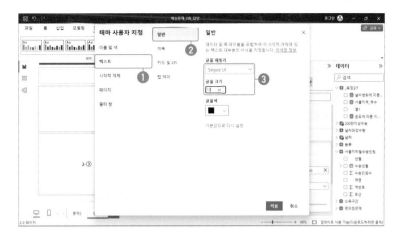

09 [제목]을 선택한 후 [글꼴 패밀리]는 'Segoe UI Bold', [글꼴 크기]는 '14pt'로 설정한다.

10 [카드 및 KPI]를 선택한 후 [글꼴 패밀리]는 'Tahoma', [글꼴 크기]는 '28pt'로 설정한 후 [적용]을 클릭한다.

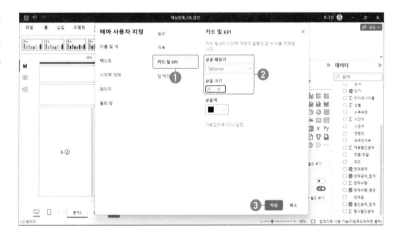

② '문제2' 페이지 상단에 다음과 같이 텍스트 상자를 사용해 제목을 작성하시오. 2점

▶ 텍스트 상자에 내용 입력: "편의점 이용 보고서"
  - 일반: 'Arial Black', '32pt', '굵게'
▶ 그림자 효과 지정
▶ 텍스트 상자를 '1–②' 위치에 배치
▶ '문제3' 페이지에 텍스트 상자 복사

01 [문제2] 페이지에 텍스트 상자를 삽입하기 위해 [삽입] 탭 – [요소] 그룹 – [텍스트 상자]를 클릭한다.

02 텍스트 상자에 '편의점 이용 보고서'를 입력한다.

03 입력한 텍스트를 드래그하여 선택한 후 [글꼴]은 'Arial Black', [글꼴 크기]은 '32', '굵게'로 설정한다.

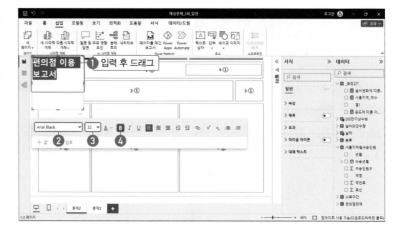

04 [서식] 창 – [일반] 탭 – [효과]에서 [그림자] 옵션을 설정한다.

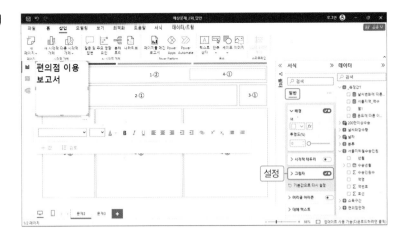

05 텍스트 상자의 크기를 적절히 조절한 후 '1-②' 위치에 배치한다.

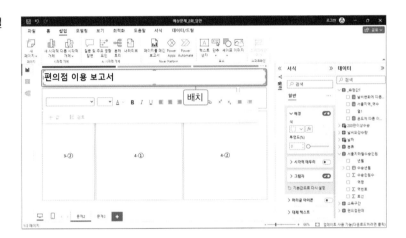

06 완성된 텍스트 상자를 Ctrl+C 키를 눌러 복사한 후 [문제3] 페이지로 이동해 Ctrl+V 키를 눌러 붙여넣기한다.

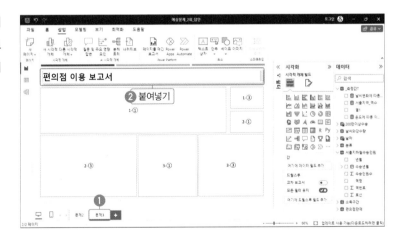

2. 다음 지시사항에 따라 카드를 구현하시오. 5점

① 다음 조건으로 '문제2' 페이지에 카드를 구현하시오. 3점

▶ 활용 필드, 설명 값, 범주 레이블 서식

- <편의점판매> 테이블의 [판매금액_합계], [할인금액_합계], [판매수량_평균]
- 설명 값 글꼴: 'Tahoma', '28pt'
- 범주 레이블 글꼴: '14pt'

▶ 표시 단위 및 값 소수 자릿수

- 표시 단위: '없음'
- 값 소수 자릿수: '자동'

② 카드를 순서대로 '2-①' 위치에 배치하시오. 2점

---

01 [문제2] 페이지로 이동한 후 [시각화] 창 – [시각적 개체 빌드]에서 [카드(▤)]를 선택한다.

02 [데이터] 창에서 <편의점판매> 테이블의 [판매금액_합계] 측정값을 [필드] 영역으로 드래그하여 추가한다.

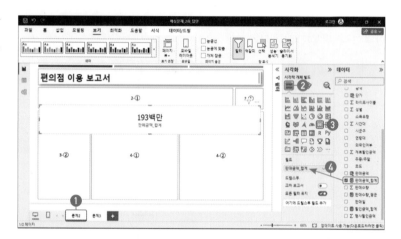

03 [시각화] 창 – [시각적 개체 서식 지정] – [시각적 개체] 탭 – [설명 값]에서 글꼴을 확인하고 [표시 단위]를 '없음'으로 설정한다.

> **TIP**
>
> [테마 사용자 지정] 창에서 이미 카드의 글꼴과 크기를 정의했다.

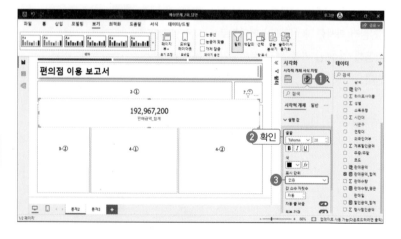

04 [시각적 개체] 탭 – [범주 레이블]에서 [글꼴 크기]를 '14'로 설정한다.

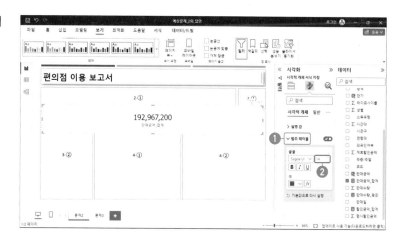

05 카드 개체의 크기를 조절한 후 '2-①' 위치에 배치한다.

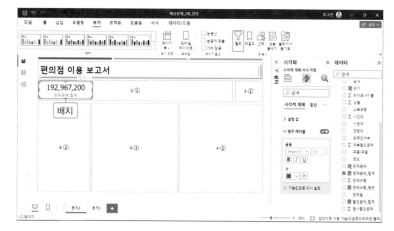

06 작성된 카드를 Ctrl + C 키를 눌러 복사한 후 Ctrl + V 키를 두 번 눌러 붙여넣기 하고 '2-①' 위치에 나란히 배치한다.

07 복사된 카드에서 [판매금액_합계] 측정값을 제거한 후 각각 <편의점판매> 테이블의 [할인금액_합계], [판매수량_평균] 측정값으로 변경한다.

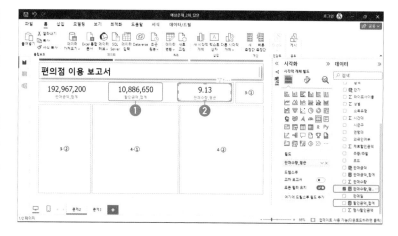

3. 다음 지시사항에 따라 슬라이서와 여러 행 카드를 구현하시오. `10점`

① 다음 조건으로 '문제2' 페이지에 슬라이서를 구현하시오. `3점`

> ▶ 활용 필드
>> - <날짜> 테이블의 [연도] 필드
> ▶ 슬라이서 스타일: '드롭다운'
> ▶ 슬라이서 머리글과 값: 글꼴 크기 '14'
> ▶ '2023' 선택
> ▶ 슬라이서를 '3-①' 위치에 배치

---

01 [문제2] 페이지의 빈 영역을 클릭한 후 [시각화] 창 – [시각적 개체 빌드]에서 [슬라이서(🔲)]를 선택한다.

02 [데이터] 창에서 <날짜> 테이블의 [연도] 필드를 [필드] 영역으로 드래그하여 추가한다.

> **TIP**
>
> [연도] 필드의 체크박스에 체크하여 필드를 추가할 수도 있다.

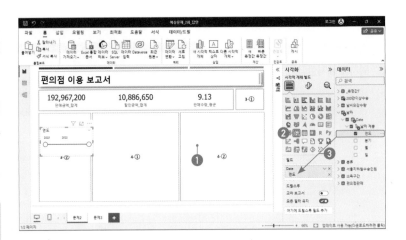

03 [시각화] 창 – [시각적 개체 서식 지정] – [시각적 개체] 탭 – [슬라이서 설정]에서 [스타일]을 '드롭다운'으로 설정한다.

04 [시각적 개체] 탭 - [슬라이서 머리글]에서 [텍스트]의 [글꼴 크기]를 '14'로 설정한다.

05 [값]에서 [값]의 [글꼴 크기]를 '14'로 설정한다.

06 슬라이서 개체의 '모두' 부분을 클릭한 후 '2023'을 선택한다.

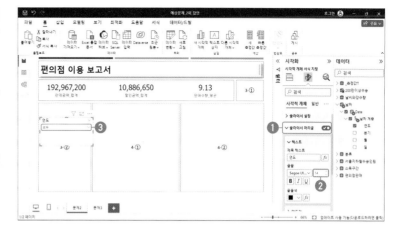

07 슬라이서 개체의 크기를 조절한 후 '3-①' 위치에 배치한다.

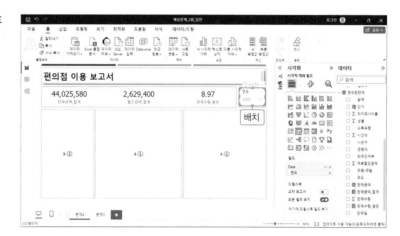

② 다음과 같이 여러 행 카드를 구현하시오. `4점`

▶ 활용 필드
   - <편의점판매> 테이블의 [광역], [판매수량] 필드
▶ [판매수량] 필드의 값 표시: '총합계의 백분율'
▶ 차트 제목: 텍스트 "광역별 이용률", 글꼴 크기 '16'
▶ 설명 값: 글꼴 크기 '15'
▶ 범주 레이블 제거
▶ 카드 서식: 제목 글꼴 크기 '14', '테마 색 5'
▶ 악센트 바: '테마 색 7', 너비 '2'
▶ 여러 행 카드를 '3-②' 위치에 배치

③ [GT% 합계 판매수량개]를 기준으로 3% 이상 [지역]만 표시되도록 필터를 적용하시오. `3점`

01 새 개체를 추가하기 위해 보고서의 빈 공간을 클릭한 후 [시각화] 창 – [시각적 개체 빌드]에서 [여러 행 카드(▤)]를 선택한다.

02 [데이터] 창에서 <편의점판매> 테이블의 [광역], [판매수량] 필드를 [필드] 영역으로 드래그하여 추가한다.

03 [필드] 영역에 추가한 [판매수량] 필드의 ∨를 클릭한 후 [다음 값으로 표시] – [총합계의 백분율]을 선택한다.

04 [시각화] 창 – [시각적 개체 서식 지정] – [시각적 개체] 탭 – [설명 값]에서 [글꼴 크기]는 '15'로 설정하고, [범주 레이블] 옵션을 해제한다.

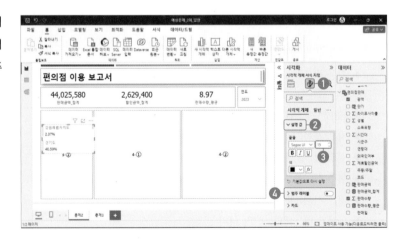

05 [시각적 개체] 탭 – [카드] - [제목]에서 [글꼴 크기]는 '14', [색]은 '테마 색 5'로 설정한다.

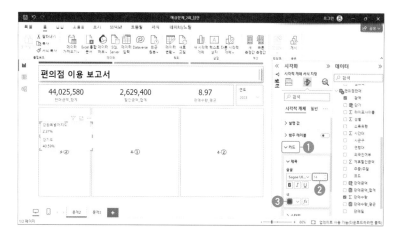

06 [시각적 개체] 탭 – [악센트 바]에서 [색]은 '테마 색 7', [너비]는 '2'로 설정한다.

07 [일반] 탭에서 [제목] 옵션을 설정한 후 [제목]의 [텍스트]에 '광역별 이용률'을 입력하고, [글꼴 크기]는 '16'으로 설정한다.

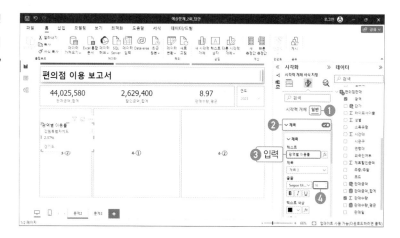

08 차트의 크기를 조절한 후 '3-②' 위치에 배치한다.

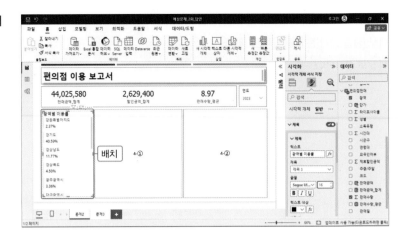

09 [필터] 창 – [%GT 합계 판매수량 개]에서 [다음 값일 경우 항목 표시]를 '보다 크거나 같음'으로 선택하고 아래 입력란에 '3%'를 입력한 후 [필터 적용]을 클릭한다.

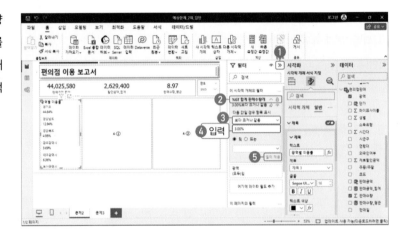

4. 다음 지시사항에 따라 Treemap 치트와 도넛형 차드를 구현하시오. 10점

① 다음 조건으로 '문제2' 페이지에 Treemap 차트를 구현하시오. 3점

▶ 활용 필드

- <소득구간> 테이블의 [월소득], <분류> 테이블의 [대분류] 필드

- <편의점판매> 테이블의 [판매금액_합계] 측정값

▶ 차트 서식 지정

- 제목 텍스트: "월소득/대분류별 총판매금액", 글꼴 크기 '16'

- 데이터 레이블: 글꼴 '굵게'

- 색: '테마 색 8, 60% 더 밝게'

▶ Treemap 차트를 '4-①' 위치에 배치

---

01 새 개체를 추가하기 위해 보고서의 빈 공간을 클릭한 후 [시각화] 창 - [시각적 개체 빌드]에서 [트리맵 차트(▥)]를 클릭한다.

02 [데이터] 창에서 다음 필드를 필드 영역으로 드래그하여 추가한다.

- 범주: <소득구간> 테이블의 [월 소득] 필드
- 자세히: <분류> 테이블의 [대분류] 필드

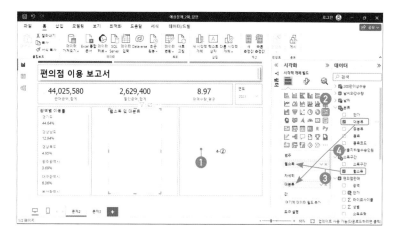

03 [데이터] 창에서 <편의점판매> 테이블의 [판매금액_합계] 측정값을 [값] 영역으로 드래그하여 추가한다.

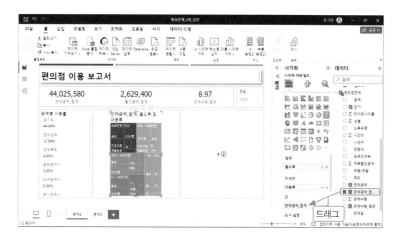

04 [시각화] 창 – [시각적 개체 서식 지정] – [시각적 개체] 탭에서 [데이터 레이블] 옵션을 설정한 후 [글꼴]은 '굵게'로 설정한다.

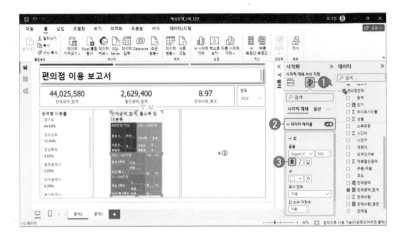

05 [시각적 개체] 탭 – [색]에서 [400만원 이상]은 '테마 색 8, 60% 더 밝게'로 설정한다.

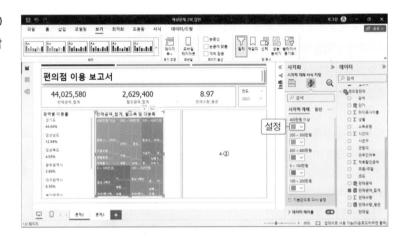

06 [일반] 탭 – [제목] – [제목]에서 [텍스트]에 '월소득/대분류별 총판매금액'을 입력하고, [글꼴 크기]는 '16'으로 설정한다.

07 Treemap 차트의 크기를 적절히 조절한 후 '4-①' 위치에 배치한다.

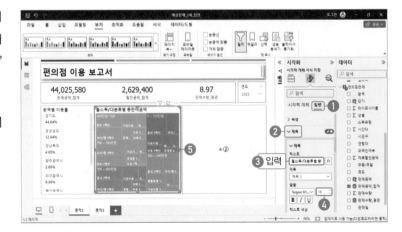

② 다음과 같이 도넛형 차트를 구현하시오. 4점

▶ 활용 필드
  - <편의점판매> 테이블의 [연령대] 필드, [판매금액_합계] 측정값
▶ 차트 제목 서식
  - 제목 텍스트: '연령대별 편의점 총판매금액', 글꼴 크기 '16'
▶ 조각: 내부 반경 '40'
▶ 범례: 제거
▶ 세부 정보 레이블
  - 레이블 내용: '범주, 총 퍼센트'
  - 위치: '바깥쪽 우선'
▶ 값: 글꼴 크기 '11', '굵게'
▶ 도넛형 차트를 '4-②' 위치에 배치

01 새 개체를 추가하기 위해 보고서의 빈 공간을 클릭한 후 [시각화] 창 – [시각적 개체 빌드]에서 [도넛형 차트(◉)]를 클릭한다.

02 [데이터] 창에서 <편의점판매> 테이블의 다음 필드를 필드 영역으로 드래그하여 추가한다.

• 범례: [연령대] 필드
• 값: [판매금액_합계] 측정값

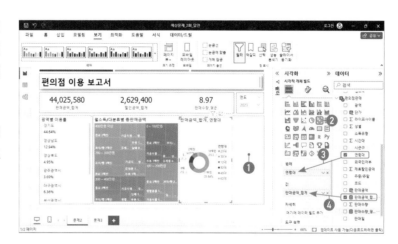

03 [시각화] 창 – [시각적 개체 서식 지정] - [일반] 탭 – [제목] – [제목]에서 [텍스트]에 '연령대별 편의점 총판매금액'을 입력하고 [글꼴 크기]는 '16'으로 설정한다.

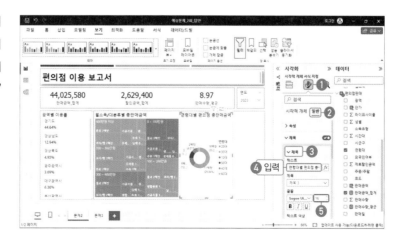

04 [시각적 개체] 탭 – [조각] – [간격]에서 [내부 반경(%)]을 '40'으로 설정한다.

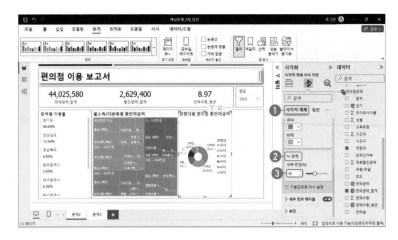

05 [범례] 옵션은 해제한다.

06 [세부 정보 레이블] – [옵션]에서 [위치]는 '바깥쪽 우선', [레이블 내용]은 '범주, 총 퍼센트'로 선택한다.

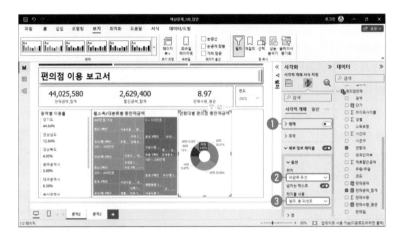

07 [세부 정보 레이블] - [값]에서 [글꼴 크기]는 '11', '굵게'로 설정한다.

08 도넛형 차트의 크기를 적절히 조절한 후 '4-②' 위치에 배치한다.

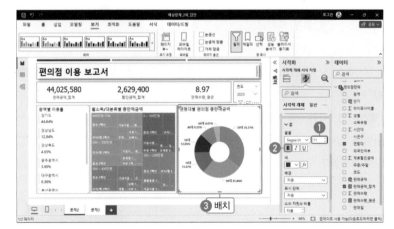

③ 다음 조건으로 각 차트에 도구 설명과 서식을 추가하시오. 3점

▶ Treemap 차트: 도구 설명에 [판매수량] 필드가 표시되도록 추가

▶ 도넛형 차트 서식
  - 조각 색: 20대 '테마 색 8'

01 Treemap 차트를 선택한 후 [데이터] 창에서 <편의점판매> 테이블의 [판매수량] 필드를 [도구 설명]으로 드래그하여 추가한다.

02 Treemap 차트에 마우스를 올려 도구 설명이 표시되면 '합계 판매수량 개'가 나타나는지 확인한다.

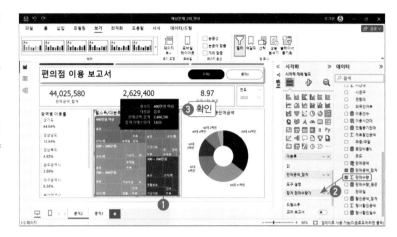

03 도넛형 차트를 선택하고 [시각화] 창 – [시각적 개체 서식 지정] – [시각적 개체] 탭 – [조각] – [색]에서 [20대]의 색을 '테마 색 8'로 설정한다.

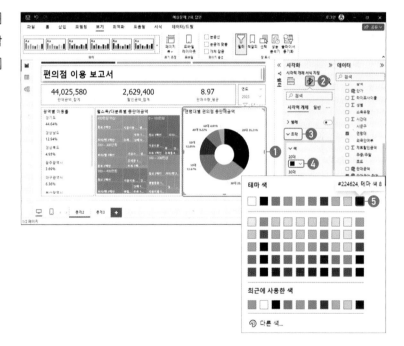

<시각화 완성화면> 각 세부문제 풀이 후 '문제3' 페이지에 아래와 같이 개체를 배치하시오.

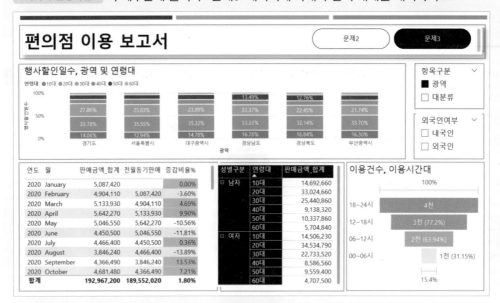

1. 다음 지시사항에 따라 100% 누적 세로 막대형 차트를 구현하시오. 10점

① 다음 조건으로 매개 변수를 추가하고 '문제3' 페이지에 슬라이서를 구현하시오. 3점

- ▶ 필드 매개 변수 추가
  - 이름: 구분
  - 필드: [광역], [대분류] 추가
  - 이 페이지에 슬라이서 추가 옵션 설정
  - 매개 변수 측정값 이름 변경: '구분' → '항목구분'
- ▶ 슬라이서 스타일: '세로 목록'
- ▶ 값: 글꼴 크기 '14'
- ▶ 슬라이서 값: '광역' 필터 적용
- ▶ 슬라이서를 '1–①' 위치에 배치

01 [문제3] 페이지를 선택한다.

02 새 매개 변수를 추가하기 위해 [모델링] 탭 – [매개 변수] 그룹 – [새 매개 변수]를 클릭한 후 [필드]를 선택한다.

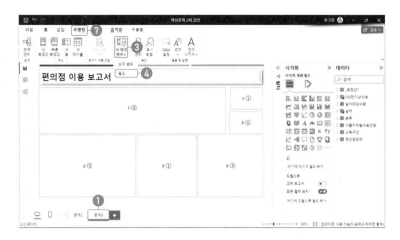

03 [매개 변수] 창이 나타나면 [필드]에서 <편의점판매> 테이블의 [광역] 필드를 선택하고, 두 번째로 <분류> 테이블의 [대분류] 필드를 선택하여 추가한다. [이름]에 '구분'을 입력한 후 [만들기]를 클릭한다.

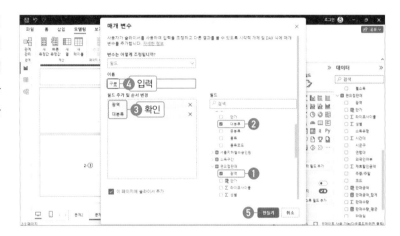

04 [데이터] 창에 추가된 매개 변수 [구분] 측정값에서 마우스 오른쪽 버튼을 클릭하고 [이름 바꾸기]를 선택한 후 '항목구분'을 입력한다.

05 이름이 변경되었는지 확인한다.

06 [시각화] 창 – [시각적 개체 서식 지정] – [시각적 개체] 탭 – [슬라이서의 설정]에서 [스타일]은 '세로 목록', [값] - [값]에서 [글꼴 크기]는 '14'로 설정한다.

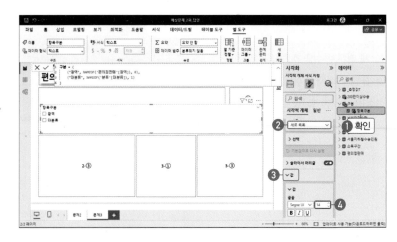

07 슬라이서 차트에서 '광역'을 선택하여 필터를 적용한다. 슬라이서의 크기를 적절히 조절한 후 '1-①' 위치에 배치한다.

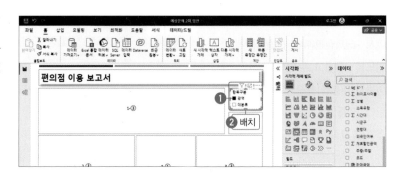

② 다음 조건으로 <편의점판매> 테이블에 측정값을 추가하시오. **3점**

▶ 측정값 이름: [행사할인일수]

- 활용 필드: <편의점판매> 테이블의 [판매일], [행사할인금액] 필드
- '행사할인금액 > 0'인 판매일의 개수
- 사용 함수: CALCULATE, COUNTA
- 서식: '정수', 천 단위 구분 기호(9) 적용

01 [데이터] 창에서 <편의점판매> 테이블을 선택한 후 [테이블 도구] 탭 – [계산] 그룹 – [새 측정값]을 클릭한다.

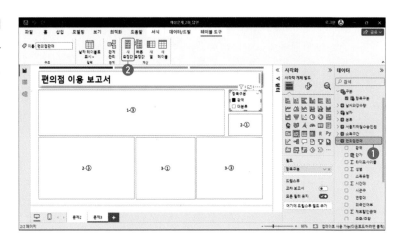

02 수식 입력줄에 수식을 작성하고 Enter 키를 누른다.

03 [측정 도구] 탭 – [서식] 그룹 – [서식]은 '정수', ⚹(천 단위 구분 기호)를 클릭한다.

> **함수**
>
> COUNTA(<column>)
> 지정된 열에서 데이터 값이 비어 있지 않은 행의 수를 반환한다.

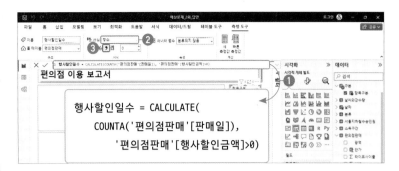

행사할인일수 = CALCULATE(
    COUNTA('편의점판매'[판매일]),
        '편의점판매'[행사할인금액]>0)

③ 다음 조건으로 '문제3' 페이지에 100% 누적 세로 막대형 차트를 구현하시오. **4점**

▶ 활용 필드
- <구분> 테이블의 <항목구분> 측정값, <편의점판매> 테이블의 [연령대] 필드, [행사할인일수] 측정값

▶ 열 서식
- 레이아웃: 범주 사이의 간격 '30', 계열 사이의 공간 '2'

▶ 데이터 레이블
- 세부 정보 내용: 총 퍼센트, 글꼴 크기 '10'

▶ 100% 누적 세로 막대형 차트를 '1-③' 위치에 배치

01 새 개체를 추가하기 위해 보고서의 빈 공간을 클릭한 후 [시각화] 창 – [시각적 개체 빌드]에서 [100% 누적 세로 막대형 차트(▥)]를 클릭한다.

02 [데이터] 창에서 매개 변수인 <구분> 테이블의 [항목구분] 측정값을 [X축]으로 드래그하여 추가한다.

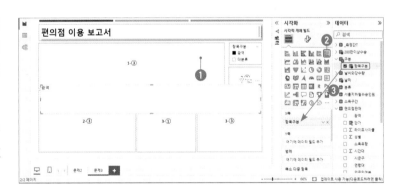

03 [데이터] 창에서 <편의점판매> 테이블의 다음 필드를 필드 영역으로 드래그하여 추가한다.

• Y축: [행사할인일수] 측정값
• 범례: [연령대] 필드

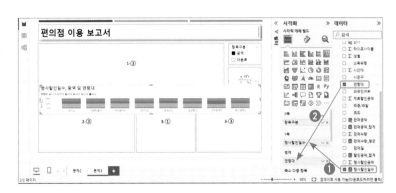

439

04 [시각화] 창 – [시각적 개체 서식 지정] – [시각적 개체] 탭 - [열] - [레이아웃]에서 [범주 사이의 간격]은 '30', [계열 사이의 공간]은 '2'로 설정한다.

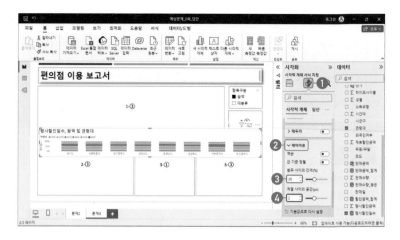

05 [데이터 레이블] 옵션을 설정한 후 [세부 정보]에서 [내용]은 '총 퍼센트', [글꼴 크기]는 '10'으로 설정한다.

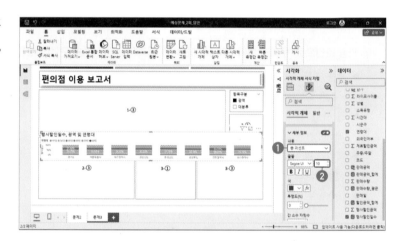

06 차트의 크기를 조절한 후 '1-③' 위치에 배치한다.

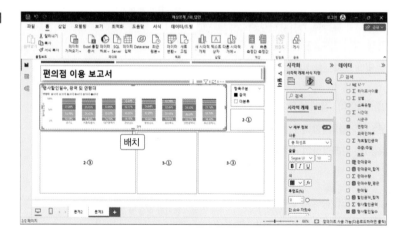

2. 다음 지시사항에 따라 슬라이서와 테이블 차트를 구현하시오. 10점

① 다음 조건으로 '문제3' 페이지에 슬라이서를 구현하시오. 3점

▶ 활용 필드: 〈편의점판매〉 테이블의 [외국인여부] 필드

▶ 슬라이서 스타일: '세로 목록'

▶ 슬라이서 값: '내국인' 필터 적용

▶ 슬라이서를 '2-①'에 배치

---

01 새 개체를 추가하기 위해 보고서의 빈 공간을 클릭한 후 [시각화] 창 – [시각적 개체 빌드]에서 [슬라이서(🎚️)]를 클릭한다.

02 [데이터] 창에서 〈편의점판매〉 테이블의 [외국인여부] 필드를 [필드] 영역으로 드래그하여 추가한다.

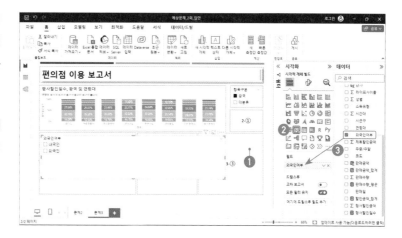

03 [시각화] 창 – [시각적 개체 서식 지정] – [시각적 개체] 탭 – [슬라이서 설정]에서 [스타일]을 '세로 목록'으로 선택한다.

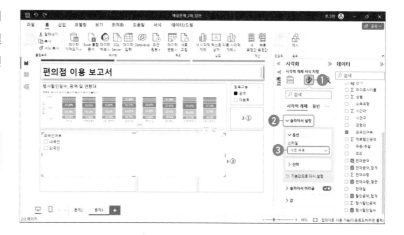

04 슬라이서 개체에서 '내국인' 필터를 적용한 후 슬라이서의 크기를 적절히 조절해 '2-①' 위치에 배치한다.

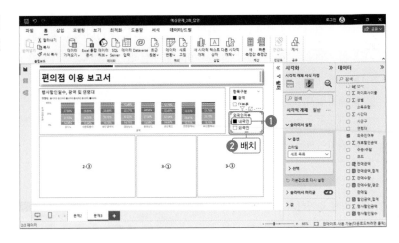

② 다음 조건으로 <편의점판매> 테이블에 측정값을 추가하시오. 4점

▶ 측정값 이름: [전월동기판매]
  - <편의점판매> 테이블의 [판매금액_합계] 측정값, <날짜> 테이블의 [Date] 필드
  - 1개월 전의 판매금액_합계의 값
  - 사용 함수: CALCULATE, DATEADD
  - 서식: '정수', 천 단위 구분 기호(,) 적용

▶ 측정값 이름: [증감비율%]
  - 활용 필드: <편의점판매> 테이블의 [판매금액_합계], [전월동기판매] 측정값
  - 전월 대비 이번 달 판매금액의 증감비율을 구하고 오류가 있을 때는 '0'으로 처리
  - (판매합계_금액-전월동기판매)/전월동기판매
  - 사용 함수: DIVIDE
  - 서식: '백분율', '소숫점 아래 2자리까지' 표시

01 [데이터] 창에서 <편의점판매> 테이블을 선택한 후 [테이블 도구] 탭 – [계산] 그룹 – [새 측정값]을 클릭한다.

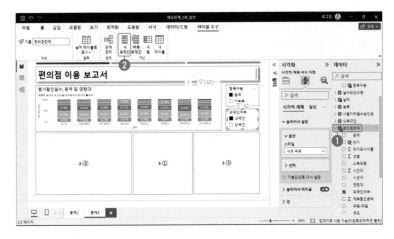

02 수식 입력줄에 수식을 작성하고 Enter 키를 누른다.

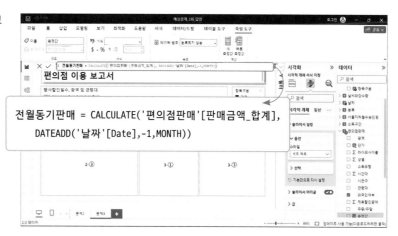

전월동기판매 = CALCULATE('편의점판매'[판매금액_합계], DATEADD('날짜'[Date],-1,MONTH))

03 [측정 도구] 탭 – [서식] 그룹 – [서식]은 '정수', ❜(천 단위 구분 기호)를 클릭한다.

04 새로운 측정값을 작성하기 위해 [측정 도구] 탭 – [계산] 그룹 – [새 측정값]을 클릭한다.

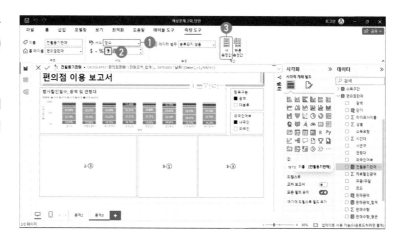

05 수식 입력줄에 수식을 작성하고 Enter 키를 누른다.

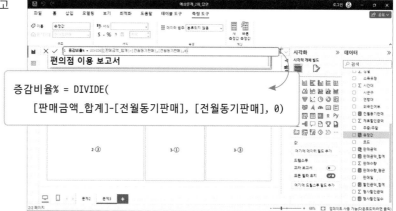

증감비율% = DIVIDE(
    [판매금액_합계]-[전월동기판매], [전월동기판매], 0)

함수

① DATEADD(<dates>, <number_of_intervals>, <interval>)
현재 날짜에서 지정된 간격 수만큼 앞 또는 뒤로 이동한 날짜 열이 포함된 테이블을 반환한다.

② DIVIDE(<numerator>, <denominator>, [<alternateResult>])
분자를 분모로 나누고, 분모가 0인 경우 대체 결과(alternateResult)를 반환한다. <alternateResult> 인수를 지정하지 않으면 공백을 반환한다.

06 [측정 도구] 탭 - [서식] 그룹 - [서식]은 '백분율', 소수 자릿수는 '2'로 설정한다.

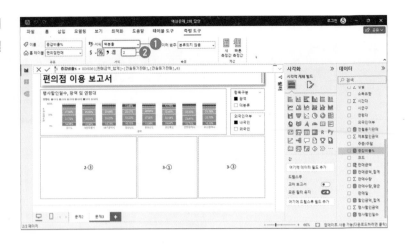

③ 다음 조건으로 '문제3' 페이지에 테이블 차트를 구현하시오. `3점`

- ▶ 활용 필드
  - <날짜> 테이블의 [연도], [월] 필드
  - <편의점판매> 테이블의 [판매금액_합계], [전월동기판매], [증감비율%] 측정값
- ▶ 조건부 서식 적용
  - [증감비율%]이 0 이상이면 배경 색을 '테마 색 6'으로 지정
- ▶ 테이블 차트를 '2-③' 위치에 배치

01 새 개체를 추가하기 위해 보고서의 빈 공간을 클릭한 후 [시각화] 창 – [시각적 개체 빌드]에서 [테이블(▦)]을 클릭한다.

02 [데이터] 창에서 <날짜> 테이블의 날짜 계층에서 [연도], [월] 필드를 [열] 영역으로 차례로 드래그하여 추가한다.

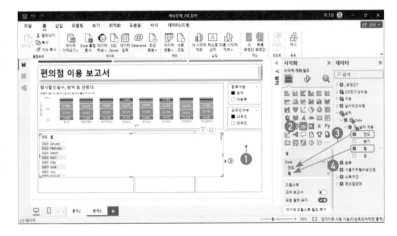

03 [데이터] 창에서 <편의점판매> 테이블의 [판매금액_합계], [전월통기판매], [증감비율%] 측정값을 [열] 영역으로 차례로 드래그하여 추가한다.

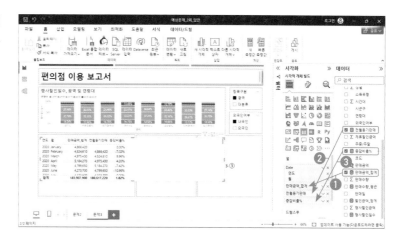

04 조건부 서식을 지정하기 위해 [시각화] 창 – [시각적 개체 서식 지정] – [시각적 개체] 탭 – [셀 요소]에서 [계열]을 '증감비율%'로 선택하고 [배경색] 옵션을 설정한 후 ⨍(조건부 서식)을 클릭한다.

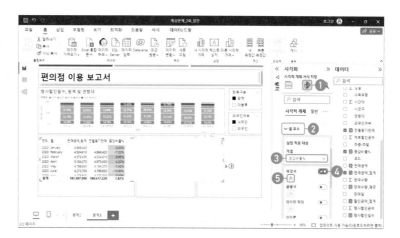

05 [배경색 – 배경색] 창이 나타나면 [서식 스타일]을 '규칙'으로 선택한다. 규칙에서 [IF 값]에 '0', '숫자', [끝]에 '100', '퍼센트'로 설정한 후 [THEN]의 색을 '테마 색 6'으로 설정하고 [확인]을 클릭한다.

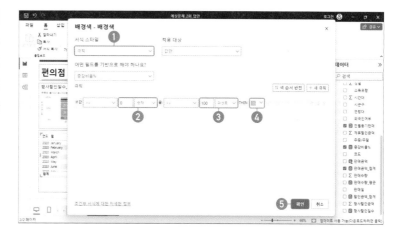

06 테이블 개체의 크기를 조절한 후 '2-③' 위치에 배치한다.

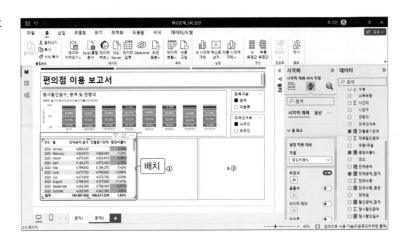

---

3. 다음 지시사항에 따라 행렬과 깔때기 차트를 구현하시오. `10점`

① 다음 조건으로 '문제3' 페이지에 새 열을 추가하고 행렬을 구현하시오. `3점`

▶ 새 열 이름: [성별구분]
  - 활용 필드: <편의점판매> 테이블의 [성별] 필드
  - [성별]이 1이면 '남자', 아니면 '여자'
  - 사용 함수: IF

▶ 활용 필드: 〈편의점판매〉 테이블의 [성별구분], [연령대] 필드, [판매금액_합계] 측정값
  - 행 영역에 계층으로 필드 추가
  - 계층 구조에서 한 수준 아래로 모두 확장

▶ 서로 다른 열로 모든 행을 나열

▶ 스타일 사전 설정: '좁게'

▶ 열 소계, 행 소계 모두 해제

▶ 행렬 차트를 '3-①' 위치에 배치

---

01 <편의점판매> 테이블에 새 열을 추가하기 위해 [데이터] 창에서 <편의점판매> 테이블을 선택한 후 [테이블 도구] 탭 - [계산] 그룹 - [새 열]을 클릭한다.

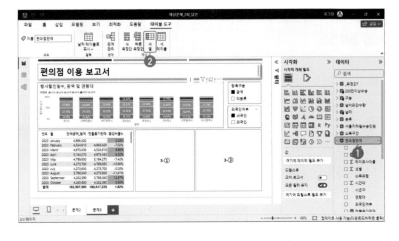

02 수식 입력줄에 다음 수식을 작성하고 Enter 키를 누른다.

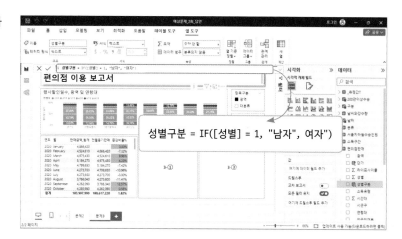

성별구분 = IF([성별] = 1, "남자", "여자")

03 새 개체를 추가하기 위해 보고서의 빈 공간을 클릭한 후 [시각화] 창 – [시각적 개체 빌드]에서 [행렬(▦)]을 선택한다.

04 [데이터] 창에서 <편의점판매> 테이블의 다음 필드를 필드 영역으로 드래그하여 추가한다.

• 행: [성별구분], [연령대] 필드
• 값: [판매금액_합계] 측정값

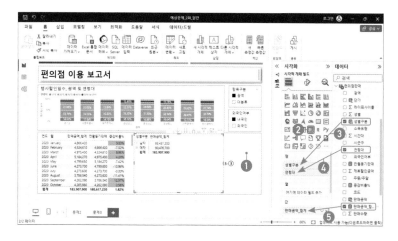

05 차트가 추가되면 차트 상단에 있는 ▦(계층 구조에서 한 수준 아래로 모두 확장)을 클릭한다.

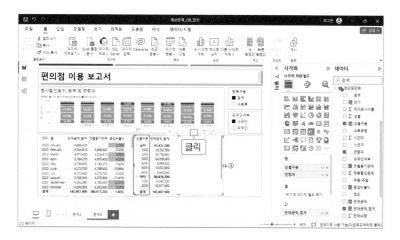

06 [시각화] 창 - [시각적 개체 서식 지정] – [시각적 개체] 탭 – [스타일 사전 설정]에서 '좁게'를 선택한다.

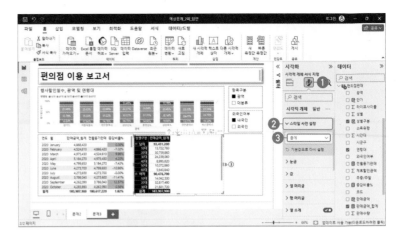

07 [시각적 개체] 탭 – [행 머리글] – [옵션]에서 [계단형 레이아웃] 옵션을 해제한다.

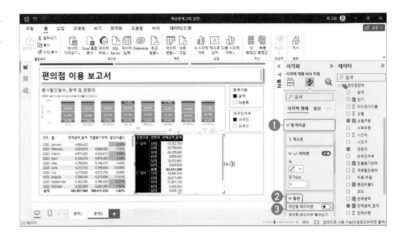

08 [열 소계]와 [행 소계]의 옵션을 모두 해제한다.

09 행렬 차트의 열 너비와 전체 크기를 드래그하여 적절히 조절한 후 '3-①' 위치에 배치한다.

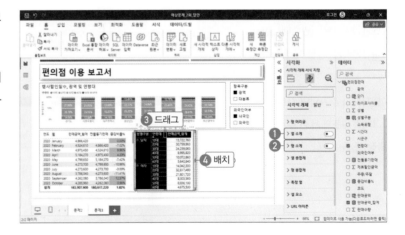

② 다음 조건으로 <편의점판매> 테이블에 새 열과 측정값을 추가하시오. **4점**

▶ 새 열 이름: [이용시간대]
  - 활용 필드: <편의점판매> 테이블의 [시간대] 필드
  - [시간대]의 값이 '6'이면 '00~06시', '612'면 '06~12시', '1218'이면 '12~18시', '1824'면 '18~24시', 그 외는 '시간대 정보 없음'
    으로 계산
  - 사용 함수: SWITCH

▶ 측정값 이름: [이용건수]
  - 활용 필드: <편의점판매> 테이블
  - 편의점 판매의 전체 건수
  - 사용 함수: COUNTROWS
  - 서식: '정수', 천 단위 구분 기호(,) 적용

01 새 열을 작성하기 위해 [데이터] 창에서 <편의점판매> 테이블을 선택한 후 [테이블 도구] 탭 – [계산] 그룹 – [새 열]을 클릭한다.

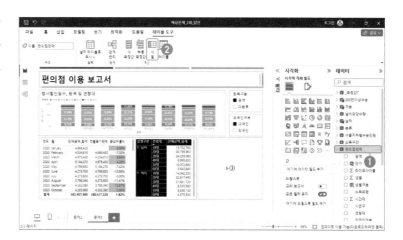

02 수식 입력줄에 다음 수식을 작성하고 Enter 키를 누른다.

```
이용시간대 = SWITCH(
    [시간대],
    6, "00~06시",
    612, "06~12시",
    1218, "12~18시",
    1824, "18~24시",
    "시간대 정보 없음"
)
```

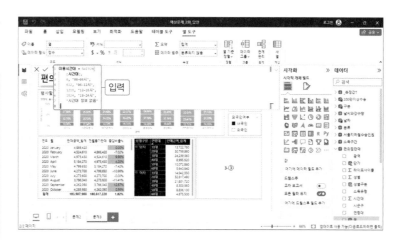

TIP

수식 입력줄에서 수식을 작성할 때 Shift + Enter 키를 눌러 줄바꿈하며 작성하면 편리하다.

① SWITCH(<expression >, <value>, <result>[, <value>, <result>]…[, <else>])
값 목록에 대해 식을 평가하고 가능한 여러 결과 식 중 하나를 반환한다.

② COUNTROWS([<table>])
테이블의 행 수를 계산한다.

---

03 새 측정값을 작성하기 위해 [데이터] 창에서 <편의점판매> 테이블을 선택한 후 [테이블 도구] 탭 – [계산] 그룹 – [새 측정값]을 클릭한다.

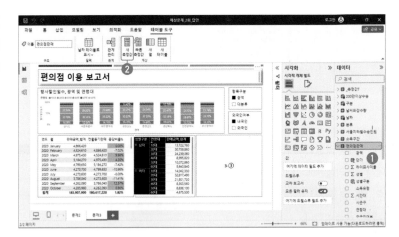

04 수식 입력줄에 다음 수식을 작성하고 Enter 키를 누른다.

이용건수 =
    COUNTROWS('편의점판매')

05 [측정 도구] 탭 – [서식] 그룹 – [서식]은 '정수', ⑨(천 단위 구분 기호)를 설정한다.

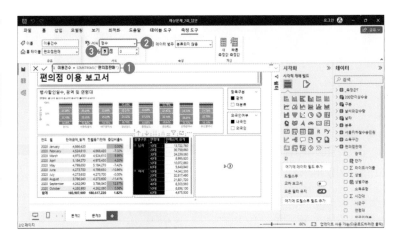

---

③ 다음 조건으로 '문제3' 페이지에 깔때기 차트를 구현하시오. 3점

▶ 활용 필드: <편의점판매> 테이블의 [이용시간대] 필드, [이용건수] 측정값

▶ 데이터 레이블: 위치 '안쪽 가운데', 레이블 내용 '데이터 값, 이전 퍼센트'

▶ 조건부 서식 적용

- [그라데이션] 적용, 중간 값 '테마 색 6', 최대값은 '테마 색 4'로 지정

▶ 깔때기 차트를 '3–③' 위치에 배치

01 새 개체를 추가하기 위해 보고서의 빈 공간을 클릭한 후 [시각화] 창 – [시각적 개체 빌드]에서 [깔때기(▼)]를 선택한다.

02 [데이터] 창에서 <편의점판매> 테이블의 다음 필드를 필드 영역으로 드래그하여 추가한다.

• 범주: [이용시간대] 필드
• 값: [이용건수] 측정값

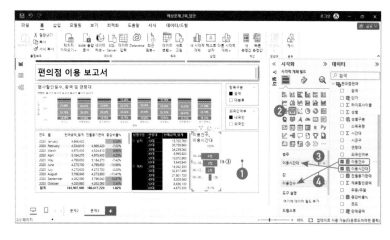

03 [시각화] 창 – [시각적 개체 서식 지정] – [시각적 개체] 탭 – [데이터 레이블] - [옵션]에서 [위치]는 '안쪽 가운데', [레이블 내용]은 '데이터 값, 이전 퍼센트'로 설정한다.

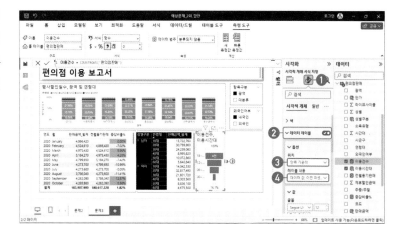

04 [시각적 개체] 탭 – [색]에서 [기본값]의 ﬁ(조건부 서식)을 클릭한다.

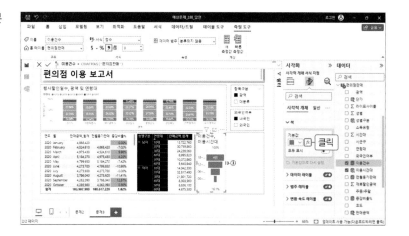

05 [기본 색 – 색] 창이 나타나면 [서식 스타일]을 '그라데이션'으로 선택하고, [중간 색 추가]에 체크 표시한다.

06 [중간 값]은 '테마 색 6', [최대값]은 '테마 색 4'로 설정하고 [확인]을 클릭한다.

07 깔때기 차트의 크기를 적절히 조절한 후 '3-③' 위치에 배치한다.

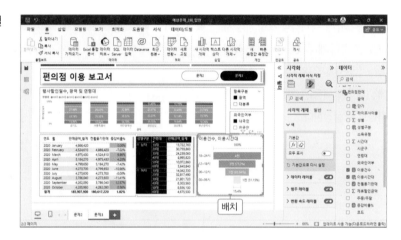

4. 다음 지시사항에 따라 페이지와 시각적 개체 간 상호 작용 기능을 설정하시오. `10점`

① 다음 조건으로 '문제3' 페이지에 단추를 구현하시오. `4점`

▶ 종류: '페이지 탐색기'

▶ 페이지 표시: '문제2', '문제3'을 모든 페이지에 표시

▶ 도형: '알약'

▶ 스타일: '누르기' 상태일 때 [채우기] 색 '테마 색 3'

▶ 단추를 '4-①' 위치에 배치

01 단추를 작성하기 위해 [삽입] 탭 –
[요소] 그룹 – [단추]를 클릭한 후 [탐
색기] – [페이지 탐색기]를 선택한다.

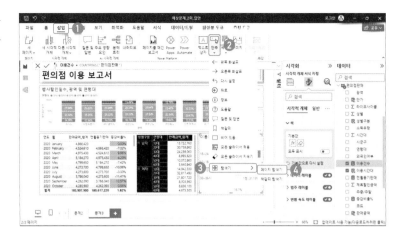

02 [서식] 창 – [시각적 개체] 탭 – [도
형]에서 [도형]을 '알약'으로 선택한다.

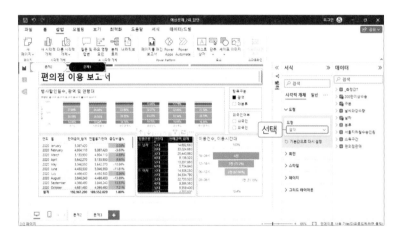

03 [시각적 개체] 탭 – [스타일] – [설
정 적용 대상]에서 [상태]를 '누르기'로
선택하고, [채우기]에서 [색]을 '테마
색 3'으로 설정한다.

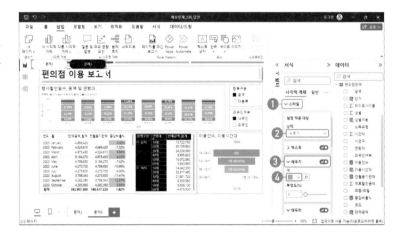

04 [페이지 탐색기] 단추의 크기를 적절히 조절한 후 '4-①' 위치에 배치한다.

05 [페이지 탐색기] 단추를 Ctrl+C 키를 눌러 복사한 후 [문제2] 페이지로 이동해 Ctrl+V 키를 눌러 붙여넣기 한다. [문제3] 페이지의 위치와 같은 위치에 복사된다.

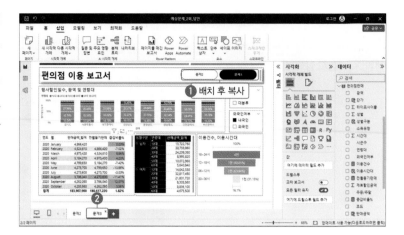

② 다음과 같이 시각적 개체의 상호 작용을 설정하시오. `3점`

▶ [외국인여부] 슬라이서: 100% 누적 세로 막대형 차트, 깔때기 차트와 상호 작용 '없음'

▶ 100% 누적 세로 막대형 차트: 테이블 차트와 상호 작용 '없음'

▶ 행렬 차트: 100% 누적 세로 막대형 차트, 깔때기 차트에 '필터' 상호 작용으로 지정

③ 다음과 같이 [100% 누적 세로 막대형] 차트에 필터를 설정하시오. `3점`

▶ 〈편의점판매〉 테이블의 [광역]을 [판매금액_합계] 기준 위쪽 '8'까지의 데이터만 표시

01 개체 간의 상호작용을 적용하기 위해 [외국인여부] 슬라이서를 선택하고 [서식] 탭 – [상호 작용] 그룹 – [상호 작용 편집]을 클릭한다.

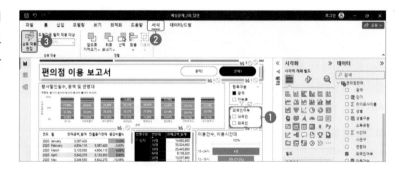

02 상호 작용 편집 기능이 실행되면 [100% 누적 세로 막대형] 차트와 [깔때기] 차트의 ⊘(없음)을 클릭한다.

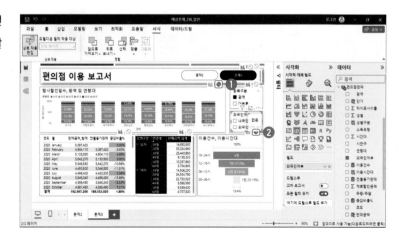

03 [100% 누적 세로 막대형] 차트를 선택하고 테이블 개체의 ◎(없음)을 클릭한다.

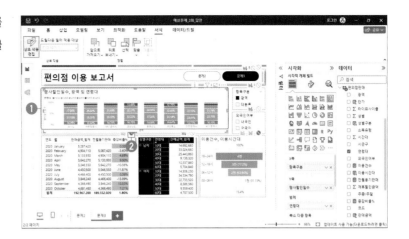

04 [행렬] 차트를 선택하고 [100% 누적 세로 막대형] 차트와 [깔때기] 차트의 ▦(필터)를 클릭한다.

05 [서식] 탭 – [상호 작용] 그룹 – [상호 작용 편집]을 클릭하여 편집을 마친다.

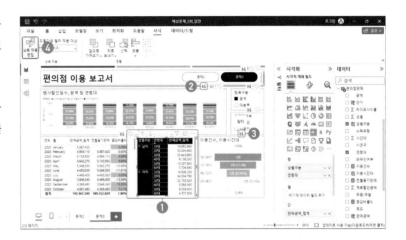

06 [100% 누적 세로 막대형] 차트를 선택한 후 [필터] 창 – [광역]에서 [필터 형식]을 '상위 N'으로 선택하고 [항목 표시]는 '위쪽'을 선택한 다음 입력란에 '8'을 입력한다.

07 [데이터] 창에서 <편의점판매> 테이블의 [판매금액_합계] 측정값을 [필터] 창의 [값]으로 드래그하여 추가한 후 [필터 적용]을 클릭한다.

08 [저장]을 클릭하여 보고서 작성을 마친다.

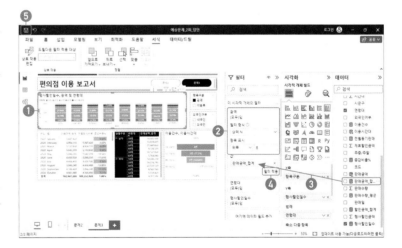

데이터 및 문제 안내

1. 수험자가 작성할 답안파일은 1개입니다. 문제1, 문제2, 문제3의 답을 하나의 답안파일(.pbix)로 저장하십시오.

2. 문제1, 문제2, 문제3은 각각 독립적으로 구성되어있어 앞 문제를 풀지 않아도 다음 문제 풀이가 가능합니다.

3. 문제1은 데이터 불러오기를 통해 문제를 풀이하고, 문제2와 문제3은 답안에 데이터가 포함되어 있어 바로 문제 풀이를 진행하십시오.
   - 데이터 파일은 문제1을 위한 데이터 파일과 문제2,3을 위한 데이터 파일로 구성되어 있습니다.

4. 문제2와 문제3 풀이를 위해 필요한 일부 측정값, 필터가 답안파일에 미리 적용되어 있을 수 있습니다.
   - 문제에 제시된 완성 화면과 수험자가 작성한 개체의 색상이 다를 수 있습니다. 지시사항에 제시되지 않은 것은 변경하지 마십시오.
   - 사전에 적용된 필터 등이 삭제되지 않도록 '페이지 지우기' 기능을 절대 사용하지 마십시오.

5. 하위문제(①, ②, ③)별로 점수가 부여되며, 하위문제의 전체 지시사항(▶ 또는 – 표시된 지시사항)을 작업하지 않을 경우 점수가 부여되지 않습니다. ※부분 점수 없음

6. 본 시험에서 사용되는 데이터 파일 수와 데이터명은 아래와 같습니다.
   - [문제1] 데이터 파일수 : 1개 / '소재부품장비 무역통계 수출입 총괄.xlsx'

파일명	소재부품장비 무역통계 수출입 총괄.xlsx			
테이블	구조			
무역통계	구분	소재부품장비코드	2016년_수입(달러)	2016년_수출(달러)	...
수출입 총괄	000	0000A	495425939637	406192887095	...
지역	구분	지역명		
	000	전체		
소재부품장비	ID	소재부품장비코드명		
	0000A	전산업		

- [문제2,3] 데이터 파일수 : 1개 / '여행지수.xlsx'

파일명	여행지수.xlsx						
테이블	구조						
여행지수	여행일자	방문지역	거주지역코드	연령대	성별	방문자수	체류기간
	2020-09-28	31	32	0	1	3108	6
해양수산부_해수욕장 이용객 현황	시도코드	시도	시군구	해수욕장명		년도	이용객수
	26	울산광역시	동구	일산		2020년	101801
시도코드	시도코드		시도				
	11		서울특별시				
날짜	날짜						
	2020-01-01						

소스 C:\PB\Part 3\예상문제3\ 폴더의 데이터 사용

문제 **01** **작업 준비** 30점

계산식 작성에 사용되는 문자열은 쌍따옴표(" ")를 사용하여 작성하시오.

1 다음 지시사항에 따라 데이터 가져오기 및 파워 쿼리 편집기를 활용한 데이터 편집을 수행하시오. 10점

① 데이터 파일을 가져온 후 데이터를 편집하시오. 4점
   ▶ 가져올 데이터: "소재부품장비 무역통계 수출입 총괄.xlsx' 파일의 〈무역통계 수출입 총괄〉, 〈지역〉, 〈소재부품장비〉 테이블
   ▶ 〈무역통계 수출입 총괄〉을 〈무역통계〉로 이름 변경
② <무역통계> 테이블을 활용하여 쿼리를 수행하시오. 3점
   ▶ 데이터 형식 변경: [구분], [소재부품장비코드] 필드 '텍스트'
   ▶ [구분], [소재부품장비코드] 필드를 제외한 나머지 열 피벗 해제
   ▶ [특성] 필드 구분 기호로 열 분할 후 [특성.2]는 처음 2글자 추출

▶ 필드 이름 변경:

　　　- [특성.1] → [년도]

　　　- [특성.2] → [수출입구분]

　　　- [값] → [금액(달러)]

③ <지역>, <소재부품장비> 테이블을 활용하여 쿼리를 수행하시오. `3점`

　　▶ 데이터 형식 변경: 〈지역〉테이블의 [구분] 필드 '텍스트'

　　▶ 데이터 형식 변경: 〈소재부품장비〉 테이블의 [ID] 필드 '텍스트'

2　파워 쿼리 편집기를 통해 쿼리를 결합하고 데이터 모델링 작업을 수행하시오. `10점`

① 파워 쿼리 편집기에서 <무역통계>와 <지역> 테이블을 사용해 새 쿼리를 추가하여 결합하시오. `3점`

　　▶ 쿼리 병합

　　　- <무역통계> 테이블에 <지역> 테이블 병합

　　　- 공통된 [구분] 필드로 병합

　　　- 조인 종류: 왼쪽 외부(첫 번째의 모두, 두 번째의 일치하는 행)

　　　- [지역명] 필드만 추가하고 [구분] 필드 뒤로 이동

　　▶ 〈지역〉 테이블의 로드 사용 해제

② <무역통계> 테이블을 활용해 다음을 필터링하시오. `3점`

　　▶ [지역명]: '전체' 삭제

　　▶ [소재부품장비코드]: '12060, 12061, 22100, 22101' 코드 삭제

　　▶ [금액(달러)]: 100만 달러 이상만 추출

③ <무역통계> 테이블과 <소재부품장비> 테이블 간에 관계를 설정하시오. `4점`

　　▶ 활용 필드: 〈무역통계〉 테이블의 [구분], 〈소재부품장비〉 테이블의 [ID]

　　▶ 기준(시작) 테이블: 〈무역통계〉 테이블

　　▶ 카디널리티: '다대일(*:1)'

　　▶ 크로스 필터 방향: '단일'

3 다음 지시사항에 따라 계산 열 및 측정값을 추가하시오. `10점`

① <무역통계> 테이블을 사용하여 다음의 측정값을 작성하시오. `4점`
  ▶ 측정값 이름: [수출거래금액]
    - 활용 필드: [금액(달러)], [수출입구분] 필드
    - 사용 함수 및 연산자: CALCULATE, SUM
    - [수출입구분]이 '수출'인 경우의 [금액(달러)]의 합계
    - 서식: '정수', 천 단위 구분 기호
  ▶ 측정값 이름: [수출거래금액_최고값(일본)]
    - 활용 필드: [지역명] 필드, [수출거래금액] 측정값
    - 사용 함수 및 연산자: CALCULATE, MAXX, FILTER
    - 일본 지역의 최고 수출거래 금액으로 계산
    - 서식: '정수', 천 단위 구분 기호

② <무역통계> 테이블의 [년도] 필드를 기준으로 그룹화하고 [수출거래금액]과 [거래건수]를 요약한 테이블을 작성하시오. `3점`
  ▶ 요약 테이블 이름: 〈수출거래요약〉
    - 활용 필드: <무역통계> 테이블의 [년도], [구분] 필드, <_측정값> 테이블의 [수출거래금액] 측정값
    - 요약된 테이블의 필드: [년도], [수출거래금액], [거래건수]
    - 년도별 수출거래금액과 거래건수([구분] 필드 사용)
    - 사용 함수: SUMMARIZE, COUNTA

③ 측정값 테이블을 사용하여 다음 측정값을 작성하여 추가하시오. `3점`
  ▶ [데이터 입력] 명령을 사용하여 테이블 이름이 "_측정값"인 테이블 생성
  ▶ 측정값 이름: [개발도상국_평균수입금액]
    - 활용 필드: <무역통계> 테이블의 [금액(달러)], [수출입구분], [지역명] 필드
    - 지역명이 '개발도상국'이면서 수출입구분이 '수입'인 금액(달러)의 평균
    - 사용 함수: CALCULATE, AVERAGE, AND
    - 서식: '정수', 천 단위 구분 기호
  ▶ 테이블에 추가할 측정값: [수출거래금액], [수출거래금액_최고값(일본)], [개발도상국_평균수입금액]

문 제 02 단순요소 구현 [30점]

<시각화 완성화면> 각 세부문제 풀이 후 '문제2' 페이지에 아래와 같이 개체를 배치하시오.

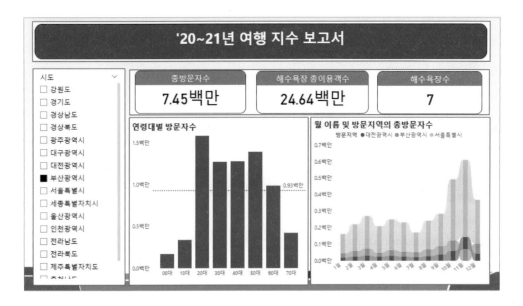

계산식 작성에 사용되는 문자열은 쌍따옴표(" ")를 사용하여 작성하시오.

1 '문제2', '문제3' 페이지의 전체 서식을 설정하시오. [5점]

① 보고서 전체의 테마를 설정하고 적용된 테마를 사용자 지정하시오. [3점]

- ▶ 보고서 테마: '예정'
- ▶ 테마 색: 색 7 '#85DFE1', 색 8 '#CC6E76'
- ▶ 텍스트
  - 일반: 글꼴 'Segoe UI', 글꼴 크기 '12'
  - 제목: 글꼴 'DIN', 글꼴 크기 '13'
  - 카드 및 KPI: 글꼴 'DIN', 글꼴 크기 '32'

② '문제2' 페이지 상단에 다음과 같이 텍스트 상자를 사용해 제목을 작성하시오. `2점`

▶ 텍스트 상자에 내용 입력: "'20~21년 여행 지수 보고서"

- 제목: 'Segoe (Bold)', '28', '가운데 맞춤', 글꼴 색 '흰색'

- 서식: 배경 색 '테마 색 3', 둥근 모서리(pt) '20'

▶ 크기를 조절하고 텍스트 상자를 '1–②' 위치에 배치

▶ '문제3' 페이지에 텍스트 상자 복사

2 다음 지시사항에 따라 카드를 구현하시오. `5점`

① 다음 조건으로 '문제2' 페이지에 카드를 구현하시오. `3점`

▶ 활용 필드, 설명 값

- <여행지수> 테이블의 [총방문자수] 측정값, <해수욕장이용객> 테이블의 [이용객수], [해수욕장명]의 개수(고유)

- 설명 값: 글꼴 'DIN', 글꼴 크기 '32'

- 범주 레이블: 제거

▶ 제목 서식

- 카드 제목: "총방문자수", "해수욕장 총이용객수", "해수욕장수" 입력

- 카드 제목 글꼴: 'DIN', 글꼴 크기 '16', 텍스트 색상 '흰색'

- 제목 배경: '테마 색 8', '가운데 맞춤'

- 간격: 세로 간격, 10

▶ 시각적 테두리 효과

- 둥근 모서리: '15'

▶ 표시 단위 및 값 소수 자릿수

- 표시 단위: '자동'

- 값 소수 자릿수: '총방문자수'와 '해수욕장 총이용객수' 카드는 소수 자릿수 '2'

② 카드를 순서대로 '2-①' 위치에 배치하시오. `2점`

3 다음 지시사항에 따라 슬라이서와 묶은 세로 막대형 차트를 구현하시오. `10점`

① 다음 조건으로 '문제2' 페이지에 슬라이서를 구현하시오. `3점`

  ▶ 활용 필드

    - <시도코드> 테이블의 [시도] 필드

  ▶ 슬라이서 스타일: '세로 목록'

  ▶ 슬라이서 머리글과 값: 글꼴 크기 '14'

  ▶ '부산광역시' 선택

  ▶ 슬라이서를 '3-①' 위치에 배치

② 다음과 같이 묶은 세로 막대형 차트를 구현하시오. `4점`

  ▶ 활용 필드

    - <여행지수> 테이블의 [연령대구분] 필드, [총방문자수] 측정값

  ▶ X축, Y축: 글꼴 크기 '10', 제목 제거

  ▶ 눈금선: 가로 눈금선 해제

  ▶ 제목: 텍스트 "연령대별 방문자수", 글꼴 크기 '16', '굵게'

  ▶ 축 정렬: 연령대구분, 오름차순 정렬

  ▶ 묶은 세로 막대형 차트를 '3-②' 위치에 배치

③ 묶은 세로 막대형 차트에 분석 선을 추가하시오. `3점`

  ▶ 선 추가: 평균선으로 추가

  ▶ 이름: 평균방문자수

  ▶ 계열: 총방문자수

  ▶ 선: 투명도 '30%', 스타일 '점선', 위치 '앞'

  ▶ 데이터 레이블

    - 위치: 가로 위치 '오른쪽', 세로 위치 '위'

    - 스타일: 데이터 값

    - 표시 단위: 백만

4 다음 지시사항에 따라 리본 차트를 구현하시오. `10점`

① 다음 조건으로 '문제2' 페이지에 리본 차트를 구현하시오. `3점`
- ▶ 활용 필드
  - <여행날짜> 테이블의 [월 이름], <여행지수> 테이블의 [방문지역] 필드, [총방문자수] 측정값
- ▶ 도구 설명에 [체류기간]의 합계가 표시되도록 추가
- ▶ 리본 차트를 '4-①' 위치에 배치

② 다음과 같이 리본 차트의 각 요소에 대한 서식을 지정하시오. `4점`
- ▶ 차트 제목:
  - 텍스트: "월 이름 및 방문지역의 총방문자수"
  - 글꼴: 크기 '16', '굵게'
- ▶ 범례 서식
  - 옵션: 위쪽 '왼쪽 가운데', 글꼴 크기 '11'
- ▶ 열 서식: '서울특별시'계열의 색 '테마 색 6'
- ▶ 리본 색의 투명도: 50%

③ 다음 조건으로 필터를 적용하시오. `3점`
- ▶ 방문지역을 '부산광역시', '서울특별시', '대전광역시'로 필터 적용

<시각화 완성화면> 각 세부문제 풀이 후 '문제3' 페이지에 아래와 같이 개체를 배치하시오.

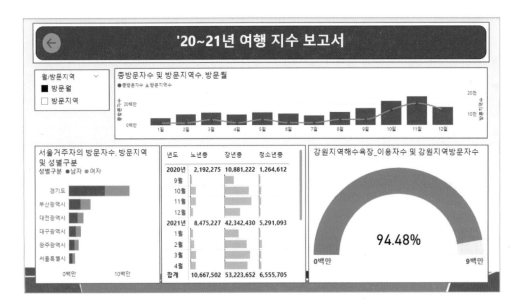

계산식 작성에 사용되는 문자열은 쌍따옴표(" ")를 사용하여 작성하시오.

1 다음 지시사항에 따라 슬라이서와 꺾은선형 및 묶은 세로 막대형 차트를 구현하시오. 10점

① 다음 조건으로 매개 변수를 추가하고 '문제3' 페이지에 슬라이서를 구현하시오. 3점

- ▶ 필드 매개 변수 추가
  - 이름: 월/방문지역
  - 필드: [월 이름], [방문지역] 추가
  - 이 페이지에 슬라이서 추가 옵션 설정
  - 매개 변수 필드 이름 변경: [월 이름] → [방문월]
- ▶ 슬라이서 스타일: '세로 목록'
- ▶ 값: 글꼴 크기 '14'
- ▶ 슬라이서 값: '방문월' 필터 적용
- ▶ 슬라이서를 '1-①' 위치에 배치

② 다음 조건으로 <여행지수> 테이블에 측정값을 추가하시오. 3점

  ▶ 측정값 이름: [방문지역수]

    - 활용 필드: <여행지수> 테이블

    - 사용 함수: COUNTROWS

    - 서식: '정수', 천 단위 구분 기호(,) 적용

③ 다음 조건으로 '문제3' 페이지에 꺾은선형 및 묶은 세로 막대형 차트를 구현하시오. 4점

  ▶ 활용 필드

    - <월/방문지역> 테이블의 [월/방문지역] 필드, <여행지수> 테이블의 [총방문자수], [방문지역수] 측정값

  ▶ 선: 선 종류 '곡선'

  ▶ 표식: 도형 '삼각형', 크기 '7', 색 '테마 색 3'

  ▶ 꺾은선형 및 묶은 세로 막대형 차트를 '1-③' 위치에 배치

2 다음 지시사항에 따라 누적 가로 막대형 차트와 행렬 차트를 구현하시오. 10점

① 다음 조건으로 <여행지수>, <시도코드> 테이블에 측정값을 추가하시오. 3점

  ▶ 새 열 이름: [세대구분]

    - 활용 필드: <여행지수> 테이블의 [연령대] 필드

    - 연령대가 60 이상이면 '노년층', 20 이상이면서 50 이하면 '장년층', 그 외는 '청소년층'

    - 사용 함수: SWITCH, TRUE

  ▶ 측정값 이름: [서울거주자의 방문자수]

    - 활용 필드: <여행지수> 테이블의 [방문자수] 필드, <시도코드> 테이블의 [시도] 필드

    - 서울지역 거주자의 방문자수 합계

    - 사용 함수: CALCULATE, SUM, FILTER

    - 서식: '정수', 천 단위 구분 기호(,) 적용

② 다음 조건으로 '문제3' 페이지에 누적 가로 막대형 차트를 구현하시오. 3점

  ▶ 새 열 이름: [성별구분]

    - 활용 필드: <여행지수> 테이블의 [성별] 필드

    - 성별이 1인 경우 '남자', 아니면 '여자'

    - 사용 함수: IF

  ▶ 활용 필드: 〈여행지수〉 테이블의 [방문지역], [성별구분] 필드, [서울거주자의 방문자수] 측정값

▶ X축, Y축의 제목 제거

▶ 누적 가로 막대형 차트를 '2-②'에 배치

③ 다음 조건으로 '문제3' 페이지에 행렬 차트를 구현하시오. 3점

   ▶ 활용 필드, 서식

   - <여행날짜> 테이블의 [년도], [월 이름] 필드

   - <여행지수> 테이블의 [세대구분] 필드, [총방문자수] 측정값

   - 계층구조에서 한 수준 아래로 모두 확장

   - 열 소계: 삭제

   ▶ 조건부 서식 적용

   - [총방문자수]의 값에 데이터 막대, 양수 막대의 색은 '테마 색 6'으로 지정

   ▶ 행렬 차트를 '2-③' 위치에 배치

3 다음 지시사항에 따라 계기 차트와 카드를 구현하시오. 10점

① 다음 조건으로 <여행지수> 테이블에 측정값을 추가하시오. 4점

   ▶ 측정값 이름: [강원지역방문자수]

   - 활용 필드: <여행지수> 테이블의 [총방문자수] 측정값, <시도코드> 테이블의 [시도] 필드

   - 강원도 지역의 총방문자수

   - 사용 함수: CALCULATE, FILTER

   - 서식: '정수', 천 단위 구분 기호(,) 적용

   ▶ 측정값 이름: [강원지역해수욕장_이용자수]

   - 활용 필드: <해수욕장이용객> 테이블의 [이용객수], [시도] 필드

   - 강원지역의 해수욕장 이용객수

   - 사용 함수: CALCULATE, SUM, FILTER

   - 서식 '정수', 천 단위 구분 기호(,) 적용

② 다음 조건으로 <해수욕장이용객> 테이블에 측정값을 추가하고 '문제3' 페이지에 계기 차트를 구현하시오. 3점

   ▶ 활용 필드: 〈여행지수〉 테이블의 [강원지역방문자수] 측정값, 〈해수욕장이용객〉 테이블의 [강원지역해수욕장_이용자수] 측정값

   ▶ 채우기 색: '테마 색 5'

   ▶ 데이터 레이블

   - 값: 글꼴 크기 '14', '굵게'

▶ 설명 값 없음

▶ 계기 차트를 '3-②' 위치에 배치

③ 다음 조건으로 '문제3' 페이지에 측정값을 추가하여 카드를 구현하시오. 3점

    ▶ 측정값 이름: [강원도해수욕장방문비율%]

      - 활용 필드: <해수욕장이용객> 테이블의 [강원지역해수욕장_이용자수], [강원지역방문자수] 측정값

      - 강원지역방문자수에 대한 강원지역해수욕장_이용자수의 비율

      - 서식: 백분율, 소수 자릿수 '2'

    ▶ 카드 차트 활용 필드, 설명 값:

      - 활용 필드: <해수욕장이용객> 테이블의 [강원도해수욕장방문비율%] 측정값

      - 설명 값 서식: 글꼴 'DIN', 글꼴 크기 '32'

      - 범주 레이블 제거

    ▶ 카드 차트를 '3-③' 위치에 배치

4   다음 지시사항에 따라 페이지와 시각적 개체 간 상호 작용 기능을 설정하시오. 10점

① 다음 조건으로 '문제3' 페이지에 단추를 구현하시오. 4점

    ▶ 종류: '왼쪽 화살표'

    ▶ 도형: '모서리가 둥근 직사각형', 둥근 모서리(%) '50'

    ▶ 스타일: [채우기] 색 '흰색', 투명도(%) '30'

    ▶ 작업: '뒤로'

    ▶ 단추를 '4-①' 위치에 배치

② 다음과 같이 시각적 개체의 상호 작용을 설정하시오. 3점

    ▶ 꺾은선형 및 묶은 세로 막대형 차트: 누적 가로 막대형 차트, 계기 차트, 카드와 상호 작용 '없음'

    ▶ 누적 가로 막대형 차트: 계기 차트, 카드와 상호 작용 '없음'

    ▶ 행렬 차트: 누적 가로 막대형 차트와 '필터' 상호 작용으로 지정, 계기 차트, 카드와 상호 작용 '없음'

③ 다음과 같이 [누적 가로 막대형] 차트와 [행렬] 차트에 필터를 설정하시오. 3점

    ▶ 누적 가로 막대형 차트: [서울거주자의 방문자수]가 '500,000'보다 큰 데이터만 표시

    ▶ 행렬 차트: 〈시도코드〉의 [시도] 필드에서 '서울특별시', '경기도', '인천광역시' 데이터만 표시

작업 준비 30점

1. 다음 지시사항에 따라 데이터 가져오기 및 파워 쿼리 편집기를 활용한 데이터 편집을 수행하시오. 10점

① 데이터 파일을 가져온 후 데이터를 편집하시오. 4점

▶ 가져올 데이터: '소재부품장비 무역통계 수출입 총괄.xlsx' 파일의 〈무역통계 수출입 총괄〉, 〈지역〉, 〈소재부품장비〉 테이블

▶ 〈무역통계 수출입 총괄〉 테이블 이름을 〈무역통계〉로 변경

소스 C:\PB\Part 3\예상문제3\ 정답파일 예상문제_3회_정답.pbix

---

01 [예상문제3\예상문제_3회_답안.pbix]파일을 더블클릭하여 연다.

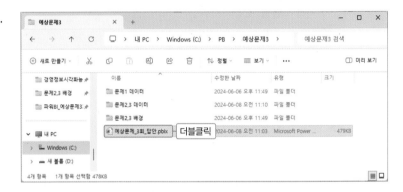

02 [홈] 탭 – [데이터] 그룹 – [Excel 통합 문서]를 클릭한다.

03 [예상문제3\문제1 데이터\소재부품장비 무역통계 수출입 총괄.xlsx] 파일을 선택한 후 [열기]를 클릭한다.

TIP

파일을 더블클릭하여 선택해도 된다.

468

04 [탐색 창]이 나타나면 [무역통계 수출입 총괄], [소재부품장비], [지역]의 체크박스에 체크한 후 [로드]를 클릭한다.

05 [테이블 뷰(▦)]를 클릭해 이동한 후 [데이터] 창에서 로드된 테이블을 확인한다.

06 데이터 전처리를 수행하기 위해 [홈] 탭 – [쿼리] 그룹 – [데이터 변환]을 클릭하여 파워 쿼리 편집기를 실행한다.

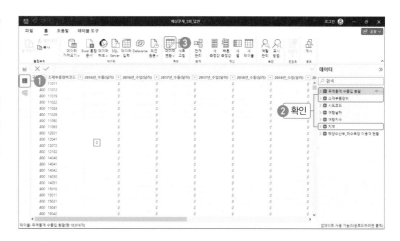

TIP

데이터 변환 작업을 수행할 쿼리 선택 시 다음과 같은 노란색 알림 표시줄이 나타나면 [홈] 탭 – [쿼리] 그룹 – [미리 보기 새로 고침]을 클릭하여 미리 보기를 새로 고친다.

07 파워 쿼리 편집기에서 [쿼리] 창의 <무역통계 수출입 총괄> 테이블을 선택하고 [쿼리 설정] 창에서 속성의 이름을 '무역통계'로 변경한다.

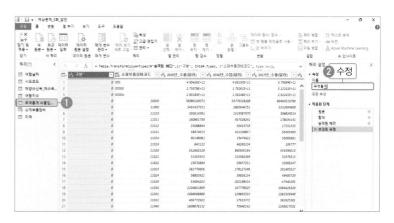

② <무역통계> 테이블을 활용하여 쿼리를 수행하시오. 3점

▶ 데이터 형식 변경: [구분], [소재부품장비코드] 필드 '텍스트'

▶ [구분], [소재부품장비코드] 필드를 제외한 나머지 열 피벗 해제

▶ [특성] 필드 구분 기호로 열 분할 후 [특성.2]는 처음 2글자 추출

▶ 필드 이름 변경:

- [특성.1] → [년도]

- [특성.2] → [수출입구분]

- [값] → [금액(달러)]

01 Shift 키를 누른 채 [구분], [소재부품장비코드] 필드를 클릭해 모두 선택하고 [홈] 탭 – [변환] 그룹 – [데이터 형식]을 클릭한 후 [텍스트]를 선택한다.

02 [열 형식 변경] 창이 나타나면 [현재 전환 바꾸기]를 클릭한다.

03 [변환] 탭 – [열] 그룹 – [열 피벗 해제]의 ▽를 클릭한 후 [다른 열 피벗 해제]를 선택한다.

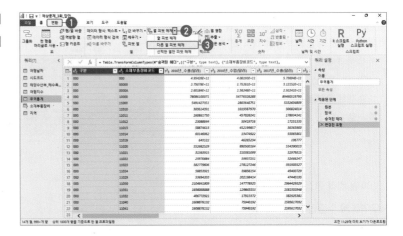

04 [특성] 열을 선택한 후 [변환] 탭 –
[텍스트] 그룹 - [열 분할]을 클릭한 후
[구분 기호 기준]을 선택한다.

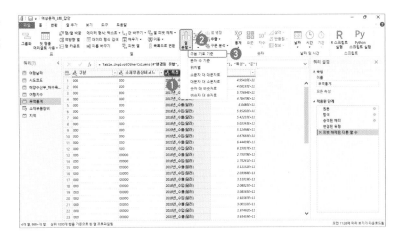

05 [구분 기호에 따라 열 분할] 창이 나
타나면 구분 기호가 '_'(언더바)인 것
을 확인하고 [확인]을 클릭한다. [특성]
열이 [특성.1]과 [특성.2]로 분할된다.

06 [특성.1]의 데이터 형식이 '날짜'로
변경되면서 자동으로 추가된 '변경된
유형1' 단계의 ⊠를 클릭해 삭제한다.

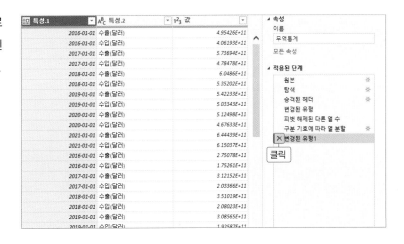

07 [특성.2] 열을 선택하고 [변환] 탭 –
[텍스트] 그룹 – [추출]을 클릭한 후 [처
음 문자]를 선택한다.

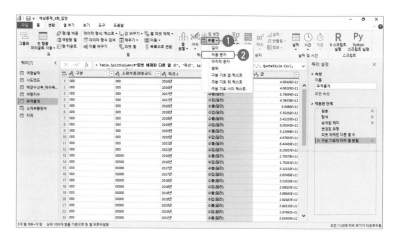

08 [처음 문자 추출] 창이 나타나면
[개수]에 '2'를 입력한 후 [확인]을 클
릭한다.

09 [특성.1] 머리글을 더블클릭한 후
'년도'를 입력한다. 같은 방법으로 [특
성.2]는 '수출입구분', [값]은 '금액(달
러)'로 변경한다.

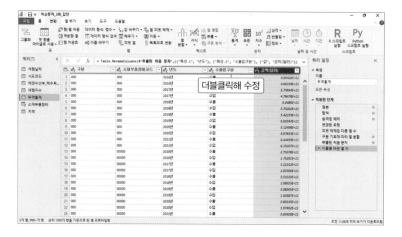

③ <지역>, <소재부품장비> 테이블을 활용하여 쿼리를 수행하시오. 3점

▶ 데이터 형식 변경: 〈지역〉테이블의 [구분] 필드 '텍스트'

▶ 데이터 형식 변경: 〈소재부품장비〉 테이블의 [ID] 필드 '텍스트'

01 [쿼리] 창에서 <지역> 테이블을 선택한다.

02 [구분] 필드를 선택하고 머리글에 123 을 클릭한 후 [텍스트]를 선택한다.

TIP

123은 현재 필드의 데이터 형식이 '정수'임을 표시한다.

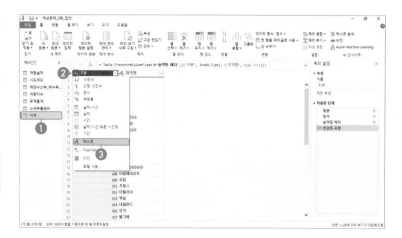

03 [열 형식 변경] 창이 나타나면 <지역> 테이블의 마지막에 적용된 단계가 '변경된 유형'이므로 [현재 전환 바꾸기]를 클릭한다.

TIP

[현재 전환 바꾸기]는 현재 적용된 단계에서 '정수'가 아닌 '텍스트'로 변경된다는 의미이다.

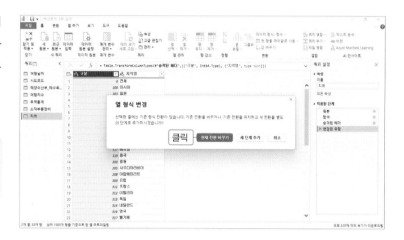

04 [쿼리] 창에서 <소재부품장비> 테이블을 선택하고 [ID] 필드의 ABC123 를 클릭한 후 [텍스트]를 선택한다.

TIP

ABC123은 현재 필드의 데이터 형식이 정의되지 않았을 때 표시된다.

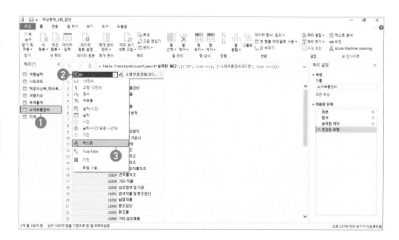

2. 파워 쿼리 편집기를 통해 쿼리를 결합하고 데이터 모델링 작업을 수행하시오. `10점`

① 파워 쿼리 편집기에서 <무역통계>와 <지역> 테이블을 사용해 새 쿼리를 추가하여 결합하시오. `3점`

▶ 쿼리 병합
- <무역통계> 테이블에 <지역> 테이블 병합
- 공통된 [구분] 필드로 병합
- 조인 종류: 왼쪽 외부(첫 번째의 모두, 두 번째의 일치하는 행)
- [지역명] 필드만 추가하고 [구분] 필드 뒤로 이동

▶ 〈지역〉 테이블의 로드 사용 해제

---

01 [쿼리] 창에서 <무역통계> 테이블을 선택한 후 [홈] 탭 – [결합] 그룹 – [쿼리 병합]의 ⚿를 클릭한 후 [쿼리 병합]을 선택한다.

> **TIP**
> 바로 [쿼리 병합] 명령을 클릭해도 된다.

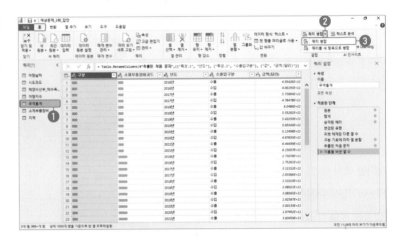

02 [병합] 창이 나타나면 두 번째 드롭다운 목록을 클릭한 후 <지역> 테이블을 선택한다.

03 <무역통계> 테이블의 [구분] 필드를 클릭하고, <지역> 테이블의 [구분] 필드를 클릭하여 연결 필드를 설정한 후 [조인 종류]는 '왼쪽 외부(첫 번째의 모두, 두 번째의 일치하는 행)'을 선택한 다음 [확인]을 클릭한다.

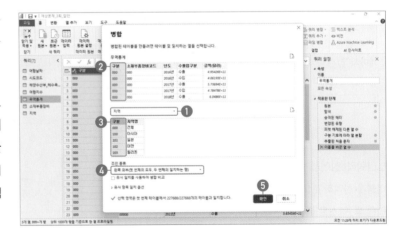

04 [지역] 필드의 ⬇️을 클릭한 후 [구분] 필드를 선택 해제, [원래 열 이름을 접두사로 사용]을 해제하고 [확인]을 클릭한다.

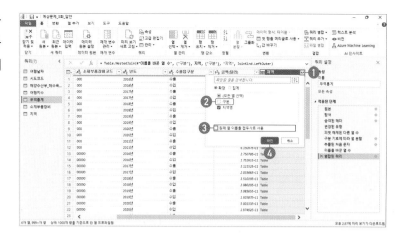

05 [지역명] 필드를 드래그하여 [구분] 필드의 오른쪽으로 이동시킨다.

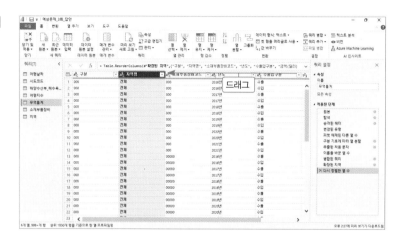

06 [쿼리] 창의 <지역> 테이블에서 마우스 오른쪽 버튼을 클릭한 후 [로드 사용]을 체크 해제한다.

07 [가능한 데이터 손실 경고] 창이 나타나면 [계속]을 클릭한다.

08 <지역> 테이블이 기울임꼴로 변경된 것을 확인한다.

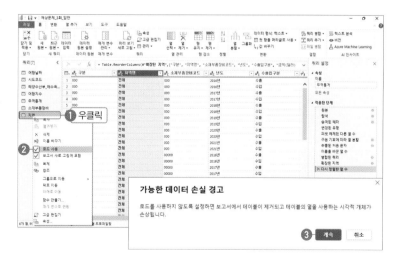

② <무역통계> 테이블을 활용해 다음을 필터링하시오. 3점

▶ [지역명]: '전체' 삭제

▶ [소재부품장비코드]: '12060, 12061, 22100, 22101' 코드 삭제

▶ [금액(달러)]: 100만 달러 이상만 추출

01 [쿼리] 창에서 <무역통계> 테이블을 선택한다. [지역명] 필드의 (필터 단추)를 클릭한 후 '전체'의 체크 표시를 해제하고 [확인]을 클릭한다.

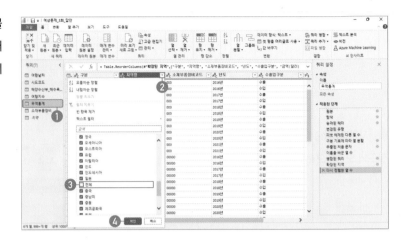

02 [소재부품장비코드] 필드의 (필터 단추)를 클릭한 후 [텍스트 필터] 검색란에 '1206'을 입력하면 '1206'으로 시작하는 코드가 추출된다. 이 중에서 '12060'과 '12061'을 체크 해제한 후 [확인]을 클릭한다.

TIP

검색란에 '1206'을 입력해도 검색되지 않으면 하단의 [추가 로드]를 클릭하여 목록을 더 로드한 후 실행한다.

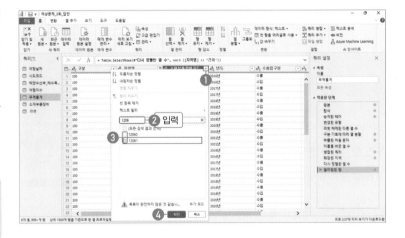

03 같은 방법으로 '2210'을 입력하여 추출된 코드 '22100'과 '22101'을 체크 해제하고 [확인]을 클릭한다.

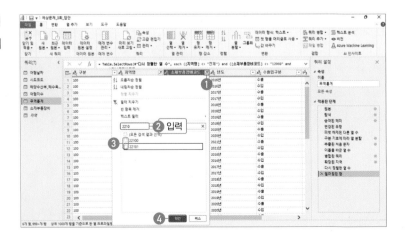

04 [금액(달러)] 필드의 ▾(필터 단추)를 클릭한 후 [숫자 필터] – [크거나 같음]을 선택한다.

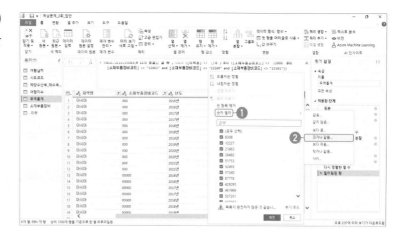

05 [행 필터] 창이 나타나면 '보다 크거나 같음'의 입력란에 '1000000'을 입력한 후 [확인]을 클릭한다.

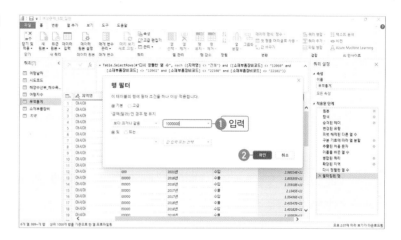

06 필터를 적용한 <무역통계> 쿼리 작성을 마친 후 [닫기 및 적용]을 클릭해 파워 쿼리 편집기를 종료한다.

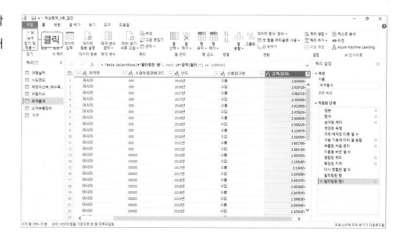

③ <무역통계> 테이블과 <소재부품장비> 테이블 간에 관계를 설정하시오. **4점**

▶ 활용 필드: 〈무역통계〉 테이블의 [구분], 〈소재부품장비〉 테이블의 [ID]

▶ 기준(시작) 테이블: 〈무역통계〉 테이블

▶ 카디널리티: '다대일(*:1)'

▶ 크로스 필터 방향: '단일'

01 Power BI Desktop의 [테이블 뷰(圖)] 화면에서 [홈] 탭 – [관계] 그룹 – [관계 관리]를 클릭하고 [관계 관리] 창이 나타나면 [새로 만들기]를 클릭한다.

02 [관계 만들기] 창에서 첫 번째 목록에서 <무역통계> 테이블을 선택하고 [구분] 필드를 선택한다.

03 두 번째 목록에서 <소재부품장비> 테이블을 선택하고 [ID] 필드를 선택한다.

04 [카디널리티]가 '다대일(*:1)', [크로스 필터 방향]은 '단일'임을 확인한 후 [확인]을 클릭한다.

05 [관계 관리] 창에 새로운 관계가 표시된 것을 확인한 후 [닫기]를 클릭한다.

06 [모델 보기(🔲)]를 클릭하여 화면을 이동하면 추가된 관계를 다이어그램으로 확인할 수 있다.

TIP

- 필드를 드래그&드롭하여 관계를 작성할 수도 있다.

- 작성된 관계 선을 더블클릭하여 관계 옵션(카디널리티, 크로스 필터 방향)을 설정할 수도 있다.

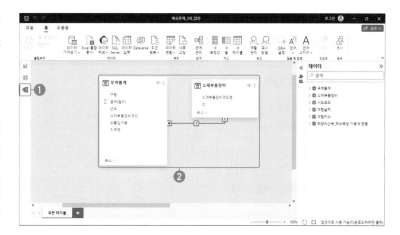

3. 다음 지시사항에 따라 계산 열 및 측정값을 추가하시오. 10점

① <무역통계> 테이블을 사용하여 다음의 측정값을 작성하시오. 3점

▶ 측정값 이름: [수출거래금액]
- 활용 필드: [금액(달러)], [수출입구분] 필드
- 사용 함수 및 연산자: CALCULATE, SUM
- [수출입구분]이 '수출'인 경우의 [금액(달러)]의 합계
- 서식: '정수', 천 단위 구분 기호
▶ 측정값 이름: [수출거래금액_최고값(일본)]
- 활용 필드: [지역명] 필드, [수출거래금액] 측정값
- 사용 함수 및 연산자: CALCULATE, MAXX, FILTER
- 일본 지역의 최고 수출거래 금액으로 계산
- 서식: '정수', 천 단위 구분 기호

---

01 [테이블 뷰(▥)]를 클릭해 화면을 이동한 후 새 측정값을 작성하기 위해 [홈] 탭 – [계산] 그룹 – [새 측정값]을 클릭한다.

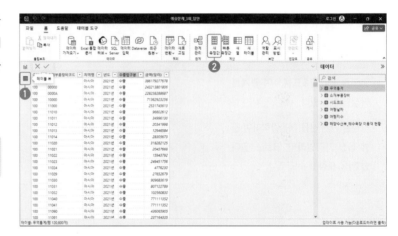

TIP

[테이블 도구] 탭 – [계산] 그룹 – [새 테이블]을 사용해도 된다.

02 수식 입력줄에 다음 수식을 작성하고 Enter 키를 누른다.

03 측정값이 작성된 후 [측정 도구] 탭 – [서식] 그룹 – [서식]은 '정수', ▪ (천 단위 구분 기호)를 클릭한다.

04 새 측정값을 추가하기 위해 [측정 도구] 탭 – [계산] 그룹 – [새 측정값]을 클릭한다.

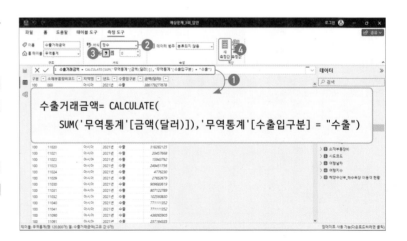

수출거래금액= CALCULATE(
SUM('무역통계'[금액(달러)]), '무역통계'[수출입구분] = "수출")

TIP

측정값을 선택하면 상황별 도구로 [측정 도구] 탭이 표시된다.

05 수식 입력줄에 다음 수식을 작성하고 Enter 키를 누른다.

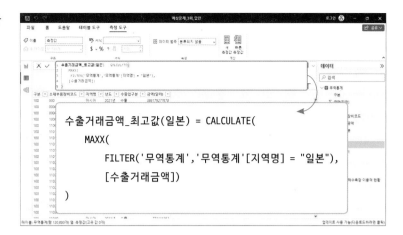

수출거래금액_최고값(일본) = CALCULATE(
    MAXX(
        FILTER('무역통계','무역통계'[지역명] = "일본"),
        [수출거래금액])
)

06 [측정 도구] 탭 - [서식] 그룹 - [서식]은 '정수', ❾(천 단위 구분 기호)를 클릭한다.

---

① CALCULATE(<expression>, [<filter1>], [<filter2>], …)
필터링된 데이터를 대상으로 식을 계산한다.

② MAXX(<table>, <expression>, [<variant>])
테이블의 각 행에 대한 식을 계산하여 가장 높은 값을 반환한다.

③ FILTER(<table>,<filter>)
필터링된 행만 포함하는 테이블을 반환한다.

② <무역통계> 테이블의 [년도] 필드를 기준으로 그룹화하고 [수출거래금액]과 [거래건수]를 요약한 테이블을 작성하시오. 3점

▶ 요약 테이블 이름: 〈수출거래요약〉
- 활용 필드: <무역통계> 테이블의 [년도], [구분] 필드, <_측정값> 테이블의 [수출거래금액] 측정값
- 요약된 테이블의 필드: [년도], [수출거래금액], [거래건수]
- 년도별 수출거래금액과 거래건수([구분] 필드 사용)
- 사용 함수: SUMMARIZE, COUNTA

01 새 요약 테이블을 작성하기 위해 [테이블 도구] 탭 – [계산] 그룹 – [새 테이블]을 클릭한다.

02 수식 입력줄에 다음 수식을 작성하고 Enter 키를 누른다.

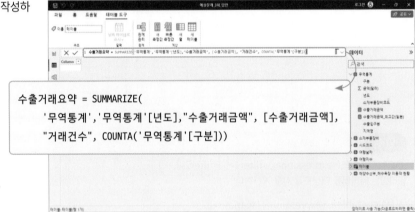

수출거래요약 = SUMMARIZE(
    '무역통계','무역통계'[년도],"수출거래금액", [수출거래금액],
    "거래건수", COUNTA('무역통계'[구분]))

03 요약된 테이블의 [년도], [수출거래금액], [거래건수] 필드를 확인한다.

③ 측정값 테이블을 사용하여 다음 측정값을 작성하여 추가하시오. 3점

▶ [데이터 입력] 명령을 사용하여 테이블 이름이 "_측정값"인 테이블 생성

▶ 측정값 이름: [개발도상국_평균수입금액]

  - 활용 필드: <무역통계> 테이블의 [금액(달러)], [수출입구분], [지역명] 필드

  - 지역명이 '개발도상국'이면서 수출입구분이 '수입'인 금액(달러)의 평균

  - 사용 함수: CALCULATE, AVERAGE, AND

  - 서식: '정수', 천 단위 구분 기호

▶ 테이블에 추가할 측정값: [수출거래금액], [수출거래금액_최고값(일본)], [개발도상국_평균수입금액]

01 측정값을 저장할 '_측정값' 테이블을 작성하기 위해 [홈] 탭 – [데이터] 그룹 – [데이터 입력]을 클릭한다.

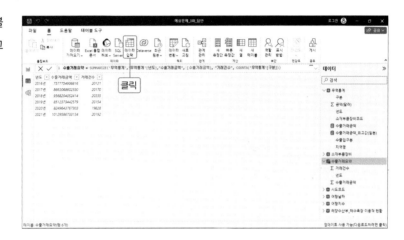

02 [테이블 만들기] 창이 나타나면 [이름]에 '_측정값'을 입력하고 [로드]를 클릭한다.

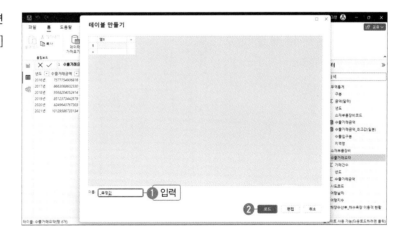

03 새 측정값을 작성하기 위해 [데이터] 창에서 <_측정값> 테이블을 선택한 후 [홈] 탭 – [계산] 그룹 – [새 측정값]을 클릭한다.

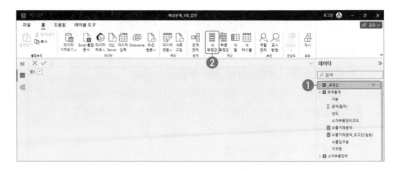

04 수식 입력줄에 다음 수식을 작성하고 [Enter] 키를 누른다.

05 [측정 도구] 탭 - [서식] 그룹 - [서식]은 '정수', ❙(천 단위 구분 기호) 설정한다.

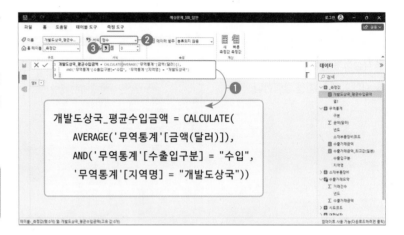

개발도상국_평균수입금액 = CALCULATE(
　　AVERAGE('무역통계'[금액(달러)]),
　　AND('무역통계'[수출입구분] = "수입",
　　'무역통계'[지역명] = "개발도상국"))

> **함수**
>
> AVERAGE(<column>)
> 열에 있는 모든 숫자의 평균을 반환한다.

06 [데이터] 창에서 [수출거래금액] 측정값을 선택하고 [측정 도구] 탭 – [구조] 그룹 - [홈 테이블]을 클릭한 후 '_측정값'을 선택한다.

07 같은 방법으로 [수출거래금액_최고값(일본)] 측정값을 <_측정값> 테이블에 추가한다.

<시각화 완성화면> 각 세부 문제 풀이 후 '문제2' 페이지에 아래와 같이 개체를 배치하시오.

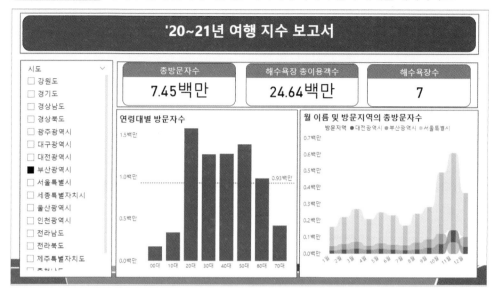

계산식 작성에 사용되는 문자열은 쌍따옴표(" ")를 사용하여 작성하시오.

1. '문제2', '문제3' 페이지의 전체 서식을 설정하시오. 5점

① 보고서 전체의 테마를 설정하고 적용된 테마를 사용자 지정하시오. 3점

- ▶ 보고서 테마: '예정'
- ▶ 테마 색: 색 7 '#85DFE1', 색 8 '#CC6E76'
- ▶ 텍스트
  - 일반: 글꼴 'Segoe UI', 글꼴 크기 '12'
  - 제목: 글꼴 'DIN', 글꼴 크기 '13'
  - 카드 및 KPI: 글꼴 'DIN', 글꼴 크기 '32'

01 [보고서 보기(▥)]를 클릭한 후 [문제2] 페이지를 선택한다.

02 [보기] 탭 – [테마] 그룹의 ⌄을 클릭하고 [Power BI] – [예정]을 선택한다.

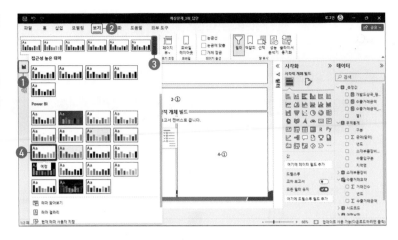

03 [보기] 탭 – [테마] 그룹의 ⌄을 클릭하고 [현재 테마 사용자 지정]을 선택한다.

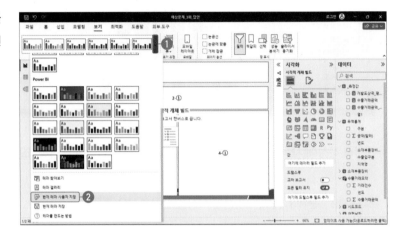

04 [테마 사용자 지정] 창이 나타나면 [이름 및 색] – [이름 및 색]을 선택한 후 [색 7]의 색상을 클릭하고 [헥스]에 '#85DFE1'을 입력한다.

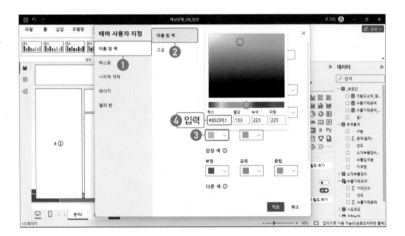

05 [색 8]의 색상을 클릭한 후 [헥스]에 '#CC6E76'을 입력한다.

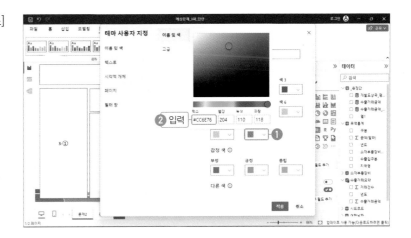

06 [텍스트] – [일반]을 선택한 후 [글꼴 패밀리]는 'Segoe UI', [글꼴 크기]는 '12pt'로 설정한다.

07 [제목]을 선택한 후 [글꼴 패밀리]는 'DIN', [글꼴 크기]는 '13pt'로 설정한다.

08 [카드 및 KPI]를 선택한 후 [글꼴 패밀리]는 'DIN', [글꼴 크기]는 '32pt'로 설정하고 [적용]을 클릭한다.

② '문제2' 페이지 상단에 다음과 같이 텍스트 상자를 사용해 제목을 작성하시오. 2점

▶ 텍스트 상자에 내용 입력: "20~21년 여행 지수 보고서"
  - 제목: 'Segoe (Bold)', '28', '가운데 맞춤', 글꼴 색 '흰색'
  - 서식: 배경 색 '테마 색 3', 둥근 모서리(pt) '20'
▶ 크기를 조절하고 텍스트 상자를 '1-②' 위치에 배치
▶ '문제3' 페이지에 텍스트 상자 복사

01 [문제2] 페이지에 텍스트 상자를 삽입하기 위해 [삽입] 탭 – [요소] 그룹 – [텍스트 상자]를 클릭한다.

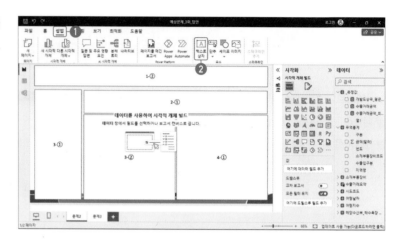

02 텍스트 상자에 ' '20~21년 여행 지수 보고서'를 입력한다.

03 입력된 텍스트를 드래그하여 선택한 후 [글꼴] 'Segoe (Bold)', [글꼴 크기] '28', '흰색', '가운데 맞춤' 서식을 설정한다.

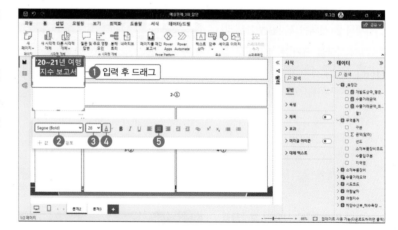

04 [서식] 창 – [일반] 탭 – [효과] - [배경]에서 [색]을 '테마 색 3'으로 실정한다.

05 [시각적 테두리] 옵션을 설정하고 [둥근 모서리]는 '20'으로 설정한다.

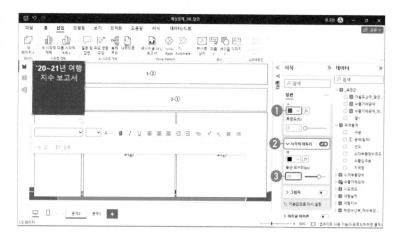

06 텍스트 상자의 크기를 적절히 조절한 후 '1-②' 위치에 배치한다.

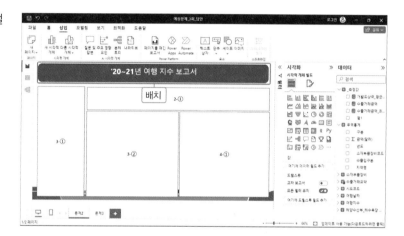

07 완성된 텍스트 상자를 Ctrl + C 키를 눌러 복사한 후 [문제3] 페이지로 이동해 Ctrl + V 키를 눌러 붙여넣기 한다.

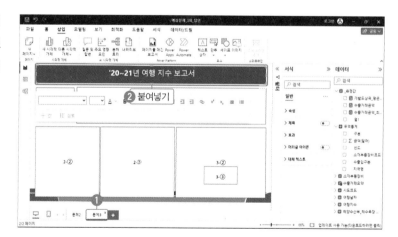

2. 다음 지시사항에 따라 카드를 구현하시오. 5점

① 다음 조건으로 '문제2' 페이지에 카드를 구현하시오. 3점

▶ 활용 필드, 설명 값
- <여행지수> 테이블의 [총방문자수] 측정값, <해수욕장이용객> 테이블의 [이용객수], [해수욕장명]의 개수(고유)
- 설명 값 서식: 글꼴 'DIN', 글꼴 크기 '32'
- 범주 레이블: 제거

▶ 제목 서식
- 카드 제목: "총방문자수", "해수욕장 총이용객수", "해수욕장수" 입력
- 카드 제목 글꼴: 'DIN', 글꼴 크기 '16', 텍스트 색상 '흰색'
- 제목 배경: '테마 색 8', '가운데 맞춤'
- 간격: 세로 간격, 10

▶ 시각적 테두리 효과
- 둥근 모서리: '15'

▶ 표시 단위 및 값 소수 자릿수
- 표시 단위: '자동'
- 값 소수 자릿수: '총방문자수'와 '해수욕장 총이용객수' 카드는 소수 자릿수 '2'

② 카드를 순서대로 '2-①' 위치에 배치하시오. 2점

---

01 [문제2] 페이지로 이동한 후 [시각화] 창 – [시각적 개체 빌드]에서 [카드 (▭)]를 선택한다.

02 [데이터] 창에서 <여행지수> 테이블의 [총방문자수] 측정값을 [필드] 영역으로 드래그하여 추가한다.

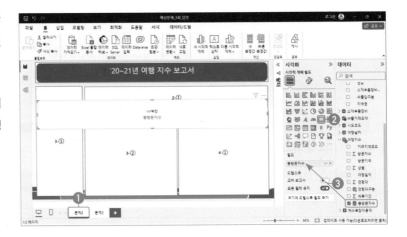

03 [시각화] 창 – [시각적 개체 서식 지정] – [시각적 개체] 탭 – [설명 값]에서 [글꼴]은 'DIN', [글꼴 크기]는 '32'로 설정한다.

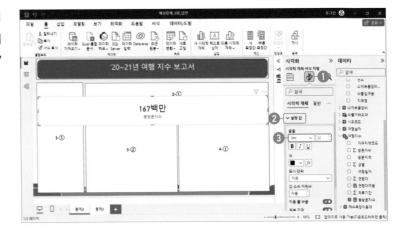

04 [시각적 개체] 탭에서 [범주 레이블] 옵션을 해제한나.

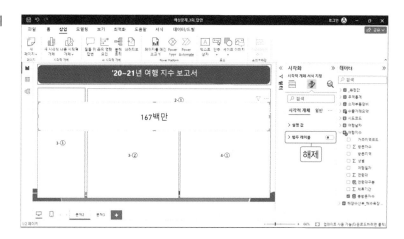

05 [일반] 탭에서 [제목] 옵션을 설정하고 [텍스트]에 '총방문자수'를 입력한다. [글꼴 크기]는 '16', [텍스트 색상]은 '흰색', [배경색]은 '테마 색 8'로 설정한다.

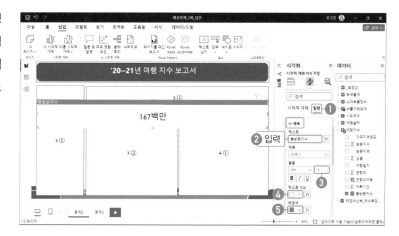

06 [일반] 탭 – [제목]에서 [가로 맞춤]은 '가운데'로 설정하고, [간격]에서 [세로 간격]은 '10'으로 설정한다.

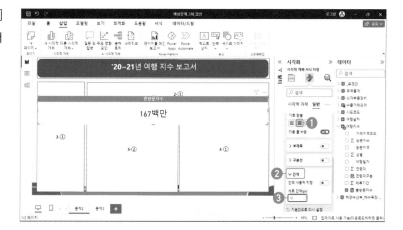

07 [일반] 탭 – [효과]에서 [시각적 테두리] 옵션을 설정하고 확장한 후 [둥근 모서리]를 '15'로 설정한다.

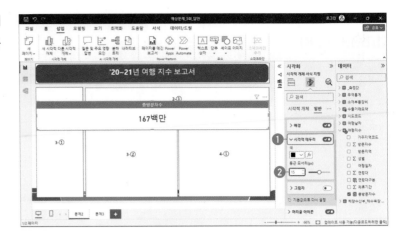

08 카드 개체의 크기를 조절한 후 '2-①' 위치에 배치한다.

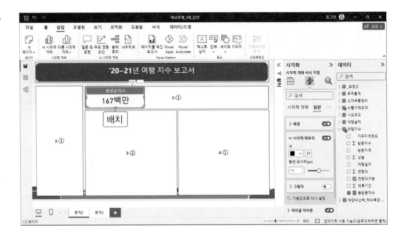

09 작성한 카드를 Ctrl+C 키를 눌러 복사한 후 Ctrl+V 키를 두 번 눌러 붙여넣기 하고 '2-①'에 나란히 배치한다.

10 두 번째 카드는 <해수욕장이용객> 테이블의 [이용객수] 필드로 교체한다.

11 세 번째 카드는 <해수욕장이용객> 테이블의 [해수욕장명] 필드로 교체한 후 [해수욕장명] 필드의 ☑를 클릭해 [개수(고유)]를 선택한다.

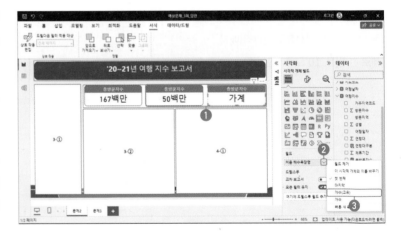

12 두 번째 카드를 선택하고 [시각화] 창 – [시각적 개체 서식 지정] – [일반] 탭 – [제목]에서 [텍스트]를 '해수욕장 총이용객수'로 수정한다. 같은 방법으로 세 번째 카드의 [텍스트]를 '해수욕장수'로 수정한다.

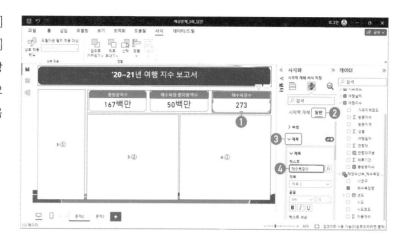

13 [총방문자수] 카드를 선택한 후 [시각적 개체] 탭 – [설명 값]에서 [표시 단위]는 자동으로 선택하고, [값 소수 자릿수]를 '2'로 설정한다.

14 같은 방법으로 [해수욕장 총이용객수] 카드의 [표시 단위]와 [값 소수 자릿수]를 설정한다.

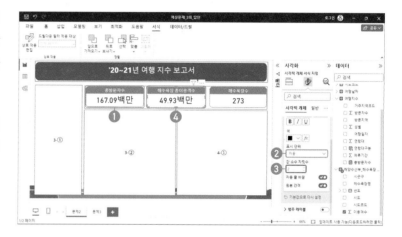

3. 다음 지시사항에 따라 슬라이서와 묶은 세로 막대형 차트를 구현하시오. `10점`

① 다음 조건으로 '문제2' 페이지에 슬라이서를 구현하시오. `3점`

▶ 활용 필드

- <시도코드> 테이블의 [시도] 필드

▶ 슬라이서 스타일: '세로 목록'

▶ 슬라이서 머리글과 값: 글꼴 크기 '14'

▶ '부산광역시' 선택

▶ 슬라이서를 '3-①' 위치에 배치

---

01 [문제2] 페이지의 빈 영역을 클릭한 후 [시각화] 창 – [시각적 개체 빌드]에서 [슬라이서(▦)]를 선택한다.

02 [데이터] 창에서 <시도코드> 테이블의 [시도] 필드를 [필드] 영역으로 드래그하여 추가한다.

> **TIP**
>
> [시도] 필드의 체크박스에 체크하여 필드를 추가할 수도 있다.

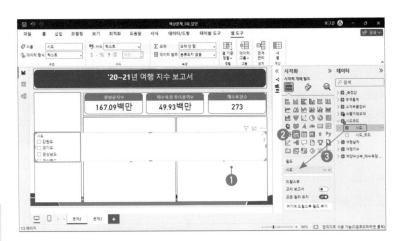

03 [시각화] 창 – [시각적 개체 서식 지정] – [시각적 개체] 탭 – [슬라이서 설정] – [옵션]에서 [스타일]을 '세로 목록'으로 설정한다.

> **TIP**
>
> 기본 값이 세로 목록이므로 이 과정은 생략 가능하다.

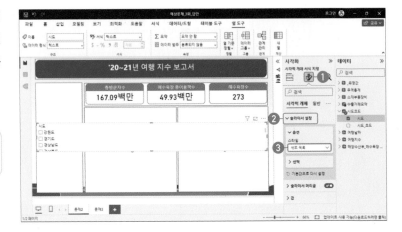

04 [시각적 개체] 탭 – [슬라이서 머리글]에서 [텍스트]의 [글꼴 크기]를 '14'로 설정한다.

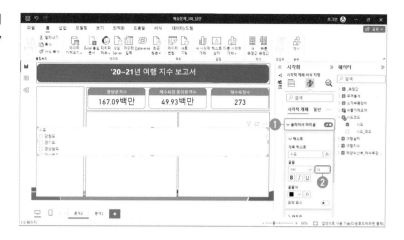

05 [값]의 [글꼴 크기]도 '14'로 설정한다. 슬라이서의 크기를 조절한 후 '3-①' 위치에 배치하고 '부산광역시'를 선택한다.

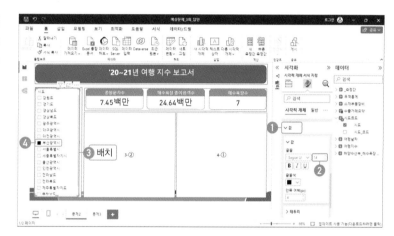

② 다음과 같이 묶은 세로 막대형 차트를 구현하시오. **4점**

  ▶ 활용 필드
   - <여행지수> 테이블의 [연령대구분] 필드, [총방문자수] 측정값
  ▶ X축, Y축: 글꼴 크기 '10', 제목 제거
  ▶ 눈금선: 가로 눈금선 해제
  ▶ 제목: 텍스트 "연령대별 방문자수", 글꼴 크기 '16', '굵게'
  ▶ 축 정렬: 연령대구분, 오름차순 정렬
  ▶ 묶은 세로 막대형 차트를 '3–②' 위치에 배치

01 새 개체를 추가하기 위해 보고서의 빈 공간을 클릭한다. [시각화] 창 – [시각적 개체 빌드]에서 [묶은 세로 막대형 차트(📊)]를 선택한다.

02 [데이터] 창에서 <여행지수> 테이블의 다음 필드를 필드 영역으로 드래그하여 추가한다.

• X축: [연령대구분] 필드
• Y축: [총방문자수] 측정값

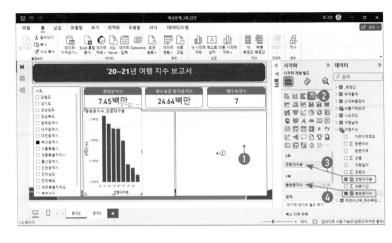

03 [시각화] 창 – [시각적 개체 서식 지정] – [시각적 개체] 탭 – [X축] – [값]에서 [글꼴 크기]는 '10'으로 설정하고, [제목] 옵션은 해제한다. [Y축]도 글꼴 크기와 제목 옵션을 동일하게 설정한다.

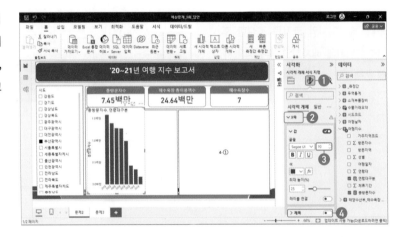

04 [시각적 개체] 탭 – [눈금선]에서 [가로] 옵션을 해제한다.

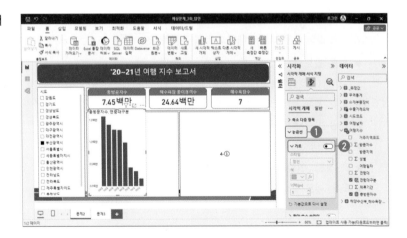

05 [일반] 탭 – [제목]에서 [텍스트]에 '연령대별 방문자수'를 입력하고, [글 꼴 크기]는 '16', '굵게'로 설정한다.

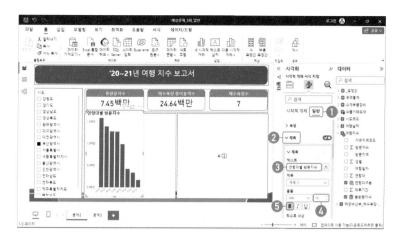

06 X축의 축 정렬 기준을 변경하기 위 해 [데이터] 창에서 <여행지수> 테이 블의 [연령대구분] 필드를 선택하고 [열 도구] 탭 – [정렬] 그룹 – [열 기준 정 렬]을 클릭한 후 [연령대]를 선택한다.

> **TIP**
>
> X축은 기본적으로 값(총방문자수)을 기준으로 내림차순 정렬된다.

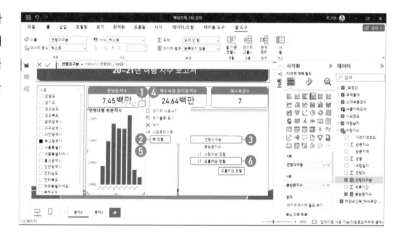

07 묶은 세로 막대형 차트의 ⋯(추가 옵션)을 클릭한 후 [축 정렬] – [연령대 구분]을 선택한다. 다시 한 번 ⋯을 클 릭한 후 [축 정렬] – [오름차순 정렬]을 선택한다.

08 축이 정렬되면 차트의 크기를 조절한 후 '3-②' 위치에 배치한다.

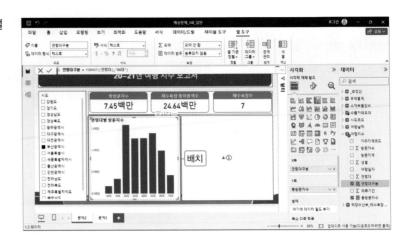

③ 묶은 세로 막대형 차트에 분석 선을 추가하시오. 3점

▶ 선 추가: 평균선으로 추가

▶ 이름: 평균방문자수

▶ 계열: 총방문자수

▶ 선: 투명도 '30%', 스타일 '점선', 위치 '앞'

▶ 데이터 레이블

   - 위치: 가로 위치 '오른쪽', 세로 위치 '위'

   - 스타일: 데이터 값

   - 표시 단위: 백만

01 묶은 세로 막대형 차트를 선택한 상태에서 [시각화] 창 – [분석] – [평균선]에서 [+선 추가]를 클릭하고 ✏️을 클릭한 후 '평균방문자수'를 입력한다.

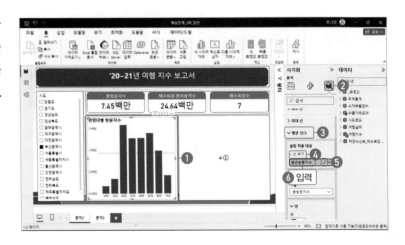

02 [분석] – [선]에서 [투명도]를 '30', [스타일]은 '점선', [위치]는 '앞'으로 설정한다.

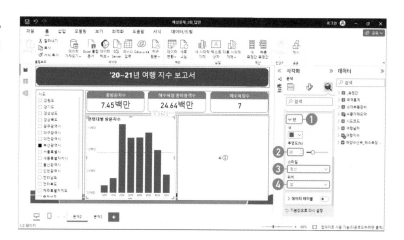

03 [분석]에서 [데이터 레이블] 옵션을 설정한 후 [가로 위치]는 '오른쪽', [세로 위치]는 '위', [스타일]은 '데이터 값', [표시 단위]는 '백만'으로 설정한다.

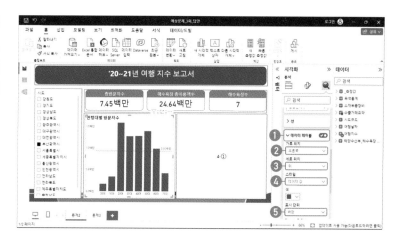

4. 다음 지시사항에 따라 리본 차트를 구현하시오. 10점

① 다음 조건으로 '문제2' 페이지에 리본 차트를 구현하시오. 3점

▶ 활용 필드

- <여행날짜> 테이블의 [월 이름], <여행지수> 테이블의 [방문지역] 필드, [총방문자수] 측정값

▶ 도구 설명에 [체류기간]의 합계가 표시되도록 추가

▶ 리본 차트를 '4–①' 위치에 배치

01 새 개체를 추가하기 위해 보고서의 빈 공간을 클릭한 후 [시각화] 창 – [시각적 개체 빌드]에서 [리본 차트(📊)]를 선택한다.

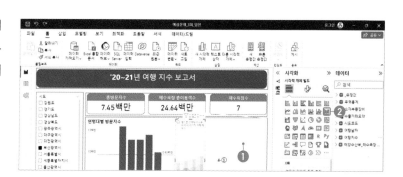

499

02 [데이터] 창에서 다음 필드를 필드 영역으로 드래그하여 추가한다.

- X축: <여행날짜> 테이블의 [월 이름] 필드
- Y축: <여행지수> 테이블의 [총방문자수] 측정값
- 범례: <여행지수> 테이블의 [방문지역] 필드

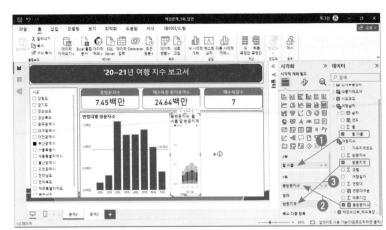

03 [데이터] 창에서 <여행지수> 테이블의 [체류기간] 필드를 [도구 설명]으로 드래그하여 추가한다.

04 리본 차트의 크기를 조절한 후 '4-①' 위치에 배치한다.

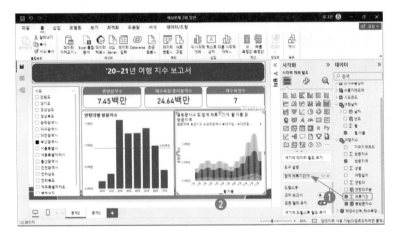

② 다음과 같이 리본 차트의 각 요소에 대한 서식을 지정하시오. [4점]

　▶ 차트 제목:

　　- 텍스트: "월 이름 및 방문지역의 총방문자수"

　　- 글꼴: 크기 '16', '굵게'

　▶ 범례 서식

　　- 옵션: 위치 '위쪽 가운데', 글꼴 크기 '11'

　▶ 열 서식: '서울특별시'계열의 색 '테마 색 6'

　▶ 리본 색의 투명도: 50%

③ 다음 조건으로 필터를 적용하시오. [3점]

　▶ 방문지역을 '부산광역시', '서울특별시', '대전광역시'로 필터 적용

---

01 [시각화] 창 – [시각적 개체 서식 지정] – [일반] 탭 – [제목] – [제목]에서 [텍스트]에 '월 이름 및 방문지역의 총방문자수'를 입력하고 [글꼴 크기]는 '16', '굵게'로 설정한다.

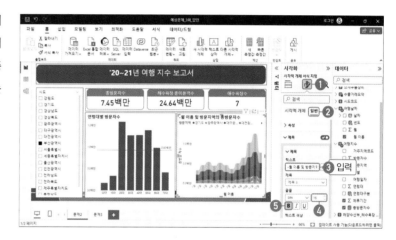

02 [시각적 개체] 탭 – [범례] – [옵션]에서 [위치]를 '위쪽 가운데'로, [텍스트]에서 [글꼴 크기]를 '11'로 설정한다.

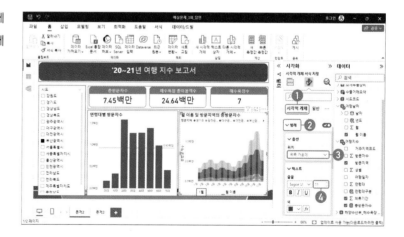

03 [시각적 개체] 탭 – [열]에서 [계열]을 '서울특별시'로 선택하고 [색]을 '테마 색 6'으로 설정한다.

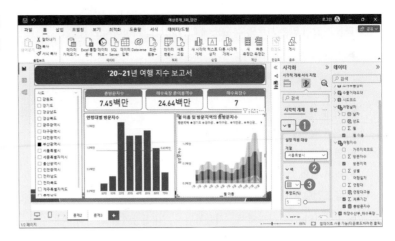

04 [시각적 개체] 탭 – [리본] – [색]에서 [투명도(%)]를 '50'으로 설정한다.

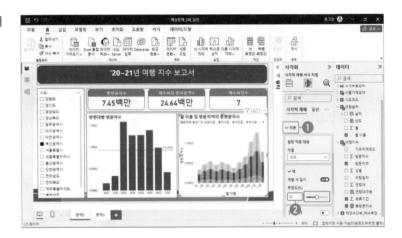

05 [필터] 창에서 [방문지역]을 선택하고 [필터 형식]을 '기본 필터링'으로 선택한 후 '대전광역시', '부산광역시', '서울특별시'를 체크한다.

<시각화 완성화면> 각 세부문제 풀이 후 '문제3' 페이지에 아래와 같이 개체를 배치하시오.

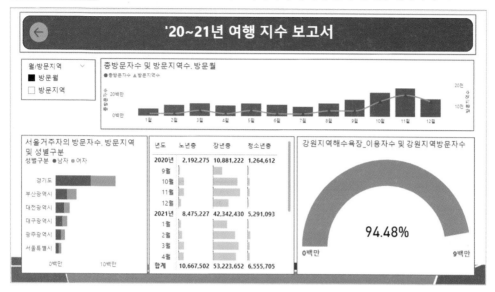

계산식 작성에 사용되는 문자열은 쌍따옴표(" ")를 사용하여 작성하시오.

1. 다음 지시사항에 따라 슬라이서와 꺾은선형 및 묶은 세로 막대형 차트를 구현하시오. 10점

 ① 다음 조건으로 매개 변수를 추가하고 '문제3' 페이지에 슬라이서를 구현하시오. 3점

   ▶ 필드 매개 변수 추가

   - 이름: 월/방문지역

   - 필드: [월 이름], [방문지역] 추가

   - 이 페이지에 슬라이서 추가 옵션 설정

   - 매개 변수 필드 이름 변경: [월 이름] → [방문월]

   ▶ 슬라이서 스타일: '세로 목록'

   ▶ 값: 글꼴 크기 '14'

   ▶ 슬라이서 값: '방문월' 필터 적용

   ▶ 슬라이서를 '1-①' 위치에 배치

01 [문제3] 페이지를 선택한다.

02 새 매개 변수를 추가하기 위해 [모
델링] 탭 – [매개 변수] 그룹 – [새 매개
변수]를 클릭한 후 [필드]를 선택한다.

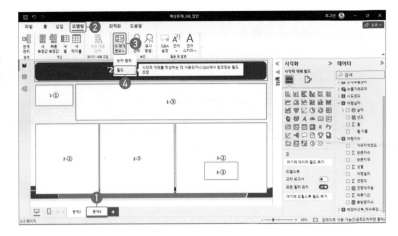

03 [매개 변수] 창이 나타나면 [이름]
에 '월/방문지역'을 입력한다. [필드]에
서 <여행날짜> 테이블의 [월 이름] 필
드, <여행지수> 테이블의 [방문지역]
필드를 선택하여 추가한다.

04 [필드 추가 및 순서 변경]에서 추
가된 [월 이름] 필드를 더블클릭하여
'방문월'로 이름을 변경한 후 [만들기]
를 클릭한다.

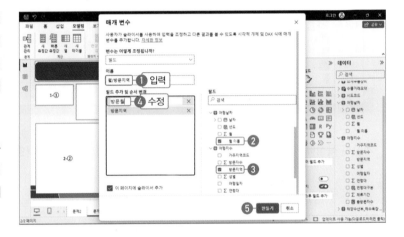

05 삽입된 슬라이서를 적절한 크기로
조절한 후 '1-①' 위치에 배치한다.

06 슬라이서의 값은 '방문월'을 선택
하여 필터를 적용한다.

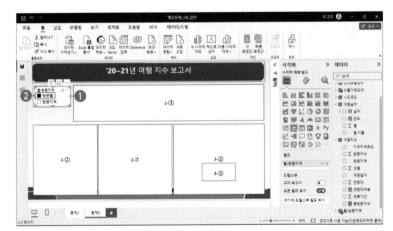

07 [시각화] 창 – [시각적 개체 서식 지정] – [시각적 개체] 탭 – [슬라이서의 설정]에서 [스타일]은 '세로 목록', [값]에서 [글꼴 크기]는 '14'로 설정한다.

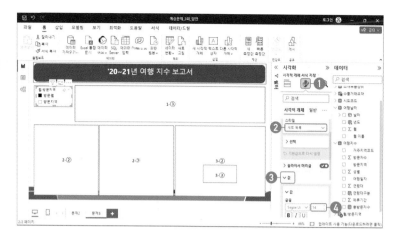

② 다음 조건으로 <여행지수> 테이블에 측정값을 추가하시오. 3점

- ▶ 측정값 이름: [방문지역수]
  - 활용 필드: <여행지수> 테이블
  - 사용 함수: COUNTROWS
  - 서식: '정수', 천 단위 구분 기호(,) 적용

③ 다음 조건으로 '문제3' 페이지에 꺾은선형 및 묶은 세로 막대형 차트를 구현하시오. 4점

- ▶ 활용 필드
  - <월/방문지역> 테이블의 [월/방문지역] 필드, <여행지수> 테이블의 [총방문자수], [방문지역수] 측정값
- ▶ 선: 선 종류 '곡선'
- ▶ 표식: 도형 '삼각형', 크기 '7', 색 '테마 색 3'
- ▶ 꺾은선형 및 묶은 세로 막대형 차트를 '1–③' 위치에 배치

01 [데이터] 창에서 <여행지수> 테이블을 선택한 후 [테이블 도구] 탭 – [계산] 그룹 – [새 측정값]을 클릭한다.

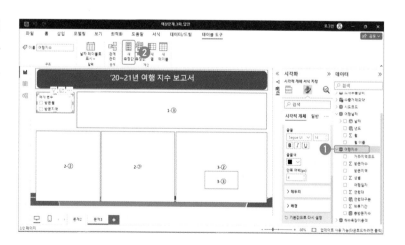

02 수식 입력줄에 다음 수식을 작성하고 Enter 키를 누른다.

03 [측정 도구] 탭 – [서식] 그룹 – [서식]은 '정수', ▾(천 단위 구분 기호)를 클릭한다.

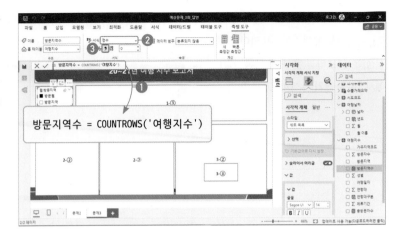

방문지역수 = COUNTROWS('여행지수')

함수

COUNTROWS([<table>])
테이블의 행 수를 계산한다.

---

04 새 개체를 추가하기 위해 보고서의 빈 공간을 클릭한 후 [시각화] 창 – [시각적 개체 빌드]에서 [꺾은선형 및 묶은 세로 막대형 차트(📊)]를 선택한다.

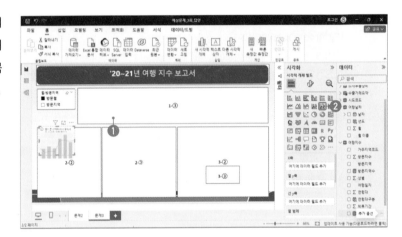

05 [데이터] 창에서 다음 필드를 필드 영역으로 드래그하여 추가한다.

• X축: <월/방문지역> 테이블의 [월/방문지역] 필드
• 열 y축: <여행지수> 테이블의 [총방문자수] 측정값
• 선 y축: <여행지수> 테이블의 [방문지역수] 측정값

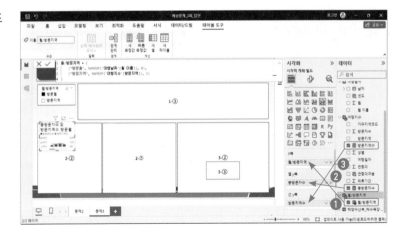

06 [시각화] 창 – [시각적 개체 서식 지정] – [시각적 개체] 탭 – [선] – [도형]에서 [선 종류]를 '곡선'으로 선택한다.

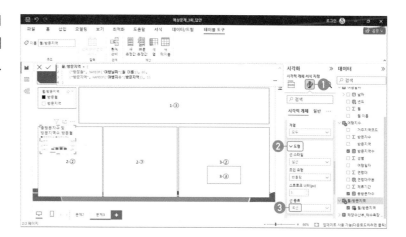

07 [시각적 개체] 탭 – [표식] 옵션을 설정하고 [도형]에서 [유형]은 '▲', [크기]는 '7'로 설정한다.

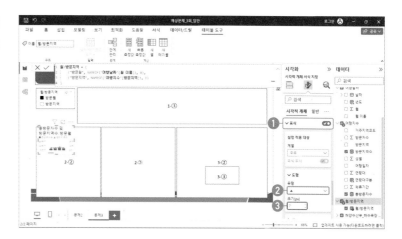

08 [시각적 개체] 탭 – [표식] – [색]에서 [기본값]을 '테마 색 3'으로 설정한다.

09 차트의 크기를 조절한 후 '1-③' 위치에 배치한다.

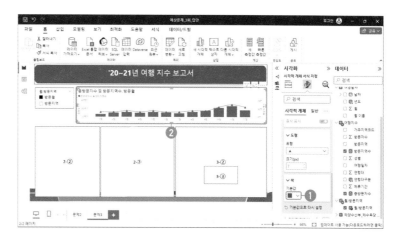

2. 다음 지시사항에 따라 누적 가로 막대형 차트와 행렬 차트를 구현하시오. 10점

① 다음 조건으로 <여행지수>, <시도코드> 테이블에 측정값을 추가하시오. 3점

▶ 새 열 이름: [세대구분]

- 활용 필드: <여행지수> 테이블의 [연령대] 필드
- 연령대가 60 이상이면 '노년층', 20 이상이면서 50 이하면 '장년층', 그 외는 '청소년층'
- 사용 함수: SWITCH, TRUE

▶ 측정값 이름: [서울거주자의 방문자수]

- 활용 필드: <여행지수> 테이블의 [방문자수] 필드, <시도코드> 테이블의 [시도] 필드
- 서울지역 거주자의 방문자수 합계
- 사용 함수: CALCULATE, SUM, FILTER
- 서식: '정수', 천 단위 구분 기호(,) 적용

---

01 <여행지수> 테이블에 새 열을 추가하기 위해 [데이터] 창에서 <여행지수> 테이블을 선택한 후 [테이블 도구] 탭 – [계산] 그룹 – [새 열]을 클릭한다.

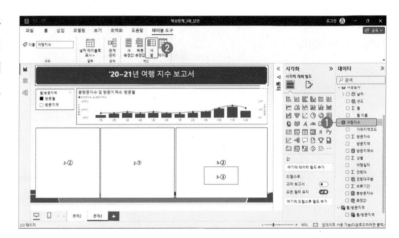

02 수식 입력줄에 다음 수식을 작성하고 Enter 키를 누른다.

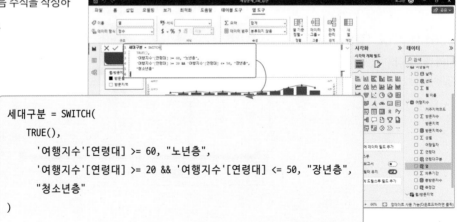

```
세대구분 = SWITCH(
    TRUE(),
    '여행지수'[연령대] >= 60, "노년층",
    '여행지수'[연령대] >= 20 && '여행지수'[연령대] <= 50, "장년층",
    "청소년층"
)
```

03 다시 새로운 측정값을 추가하기 위해 <여행지수> 테이블을 선택한 후 [데이블 도구] 탭 – [계산] 그룹 – [새 측정값]을 클릭한다.

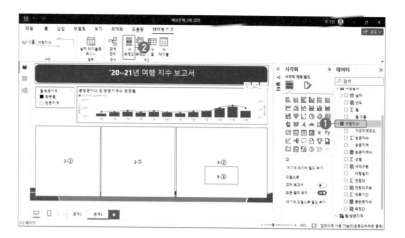

04 수식 입력줄에 다음 수식을 작성하고 Enter 키를 누른다.

05 [측정 도구] 탭 – [서식] 그룹 – [서식]은 '정수', ,(천 단위 구분 기호)를 클릭한다.

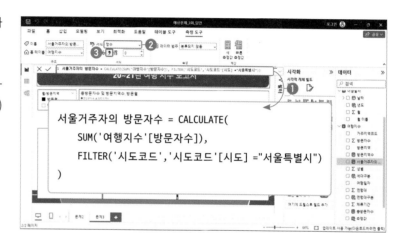

```
서울거주자의 방문자수 = CALCULATE(
    SUM('여행지수'[방문자수]),
    FILTER('시도코드','시도코드'[시도] ="서울특별시")
)
```

함수

① SWITCH(<expression >, <value>, <result>[, <value>, <result>]…[, <else>])
값 목록에 대해 식을 평가하고 가능한 여러 결과 식 중 하나를 반환한다.

② TRUE()
논리값 TRUE를 반환한다.

③ CALCULATE(<expression>, [<filter1>], [<filter2>], …)
필터링된 데이터를 대상으로 식을 계산한다.

④ FILTER(<table>, <filter>)
필터링된 행만 저장된 테이블을 반환한다.

② 다음 조건으로 '문제3' 페이지에 누적 가로 막대형 차트를 구현하시오. `3점`

▶ 새 열 이름: [성별구분]
- 활용 필드: <여행지수> 테이블의 [성별] 필드
- 성별이 1인 경우 '남자', 아니면 '여자'
- 사용 함수: IF
▶ 활용 필드: 〈여행지수〉 테이블의 [방문지역], [성별구분] 필드, [서울거주자의 방문자수] 측정값
▶ X축, Y축의 제목 제거
▶ 누적 가로 막대형 차트를 '2-②'에 배치

01 [데이터] 창에서 <여행지수> 테이블을 선택한 후 [테이블 도구] 탭 – [계산] 그룹 – [새 열]을 클릭한다.

02 수식 입력줄에 다음 수식을 작성하고 `Enter` 키를 누른다.

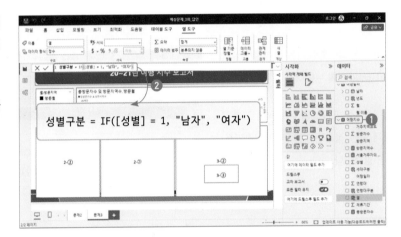

성별구분 = IF([성별] = 1, "남자", "여자")

03 새 개체를 추가하기 위해 보고서의 빈 공간을 클릭한 후 [시각화] 창 – [시각적 개체 빌드]에서 [누적 가로 막대형 차트(📊)]를 선택한다.

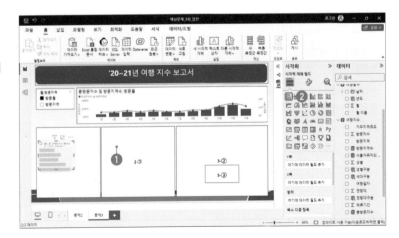

04 [데이터] 창에서 <여행지수> 테이
블의 필드를 필드 영역으로 드래그하
여 추가한다.

- Y축: [방문지역] 필드
- X축: [서울거주자의 방문자수] 측정값
- 범례: [성별구분] 필드

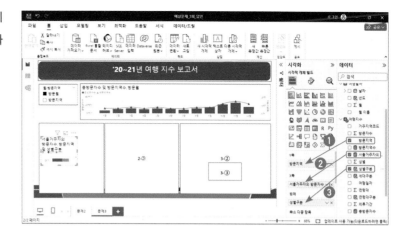

05 누적 가로 막대형 차트의 크기를
조절한 후 '2-②' 위치에 배치한다.

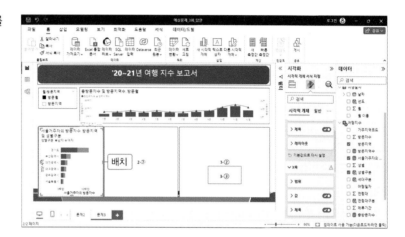

06 [시각화] 창 – [시각적 개체 서식
지정] – [시각적 개체] 탭 – [Y축]에서
[제목] 옵션을 해제한다. 같은 방법으
로 [X축]의 [제목] 옵션을 해제한다.

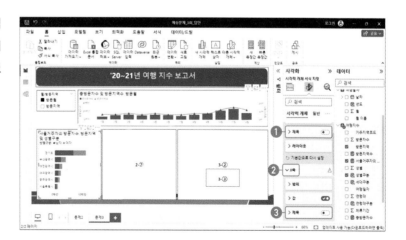

③ 다음 조건으로 '문제3' 페이지에 행렬 차트를 구현하시오. **3점**

▶ 활용 필드, 서식
- <여행날짜> 테이블의 [년도], [월 이름] 필드
- <여행지수> 테이블의 [세대구분] 필드, [총방문자수] 측정값
- 계층구조에서 한 수준 아래로 모두 확장
- 열 소계: 삭제

▶ 조건부 서식 적용
- [총방문자수]의 값에 데이터 막대, 양수 막대의 색은 '테마 색 6'으로 지정

▶ 행렬 차트를 '2-③' 위치에 배치

01 새 개체를 추가하기 위해 보고서의 빈 공간을 클릭한 후 [시각화] 창 – [시각적 개체 빌드]에서 [행렬(▦)]을 클릭한다.

02 [데이터] 창에서 다음 필드를 필드 영역으로 드래그하여 추가한다.

- 행: <여행날짜> 테이블의 [년도], [월 이름] 필드
- 열: <여행지수> 테이블의 [세대구분] 필드
- 값: <여행지수> 테이블의 [총방문자수] 측정값

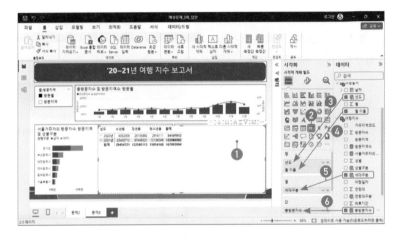

03 [행렬 차트] 오른쪽 상단의 ⊞(계층구조에서 한 수준 아래로 모두 확장)을 클릭한다.

04 [시각화] 창 – [시각적 개체 서식 지
정] – [시각적 개체] 탭에서 [열 소계]
옵션을 해제한다.

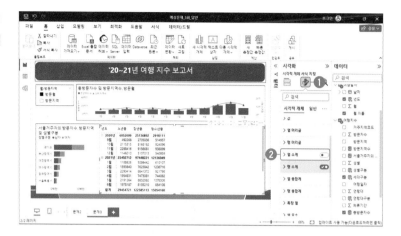

05 [총방문자수] 값에 조건부 서식을
지정하기 위해 [시각적 개체] 탭 – [셀
요소]에서 [데이터 막대] 옵션을 설정
한 후 ㏀(조건부 서식)을 클릭한다.

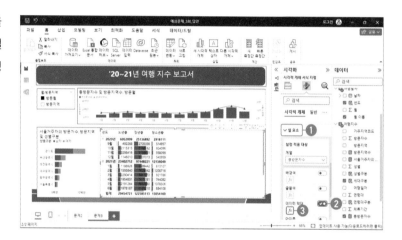

06 [데이터 막대 – 데이터 막대] 창이
나타나면 '막대만 표시'에 체크 표시하
고, [양수 막대]의 색을 '테마 색 6'으로
설정한 후 [확인]을 클릭한다.

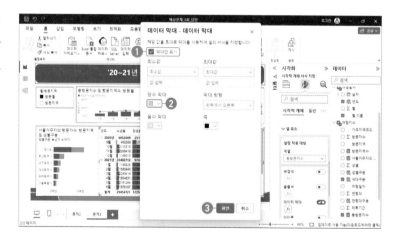

07 행렬 차트의 크기를 적절히 조절한
후 '2-③' 위치에 배치한다.

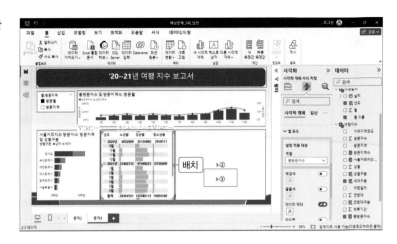

---

3. 다음 지시사항에 따라 계기 차트와 카드를 구현하시오. `10점`

① 다음 조건으로 <여행지수> 테이블에 측정값을 추가하시오. `4점`

▶ 측정값 이름: [강원지역방문자수]

- 활용 필드: <여행지수> 테이블의 [총방문자수] 측정값, <시도코드> 테이블의 [시도] 필드
- 강원도 지역의 총방문자수
- 사용 함수: CALCULATE, FILTER
- 서식: '정수', 천 단위 구분 기호(⁹) 적용

▶ 측정값 이름: [강원지역해수욕장_이용자수]

- 활용 필드: <해수욕장이용객> 테이블의 [이용객수], [시도] 필드
- 강원지역의 해수욕장 이용객수
- 사용 함수: CALCULATE, SUM, FILTER
- 서식: '정수', 천 단위 구분 기호(⁹) 적용

---

01 <여행지수> 테이블에 새 측정값을
추가하기 위해 [데이터] 창에서 <여행
지수> 테이블을 선택한 후 [테이블 도
구] 탭 – [계산] 그룹 – [새 측정값]을
클릭한다.

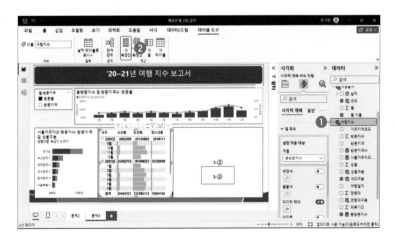

02 수식 입력줄에 다음 수식을 작성하고 Enter 키를 누른다.

03 [측정 도구] 탭 – [서식] 그룹 – [서식]은 '정수', , (천 단위 구분 기호)를 클릭한다.

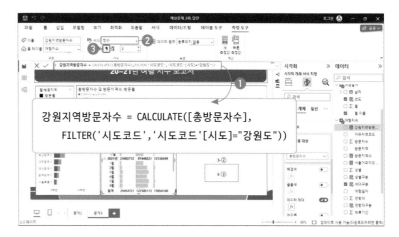

강원지역방문자수 = CALCULATE([총방문자수],
    FILTER('시도코드','시도코드'[시도]="강원도"))

04 새 측정값을 추가하기 위해 [데이터] 창에서 <해수욕장이용객> 테이블을 선택한 후 [테이블 도구] 탭 – [계산] 그룹 – [새 측정값]을 클릭한다.

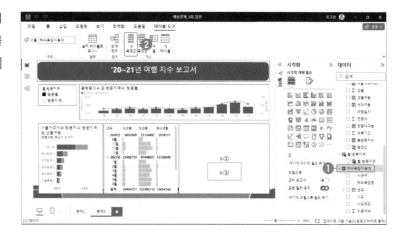

05 수식 입력줄에 다음 수식을 작성하고 Enter 키를 누른다.

06 [측정 도구] 탭 – [서식] 그룹 – [서식]은 '정수', , (천 단위 구분 기호)를 클릭한다.

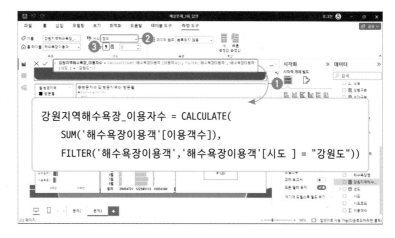

강원지역해수욕장_이용자수 = CALCULATE(
    SUM('해수욕장이용객'[이용객수]),
    FILTER('해수욕장이용객','해수욕장이용객'[시도] = "강원도"))

② 다음 조건으로 <해수욕장이용객> 테이블에 측정값을 추가하고 '문제3' 페이지에 계기 차트를 구현하시오. `3점`

▶ 활용 필드: 〈여행지수〉 테이블의 [강원지역방문자수] 측정값, 〈해수욕장이용객〉 테이블의 [강원지역해수욕
장_이용자수] 측정값

▶ 채우기 색: '테마 색 5'

▶ 데이터 레이블
  - 값: 글꼴 크기 '14', '굵게'

▶ 설명 값 없음

▶ 계기 차트를 '3-②' 위치에 배치

01 새 개체를 추가하기 위해 보고서의
빈 공간을 클릭한 후 [시각화] 창 - [시
각적 개체 빌드]에서 [계기(🔘)]를 선
택한다.

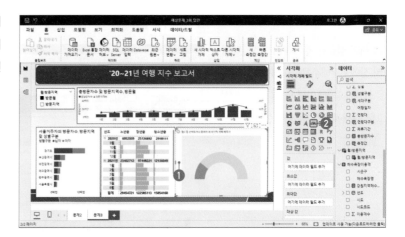

02 [데이터] 창에서 <해수욕장이용객>
테이블의 [강원지역해수욕장_이용자
수] 측정값을 [값] 영역으로 드래그하
여 추가한다.

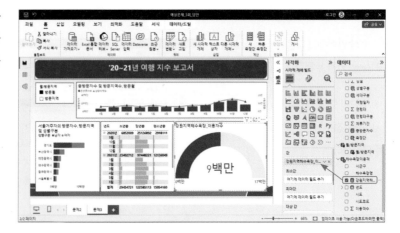

516

03 [데이터] 창에서 <여행지수> 테이블의 [강원지역방문자수] 측정값을 [쇠대값] 영역으로 드래그하여 추가한다.

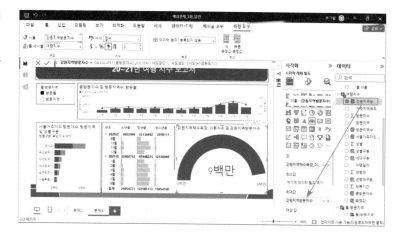

04 [시각화] 창 – [시각적 개체 서식 지정] – [시각적 개체] 탭 – [색]에서 [채우기 색]을 '테마 색 5'로 선택하고 [데이터 레이블] – [값]에서 [글꼴 크기]를 '14', '굵게'로 설정한다.

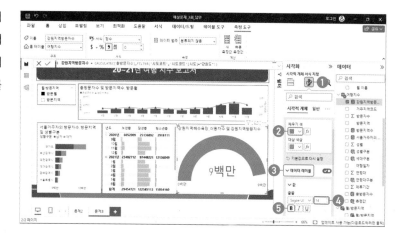

05 [시각적 개체] 탭 – [설명 값] 옵션을 해제하고, 계기 차트의 크기를 조절한 후 '3-②' 위치에 배치한다.

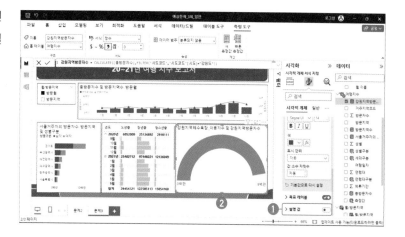

③ 다음 조건으로 '문제3' 페이지에 측정값을 추가하여 카드를 구현하시오. `3점`

▶ 측정값 이름: [강원도해수욕장방문비율%]

- 활용 필드: <해수욕장이용객> 테이블의 [강원지역해수욕장_이용자수], [강원지역방문자수] 측정값

- 강원지역방문자수에 대한 강원지역해수욕장_이용자수의 비율

- 서식: 백분율, 소수 자릿수 '2'

▶ 카드 차트 활용 필드, 설명 값:

- 활용 필드: <해수욕장이용객> 테이블의 [강원도해수욕장방문비율%] 측정값

- 설명 값 서식: 글꼴 'DIN', 글꼴 크기 '32'

- 범주 레이블 제거

▶ 카드 차트를 '3-③' 위치에 배치

01 새 측정값을 작성하기 위해 [데이터] 창에서 <해수욕장이용객> 테이블을 선택한 후 [테이블 도구] 탭 – [계산] 그룹 – [새 측정값]을 선택한다.

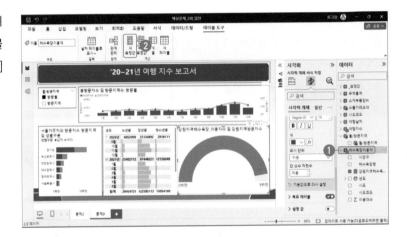

02 수식 입력줄에 다음 수식을 작성하고 Enter 키를 누른다.

03 [측정 도구] 탭 – [서식] 그룹 – % (백분율)을 클릭한다. 소수 자릿수가 '2'인 것을 확인한다.

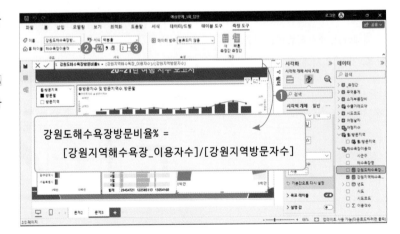

강원도해수욕장방문비율% =
    [강원지역해수욕장_이용자수]/[강원지역방문자수]

04 새 개체를 추가하기 위해 보고서의 빈 공간을 클릭한 후 [시각화] 창 - [시각적 개세 빌드]에서 [카드(▥)]를 선택한다.

05 [데이터] 창에서 <해수욕장이용객> 테이블의 [강원도해수욕장방문비율%] 측정값을 [필드] 영역으로 드래그하여 추가한다.

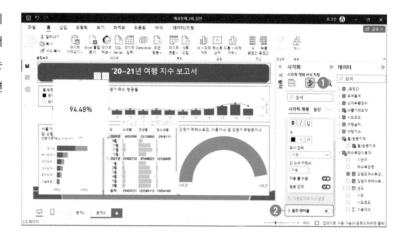

06 [시각화] 창 – [시각적 개체 서식 지정] – [시각적 개체] 탭 – [설명 값]에서 [글꼴]은 기본 값 'DIN', [글꼴 크기]는 '32'인지 확인한 후 [범주 레이블] 옵션을 해제한다.

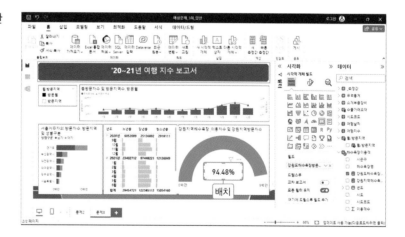

07 카드 차트의 크기를 적절히 조절한 후 '3-③' 위치에 배치한다.

4. 다음 지시사항에 따라 페이지와 시각적 개체 간 상호 작용 기능을 설정하시오. `10점`

① 다음 조건으로 '문제3' 페이지에 단추를 구현하시오. `4점`

▶ 종류: '왼쪽 화살표'

▶ 도형: '모서리가 둥근 직사각형', 둥근 모서리(%) '50'

▶ 스타일: 채우기 색 '흰색', 투명도(%) '30'

▶ 작업: '뒤로'

▶ 단추를 '4-①' 위치에 배치

---

01 단추를 작성하기 위해 [삽입] 탭 – [요소] 그룹 – [단추]를 클릭한 후 [왼쪽 화살표]를 선택한다.

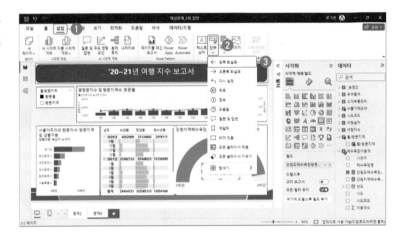

02 단추의 스타일을 변경하기 위해 삽입된 단추를 선택한 상태에서 [서식] 창 – [Button] 탭 – [도형]에서 [도형]을 '모서리가 둥근 직사각형', [둥근 모서리(%)]는 '50'으로 설정한다.

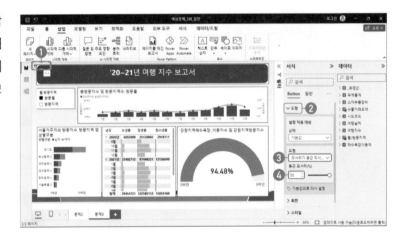

03 [Button] 탭 – [스타일]에서 [채우기] 옵션을 설정하고 [색]을 '흰색'으로 선택한 후 [투명도(%)]는 '30'으로 설정한다.

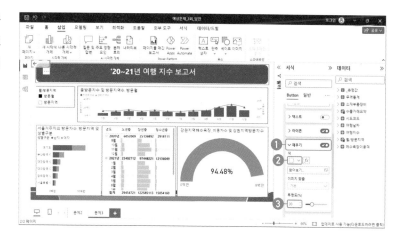

04 [Button] 탭에서 [작업] 옵션을 설정하고 [작업]에서 [유형]은 '뒤로'로 선택한 후 단추의 크기를 적절히 조절한 후 '4-①' 위치에 배치한다.

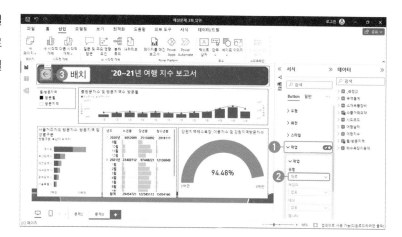

② 다음과 같이 시각적 개체의 상호 작용을 설정하시오. **3점**

  ▶ 꺾은선형 및 묶은 세로 막대형 차트: 누적 가로 막대형 차트, 계기 차트, 카드와 상호 작용 '없음'

  ▶ 누적 가로 막대형 차트: 계기 차트, 카드와 상호 작용 '없음'

  ▶ 행렬 차트: 누적 가로 막대형] 차트와 '필터' 상호 작용으로 지정, 계기 차트, 카드와 상호 작용 '없음'

③ 다음과 같이 [누적 가로 막대형] 차트와 [행렬] 차트에 필터를 설정하시오. **3점**

  ▶ 누적 가로 막대형 차트: [서울거주자의 방문자수]가 '500,000'보다 큰 데이터만 표시

  ▶ 행렬 차트: 〈시도코드〉의 [시도] 필드에서 '서울특별시', '경기도', '인천광역시' 데이터만 표시

01 개체 간의 상호작용을 적용하기 위해 [꺾은선형 및 묶은 세로 막대형] 차트를 선택하고 [서식] 탭 – [상호 작용] 그룹 – [상호 작용 편집]을 클릭한다.

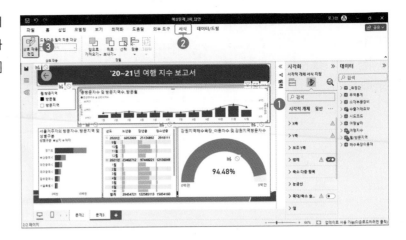

02 상호 작용 편집 기능이 실행되면 [누적 가로 막대형] 차트, [계기], [카드] 개체의 ◎(없음)을 클릭한다.

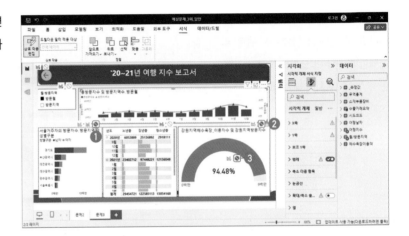

03 이번에는 [누적 가로 막대형] 차트를 선택하고 [계기]와 [카드] 개체의 ◎(없음)을 클릭한다.

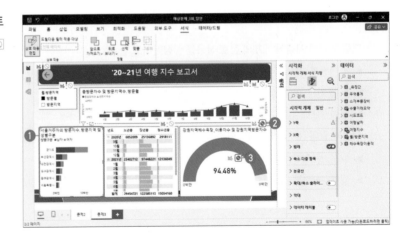

04 [행렬] 차트를 선택하고 [누적 가로 막대형] 차트의 ▨(필터), [계기]와 [가드] 개체의 ⊘(없음)을 클릭한다.

05 [서식] 탭 – [상호 작용] 그룹 – [상호 작용 편집]을 클릭하여 편집을 마친다.

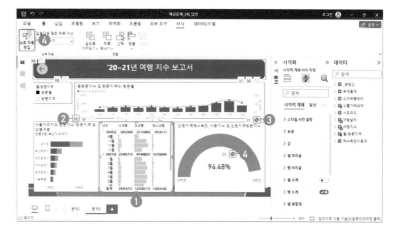

06 [누적 가로 막대형] 차트를 선택하고 [필터] 창에서 [서울거주자의 방문자수] 필터를 클릭하여 확장한 후 '보다 큼'을 선택하고 '500000'을 입력한 다음 [필터 적용]을 클릭한다.

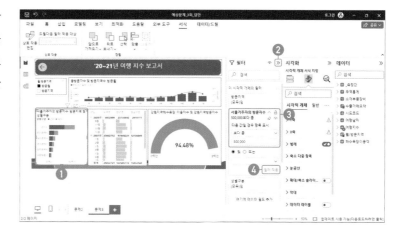

07 [행렬] 차트를 선택하고 [데이터] 창에서 <시도코드> 테이블의 [시도] 필드를 [필터] 창으로 드래그한 후 자동 필터에서 '경기도', '서울특별시', '인천광역시'만 체크한다.

08 [저장]을 클릭하여 보고서 작성을 마친다.

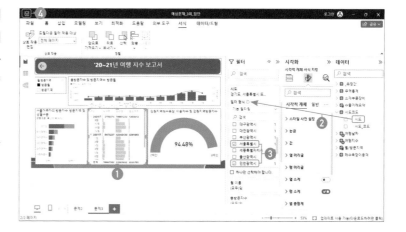

한권으로 끝내기
경영정보시각화능력 실기 [Power BI]

초 판 발 행	2024년 08월 20일
발 행 인	박영일
책 임 편 집	이해욱
저 자	인사이트브릿지
편 집 진 행	윤은숙
표 지 디 자 인	김지수
편 집 디 자 인	김세연
발 행 처	(주)시대고시기획
출 판 등 록	제 10-1521호
주 소	서울시 마포구 큰우물로 75 [도화동 538 성지 B/D] 6F
전 화	1600-3600
홈 페 이 지	www.sdedu.co.kr
I S B N	979-11-383-7559-7 [13000]
정 가	35,000원

※이 책은 저작권법에 의해 보호를 받는 저작물이므로, 동영상 제작 및 무단전재와 복제, 상업적 이용을 금합니다.
※이 책의 전부 또는 일부 내용을 이용하려면 반드시 저작권자와 (주)시대고시기획의 동의를 받아야 합니다.
※잘못된 책은 구입하신 서점에서 바꾸어 드립니다.